UTB
FÜR WISSEN
SCHAFT

UTB 2194

Eine Arbeitsgemeinschaft der Verlage

Wilhelm Fink Verlag München
A. Francke Verlag Tübingen und Basel
Paul Haupt Verlag Bern · Stuttgart · Wien
Hüthig Fachverlage Heidelberg
Verlag Leske + Budrich GmbH Opladen
Lucius & Lucius Verlagsgesellschaft Stuttgart
Mohr Siebeck Tübingen
Quelle & Meyer Verlag Wiebelsheim
Ernst Reinhardt Verlag München und Basel
Ferdinand Schöningh Verlag Paderborn · München · Wien · Zürich
Eugen Ulmer Verlag Stuttgart
Vandenhoeck & Ruprecht Göttingen und Zürich
WUV Wien

Hans Albert
Lesebuch

Ausgewählte Texte

Mohr Siebeck

Hans Albert, geboren 1921; 1946–1952 Studium in Köln; 1952 Promotion; 1952–1958 wiss. Assistent an der Universität Köln; 1957 Habilitation; 1958–1963 Diätendozentur in Köln; 1963–1989 o. Professor für Soziologie und Wissenschaftslehre in Mannheim; seit 1989 emeritiert.

Die Deutsche Bibliothek – CIP-Einheitsaufnahme

Albert, Hans:
Hans-Albert-Lesebuch : ausgewählte Texte / Hans Albert. –
Tübingen : Mohr Siebeck, 2001
(UTB für Wissenschaft ; 2194)
ISBN 3-8252-2194-6
ISBN 3-16-147494-5

Einbandgestaltung: Atelier Reichert, Stuttgart.
Satz: Computersatz Staiger, Ammerbuch
Druck: Presse-Druck, Augsburg

ISBN 3-8252-2194-6 UTB Bestellnummer

Vorwort

Im Sommer dieses Jahres wurde ich von meinem Verleger, Herrn Georg Siebeck, gebeten, ihm einen Vorschlag für die Gestaltung dieses Buches zu machen, in dem möglichst viele der Themen berücksichtigt sind, mit denen ich mich befaßt habe. Seiner Idee, ein solches »Lesebuch« zu veröffentlichen, habe ich trotz anfänglicher Bedenken zugestimmt. Jedenfalls möchte ich ihm an dieser Stelle dafür danken, daß er sich bereit erklärt hat, in dieser Weise für die Verbreitung meiner Auffassungen zu sorgen. Die vierzehn Texte, die ich ihm vorgeschlagen habe, sind, so hoffe ich, geeignet, dem Leser ein einigermaßen brauchbares Bild davon zu geben, mit welchen Problemen ich mich beschäftigt habe und welche Lösungen ich bevorzuge.

Der erste Text ist eine autobiographische Einleitung, in der ich vor allem die Entwicklung meiner Auffassungen von meiner Orientierung an Oswalds Spenglers Kulturpessimismus in früher Jugend zum durch Karl Popper begründeten kritischen Rationalismus schildere. Es folgen vier Texte, in denen ich mich mit erkenntnistheoretischen Problemen befasse. In »Kritizismus und Naturalismus« gehe ich kritisch auf das klassische Rationalitätsmodell ein und suche zu zeigen, in welcher Weise der neue Kritizismus dazu dienen kann, Ergebnisse der Realwissenschaften zur Lösung philosophischer Probleme heranzuziehen. Der nächste Text verteidigt den mit der Idee objektiver Wahrheit verbundenen kritischen Realismus und befaßt sich mit der Frage, wie er mit dem Wahrnehmungsproblem und der Bedeutung der Sprache für die Erkenntnis fertig wird. Es folgt eine Analyse und Kritik der Ansprüche der Transzendentalpragmatik, einer philosophischen Richtung, die einen Rückfall in das klassische Rationalitätsmodell involviert. Im nächsten Text wird der moderne Antirealismus einer Kritik unterworfen, der im heutigen philosophischen Denken eine zentrale Rolle spielt.

Es folgen vier Texte, in denen Grundlagenprobleme der Sozial- und Kulturwissenschaften behandelt werden. Der Aufsatz über »Geschichte und Gesetz« ist einer Kritik des methodologischen Historismus und einer Diskussion von Grundlagenfragen der historischen Disziplinen gewidmet. Es folgt eine Analyse methodologischer Probleme der Sozialwissenschaften, die mit einer Kritik unerfüllbarer Ansprüche an diese Wissenschaften verbunden ist. Der nächste Text behandelt die Wertproblematik in der Perspektive des Kritizismus und zeigt, wie Erkenntnisse zur Kritik normativer Auffassungen beitragen können. Der Aufsatz über die soziale Verankerung der Wissenschaft und die Steuerung des Erkenntnisgeschehens enthält eine Kritik neomarxistischer Thesen und eine Analyse des Problems der Funktionsbedingungen der Wissenschaft.

Die folgenden drei Texte sind der Problematik der sozialen Ordnung und methodologischen Fragen derjenigen Disziplinen gewidmet, die sich mit Problemen dieser Art befassen. Der Aufsatz »Erkenntnis und Recht« behandelt das Recht als soziale Tatsache und bringt eine Kritik herkömmlicher Auffassungen über den Charakter der Jurisprudenz und den Versuch einer sozialtechnologischen Deutung dieser Disziplin. Es folgt eine Kritik neoklassischer Auffassungen zur Problematik der Wirtschaftsordnung und ein Vorschlag für eine adäquate Behandlung der ordnungspolitischen Problematik. Der nächste Text analysiert die Bedingungen der Möglichkeit sozialer Ordnung und stellt dabei die Bedeutung der für die europäische Tradition zentralen Idee der Freiheit heraus.

Es folgt eine Kritik der außerordentlich einflußreichen Idee der reinen Religion, die auf Schleiermacher zurückgeht, verbunden mit einer realistischen Analyse der Religionsproblematik. Der kurze letzte Text mit dem Titel »Sylvesterfaselei« ist ein Brief an meinen verstorbenen Freund Paul Feyerabend, der im Jahre 1980 in einem ihm gewidmeten Aufsatzband erschienen ist, der einzige meiner vielen Briefe an ihn, den ich ihm in dieser Form übermittelt habe.

Im Herbst 2000 Hans Albert

Inhaltsverzeichnis

Vom Kulturpessimismus zum kritischen Rationalismus

Autobiographische Einleitung

Ich wurde im Jahre 1921 in Köln geboren, war also im Jahre 1933 zwölf Jahre alt und habe die nächsten zwölf Jahre im »Dritten Reich« erlebt. Mein Vater hatte Altphilologie und protestantische Theologie studiert, war dann offenbar wegen Glaubenszweifeln nicht Pfarrer, sondern Lehrer geworden, bekam nach seinem Studium bald eine Stelle als Studienrat am Realgymnasium in Köln-Nippes und blieb dort als Lehrer für Latein und Religion bis zu seiner Pensionierung. Meine Mutter stammte aus einer Hunsrücker Kaufmannsfamilie, die es zu bescheidenem Wohlstand gebracht hatte.

Da ich die vierjährige Volksschule und das Realgymnasium, an dem mein Vater lehrte, ohne Schwierigkeiten bewältigte, hatte ich Zeit, mich mit den Dingen zu beschäftigen, die mich interessierten. Nach einer Periode, in der ich Märchen und Sagen und später Karl-May-Bücher und ähnliche Literatur bevorzugte, galt mein Hauptinteresse der Geschichte. Ich las mit Vorliebe Biographien berühmter Feldherren und Staatsmänner und Berichte über kriegerische Ereignisse.

Vor 1933 war ich eine Zeitlang Mitglied des Bibelkreises, einer evangelischen Jugendorganisation, in der unter anderem mein Religionslehrer eine führende Rolle spielte. Vermutlich hatte mein Vater mich veranlaßt, dort einzutreten, um meiner Eigenbrötelei abzuhelfen, denn ich war damals ein Einzelgänger und Tagträumer ohne viel Sinn für die Tätigkeiten, die üblicherweise als typisch für Jungen in diesem Alter angesehen werden, wie etwa das Fußballspiel. Der Bibelkreis war ganz ähnlich geartet wie die zahlreichen anderen Jugendbünde, die zu dieser Zeit sehr beliebt waren. Sie machten Fahrten mit Zeltlagern, veranstalteten Kriegsspiele und Heimabende, sie hatten Rituale wie das Hissen der Fahne und ihre Mitglieder waren meist uniformiert.

Kurz vor der Machtübernahme Hitlers am 30. Januar 1933 wurde ich von einem Führer des NSS – des nationalsozialistischen Schülerbundes – auf dem Schulhof angesprochen und für diese Organisation geködert, ohne daß ich vorher etwas über sie gehört hatte. Eines der Argumente dieses Jugendführers, an das ich mich erinnere, war: daß im Gegensatz zum Bibelkreis im NSS nicht die Erwachsenen, sondern die Jugendlichen selbst Führer seien. »Jugend muß durch Jugend geführt werden« war damals eine beliebte Parole. Ich trat aus dem Bibelkreis aus und in den NSS ein, natürlich ohne Kenntnis der Weltanschauung, die für diesen Verband verbindlich war, und der politischen Zusammenhänge, die mich bis dahin wenig interessiert hatten.

Mein Vater verband seine christlich geprägte Weltanschauung, einen liberalen Protestantismus, mit konservativen politischen Auffassungen und einem wenig aufdringlichen Nationalgefühl, das sich unter anderem durch das Hinaushängen der schwarz-weiß-roten Fahne bei gewissen Gelegenheiten kund tat. Er wählte die Deutsche Volkspartei, hatte als geborener Münchner eine positive Einstellung zum Hause Wittelsbach, wie sie in Bayern damals weit verbreitet war, und auch zum Reichspräsidenten von Hindenburg. Meinen Übertritt vom Bibelkreis zum NSS hat er damals zwar nicht begrüßt, aber er ließ mich gewähren. Er war der Auffassung, ich müsse meine eigenen Erfahrungen machen.

Und die Erfahrungen, die ich damals machte, waren in der Tat sehr lehrreich. Unter anderem kam ich zum ersten Mal mit einer radikalen Weltanschauung in Berührung, die fundamentalistische Züge trug. Ich kann mich noch gut daran erinnern, daß ein älterer Mitschüler, der damals schon Mitglied der SS war, mir anvertraute, Adolf Hitler sei ihm heilig, und er habe für ihn dieselbe Bedeutung, wie sie Jesus für einen Christen habe. Er glaubte offenbar an »den Führer«, wie man es damals von einem Mitglied des »Schwarzen Ordens« erwartete, und hatte keinen Zweifel daran, daß dies der einzige Glaube war, der noch in Betracht kam. Er machte mir deutlich, daß er bereit sei, für den« Führer« und seine Ziele zu sterben, und ich gewann aus seinen Erzählungen über Straßenkämpfe mit Kommunisten den Eindruck, daß es sich dabei keineswegs um ein

Lippenbekenntnis handelte. Ich war zum ersten Mal einem »wahren Gläubigen« begegnet, einem Fanatiker, dessen Glaube unverkennbar messianische Züge hatte.

Damals war bekanntlich das Schlagwort von Hitler als dem Retter aus der Not des deutschen Volkes weit verbreitet. Ich muß gestehen, daß das Bekenntnis dieses Mitschülers, das mich zunächst überraschte, etwas Faszinierendes für mich hatte. Daher kann ich heute gut verstehen, daß ein solcher Glaube ansteckend sein kann. Später lernte ich weitere, mitunter sehr sympathische, Leute dieses Typs kennen. Hitler war ohne Zweifel eine charismatische Figur, und sein Regierungssystem hatte Züge einer charismatischen Herrschaft im Sinne Max Webers[1].

Die nationalsozialistische Weltanschauung lernte ich vor allem durch die Lektüre des Hitler-Buches »Mein Kampf« kennen, von dem später immer wieder behauptet wurde, es sei »unlesbar« und das heißt wohl: unverständlich geschrieben, eine These, die Hartmut Jäckel mit Recht zurückgewiesen hat[2]. Das Buch ist damals anscheinend kaum gelesen worden. Ich war aber eine Leseratte und wollte wissen, womit ich es zu tun hatte. Leider muß ich gestehen, daß auch Hitlers Buch mich zunächst überzeugte. Besonders beeindruckt war ich von dem, was in den Kapiteln über Propaganda und über Organisation zu lesen war. Hitler war ja ein Meister der Propaganda und wurde auch damals schon als ein solcher angesehen und von vielen, die ihn nur so sahen, gewaltig unterschätzt. »Hitlers Geschichte ist«, wie Veit Valentin mit Recht festgestellt hat, »die Geschichte seiner Unterschätzung«, auch gerade der Unterschätzung durch seine Gegner.

Auch einem Zwölfjährigen, der den politischen Alltag der Weimarer Republik als chaotisch erlebt hatte, wo Privatarmeen wie SA, Stahlhelm, Reichsbanner und Rotfrontkämpferbund einander auf den Straßen bekämpften, wobei es Tote und Verletzte gab, und der die Massenarbeitslosigkeit und die Ratlosigkeit der Regierenden angesichts der Weltwirtschaftskrise zur Kenntnis genommen

---

[1] Vgl. dazu M. Rainer Lepsius, Das Modell der charismatischen Herrschaft und seine Anwendbarkeit auf den »Führerstaat« Adolf Hitlers, in seinem Buch: Demokratie in Deutschland, Göttingen 1993, S. 95–118.

[2] Vgl. dazu Hartmut Jäckel, Hitlers Weltanschauung. Entwurf einer Herrschaft, Stuttgart 1981.

hatte, mußte damals klar sein, daß sich mit der Machtergreifung Hitlers eine entscheidende Wende angebahnt hatte, deren Charakter allerdings schwer zu durchschauen war. Was ich mitbekam, war zunächst vor allem die rituelle Seite der politischen Wandlung, die durch die neuen Machthaber psychologisch meisterhaft inszeniert wurde: Fackelzüge, Aufmärsche disziplinierter Verbände von Uniformträgern, Kundgebungen, in denen die »nationale Erhebung« gefeiert wurde, die mit der Machtübernahme Hitlers angeblich begonnen hatte, Hitlerreden, denen man gemeinsam in der Aula der Schule oder am »Volksempfänger« lauschte.

Wer nicht in der Lage war, die Mechanismen zu durchschauen, die da am Werke waren, konnte daran glauben, an so etwas wie einem »Aufbruch der Nation« teilzunehmen, der etwa mit der preußischen Erhebung von 1813 vergleichbar war, einem Aufbruch, der in einer gemeinsamen Anstrengung aller Gutwilligen zur Beseitigung der Schwierigkeiten führen sollte, die der Machtergreifung Hitlers vorangegangen waren.

Besonders attraktiv war für viele von uns die Tatsache, daß Hitler an die Jugend appellierte und daß er sich bei seiner Mobilisierung der Jugend in geschickter Weise der Formen bediente, die sich in der deutschen Jugendbewegung herausgebildet hatten. Es gab Fahrten, Zeltlager, Kriegsspiele und Heimabende, wie man sie aus den Bünden dieser Bewegung kannte. Es wurden teilweise dieselben Lieder gesungen. Das antibürgerliche Pathos, die Verachtung der Konvention, der Gemeinschaftskult, der zu dieser Tradition gehörte, kam in der Hitler-Jugend ebenso zur Geltung wie die Naturverbundenheit, die für die bündische Jugend charakteristisch war, allerdings mit anderer Akzentuierung und mit dem Ziel, die totale Hingabe an den Staat und seine Führung zu erreichen. Der Nationalsozialismus war vor allem auch eine Jugendreligion, und zwar eine außerordentlich erfolgreiche, erfolgreich natürlich vor allem deshalb, weil er ideologisch und organisatorisch ein Monopol beanspruchen konnte.

Im Laufe der Zeit wurde den Nachdenklichen unter den Jugendlichen, auch denen, die nicht schon durch ihre Erziehung gegen Ideologien dieser Art immun waren, natürlich klar, daß dieser Aufschwung seine bedenklichen Seiten hatte, die durch die offizielle Rhetorik nur notdürftig verschleiert werden konnten. Man wurde der Disziplinierungsversuche und des Gruppendrucks vielfach überdrüssig. Die Dürftigkeit der offiziellen Weltanschauung war kaum zu übersehen, ebenso die Diskriminierung der Juden und anderer Minderheiten. Mir war die permanente Gängelung sehr bald zuwider, und es gelang mir durch eine Häufung glücklicher Zufälle, mich dem Dienst in der Hitlerjugend zu entziehen,

Was dazu beigetragen hatte, mir die intellektuelle Seite der offiziellen Propaganda fragwürdig zu machen, war die Lektüre des Spenglerschen Buches »Jahre der Entscheidung«, das mir vermutlich im Jahre 1935 in die Hand gefallen war. Oswald Spengler war einer der einflußreichsten Schriftsteller der Zeit zwischen den beiden Weltkriegen. Er war vor allem durch den großen Erfolg seines zweibändigen Werkes »Der Untergang des Abendlandes«, bekannt geworden, das ich bald ebenso las wie seine Schrift »Preußentum und Sozialismus« und andere seiner Bücher. Mein Vater hatte das Spenglersche Hauptwerk übrigens in einer Zeitung rezensiert und vom christlichen Standpunkt her einer Kritik unterworfen, die mich nicht überzeugte.

Jedenfalls wurde ich ein überzeugter Anhänger dieses pessimistischen Geschichtsphilosophen, für den die Menschheit »eine Rasse durch Wissenschaft größenwahnsinnig gewordener Raubaffen« war und der sich in ganz anderer Weise auf Nietzsche berief als die Verfasser der nationalsozialistischen Rassenlehre, die von ihm zurückgewiesen wurde. Spenglers brilliante Formulierungen, seine interessanten Vergleiche und seine überraschenden historischen Analysen beeindruckten mich und nahmen mich für ihn ein. Seine Deutung unserer Zeit als eines Zeitalters des Cäsarismus und der Weltkriege schien mir eine bessere Analyse der Gegenwart zu enthalten als die Simplizitäten der herrschenden Lehre, sein heroischer Pessimismus angemessener zu sein als der seichte Optimismus der Machthaber. Daß er mit gewaltsamen historischen Konstruktionen arbeitete, die kaum zu rechtfertigen sind, war für mich damals nicht erkennbar.

Selbst in meiner Berufswahl ließ ich mich von Spengler beeinflussen, der in mir ebenso wie mein Geschichtslehrer Sympathien für Preußen und das Preußentum als Lebensform geweckt hatte, so daß ich den Wunsch hatte, Offizier zu werden, und mich bemühte, mein Wissen durch eine umfangreiche kriegsgeschichtliche und militärwissenschaftliche Lektüre zu bereichern. Ich hielt mir die »Militärwissenschaftliche Rundschau«, »Kriegskunst in Wort und

Bild« und Haushofers »Zeitschrift für Geopolitik« und schaffte mir eine kleine Bibliothek mit entprechenden Werken an, die gegen Ende des Krieges bis auf etwa 400 Bände angewachsen war.

Nach dem Abitur im Jahre 1939 wurde ich zunächst zum Reichsarbeitsdienst eingezogen und kam in ein Lager an der deutschen Westgrenze, wo wir bald mit Arbeiten am sogenannten Westwall beschäftigt wurden. Nach Kriegsausbruch meldete ich mich freiwillig zum Artillerieregiment der 2. Panzer-Division, und wurde zur Ersatzabteilung dieses Regiments eingezogen, die in Wien stationiert war. Nach Beendigung des Frankreichfeldzuges kam ich zu diesem Regiment, machte als Kanonier den Griechenland-Feldzug im Jahre 1941 mit und kam im selben Jahr auf die Artillerie-Schule in Jüterbog, wo es eine ausgezeichnete Bibliothek gab, so daß ich wieder kriegsgeschichtliche Studien treiben konnte. Als Leutnant kam ich im Sommer 1942 zu meinem Regiment, dem Panzer-Artillerie-Regiment 74, an den Mittelabschnitt der Ostfront und machte dann im Verbande der 2., der 4. und der 7. Panzerdivision Feldzüge in Rußland, Kurland und Pommern mit, bis ich im Mai 1945 in Mecklenburg in amerikanische Kriegsgefangenschaft geriet. Der Krieg hatte mich zwar gelehrt, daß die Offizierslaufbahn in keiner Weise meinen Neigungen und Fähigkeiten entsprach, aber er hatte mein an Spengler orientiertes Weltbild keineswegs erschüttert.

Nach meiner Entlassung aus der Gefangenschaft Ende 1945 versuchte ich, ein Studium an einer der Universitäten aufzunehmen, wurde aber zunächst immer wieder abgelehnt. Ich überbrückte diese Zeit durch intensive Lektüre, unter anderem der Werke Benedetto Croces, die ich in einer Bonner Buchhandlung erwerben konnte. Vor allem diese Lektüre verhalf mir zu der Einsicht, daß meine Weltauffassung dringend der Revision bedurfte.

Im Winter 1946/47 konnte ich mein Studium an der Wirtschafts- und Sozialwissenschaftlichen Fakultät der Kölner Universität aufnehmen, zunächst mit dem Ziel, den Abschluß als Diplom-Kaufmann zu erreichen. Als Berufsziel hatte ich Wirtschaftsprüfer angegeben. Das Studium aber wollte ich vor allem dazu benutzen, meine etwas einseitige Bildung zu ergänzen und mir eine haltbare Weltauffassung zu erwerben. Die Universität war voller Studenten, die als Kriegsheimkehrer in umgearbeitete Uniformen gekleidet waren. Die Hörsäle waren teilweise zerstört, und soweit sie noch brauchbar waren, ohne ordentliche Fenster und vielfach ungeheizt und überfüllt. Da fast alle Güter rationiert waren, lebte man auf Marken, also ohne richtig satt zu werden, es sei denn, man konnte seine Rationen durch Schwarzmarktgeschäfte oder auf andere Weise aufbessern. Diese Situation hielt bis zur Währungsreform im Juni 1948 an. Sie war geeignet, das Interesse an Fragen des Wirtschaftslebens zu wecken, das für die von mir aus rein praktischen Gründen eingeschlagene Studienrichtung ohnehin erforderlich war.

Was das Studium selbst anging, so gab es keine Studienberatung und man war daher weitgehend auf sich selbst angewiesen. Aber die Studenten dieser Generation waren außerordentlich motiviert, so daß sich die Professoren später gerne an sie zurückerinnerten. Sie hatten ja im Gegensatz zu vielen ihrer Kameraden den Krieg überlebt und waren geistig ausgehungert. Für die Lektüre war man weitgehend auf die Bibliotheken angewiesen, da es kaum neue Bücher gab. Aber es gab eine Unmenge neuer Zeitschriften – zum Beispiel »Die Sammlung«, »Die Wandlung«, »Die Neue Deutsche Rundschau« und die »Frankfurter Hefte« – mit einer Fülle von anregenden Aufsätzen zu Fragen der Politik und Kultur, die vielfach von hervorragenden Vertretern des Geisteslebens im In- und Ausland verfaßt waren. Ich kaufte immer wieder solche Hefte und konsumierte Beiträge aus allen Bereichen, vor allem auch solche, die über das historische Geschehen informierten, an dem wir alle beteiligt waren, ohne die tieferen Zusammenhänge zu kennen. Dabei kam das ganze Ausmaß der moralischen und politischen Katastrophe zum Vorschein, in das uns Hitlers Herrschaft verwickelt hatte.

Den Schwerpunkt meiner Lektüre legte ich auf philosophische Werke und auf die erreichbare ökonomische, soziologische und psychologische Fachliteratur, und machte mich weitgehend unabhängig vom Stoff der Vorlesungen, die ich besuchte. Die Betriebswirtschaftslehre war damals noch nicht so stark entwickelt, daß es Mühe gemacht hätte, den Stoff zu bewältigen, der da geboten wurde. Immerhin bekam man einen Einblick in die verschiedensten Probleme, von Fragen der Buchhaltung, der Kostenrechnung und der Bilanzierung bis zu den rechtlichen und steuerlichen Aspekten unternehmerischer Entscheidungen. Daß derartige Kenntnisse auch für denjenigen von Nutzen sein können, der sich für allgemeine soziale Zusammenhänge interessiert, habe ich dann später bemerkt, als ich mit den utopischen Schwärmereien der studentischen und professoralen Systemveränderer konfrontiert wurde, die in der linken Studentenbewegung das Feld beherrschten. Zunächst ließ ich mich jedenfalls von einer Lektüre zur anderen treiben, immer mit der Absicht, mir eine adäquate Weltauffassung zu bilden, nachdem mein an Spengler orientiertes Weltbild zusammengebrochen war und auch Croce mir auf die Dauer nicht genügte. Ich las neben der sozialwissenschaftlichen Literatur Kant, Jaspers, Driesch, Hartmann, Scheler, Gehlen, Marx, Husserl, Carnap, Rickert, Simmel und andere in bunter Reihenfolge. Die notwendige Lektüre der meisten Klassiker holte ich erst später nach. Im Vergleich zu heute war das Studium damals sehr viel freier, also weniger reglementiert. Man wurde kaum »betreut«, was mir nur recht sein konnte.

Da ich meinen Interessen am ehesten im soziologischen Seminar der Universität glaubte nachgehen zu können, schrieb ich meine Diplomarbeit bei Leopold von Wiese, dem Soziologen der Fakultät, und zwar auf eigenen Wunsch über das Thema »Politik und Wirtschaft als Gegenstände der politischen und ökonomischen Theorie«. Dieses Thema konnte ich dazu benutzen, meine bisher erarbeiteten Auffassungen zu explizieren. Ich knüpfte dabei an die Gehlensche Anthropologie, an die Schelersche Kategorie des »Arbeits- oder Herrschaftswissens« und an Clausewitzsche Gedanken an und machte den Versuch, eine allgemeine Theorie des Handelns zu skizzieren, in welche die ökonomische und die politische Theorie eingeordnet werden konnten. Da ich Theorien damals noch als Begriffsapparate auffassen zu können meinte, enthielt meine Arbeit vorwiegend begriffliche Analysen und Rekonstruktionen. Den Sinn der betreffenden Begriffe suchte ich durch die Anwendung auf historische und konstruierte Beispiele zu klären, und zwar auf dem Hintergrund eines an Scheler orientierten Pragmatismus, also einer Auffassung, die sich später im deutschen philosophischen Denken – zum Beispiel bei Gadamer, Apel und Habermas – großer Beliebtheit erfreuen sollte. Daß ich mir die Aufgabe gestellt hatte, durch begriffliche Analysen das Wesensverhältnis von Politik und Wirtschaft zu klären, hing vor allem mit Schwierigkeiten zusammen, die ich im ökonomischen Denken entdeckt zu haben glaubte, vor allem im Zusammenhang mit der Problematik der Macht, deren Analyse meiner Meinung jedenfalls in eine Theorie der Politik gehörte. Die Arbeit ging teilweise von Voraussetzungen aus, die ich später zu revidieren genötigt war, enthielt allerdings auch Hinweise und Argumente, die ich später wieder aufnehmen konnte.

Nach dem Examen, in dem ich in den Fächern Volkswirtschaftlehre, Soziologie und Rechtswissenschaft besonders gut abschnitt, wurde ich im Jahre 1956 Doktorand bei v. Wiese. Ich trieb vor allem meine philosophische Lektüre weiter, las unter anderem Heidegger, Bergson und Russell und stieß schließlich auf die Werke Hugo Dinglers, der eine an Kant orientierte Version des Pragmatismus formuliert hatte, derzufolge die Resultate der exakten Naturwissenschaften durch Handlungsanweisungen konstituiert waren, eine Auffassung, der ich später wieder in Paul Lorenzens Erlanger Schule begegnete, die eine Zeit lang die sozialwissenschaftliche Diskussion zu beeinflussen suchte. Die Dinglersche Auffassung kam mir damals überzeugend vor, zumal sie mit vielem harmonierte, was mir von Croce, Gehlen und Scheler her schon geläufig war.

Im Zusammenhang mit meinem Interesse an ökonomischen Problemen stieß ich auf kritische Untersuchungen zur Nationalökonomie, in denen wissenschaftstheoretische Gesichtspunkte auftauchten, zum Beispiel auf die Arbeiten Myrdals, Morgensterns, Hutchisons und Reigrotzkis. Da ich gleichzeitig mit Max Webers Wissenschaftslehre bekannt wurde, erhielt ich einen weiteren Anstoß in dieselbe Richtung, zumal mein philosophisches Interesse dem entgegenkam. Mir wurde in zunehmendem Maße klar, daß die herrschende Lehre mit Schwächen behaftet war, die weder in den damals gängigen Lehrbüchern noch in den Lehrveranstaltungen erwähnt wurden.

In den sozialwissenschaftlichen Disziplinen bestand damals im deutschen Sprachbereich ein Nachholbedarf, der ihre Entwicklung in ganz verschiedener Richtung beeinflußte, in der Ökonomie in Richtung auf eine mathematische Wirtschaftstheorie neoklassischer Prägung und in der Soziologie in Richtung auf eine durch statistische Methoden unterstützte empirische Sozialforschung. Es ist verständlich, daß die Überbetonung bisher vernachlässigter Aspekte im einen Fall zu formalistischen, im anderen zu empiristischen Auffassungen führte. Es war daher äußerst schwer, eine angemessene methodische Orientierung zu finden, und ich mußte zu meinem Erstaunen feststellen, daß meist nicht einmal ein Bedürfnis nach einer solchen Orientierung bestand. Die bevorzugten ökonomischen Lehrbücher konzentrierten sich auf die Darstellung des Instrumentariums dieser Disziplin, und zwar in methodisch naiver Weise und so, daß es kaum möglich war, die Problemsituation zu erkennen, mit der sie konfrontiert war.

Bald war ich von tiefem Mißtrauen erfüllt gegen eine Wissenschaft, die von versteckten oder offenen Werturteilen zu wimmeln schien, obwohl Max Weber seinerzeit seine Kritik gerade an diesem Aspekt des ökonomischen Denkens entwickelt hatte, und die darüber hinaus die reale Geltung der von ihr postulierten Gesetzmäßigkeiten kaum als wichtiges Problem aufzufassen schien. Sie schien mir das Musterbeispiel einer Ideologie zu sein, etwa in dem Sinne, wie der Soziologe Theodor Geiger solche Aussagengebäude charakterisiert hatte. Da ich in Diskussionen innerhalb und außerhalb der Seminare keinerlei Argumente entgegengehalten bekam, die geeignet waren, meine Bedenken zu zerstreuen, fand ich mich in meiner kritischen Auffassung immer wieder bestätigt. Die Wissenschaftslehre war damals an der Kölner Universität und in den deutschen Sozialwissenschaften so gut wie unbekannt. Und in einem der meist gelesenen Bücher über ökonomische Grundlagenprobleme[3] wurden methodologische Diskussionen sogar als Krankheitszeichen einer Wissenschaft gewertet. Damals wurde mir die mögliche Bedeutung philosophischer Untersuchungen für die Einzelwissenschaften deutlich, wie sie beispielhaft im Werke Max Webers zum Ausdruck kam, von dem allerdings in Köln kaum die Rede war, nicht einmal im soziologischen Seminar.

Allmählich bildete sich in mir eine Auffassung heraus, die eine einheitliche Lösung der Problematik der menschlichen Praxis zu ermöglichen schien. Sie schien überdies eine Kritik am herrschenden ökonomischen Denken zu erlauben, die darauf hinauslief, daß in dieser Denkweise völlig heterogene Probleme miteinander verschmolzen waren, nämlich ethische Probleme, die letzten Endes

[3] Es handelt sich um Walter Euckens Buch: Grundlagen der Nationalökonomie, dem man allerdings bescheinigen darf, daß es im Gegensatz zu anderen Lehrbüchern eine Untersuchung enthält, die deutlich problemorientiert ist. Walter Eucken hatte sich übrigens mit wissenschaftstheoretischen Fragen auseinandergesetzt, aber nach meinen Dafürhalten in nicht sehr befriedigender Weise.

nur durch Entscheidung zu lösen waren, und technische Probleme, deren Lösung durch Erkenntnis, und damit: mit den Mitteln der Wissenschaft, möglich sei. Durch die Fusion dieser beiden Arten von Problemen ergab sich meines Erachtens in der Ökonomie eine krypto-normative Fragestellung, wobei noch dazu – in der üblichen Fassung des Wertproblems – eine Quantifizierbarkeit für den Bereich praktischer Probleme unterstellt wurde, für die es kein fundamentum in re gab. Statt einer echten »politischen Anthropologie« war hier nach meinem Dafürhalten eine »politische Arithmetik« entstanden, die sich anheischig machte, existentielle Probleme in rationaler Weise zu lösen. Der Titel meiner Dissertation lautete daher: »Rationalität und Existenz. Politische Arithmetik und politische Anthropologie«.

Die von mir in dieser Arbeit entwickelten Auffassungen kommen in vieler Hinsicht denen nahe, die später gegen den kritischen Rationalismus ins Feld geführt wurden. Es handelte sich damals um einen Versuch, den gesamten Bereich der praktischen Problematik – und damit auch das Verhältnis von Erkenntnis und Praxis – unter anthropologischem Gesichtspunkt zu analysieren, wobei sich auf Grund der von mir damals bevorzugten Auffassung eine Gliederung dieses Problemkreises in einen technischen, einen ethischen, einen ökonomischen und einen politischen Problembereich ergab.

Für die wissenschaftliche Erkenntnis im naturwissenschaftlichen Sinne habe ich damals – wie später viele meiner Kritiker, die auf ähnliche Weise durch die Praxis-Problematik fasziniert sind und daher ebenfalls dazu neigen, die Erkenntnis nur unter pragmatischen Gesichtspunkten zu sehen – ein gegenstandskonstitutives technisches Erkenntnisinteresse postuliert und in diesem Rahmen das Kausalprinzip als einen apriorischen Satz technologischen Charakters ohne ontologische Bedeutung aufgefaßt. Dabei habe ich teilweise auf Anschauungen Dinglers zurückgegriffen, die heute in etwas veränderter Form – das heißt: vor allem in Kombination mit Heideggerschen Ideen – von der Lorenzen-Schule vertreten werden. Die Wissenschaft habe ich dabei als ein Instrument der auf die menschliche Praxis bezogenen Möglichkeitsanalyse in Betracht gezogen, ohne ihre Funktion für die Gestaltung unseres Weltbildes zu bedenken, eine Betrachtungsweise, die ganz in der Linie des Instrumentalismus liegt, wie er später im Rahmen dialektisch-hermeneutischer Denkweisen für die Deutung der Naturwissenschaften angeboten wurde. Da ich glaubte, die Rationalität auf die so verstandene Wissenschaft beschränken zu können, blieb mir für den ethischen Teil der praktischen Problematik nur der Rückzug auf eine Deutung im Sinne existentialistischer Lehren übrig, die man heute dem Dezisionismus zuordnen würde. Was hier zum Ausdruck kam, war jene scharfe Scheidung von Erkenntnis und Entscheidung, die ich später selbst einer Kritik unterzogen habe[4]. Zwischen technisch-rationaler Analyse und ethisch-existenzieller Entscheidung, so glaubte ich zeigen zu können, gibt es keine Brücke. Heute bin ich dagegen geneigt, derartiger Überbrückungsprobleme nicht nur für grundsätzlich lösbar zu halten, sondern in ihnen darüber hinaus einen wesentlichen Teil der philosophischen Problematik zu sehen[5].

Von daher erfolgte auch meine Kritik der Nationalökonomie, die als scheinbar wertneutrale Disziplin wegen ihrer normativ-explikativen Doppelfunktion angegriffen und durch Übergang zu einer politischen Anthropologie überwunden werden sollte. Hinter dieser Kritik stand der Gedanke, daß die im ökonomischen Denken verwurzelte Vorstellung, man könne die existentielle Entscheidung durch eine rationale Kalkulation ersetzen, einem anthropologischen Irrtum entspringe, einem Irrtum, der meiner damaligen Auffassung nach der zentralen ökonomischen Fragestellung zugrunde lag. Es sollte also nicht die Unrichtigkeit einer bestimmten Problemlösung nachgewiesen werden, sondern die Unmöglichkeit der ökonomischen Grundfragestellung, die aus einer unhaltbaren Verschmelzung technischer und ethischer Probleme hervorgegangen und durch einen Begriffsapparat bestimmt sei, in dem diese Fusion unvereinbarer Elemente von vornherein angelegt sei.

Unter Berufung auf die Analysen Martin Heideggers in »Sein und Zeit« habe ich mich damals zu der These durchgerungen, die »verdinglichende ökonomische Terminologie« verdecke die durch die existenziale Analytik des Daseins offenbarte »Sorge-Struktur«,

---

[4] Vor allem in meinem Buch: Traktat über kritische Vernunft, Tübingen 1968, und später in meinem: Traktat über rationale Praxis, Tübingen 1978.

[5] Vgl. dazu meinen Aufsatz: Kritizismus und Naturalismus. Die Überwindung des klassischen Rationalitätsmodells und das Überbrückungsproblem (1971), in diesem Band.

die »als ursprüngliche Strukturganzheit existenzial-apriorisch ›vor‹ jeder, d.h. immer schon in jeder faktischen ›Verhaltung‹ und ›Lage‹ des Daseins« liege. Heute habe ich Mühe, diesem Passus einen einigermaßen einsehbaren Sinn abzugewinnen. »Auf der Umfälschung der Sorgestruktur des Daseins und des durch sie fundierten Entscheidungszwanges in eine quantifizierbare Beziehung im Bereich des Vorhandenen (Tatbestand der Knappheit) und ein daraus entspringendes quantitatives Verhaltensprinzip (ökonomisches Prinzip)«, so behauptete ich weiter, »auf der Umwandlung des existenziellen in ein kalkulatorisches Problem« ruhe »das ganze Gebäude des ökonomischen Kategorialapparates«. »Bis in ihre Fundamente hinein« sei also »die ökonomische Theorie eine ökonomistische Verschleierung anthropologischer Phänomene, eine Interpretation der Seinsverfassung des Daseins durch eine Begrifflichkeit, die bestenfalls der Seinsart des dinglich Vorhandenen adäquat sein würde«, Formulierungen, die in ihrer Stoßrichtung denen nicht ganz unähnlich sein dürften, die später vom hermeneutisch inspirierten Neomarxismus produziert werden sollten[6].

Da ich die Überwindung des Erkenntnisideals der klassischen Physik in der Wissenschaft von der menschlichen Gesellschaft für notwendig hielt und die Geschichte als Wissenschaft von der fundamentalen Wirklichkeit auffassen zu müssen glaubte, hatte ich, wie später meine Gegner im sogenannten Positivismusstreit, starke Bedenken gegen die Idee, man könne eine soziale Gesamterscheinung aus dem historischen Prozeß herauslösen und unter Anwendung allgemeiner Gesetze erklären. Bestenfalls die Bestimmung von relativen Invarianzen, die sich im historischen Ablauf kurze Zeit zu halten vermögen, hielt ich für möglich, in dieser Hinsicht ganz in Übereinstimmung mit jenem methodologischen Historismus, der sich heute noch in vielen Bereichen der Sozialwissenschaften findet. Daß ich die Verwendung der Mathematik in der Ökonomie damals für fragwürdig hielt und die Erklärungsfunktion der Ökonomie zurückwies, hing eng mit dieser methodologischen Grundauffassung zusammen. Sie wurzelte in einer Überschätzung der These von der Geschichtlichkeit des Menschen und

---

6 Zur Kritik solcher Denkweisen vgl. mein Buch: Kritik der reinen Hermeneutik. Der Antirealismus und das Problem des Verstehens, Tübingen 1994.

in einer Überbetonung und Mißdeutung des Praxisbezugs der menschlichen Erkenntnis, die angeblich ihren Sinn nur aus der Beziehung auf die jeweilige historische Situation erhalte, deren Analyse auf Möglichkeiten des Handelns hin ihre eigentliche Aufgabe sei. Derartige Auffassungen pflegten später im Umkreis des neomarxistischen Denkens zu kursieren, in dem das Schlagwort von der historisch-praktischen Lebensbewältigung ebenfalls zur Grundlage problematischer erkenntnistheoretischer Formulierungen mit weitreichenden politischen Konsequenzen wurde. Daß gerade auch die Bewältigung praktischer Probleme durch eine Wissenschaftsauffassung dieser Art keineswegs gefördert wird, scheint mir damals entgangen zu sein.

Nach meiner Promotion im Sommer 1952 wurde ich Assistent der von Gerhard Weisser geleiteten sozialpolitischen Abteilung des Forschungsinstituts für Sozial- und Verwaltungswissenschaften an der Kölner Universität. Weisser war im Jahre 1933 als sozialdemokratischer zweiter Bürgermeister von Hagen unter Protest zurückgetreten und wurde nach dem Krieg als leitender Ministerialdirektor in das nordrhein-westfälische Finanzministerium geholt. Dort erreichte ihn der Ruf auf den Kölner Lehrstuhl für Sozialpolitik. Er war weiter aktives Mitglied der SPD und wirkte in ihr im Sinne eines freiheitlichen Sozialismus.

Ich hatte nun eine Stelle, auf der ich meinen geistigen Neigungen in vollem Umfang folgen konnte, denn Weisser war aus der Schule Leonard Nelsons, eines Kantianers der Friesschen Richtung, hervorgegangen und selbst philosophisch interessiert. Nur in seinem erkenntnistheoretischen Oberseminar, an dem ich regelmäßig teilgenommen hatte, wurden Grundlagenfragen erörtert. Ich erwarb mir nun im Selbststudium Kenntnisse in mathematischer Logik und stieß, vor allem durch die Arbeiten des Wiener Philosophen Viktor Kraft, dessen Wertlehre und dessen Konventionalismus-Kritik[7] ich besonders schätzen lernte, auf den logischen Positivismus. Da mir die Kraftsche Kritik an Dinglers Auffassungen einleuchtete, hatte ich Anlaß, meinen an Dingler orientierten Pragmatismus aufzugeben. In erkenntnistheoretischer Hinsicht er-

---

[7] Vgl. Viktor Kraft, Mathematik, Logik und Erfahrung, Wien 1947; Ders., Der Wiener Kreis, Wien 1950; Ders., Die Grundlagen einer wissenschaftlichen Wertlehre, 2, Auflage, Wien 1951.

schienen mir nun Lösungen aus dem Bereich des Positivismus überzeugender, während ich in der Ethik weiter eine Art Existentialismus bevorzugte. Meine Einstellung zur Ökonomie aber begann sich zu wandeln. Unter anderem hatte mein Studium der mathematischen Logik dazu beigetragen, daß ich nun meine anfängliche Zurückweisung der Anwendung der Mathematik in dieser Disziplin revidieren mußte, weil sie auf falschen Voraussetzungen über den Charakter und die Möglichkeiten des mathematischen Denkens beruht hatte.

Auf Anraten Weissers veröffentlichte ich im Jahre 1954 den zweiten Teil meiner Dissertation, nachdem ich einige Ergänzungen und Änderungen vorgenommen hatte, unter einem entsprechenden Titel[8]. Der Hintergrund meiner Analyse der ökonomischen Problematik, den ich oben skizziert habe, kommt in dieser Schrift nur noch unvollkommen zur Geltung. Meine durch die erwähnte Lektüre bedingten Zweifel an der Richtigkeit mancher Bestandteile dieser Konzeption hatten mich bewogen, einiges, was mir problematisch erschien, nicht in diese Schrift zu übernehmen und anderes abzuschwächen. Kurze Zeit später hätte ich wohl drastischere Änderungen vornehmen müssen, vor allem unter dem Einfluß der Gedanken Karl Poppers, die mir erst bekannt wurden, als der Text meiner Schrift kaum mehr zu ändern war.

Weisser war vor allem mit meiner Kritik am Maximum-Theorem der Konkurrenztheorie einverstanden und sah in ihr eine Bestätigung seiner Auffassungen. Im übrigen waren seine philosophischen Auffassungen mit den meinen in mancher Hinsicht nicht vereinbar. Er hatte es sich zur Aufgabe gemacht, auf der Grundlage eines Kantianismus Nelsonscher Prägung ein System der Politik aus normativen Urteilen aufzubauen, und zwar ein System axiomatisch-deduktiver Natur, aus dem sich die politischen Entscheidungen ableiten und dadurch rechtfertigen ließen. Ich dagegen akzeptierte das Webersche Wertfreiheitsprinzip und hielt das Weissersche Unternehmen schon deshalb für unvertretbar, weil auch in ihm eine Rationalisierung existentieller Probleme versucht wurde. Ich hatte es daher in meiner Dissertation einer Kritik unterzogen.

---

[8] Vgl. Albert, Ökonomische Ideologie und politische Theorie. Das ökonomische Argument in der ordnungspolitischen Debatte, Göttingen 1954, 2. erw. Auflage 1972.

Obwohl ich meine kritische Einstellung dazu beibehalten habe[9], habe ich später eingesehen, daß Weisser zumindest ein wichtiges Problem – nämlich das Problem einer rationalem Praxis – ins Auge gefaßt hatte, für das ich damals keine Lösung bereit hielt, zumal meine Neigung zu existentialistischen Anschauungen mir den Blick für Fragen dieser Art verstellte.

Nicht allzu lang blieb ich im Banne des logischen Positivismus und der Auffassungen, die sich unter seinem Einfluß entwickelt hatten. Sehr bald fand ich in Karl Poppers Arbeiten[10] gute Gegenargumente, die mich veranlaßten, meine wissenschaftstheoretischen Anschauungen zu revidieren. Auch die Lektüre der damals posthum erschienenen Untersuchungen Ludwig Wittgensteins[11] trug zu dieser Revision bei. Allerdings deutete ich Poppers Auffassungen zunächst als eine Version des Positivismus und hielt die im positivistischen Lager übliche Metaphysik-Kritik für überzeugend.

Da ich allmählich zu der Auffassung gelangt war, eine adäquate ökonomische Theorie lasse sich nur im Rahmen der Soziologie konstruieren, entschloß ich mich, eine Habilitation in beiden Fächern anzustreben und eine entsprechende Arbeit zu verfassen. Allerdings befand ich mich mit meinem Projekt im Gegensatz zu den Auffassungen v. Wieses, denn dieser vertrat den Standpunkt, die Soziologie habe es mit den Mensch-Mensch-Beziehungen zu tun, die Ökonomie aber mit Mensch-Ding-Beziehungen. Diese Ansicht schien mir schon deshalb offensichtlich falsch zu sein, weil die Tauschbeziehungen auf den Märkten, mit denen sich die Ökonomie beschäftigte, Beziehungen zwischen Personen oder sozialen Gebilden waren. Sie gehörten demnach eigentlich gerade in die Beziehungslehre, die v. Wiese selbst anstrebte, die aber meines Erachtens in klassifikatorischen Bemühungen stecken geblieben war. Meine Kritik wurde von ihm zwar nicht akzeptiert, aber wohlwollend zur Kenntnis genommen. Inzwischen hatte René König als

---

[9] Vgl. dazu meinen Aufsatz: Wertfreiheit als methodisches Prinzip. Zur Frage der Notwendigkeit einer normativen Sozialwissenschaft (1963), in meinem Aufsatzband: Aufklärung und Steuerung, Hamburg 1976, S. 160–191.

[10] Zunächst in seiner: Logik der Forschung, Wien 1935.

[11] Vgl. Ludwig Wittgenstein, Philosophical Investigations, Oxford 1953.

Nachfolger v. Wieses den soziologischen Lehrstuhl übernommen, an dessen Seminaren ich teilnahm.

Ich nahm mir also vor, nach einer Kritik der modernen reinen Ökonomie auf wissenschaftstheoretischer Basis eine soziologisch aufgefaßte empirische Ökonomie zu skizzieren, in der der Ablauf wirtschaftlicher Prozesse auf das Verhalten von Personen in bestimmten sozialen Rollen zurückgeführt und institutionelle Tatbestände berücksichtigt würden. Dabei unterschätzte ich ebenso die Schwierigkeiten eines solchen Unternehmens in konstruktiver Hinsicht wie das heuristische Potential der ökonomischen Tradition, die ich vor allem in ihrer neoklassischen Ausprägung wahrgenommen hatte. Und ich überschätzte die Möglichkeit, aus den Ansätzen theoretischen Denkens im soziologischen Bereich Anhaltspunkte für eine wirkliche Verbesserung der Ökonomie zu gewinnen. Immerhin hatte ich unter anderem versucht, die kausale Relevanz rechtlicher Regelungen für das Wirtschaftsgeschehen herauszuarbeiten und damit ein Problem zu behandeln, das später unter dem Einfluß amerikanischer Ansätze auch für deutsche Ökonomen interessant wurde.

Meine 1955 eingereichte Habilitationsschrift »Nationalökonomie als Soziologie der kommerziellen Beziehungen« wurde nicht angenommen, da die von mir geübte Kritik den zuständigen Herren der Fakultät nicht einleuchtete. René König hatte schon vorsorglich erklärt, ich sei kein Soziologe, so daß meine Habilitation für Soziologie nicht mehr in Frage kam. Er hatte offenbar eine ganz bestimmte Auffassung von der Identität dieses Faches, mit der Konsequenz, daß ich jedenfalls nicht dazu gehörte. Der Dekan der Fakultät hatte meine Kritik an der Ökonomie offenbar als leichtfertig angesehen und sein Exemplar meiner Schrift mit Randbemerkungen versehen, die zeigten, daß er wissenschaftstheoretische Argumente kaum verstand und sie daher a limine zurückzuweisen in der Lage war. Obwohl meine Kritik weniger radikal war als die in meiner Dissertation und man mir konstruktive Bemühungen nicht absprechen konnte, kam also auch eine Habilitation im Fach Ökonomie nicht mehr in Frage. Ich wäre bereit gewesen, meine Schrift vor der Fakultät zu verteidigen, aber ein solches Vorhaben war anscheinend mit den geltenden Regeln nicht vereinbar.

Allerdings hatte ich den Eindruck, daß in meinem Verfahren auch noch andere Faktoren eine Rolle spielten, die nicht so offen zum Ausdruck kamen, wie mir das damals wünschenswert erschienen wäre. Man hatte nämlich das Gerücht verbreitet, ich sei Mitglied der kommunistischen Partei, eine absurde Bezichtigung für jeden, der mich kannte. Als mir das nach der Ablehnung meiner Schrift eröffnet wurde, konnte ich diese Unterstellung leicht widerlegen. Man riet mir nun, einen neuen Versuch zu machen und mich mit meinen bisher publizierten Arbeiten zu habilitieren, und zwar diesmal für Sozialpolitik, da ich ja Assistent des Lehrstuhlinhabers für dieses Fach sei. Im Jahre 1957 wurde ich also für Sozialpolitik habilitiert, konzentrierte mich aber mit Duldung der Fakultät in meinen Lehrveranstaltungen auf Logik, Wissenschaftslehre und Kritik der Wohlfahrtsökonomie. Im Ganzen kann ich also trotz des Scheiterns meines ersten Habilitationsversuchs kaum über mangelndes Wohlwollen der Kölner Fakultät klagen. Meine Publikationen widmete ich weiter dem Versuch, die Schwächen der reinen Ökonomie zu analysieren und eine Revision dieser Konzeption auf der Grundlage soziologischer und psychologischer Gesichtspunkte und Forschungsresultate zu versuchen[12].

Inzwischen hatte ich im Sommer 1958 auf den Alpbacher Hochschulwochen in Tirol Karl Popper persönlich kennen gelernt und die weitere Entwicklung seiner Gedanken zur Kenntnis genommen. Diese Hochschulwochen hatte ich im Jahre 1955 zum ersten Mal besucht – und zwar auf Anregung von Ernst Topitsch, mit dem ich wegen seiner Arbeiten zum Wertproblem Verbindung aufgenommen hatte –, um ein von ihm und dem dänischen Rechtsphilosophen Alf Ross geleitetes Seminar mitzumachen. Das Rosssche Buch »Kritik der sogenannten praktischen Erkenntnis«, das eine Kritik der Nelsonschen Auffassung über praktische Vernunft enthielt, hatte ich vor einiger Zeit in der Diskussion der Weisserschen Auffassungen verwendet. Ich lernte nun auch seine rechtsphilosophischen Auffassungen kennen und beschäftigte mich auch später immer wieder mit Fragen aus diesem Bereich. Auch Paul Feyerabend, der später als anarchistischer Erkenntnistheoretiker bekannt werden sollte, lernte ich in Alpbach kennen, und zwar schon

[12] Vgl. dazu meinen Aufsatzband: Marktsoziologie und Entscheidungslogik. Ökonomische Probleme in soziologischer Perspektive, Neuwied/Berlin 1967.

1955, als er noch Auffassungen vertrat, die den Einfluß Karl Poppers verrieten.

Mir wurde bald klar, daß der kritische Rationalismus Poppers eine in vieler Hinsicht befriedigendere Auffassung darstellte als der damals in der Wissenschaftslehre dominierende neoklassische Empirismus und als die analytischen Denkweisen im Gefolge der Wittgensteinschen Spätphilosophie, ganz zu schweigen von den hermeneutischen und den dialektischen Lehren, die für die Philosophie Kontinentaleuropas charakteristisch waren. Für mich war er vor allem auch deshalb attraktiv, weil er eine Handhabe bot, die Dichotomie von Erkenntnis und Entscheidung zu überwinden, die ich lange Zeit vertreten hatte, und damit auch die Einschränkung der Rationalität auf die Sphäre der Erkenntnis, die mir zu schaffen machte, zumal ich die Nelson-Weissersche Lösung für problematisch hielt. Die positivistische Behandlung des Problems der synthetischen Urteile a priori lief, wie ich einsehen mußte, auf eine vom empiristischen Vorurteil diktierte Konvention hinaus, die letzten Endes dogmatischen Charakter hatte. Wer sie nicht akzeptieren zu können glaubte, brauchte auch die damit verbundene Metaphysik-Kritik nicht anzunehmen. Mir war schon seit längerer Zeit aufgefallen, daß hier ein ungelöstes Restproblem lauerte, das mit den Mitteln des Positivismus nicht zu bewältigen war. Nun sah ich, daß Popper in seiner Kritik auch an diesen Punkt anknüpfte und eine akzeptable Lösung anbot. Er war, wie ich später erfuhr, schon in den 30er Jahren in einem damals unveröffentlichten Manuskript im Rahmen einer Kant-Analyse auf die damit zusammenhängenden Probleme eingegangen.

In der zweiten Hälfte der 50er Jahre begann ich, die ökonomische Problematik neu zu überdenken, da ich in der ökonomischen Tradition selbst Ansatzpunkte für eine Überwindung der neoklassischen Lehre erkennen zu können glaubte. Ich kam zu der Einsicht, daß die Bedeutung der ökonomischen Grundideen nicht unbedingt von unzulänglichen Formulierungen und vom Formalismus der herrschenden Lehre abhängig sein mußte. Im soziologischen und im psychologischen Denken waren Elemente zu finden, die im Rahmen des überlieferten ökonomischen Erkenntnisprogramms verwertet werden konnten, um Schwächen der bisherigen Lehren zu überwinden. Schließlich kam ich dazu, die ökonomische Tradition selbst als eines der fruchtbarsten soziologischen Erkenntnisprogramme zu betrachten, eine zugegebenermaßen ziemlich radikale Revision meiner früheren Position, für die ich bei Kritikern oft kein Verständnis finden konnte[13]. Heute scheint diese Position allerdings sowohl im ökonomischen als im soziologischen Denken in zunehmendem Maße Einfluß zu gewinnen[14].

Für den Oktober 1961 hatte die deutsche Gesellschaft für Soziologie, eine Arbeitstagung in Tübingen anberaumt, auf der der damals schwelende Methodenkonflikt ausgetragen werden sollte. Die »Frankfurter Schule« mit Max Horkheimer und Theodor W. Adorno als führenden Köpfen hatte mit ihrer »kritischen Theorie«, einer Gesellschaftsphilosophie marxistischer Prägung, die soziologische Grundlagendiskussion angefacht und war in Gegensatz zu anderen Richtungen des soziologischen Denkens geraten, vor allem zu der durch René König und seine Schüler repräsentierten empirischen Soziologie[15], die den Akzent auf die empirische Sozialforschung legte und sich scharf gegen sozialphilosophische Spekulationen abgrenzte. Auf Veranlassung Ralf Dahrendorfs wurde Karl Popper zu einem Referat über die Logik der Sozialwissenschaften und Theodor W. Adorno zu einem Korreferat eingeladen. Das war der Beginn des sogenannten Positivismusstreits in der deutschen Soziologie, allerdings ohne daß die Teilnehmer dieser Tagung das ahnen konnten, denn eine echte Kontroverse kam auf dieser Tagung nicht zustande. Popper plädierte für eine Auffas-

---

[13] Vgl. dazu mein oben erwähntes Buch: Marktsoziologie und Entscheidungslogik, sowie meine Aufsätze: Zur Theorie der Konsumnachfrage, Jahrbuch für Sozialwissenschaft, Band 16, 1965, Erwerbsprinzip und Sozialstruktur, Jahrbuch für Sozialwissenschaft, Band 19, 1968, und meinen Vortrag auf der 100-Jahr-Feier des Vereins für Socialpolitik, unter dem Titel: Macht und ökonomisches Gesetz, in meinem o.a. Aufsatzband: Aufklärung und Steuerung.

[14] Vgl. dazu Viktor Vanberg, Rules and Choice in Economics, London/New York 1994, S. 1 ff. und passim, sowie die Arbeiten Sigwart Lindenbergs, z.B.: Homo socio-oeconomicus: the emergence of a general model of man in the social sciences, Journal of Institutional and Theoreticel Economics 146, 1990, S. 727–748, vgl. auch Alfred Bohnen, Handlung, Lebenswelt und System in der soziologischen Theoriebildung, Zeitschrift für Soziologie, 1984, S. 191–203.

[15] Für eine Analyse aus der Perspektive eines Kritikers beider Richtungen vgl. Helmut Schelsky, Ortsbestimmung der deutschen Soziologie, Düsseldorf/Köln 1959.

sung der Sozialwissenschaften im Sinne des methodologischen Individualismus und einer richtig verstandenen naturwissenschaftlichen Methode. Und Adorno nahm seine Thesen kommentierend auf, stimmte ihnen unter Einschränkungen zu und entwickelte daraus seine am Bezug zur Totalität der Gesellschaft orientierte Auffassung, die offenbar in wesentlichen Punkten, zum Beispiel in methodischer Hinsicht, zu entgegengesetzten Konsequenzen führen mußte. Die daran anschließende Diskussion war, wie Dahrendorf später feststellte, für alle Teilnehmer unbefriedigend, weil die wesentlichen Gegensätze nicht zutage traten. Das hängt offenbar damit zusammen, daß Poppers Referat eine Positivismuskritik enthielt und daß es von Adorno auch so aufgefaßt wurde, und daß Poppers Kritik an der Mannheimschen Wissenssoziologie, die er selbst als Kritik an den Auffassungen seines Korreferenten verstand, von Adorno schon deshalb akzeptiert werden konnte, weil dieser die Mannheimschen Auffassungen schon früher als positivistisch kritisiert hatte[16]. Man hatte also tatsächlich aneinander vorbeigeredet, was damit zusammenhängen mag, daß keiner der beiden Referenten die früheren Arbeiten seines Diskussionspartners kannte. Erst Jürgen Habermas, der 1963 mit seinem Beitrag zur Adorno-Festschrift den Faden wieder aufnahm und zwar mit einem Angriff auf die Popperschen Anschauungen zur Wert-, zur Theorie- und zur Erfahrungsproblematik, charakterisierte diese Anschauungen als eine Version des Positivismus und brachte damit den Positivismusvorwurf gegen Popper in die Welt, der dann auch von Adorno und von anderen übernommen wurde und schließlich auch die Parolen der linken Studentenbewegung befruchtet hat, die sich ihre ideologischen Waffen zunächst bei der »Frankfurter Schule« besorgte.

Im Jahre 1958 hatte ich eine Diäten-Dozentur erhalten, so daß ich meine Tätigkeit als Assistent Gerhard Weissers aufgeben konnte. Ich konnte mich auf meine wissenschaftliche Arbeit konzentrieren und rechnete schon deshalb nicht mit einem Ruf auf einen

---

[16] Vgl. dazu und zum Folgenden die interessante Rekonstruktion der Tübinger Situation in: Hans-Joachim Dahms, Positivismusstreit. Die Auseinandersetzungen der Frankfurter Schule mit dem logischen Positivismus, dem amerikanischen Pragmatismus und dem kritischen Rationalismus, Frankfurt am Main 1994, S. 337–350.

Lehrstuhl für Nationalökonomie, weil ich in meinen Arbeiten die im deutschen Sprachraum herrschenden Auffassungen ständig kritisiert hatte. Als sich dennoch Aussichten auf Berufungen ergaben, sorgte ich selbst dafür, daß sie keine Konsequenzen hatten. Ich glaubte nicht, neoklassische Auffassungen vertreten zu können, und eine Alternative dazu schien es noch nicht zu geben.

Überraschenderweise erhielt ich dann im Jahre 1963 einen Ruf auf einen der beiden soziologischen Lehrstühle der damaligen Wirtschaftshochschule Mannheim. Auf den ersten der beiden Lehrstühle war M. Rainer Lepsius berufen worden, der damals Privat-Dozent für Soziologie in München war. Auf meinen Wunsch wurde dem zweiten Lehrstuhl die Bezeichnung »Soziologie und allgemeine Methodenlehre« gegeben, die später in »Soziologie und Wissenschaftslehre« umgeändert wurde. Ich nahm den Ruf an und zog am 1. Dez. 1963 mit meiner Familie nach Heidelberg um, wo ich mit Hilfe eines meiner früheren Studenten, Gert Degenkolbe, der inzwischen Assistent Ernst Topitschs an der Universität Heidelberg war, eine passende Wohnung gefunden hatte. Von da an hielt ich in Mannheim Vorlesungen und Seminare über soziologische Themen und über Logik und Wissenschaftslehre.

Im April 1964 brachte der 15. deutsche Soziologentag, der in Heidelberg stattfand und einer Analyse der heutigen Bedeutung Max Webers gewidmet war, eine weitere Konfrontation der soziologischen Auffassungen. Ernst Topitsch hielt ein Einleitungsreferat, und die drei Hauptreferate wurden von Talcott Parsons, Raymond Aron und Herbert Marcuse gehalten. Marcuse wartete mit einer Interpretation des Weberschen Denkens auf, die erhebliche Mißdeutungen enthielt.[17] Seine These, die Funktion der Weberschen Wissenschaftslehre mit ihrem Prinzip der Wertfreiheit bestehe darin, die Wissenschaft für von außen aufgetragene Wertungen freizumachen, war insofern völlig irreführend, als sie die nach der Jahrhundertwende publizierten methodologischen Auffassungen Webers nicht berücksichtigt, aus denen das Gegenteil

---

[17] Vgl. dazu HERBERT MARCUSE, Industrialisierung und Kapitalismus, in: OTTO STAMMER (Hrsg.), Max Weber und die Soziologie heute, Tübingen 1965, darin auch die anderen Referate und Diskussionsbeiträge dieser Tagung.

hervorgeht.[18] Marcuses Ausführungen standen im Dienste einer marxistisch inspirierten Ideologiekritik, die ihm das Verständnis der von ihm kritisierten Auffassungen offenbar nicht gerade erleichterte. Sie wurden nichtsdestoweniger von einer großenteils wohl aus Frankfurt angereisten Claque mit tosendem Beifall bedacht, eine Reaktion, in der sich offenbar schon die Studentenbewegung ankündigte, die dann spätere Soziologentage in chaotische Veranstaltungen umfunktionieren sollte. Ich selbst nahm damals an der Diskussion zum Vortrage von Talcott Parsons über Wertfreiheit und Objektivität teil, der eine sehr viel ausgewogenere Weberdeutung enthielt. Auch Habermas, der damals in Heidelberg lehrte, hatte zu diesem Vortrag Stellung genommen und dabei auch eine Frage an mich gerichtet, die sich auf die sozialkritische Verwendung der Sozialwissenschaft bezog. Da er damals noch in Heidelberg wohnte, hatte ich in dieser Zeit Gelegenheit zu einigen Gesprächen mit ihm.

Die Habermassche Attacke auf Poppers Auffassungen in der Adorno-Festschrift und seine einschlägigen Äußerungen in einem damals erschienenen Band von Aufsätzen aus seiner Feder veranlaßten mich im Jahre 1964, einen kritischen Aufsatz zu verfassen. Daß Habermas Popper als »Positivisten« angegriffen hatte, erschien mir insofern als besonders irreführend, als ich selbst unter dem Einfluß des Popperschen Denkens meine früheren positivistischen Auffassungen revidiert hatte. Ich hatte daher allen Anlaß, die Habermasschen Mißverständnisse aufzuklären. Habermas antwortete noch im gleichen Jahr, indem er gegen mich seinen Positivismusvorwurf wiederholte und auf meine Fragen und Einwände in einer mir völlig unzulänglich erscheinenden Weise einging. Meine Antwort ließ an Schärfe nichts zu wünschen übrig.

Es ist hier nicht möglich, den Gang der Diskussion zu rekonstruieren. Die Vorträge Poppers und Adornos, die Stellungnahme Dahrendorfs und die oben erwähnten Arbeiten von Habermas und

---

[18] Vgl. dazu meinen Beitrag in dem oben erwähnten Buch, sowie meinen Aufsatz: Wissenschaft und Verantwortung. Max Webers Idee rationaler Praxis und die totale Vernunft der politischen Theologie (1970), abgedruckt in meinem Buch: Kritischer Rationalismus. Vier Kapitel zur Kritik illusionären Denkens, Tübingen 2000, S. 180–219.

mir sind zusammen mit weiteren Beiträgen in einem in viele Sprachen übersetzten Band abgedruckt.[19] Meine Meinung über diesen Band habe ich in einem kurzen Nachwort geschildert. Ich betrachte ihn noch heute als eine literarische Mißgeburt mit einem irreführenden Titel. Adorno attackiert in seinem Vorwort teilweise einen Positivismus, der von keinem seiner Diskussionspartner vertreten wird, und zwar mit Argumenten, die eher auf den logischen Positivismus der 30er Jahre oder gar auf den Positivismus der älteren Soziologie zugeschnitten sind. Das wird allerdings verständlich, wenn man die bis heute fast unbekannte Vorgeschichte dieser Kontroverse in Betracht zieht.[20]

Im Laufe der Zeit griffen andere in die Diskussion ein, und bald wurde der »Positivismusstreit« ein beliebtes Thema für Seminare und Zeitschriften. Vor allem im Zusammenhang mit der linken Studentenbewegung der 60er und 70er Jahre wurde die Kontroverse sehr schnell öffentlichkeitswirksam, denn die Frankfurter Dialektiker gehörten ja zu den Leuten, denen diese Bewegung ihre Ideologie verdankte, wenn sie auch, wie sich dann zeigte, mit den Wirkungen ihrer Lehren nicht ganz einverstanden waren. Es wurde also im Rundfunk, im Fernsehen, in den evangelischen und den katholischen Akademien und natürlich weiter an den Universitäten über dieses Thema diskutiert, und schließlich griff die Diskussion auf das Ausland über.[21]

Für mich war diese Kontroverse ein Anlaß, einmal eine Gesamtdarstellung meiner philosophischen Auffassungen ins Auge zu fassen, aus der hervorgehen sollte, wie die kritizistische Alternative zur Konzeption der Frankfurter Schule und zu den anderen für die deutsche Situation charakteristischen Anschauungen aussieht. Im Sommer 1967 hatte ich Zeit, an die Ausarbeitung dieses Buches zu

---

[19] Vgl. Adorno u.a, Der Positivismusstreit in der deutschen Soziologie, Neuwied/Berlin 1969, 13. Auflage 1989, dtv-Ausgabe, München 1993.

[20] Diese Vorgeschichte – nämlich die abgebrochene Diskussion zwischen Otto Neurath und Max Horkheimer in den 30er Jahren – hat Hans-Joachim Dahms in seinem oben erwähnten Buch in sehr aufschlußreicher Weise rekonstruiert.

[21] Einen guten Überblick über die Kontroverse enthält die Einleitung von David Frisby zur englischen Ausgabe: Adorno et. al. The Positivist Dispute in German Sociology, London 1976, S. IX bis XLIV.

gehen, das dann im nächsten Jahr erschien[22]. Die 15 Jahre seit der Abfassung meiner Dissertation hatten zu einer grundlegenden Änderung meiner Auffassungen geführt. Die pragmatistische Perspektive ist einem kritischen Realismus gewichen, der im Gegensatz steht zu den heute dominierenden philosophischen Strömungen, deren Pointe großenteils darin besteht, die Idee der objektiven Wahrheit zu unterminieren. Auch Soziologen pflegen sich an diesem Unternehmen zu beteiligen, durch die Propagierung von Konsens-Theorien der Wahrheit und die Wiederbelebung einer Wissenssoziologie, die relativistische Konsequenzen hat.

[22] Vgl. mein oben erwähntes Buch: Traktat über kritische Vemunft, 5. verb. u. erw. Auflage 1991, wo ich in einem Nachwort auf die bisherige Kritik eingehe.

Kritizismus und Naturalismus

Die Überwindung des klassischen Rationalitätsmodells und das Überbrückungsproblem

I. Die Idee rationaler Erkenntnispraxis und der neue Kritizismus

1. Die Suche nach dem Fundament der Erkenntnis und das Begründungsproblem

Eines der wichtigsten Probleme des philosophischen und des wissenschaftlichen Denkens kommt in den folgenden Formulierungen zum Ausdruck: Wie lassen sich unsere Auffassungen begründen? Wie läßt sich nachweisen, daß sie gültig sind? Wie kann man Gewißheit darüber erlangen, ob oder daß sie wahr sind? Hinter derartigen Fragen verbirgt sich die Suche nach einem archimedischen Punkt der Erkenntnis, nach einem sicheren Fundament, von dem aus sich alle wahren Auffassungen als wahr und unter Umständen auch alle falschen als falsch erweisen lassen, so daß man hinsichtlich des Wahrheitswertes aller möglichen Überzeugungen Gewißheit erreichen kann, ohne dabei einer Täuschung anheimzufallen. Schon das aristotelische Wissenschaftsideal und die damit verbundene Definition des Wissens war offenbar so geartet, daß man darin die Suche nach einem solchen archimedischen Punkt unschwer erkennen kann, nach einem Punkt, in dem Wahrheit, Wissen und unmittelbare Gewißheit zusammenfallen und der daher als sichere Grundlage für die Ableitung alles übrigen Wissens dienen kann[1]. Schon bei Aristoteles findet man die Begrün-

---

[1] Vgl. z.B. die Untersuchungen Kurt von Fritz in: Die APXAI in der griechischen Mathematik, Archiv für Begriffsgeschichte, Band I, 1955, in denen dieser Zug der aristotelischen Wissenschaftsauffassung deutlich zum Aus-

dungsidee, die Forderung nach einem Rekurs auf wahre und sichere Gründe, auf unbeweisbare aber einsichtige erste Prinzipien, die die Entwicklung der Erkenntnislehre in den folgenden zwei Jahrtausenden bestimmt hat. Schon bei ihm taucht die Vorstellung auf, daß nur auf diese Weise – durch Rekurs auf eine solche sichere Grundlage – der infinite Regreß vermieden werden könne, der mit der Idee einer beweisenden Wissenschaft nicht zu vereinbaren wäre, – ein Ausweg offenbar aus Schwierigkeiten, die sich in der früheren Kontroverse zu dieser Problematik gezeigt hatten. Mit diesem Wissenschaftsideal war ein Rationalitätsmodell geschaffen, das – verkörpert vor allem im axiomatischen System des Euklid – bis tief in die Neuzeit herrschend geblieben ist. Das Prinzip der zureichenden Begründung, das in diesem Modell zum Ausdruck kommt, kann man wohl als ein allgemeines Postulat der klassischen Methodologie des rationalen Denkens auffassen, ein Postulat, das sich auf Problemlösungsverhalten in allen Bereichen übertragen zu lassen scheint.

Nun führt dieses allgemeine Begründungsprinzip aber zu einer bestimmten Schwierigkeit, deren Eigenart wohl im Laufe der Geschichte immer wieder bemerkt worden ist, die aber in ihrer Tragweite meist unterschätzt wurde, zu derjenigen Schwierigkeit nämlich, die im folgenden Trilemma zutage tritt, das ich »Münchhausen-Trilemma« genannt habe[2]: Wenn man dieses methodische Postulat ohne Einschränkung formuliert, also für alles eine Begründung verlangt, dann führt das – ganz abgesehen von der Pro-

---

druck kommt, vor allem, aaO., S. 21, wo die aristotelische Definition des Wissens charakterisiert wird: »... man weiß etwas, wenn man den Grund erkennt, warum es so ist, und damit die Gewißheit hat, daß es nicht anders sein kann, *Eine* Art, etwas auf diese Weise zu wissen, ist durch einen Beweis ...« und dann zu den Eigenschaften der Prämissen, von denen dabei ausgegangen werden muß: »... sie müssen wahr ..., erste ..., unvermittelt ..., einsichtiger ... als das aus ihnen Geschlossene, früher ..., und das aus ihnen Geschlossene begründend ... sein«, vgl. auch die Erläuterungen dazu auf den folgenden Seiten dieser Arbeit.

[2] Vgl. dazu mein Buch: Traktat über kritische Vernunft, Tübingen 1968, S. 13 ff. Bei Hugo Dingler – vgl. seine: Philosophie der Logik und Arithmetik, München 1931, S. 21 ff. – findet sich die Beschreibung einer Situation, die ihrer Struktur nach diesem Trilemma entspricht. Nur hat Dingler sie nicht *als Trilemma* identifiziert, weil er mit der fragwürdigen Idee der Selbstbegründung operieren zu können glaubte.

blematik der Selbstanwendung, die übrigens für das Prinzip das gleiche Trilemma zur Folge hat – zu einer Situation mit drei gleichermaßen unannehmbaren Alternativen. Man kann nämlich offenbar nur wählen zwischen:

1. einem *infiniten Regreß*, der sich aber als nicht durchführbar erweist,
2. einem *logischen Zirkel*, der ebenfalls zu keiner Begründung führen kann, und
3. einem *Abbruch des Verfahrens* an einem bestimmten Punkt, der sich zwar durchführen läßt, aber eine Suspendierung des Prinzips bedeuten würde, deren Willkür schwerlich bestritten werden kann.

Es ist nun natürlich angesichts dieser Situation relativ leicht, sich plausibel zu machen, daß man die dritte dieser Alternativen zu wählen hat, und das ist in der Tat seit Aristoteles, der ja zu diesem Zweck seine wahren und evidenten ersten Prinzipien eingeführt hat, immer wieder geschehen. Man spricht hier dann etwa von Selbstbegründung, Selbstevidenz, Letztbegründung oder von einer Fundierung in unmittelbarer Erkenntnis, aber alle diese Umschreibungen sind nur geeignet, die Tatsache zu verdecken, daß man bereit ist, den Begründungsregreß an einem Punkt abzubrechen, der prinzipiell durchaus bezweifelt werden könnte, und daß man diesen Punkt zum archimedischen Punkt macht. Das läuft de facto darauf hinaus, daß man von einer bestimmten Stelle ein *Dogma* einführt, eine Behauptung, die angeblich nicht der Begründung bedürftig ist, weil ihre Wahrheit gewiß erscheint und daher nicht in Frage gestellt werden kann. Voraussetzungen, für die in dieser Weise prinzipielle Kritikimmunität in Anspruch genommen wird, kann man wohl mit einigem Recht Dogmen nennen. Sie unterscheiden sich in diesem epistemologisch wesentlichen Punkt nicht von entsprechenden Aussagen in theologischen Gedankengebäuden, für die diese Bezeichnung üblich ist.

Um den allgemeinen Charakter und die Tragweite der Schwierigkeit deutlich zu machen, die sich in diesem Münchhausen-Trilemma der klassischen Methodologie zeigt, sei auf drei wesentliche Tatsachen hingewiesen, die in diesem Zusammenhang eine Rolle spielen:

Erstens die Tatsache, daß es für die vorliegende Problematik keinen Unterschied macht, ob man versucht, der Schwierigkeit dadurch zu entgehen, daß man auf nicht-sprachliche Gegebenheiten irgendwelcher Art zurückgeht, auf sogenannte unmittelbare Erkenntnisse, Anschauungen, Erlebnisse oder Ähnliches.

Zweitens die Tatsache, daß darüber hinaus nicht ins Gewicht fällt, welche Verfahren man für den Begründungsregreß vorzieht: ob man also deduktiv, induktiv, metatheoretisch, transzendental oder mit Hilfe einer Kombination dieser Verfahrensweisen operieren möchte.

Und drittens schließlich die Tatsache, daß man prinzipiell jeden beliebigen Punkt seines Aussagenraumes, jeden Bestandteil seines Überzeugungssystemes, in der angegebenen Weise dogmatisieren und dadurch jeder Kritik entziehen kann. Die Kritikimmunität bestimmter Komponenten unserer Auffassungen ist gewissermaßen keine natürliche Eigenschaft dieser Komponenten, sondern sie läßt sich jederzeit herstellen, beruht also auf einer Entscheidung, die so oder so getroffen werden kann. Das dürfte gleichzeitig die epistemologische – wenn auch nicht unbedingt die psychologische – Wertlosigkeit solcher Dogmatisierungen deutlich machen. Die Rechtfertigung durch Rückgang auf ein sicheres Fundament beruht immer auf einer Illusion, allerdings auf einer solchen, die einem tiefverwurzelten Bedürfnis entspringt: dem *Bedürfnis nach Gewißheit*, das man vom Erkenntnisdrang, vom *Streben nach Wahrheit*, durchaus unterscheiden kann. Die beiden Dispositionen scheinen sogar in ihren Konsequenzen letzten Endes unvereinbar zu sein. Demnach enthält das aristotelische Wissenschaftsideal miteinander inkompatible Forderungen.

Die Schwierigkeiten des klassischen Rationalitätsmodells mußten erkennbar werden, sobald die Idee der Gegebenheit letzter Erkenntnisse und die damit verbundene Vorstellung ihrer Unanzweifelbarkeit problematisch wurden. Das geschah vor allem dadurch, daß die *Identifikation* solcher Letztgegebenheiten kontrovers wurde – Wahrnehmung oder Vernunfteinsicht, Intuition, Wesensschau, Tatsachenerfassung oder Empfindung wurden als Quellen vorgeschlagen –, und daß sich die Notwendigkeit ihrer *Interpretation* zeigte, ohne die sie keine Erkenntnisbedeutung erlangen konnten, wobei wiederum Kontroversen auftauchen mußten. Sobald man sich einmal dazu entschloß, den jeweils offerierten archimedischen

Punkt in Frage zu stellen, zum Beispiel dadurch, daß man die Frage nach den Kriterien für das Vorliegen und für die adäquate Deutung solcher Gegebenheiten und für die in ihnen liegende Wahrheitsgarantie aufwarf, verschwand die Illusion, man habe ein sicheres Fundament erreicht, eine Erkenntnis, die nicht begründbar, aber auch nicht der Begründung bedürftig sei, weil sie selbst als letzter Grund angesehen werden müsse. Damit mußte auch der Anschein der Kritikimmunität letzter Voraussetzungen allmählich schwinden, der dogmatische Charakter des klassischen Modells der Rationalität zum Vorschein kommen und schließlich das allgemeine Begründungspostulat der klassischen Form selbst fragwürdig werden, das ja zu dem erwähnten Trilemma geführt hatte.

2. Rechtfertigung durch transzendentale Analyse: die Kantsche Lösung

Auch wer bereit ist, dem bisherigen Resultat unserer Untersuchung zuzustimmen, könnte doch der Auffassung sein, daß mit dem von *Kant* entwickelten *transzendentalen Ansatz* eine Lösung des Begründungsproblems erreicht wurde, durch die die Schwächen bisheriger Lösungen im wesentlichen überwunden wurden, daß also die Kantsche Lösung nicht den oben skizzierten Einwänden ausgesetzt sei. Das wäre um so plausibler, als seine Auffassung ja unter anderem auch als »Kritizismus« bezeichnet wird und die Kritik in ihr in der Tat eine erhebliche Rolle spielt. Nun wurde aber vor kurzem mit Recht darauf hingewiesen, daß auch der Kantsche Ansatz noch im Rahmen des aristotelischen Wissenschaftsideals entwickelt worden ist[3]. Auch seine Auffassung kann wohl, wenn man dabei auf historische Adäquatheit bedacht ist, kaum anders gedeutet werden, als so, daß darin sein Streben nach Verwirklichung des aristotelischen Programms eines im oben angegebenen Sinne perfekten Wissens zum Ausdruck kommt. Die Kritik des

[3] Vgl. dazu den Aufsatz von WOLFGANG STEGMÜLLER, Gedanken über eine mögliche rationale Rekonstruktion von Kants Metaphysik der Erfahrung, Teil I, Ratio, 9/1, 1967, S. 20, Anm. 10, Teil II, Ratio, 10/1, 1968, S. 1, S. 25, S. 28, wo sogar die These aufgestellt wird, »daß das Ziel der aristotelischen Wissenschaftstheorie, wenn überhaupt, so prinzipiell nur mittels einer Theorie (oder besser: Metatheorie) von kantischer Prägung realisierbar ist«.

Vermögens der reinen Vernunft, die er in seinem Werk unternommen hat, sei, so sagt er an einer Stelle ausdrücklich, »nicht dem *dogmatischen Verfahren* der Vernunft in ihrem reinen Erkenntnis als Wissenschaft entgegengesetzt«, woran sich die Feststellung anschließt, daß diese »jederzeit dogmatisch, d.i. aus sicheren Prinzipien a priori strenge beweisend« sein müsse[4]. Dogmatismus in einem nicht akzeptablen Sinne war für ihn offenbar nur ein solches Verfahren, wenn keine Kritik des Vermögens der reinen Vernunft vorangegangen sei. Und diese Kritik dient der ganzen Anlage seines Werkes nach offenbar vor allem der Rechtfertigung der Wissenschaft mit Hilfe der transzendentalen Methode und ihrer Abgrenzung gegen Aussagengebäude, die einem illegitimen Gebrauch der Vernunft entsprungen sind, insofern, als sie sich nicht an die Grenzen der Erfahrung halten. Es geht also letzten Endes um die Unterscheidung des legitimen vom illegitimen Vernunftgebrauch in der Erkenntnis, wobei die transzendentale Methode die Aufgabe hat, die Resultate des legitimen Gebrauchs auf eine bestimmte Weise zu rechtfertigen und damit ihre Wahrheit zu verbürgen. Mit der transzendentalen Deduktion soll diese Rechtfertigung nämlich in der Weise erreicht werden, daß ein Rekurs auf die Bedingungen der Möglichkeit der Erfahrung erfolgt, wie sie im menschlichen Erkenntnisvermögen vorliegt. Dieser Rekurs soll vor allem die Gültigkeit jener synthetischen Urteile a priori sicherstellen, an deren Vorliegen die Kantsche Grundfragestellung anknüpft.

Ist diese skizzenhafte Analyse des Kantschen Ansatzes zutreffend, so dürfte es kaum einen Zweifel daran geben, daß auch in diesem Falle das klassische Begründungsprinzip zu der oben erwähnten Schwierigkeit, also in das Münchausen-Trilemma, führen muß. Die transzendentale Deduktion, wie immer man sie im einzelnen auffassen möchte – daß sie erhebliche Deutungsschwierigkeiten aufwirft, sei nicht bestritten –, ist jedenfalls ein Ableitungsverfahren, das prinzipiell den gleichen Einwänden unterliegt wie andere Verfahren, die für den geforderten Begründungsregreß in Betracht kommen. Dieses Verfahren, wie immer es im einzelnen gedeutet werden mag, kann bestenfalls auf weiter zurückliegende Gegebenheiten führen, im Hinblick auf die wieder die Frage nach ihrer ad-

---

[4] Vgl. IMMANUEL KANT, Kritik der reinen Vernunft, Vorrede zur zweiten Auflage, Meiner-Ausgabe, Hamburg 1956, S. 31.

äquaten Interpretation und nach ihrer Gültigkeit gestellt werden kann. Auch hier eröffnet sich die Möglichkeit eines infiniten Regresses. Es ist nicht zu sehen, wie er verhindert werden kann, es sei denn: durch problematische Evidenzansprüche für irgendwelche Behauptungen. Kants kopernikanische Wende, die Idee, daß der Verstand der Natur seine Gesetze vorschreibe, so daß wir zur Begründung unserer Erkenntnis auf die Struktur unseres Erkenntnisvermögens rekurrieren können, bringt zwar eine neuartige Lösung des Erkenntnisproblems, in der gewisse Schwierigkeiten des Rationalismus und des Empirismus überwunden werden, aber doch im Rahmen eines Erkenntnisprogramms, das sich heute als unhaltbar erwiesen hat. Das soll allerdings keineswegs bedeuten, daß nicht dennoch gewisse Aspekte seiner Problemlösung außerordentlich interessant bleiben können.

Wenn es nicht mehr um eine historisch adäquate Deutung der Kantschen Auffassung gehen soll, sondern um eine solche Interpretation, die sich heute vertreten läßt, ohne den Anspruch zu machen, den Absichten Kants in jeder Beziehung gerecht zu werden, dann muß man wohl die Verknüpfung der Kantschen Problemlösung mit dem aristotelischen Wissenschaftsideal aufgeben und seinen Kritizismus radikalisieren, wie das zum Beispiel Karl Popper unternommen hat[5]. Läßt man die mit seinem Ansatz verbundenen *Begründungs*ansprüche fallen, dann eröffnet sich meines Erachtens die Möglichkeit, ihn als den Versuch einer *Erklärung* des Phänomens der wissenschaftlichen Erkenntnis aufzufassen, einer Erklärung durch *hypothetischen Rekurs* auf die Beschaffenheit unseres Erkenntnisvermögens[6], wobei sich diese Erklärung genau genommen nur auf die Möglichkeit dieser Erkenntnis bezieht. Seine

---

[5] Schon in seinem ersten, bisher leider unveröffentlichten philosophischen Werk: Die beiden Grundprobleme der Erkenntnistheorie, bringt Popper eine Kritik und Revision der Kantschen Lösung und daran anschließend eine Kritik des Positivismus. Inzwischen hat er seine Ideen in einer Weise weiterentwickelt, die es erlauben, von einem neuen rationalen Kritizismus zu sprechen, in dem die Kritik radikalisiert und vom Rechtfertigungsdenken völlig gelöst wird; vgl. dazu u.a. seinen Aufsatzband: Conjectures and Refutations: The Growth of Scientific Knowledge, London 1963.

[6] Daß Kant in seinem Unternehmen zwischen Begründung und Erklärung scharf unterschieden und nur auf erstere Wert gelegt habe, ist wohl keineswegs ausgemacht. Vermutlich wollte er beides miteinander verbinden.

Metaphysik der Erfahrung müßte dann also als eine Theorie aufgefaßt werden, die darauf abzielt, die Möglichkeit wissenschaftlicher Erkenntnis zu erklären, eine Theorie mit *Hypothesen*charakter, nur daß es sich hier um epistemologische, oder, wenn man so will, metaphysische Hypothesen handelt[7]. Durch die Annahme, daß es Gesetzmäßigkeiten in unserem Erkenntnisvermögen gibt, wird zum Beispiel versucht, die Tatsache zu erklären, daß wir Erfahrungen machen können[8]. Erklärungen dieser Art sind natürlich ebensowenig sakrosankt, wie das sonst – etwa im wissenschaftlichen Denken – der Fall ist. Die Möglichkeit alternativer Erklärungsansätze kann niemals ausgeschlossen werden, ebensowenig wie die Möglichkeit der Kritik an solchen Auffassungen, auch einer Kritik, die auf Ergebnisse der wissenschaftlichen Forschung zurückgreift[9].

Diese Interpretation des Kantschen Ansatzes besteht also darin, daß die Frage nach den Bedingungen der Möglichkeit der Realwissenschaft nicht durch eine *Begründung* beantwortet wird, die diese Wissenschaft gleichzeitig legitimieren soll, sondern durch eine *Erklärung*, die wie jede Erklärung grundsätzlich hypothetisch bleibt. Das wäre eine mögliche Deutung Kants unter Überwindung der

---

[7] Mancher wird diese Bezeichnung als eine contradictio in adjecto ansehen, weil man heute mit der Idee der Metaphysik die Vorstellung zu verbinden pflegt, daß es sich um prinzipiell nicht prüfbare Aussagen handelt. Aber wenn einerseits im Zusammenhang mit solchen Aussagen die Idee der Gewißheit fallen gelassen wird, andererseits indirekte Prüfungsmöglichkeiten in Betracht gezogen werden, dann kann man durchaus der Auffassung sein, daß auch metaphysische Aussagen als Hypothesen zu behandeln sind, wenn man ihre Dogmatisierung vermeiden will.

[8] Die *kritische* Verwendung einer transzendentalen Argumentation *gegen* jede Theorie, »aus der die Unmöglichkeit der Erkenntnis oder des Lernens aus der Erfahrung folgt«, wie Popper sie vorschlägt – vgl. seine: Logik der Forschung, 3. Auflage, Tübingen 1969, S. 319, Anm. 3 –, scheint mir damit durchaus vereinbar zu sein.

[9] Und in dieser Beziehung dürfte sich gezeigt haben – vor allem in der vorliegenden biologischen und psychologischen Forschung –, daß bestimmte Züge der Kantschen Lösung des Erkenntnisproblems einiges für sich haben: zum Beispiel die Betonung der geistigen Aktivität und der konstruktiven und apriorischen Elemente in der Erkenntnis, auch wenn sie mit einer Übertreibung verbunden ist, die dem Gewißheitspostulat der klassischen Erkenntnislehre zu verdanken ist: nämlich mit der Verschmelzung von Apriorität, Wahrheit und Notwendigkeit im Begriff des synthetischen Urteils a priori.

aristotelischen Wissenschaftsauffassung und unter Aufgabe des klassischen Rationalitätsmodells, die zwar nicht in im vollen Einklang mit seinen tatsächlichen Auffassungen, aber doch im Einklang mit bestimmten Intentionen seines Kritizismus stehen dürfte. Allerdings dürfte sich von hier aus auch eine Möglichkeit ergeben, in der Richtung auf einen *kritischen Realismus* über Kant hinauszugehen, denn es ist nicht einzusehen, inwiefern man nun nicht in der Lage sein sollte, die Existenz realer Gesetzmäßigkeiten überhaupt für die Erklärung der Möglichkeit von Erfahrung und von Wissenschaft heranzuziehen und dabei die Grenze zur Welt der Dinge an sich zu überschreiten – oder besser: die Grenze der sogenannten Welt der Erscheinungen. Wenn schon keine Wahrheit mehr garantiert werden kann durch den Rekurs auf die Beschaffenheit des Erkenntnisvermögens, dann hat diese Einschränkung kaum noch die Bedeutung, die ihr von Kant beigemessen wurde.

3. Rationaler Kritizismus: die Überwindung des Postulats der Rechtfertigung

Der neue Kritizismus, der in dieser Weise über Kant hinausgeht, indem er die Bindung an das aristotelische Wissenschaftsprogramm aufgibt, ist mit einer Kritik des klassischen Rationalitätsmodells verbunden, die auf seine mehr oder weniger versteckten dogmatischen Züge zielt. Die Erkenntnis dieser dogmatischen Züge führt hier zu einer neuen Sicht der Problemsituation. Das läßt sich in folgender Weise deutlich machen: Einerseits zeigt das Münchhausen-Trilemma die inhärenten Schwierigkeiten der klassischen Methodologie, die auf das Begründungspostulat zurückgehen. In diesem Rahmen ist der Rekurs auf Dogmen offenbar die einzige praktizierbare Lösung. Andererseits läßt sich aber, wie schon erwähnt, nachweisen, daß ein solcher Rekurs immer möglich und, darüber hinaus, daß prinzipiell jeder Punkt unseres Aussagenraumes dogmatisierbar ist, so daß schon daraus die Fragwürdigkeit dieses Verfahrens hervorgeht. Dogmatisierung ist eine Frage des »Willens«, Kritikimmunität von Aussagen jeder Art stets herstellbar[10]. Dogmatisierung ist zwar immer möglich, aber nie

---

[10] Diesen Umstand hat sich zum Beispiel Hugo Dingler, der in diesem

notwendig, wenn man bereit ist, auf Gewißheit zu verzichten. Ist man zu diesem Verzicht und damit auch zum Verzicht auf das klassische Begründungspostulat bereit, dann wird ein neues Modell der Rationalität, eine andere Auffassung rationalen Problemlösungsverhaltens möglich, die auch dem tatsächlichen Verfahren im Bereich der wissenschaftlichen Erkenntnis besser gerecht werden dürfte, eine Auffassung nämlich, die an der Idee der kritischen Prüfung orientiert ist.

Ausgangspunkt für die Einführung dieser Alternative zum klassischen Modell kann der Hinweis auf die Tatsache sein, daß auch die bisher vollkommensten Problemlösungen – zum Beispiel erfolgreiche wissenschaftliche Theorien – Schwächen zu haben pflegen, die sich früher oder später herausstellen und nicht selten mehr oder weniger radikale Revisionen angezeigt erscheinen lassen. Es hat daher kaum einen einsehbaren Sinn, den Versuch zu machen, solche Lösungen durch Rekurs auf ein sicheres Fundament, dessen Sicherheit überdies illusorisch sein muß, zu legitimieren. Sinnvoller erscheint es vielmehr, angesichts jeder Problemlösung nach Möglichkeiten der Verbesserung und damit nach Alternativen zu fragen, die die Schwächen der vorliegenden Lösung vermeiden. Das macht die kritische Würdigung der in Frage kommenden Problemlösungen unter dem Gesichtspunkt ihrer Leistung erforderlich, nicht ihre Zurückführung auf sichere Grundlagen, die eine gute Abstammung zu garantieren scheinen. In der Wissenschaft kommt dabei vor allem die Beurteilung der Erklärungsleistung der in Frage kommenden Auffassungen in Betracht, aber das Modell kritischer Rationalität muß ebensowenig wie das klassische Modell auf den Bereich der Wissenschaft beschränkt werden. Die rationale Erkenntnispraxis der Wissenschaft kann in ihren wesentlichen Zügen als ein Paradigma rationalen Problemlösungsverhaltens über-

---

Punkte durchaus klar gesehen haben dürfte, bis zu einem gewissen Grade zunutze gemacht, indem er in seinem Begründungsversuch auf den Willen zur Sicherung aller Erkenntnis zurückgeht und daraus bestimmte Entscheidungen ableitet, die das Fundament der Erkenntnis herstellen sollen, vgl. dazu mein in Anm. 2 genanntes Buch, S. 3 ff. Auch seine Philosophie kann als eine weiterführende Deutung Kants aufgefaßt werden, allerdings eine Deutung, die sich bewußt im Rahmen des aristotelischen Programms hält, aber dabei, um den Rückgang auf Evidenz zu vermeiden, einen epistemologischen *Dezisionismus* als Lösung offeriert.

haupt angesehen werden. Auch in anderen Bereichen können Problemlösungen aller Art als *Konstruktionen* mit *Hypothesencharakter* aufgefaßt werden, die prinzipiell der *Kritik* und der *Revision* unterliegen, die sich bewähren und die scheitern können, deren Dogmatisierung aber bestenfalls dazu dienen kann, ihre Schwächen zu kaschieren und mögliche Verbesserungen zu verhindern. Dabei ist die Beurteilung solcher Konstruktionen jeweils von ihrer Leistung im Hinblick auf die Aufgaben abhängig zu machen, die sie zu erfüllen haben. Die Anforderungen, die an sie zu stellen sind, müssen natürlich den Möglichkeiten des betreffenden Bereichs Rechnung tragen, also auf das Problem der Realisierbarkeit Rücksicht nehmen. Das gilt nicht nur für Anforderungen an Problemlösungen in Bereichen der alltäglichen Praxis – etwa in Technik, Recht, Wirtschaft und Politik –, sondern auch für solche im Bereich der Erkenntnis. Auch hier wurden nicht selten utopische Forderungen gestellt, die den menschlichen Möglichkeiten nicht Rechnung trugen, wie zum Beispiel die Forderung, den Geist zunächst von allen Vorurteilen zu reinigen, um ihn für die Offenbarung der reinen Wahrheit vorzubereiten, eine Parallele übrigens zu entsprechenden politischen Forderungen nach Herstellung eines institutionellen Vakuums, das dem Aufbau einer neuen Gesellschaft vorausgehen soll.

II. Die Kritik philosophischer Auffassungen und das Überbrückungsproblem

1. Purismus oder Naturalismus? Die Problematik der »reinen« Erkenntnislehre und das Problem der empirischen Basis

Eine der wichtigsten Anforderungen an die *Erkenntnislehre* selbst scheint mir deshalb die zu sein, daß sie *der tatsächlichen menschlichen Erkenntnissituation Rechnung tragen muß*. Das ist eine These, die einem philosophischen Laien zunächst selbstverständlich vorkommen mag, die aber dennoch für Philosophen bestimmter Richtungen eher etwas Anstößiges an sich haben dürfte, und zwar deshalb, weil man sich seit langem daran gewöhnt hat, scharf zwischen *Tatsachenfragen* und *Geltungsfragen* zu unterscheiden und damit die Behauptung zu verbinden, daß die Erkenntnistheorie im strengen Sinne des Wortes nur letztere behandelt. Mit der Unterscheidung zwischen Tatsachen- und Geltungsfragen soll also gleichzeitig eine scharfe Trennung zwischen einer Erkenntnislehre, die sich nur mit Problemen der zweiten Art befaßt, und den Realwissenschaften gegeben sein, die sich auf empirische Weise mit Fragen beschäftigen, die zur Problematik der menschlichen Erkenntnisgewinnung zu rechnen sind, also etwa der Denk- und Wahrnehmungspsychologie, der Wissenssoziologie und der Linguistik[11]. Mit dieser Auffassung pflegt die *Idee einer »reinen« Philosophie* verbunden zu sein – unter anderem also auch: einer »reinen« Erkenntnislehre –, die sich auf die Lösung rein philosophischer Probleme zu beschränken habe und daher durch die Entwicklung der Einzelwissenschaften in ihrer Arbeit nicht tangiert werden könne[12]. Daraus ergibt sich unter anderem dann auch die Konsequenz, daß die Ergebnisse der Realwissenschaften nicht relevant sein können für die Beurteilung epistemologischer Thesen. Besonders deutlich kommt diese Idee im Rückzug des analytischen Denkens auf formale, semantische oder jedenfalls linguistische Probleme zum Ausdruck, wobei dann allerdings die Frage auftaucht, ob die strenge Realisierung des analytischen Programms nicht in eine Sackgasse führen muß[13], denn wie sollte man den zentralen Problembereich dieser philosophischen Richtung, den Bereich der Sprache, zum Beispiel gegen die Linguistik als Realwissenschaft immunisieren, oder gegen andere Wissenschaften, die

---

[11] Ähnliche Abgrenzungen können für den Bereich der Moral getroffen werden, indem man etwa Ethik und Moralpsychologie oder Moralsoziologie unterscheidet, entsprechend für die Kunst Ästhetik und empirische Kunstwissenschaft usw.

[12] Zur Kritik dieser Vorstellung vgl. Karl Popper, The Nature of Philosophical Problems and their Roots in Science, in: Conjectures and Refutations, aaO.; sowie Joseph Agassi, The Nature of Scientific Problems and their Roots in Metaphysics, in: The Critical Approach to Science and Philosophy, ed. by Mario Bunge, Glencoe/London 1964.

[13] Für die analytische Meta-Ethik und die mit ihr verbundene Neutralitätsthese habe ich das in meinem Aufsatz: Ethik und Meta-Ethik. Das Dilemma der analytischen Moralphilosophie, Archiv für Philosophie, Band 11, 1961, zu zeigen versucht; vgl. auch Hans Lenk, Der »ordinary language approach« und die Neutralitätsthese der Meta-Ethik, in: Das Problem der Sprache, München 1967.

solche Fragen ebenfalls mehr oder weniger stark berühren? Angesichts der Tatsache, daß auch die Sprache ein Phänomen der realen Welt ist, muß man die analytische Idee eines »rein« philosophischen Problemkomplexes als illusorisch betrachten, ganz abgesehen einmal davon, daß die Durchführung dieser Idee sogar letzten Endes das Geltungsproblem zum Verschwinden bringen würde[14], von dem die Abgrenzung der »reinen« Philosophie zunächst ausgehen könnte. Aber wir wollen von den speziellen Schwierigkeiten des analytischen Programms einmal abstrahieren und die auf die Lösung des Geltungsproblems zugeschnittene »reine« Erkenntnislehre ins Auge fassen.

In bezug auf eine solche Lehre könnte man geneigt sein, die Irrelevanz realwissenschaftlicher Resultate mit dem Hinweis auf die Unzulässigkeit des sogenannten *naturalistischen Fehlschlusses*, des Schlusses vom Sein auf das Sollen, von Sachaussagen auf Werturteile, zu begründen. Die Kritik an diesem Fehlschluß ist alt. Sie ist im allgemeinen im Zusammenhang mit ethischen Problemen aufgetaucht, kann aber natürlich überall zum Zuge kommen, wo ein Übergang von Tatsachen- zu Geltungsfragen stattfindet, also unter Umständen auch im epistemologischen Bereich[15]. Nun kann gegen die Zurückweisung eines solchen Fehlschlusses kaum etwas Stichhaltiges eingewendet werden. Die Frage ist nur, ob die Konsequenzen, die man daraus zu ziehen pflegt, sich halten lassen, vor allem diejenige, die die strikte Autonomie der Erkenntnistheorie in einem Sinne behauptet, der ihre Immunisierung gegen realwissenschaftliche Argumente involviert[16].

Zunächst ist einmal festzustellen, daß tatsächlich in den meisten philosophischen Auffassungen erkenntnistheoretische Überle-

---

[14] Vgl. meinen in Anm. 13 genannten Aufsatz, wo die Konsequenzen der Neutralitätsthese erörtert werden.

[15] Vor allem Viktor Kraft hat ja in seiner Erkenntnislehre, Wien 1960, die kritisch normierende Funktion des Erkenntnisbegriffs betont; vgl. aaO., S. 24: »Die Erkenntnislehre soll die Grundlage für eine *Kritik* des tatsächlichen Erkenntnisbetriebes geben, nicht ihn, wie er ist, erkennen« und S. 25: »Die Erkenntnislehre sucht einen Erkenntnisbegriff und Erkenntnisverfahren, die als *Norm* zu dienen haben, an denen die Ansprüche, Erkenntnis zu sein, gemessen und entschieden werden können.« Zur Kritik des analytischen Programms vgl. Viktor Kraft, aaO., S. 13 ff.

[16] Dazu und zum Folgenden vgl. das III. Kapitel meines o.a. Buches.

gungen mit bestimmten Vorstellungen über reale Zusammenhänge verbunden sind, zum Beispiel mit psychologischen Erwägungen. Nun kann natürlich behauptet werden, und das ist auch immer wieder geschehen, ein solcher Zusammenhang sei logisch irrelevant, er sei ohne jede Notwendigkeit, eigentlich nur eine Sache der »Psychologie« des betreffenden Philosophen – das heißt in diesem Falle: ein individueller Charakterzug – und daher ohne jede Bedeutung für das Geltungsproblem. Das klingt besonders plausibel, wenn es gelingt, die erkenntnistheoretische Problematik auf reine Begriffsanalyse zu reduzieren – auf eine Analyse der Sprache der Erkenntnis oder der Wissenschaft –, wie es dem analytischen Programm entsprechen würde, eine Reduktion, auf deren Fragwürdigkeit ich ja schon hingewiesen habe. Dennoch dürfte es schwer sein zu zeigen, inwiefern sich epistemologische Untersuchungen soweit von der Einsicht in reale Zusammenhänge distanzieren können, daß sie mit beliebigen Anschauungen über solche Tatbestände vereinbar werden.

Nehmen wir zum Beispiel das *Problem der Beobachtungsbasis* der wissenschaftlichen Erkenntnis, das innerhalb des modernen Empirismus seit langem diskutiert wurde. Es hat sich in dieser philosophischen Richtung bekanntlich eine starke Neigung entwikkelt, diese Frage als ein Problem bestimmter Aussagearten – etwa der zur sogenannten Protokollsprache oder zur Beobachtungssprache gehörigen Aussagen – aufzufassen, um eine Abgrenzung gegenüber psychologischen und anderen realwissenschaftlichen Problemen zu erreichen, das heißt: die Erkenntnistheorie oder die Wissenschaftslehre von Erwägungen empirischen Charakters frei halten zu können. Eine derartige Lösung solcher Probleme muß sich aber bei genauer Betrachtung als äußerst fragwürdig erweisen, denn ohne Bezugnahme auf Tatbestände, die in der psychologischen und physiologischen Forschung analysiert werden, zum Beispiel die Zusammenhänge des Wahrnehmungsbereichs, lassen sich derartige Aussagearten nicht einmal ausreichend charakterisieren, und die gerade für den Empirismus so wichtige Problematik der empirischen Grundlage muß vollkommen verschwinden, wenn man hier nicht einige Zugeständnisse macht, die allerdings die »Reinheit« der Erkenntnislehre erheblich tangieren dürften. Sobald aber einmal solche Zugeständnisse gemacht werden, muß es prinzipiell möglich sein, *Resultate der Wahrnehmungsforschung* zur *Kritik empiristischer Thesen* zu verwenden, falls in diesen Thesen von Vorstellungen ausgegangen wird, die mit diesen Resultaten nicht vereinbar erscheinen[17].

Solche Resultate könnten nur dann bei der Behandlung erkenntnistheoretischer Fragen ignoriert werden, wenn sich solche Analysen auf ein fiktives Erkenntnissubjekt bezögen statt auf wirkliche Menschen. Die epistemologische Fiktion eines Erkenntnissubjekts, das mit einer von natürlichen Bindungen, Bedürfnissen und Beschränkungen freien Vernunft ausgestattet ist, eine Fiktion, die dem Offenbarungsmodell der Erkenntnis entsprach, muß aber heute selbst der Kritik zum Opfer fallen, zumal sie in einer Konzeption, die sich auf den realen Menschen in seiner Erkenntnispraxis bezieht, ohne jede Funktion ist. Eine solche Auffassung hat also die menschliche Erkenntnissituation in ihren relevanten Aspekten zur Kenntnis zu nehmen und zu berücksichtigen, wobei die einschlägigen Ergebnisse der Realwissenschaften durchaus in Betracht zu ziehen sind. Erkenntnisse dieser Art können also prinzipiell dazu dienen, epistemologische Thesen und Forderungen zu kritisieren. Wenn der Empirismus es vermeiden will, dogmatisch aufzutreten, wenn er also seine Thesen über die Erfahrungsgrundlage der Erkenntnis nicht zu Dogmen erheben will, muß er sie als Hypothesen offerieren und sie damit solcher Kritik zugänglich machen.

Man wird sich nun fragen, ob und wie das eigentlich möglich gemacht werden kann, vor allem, wenn man dabei berücksichtigt, daß diese Konzeption – der Empirismus – wie auch andere solche Konzeptionen nicht so sehr tatsächliche Zusammenhänge darstellen als eine kritisch-normierende Funktion erfüllen will[18]. Insoweit das der Fall ist, gilt hier das gleiche wie bei der Kritik an Wertungen, Normierungen und Forderungen überhaupt. Auch um erkenntnistheoretische Normen einer Kritik unter Verwendung realwissenschaftlicher Erkenntnisse auszusetzen, benötigt man

---

[17] Das ist nun in der Tat der Fall, vor allem hinsichtlich der Prägung der Wahrnehmung durch bestimmte Faktoren, wie z.B. theoretische Annahmen, vgl. dazu Alfred Bohnen, Zur Kritik des modernen Empirismus, Ratio 1969, und die darin angegebene Literatur.

[18] Es sollen *Maßstäbe* vermittelt werden, *Anforderungen*, die an »echte« Erkenntnisse, an gültige Aussagen, Ableitungen, Auffassungen zu stellen sind, *Kriterien* für ihre Beurteilung geliefert werden.

Brücken-Prinzipien wie etwa das bekannte »Sollen impliziert Können«, das sich auf das Realisierbarkeitsproblem bezieht. So ist etwa die Reinigung des Geistes von allen »Vorurteilen«, die uns die klassische Erkenntnislehre teilweise empfiehlt, praktisch nicht durchführbar; die »reine«, nicht geprägte Erfahrung oder auch Intuition ist ebensowenig herstellbar und brauchbar wie die reine Protokoll- oder Beobachtungssprache. Daraus muß sich eine entsprechende Kritik ergeben. So kann etwa die Psychologie oder die Linguistik dazu verwendet werden, erkenntnistheoretische Thesen zu unterminieren, auch wenn sie Forderungscharakter haben, zum Beispiel Thesen, die sich auf das vielfach angestrebte sichere Fundament der Erkenntnis beziehen[19]. Die Erkenntnislehre kann nicht in vacuo konstruiert werden, auch nicht, wo sie normierende Funktion für sich in Anspruch nimmt. Sie muß an eine adäquate Deutung – d.h. heute zum Beispiel: eine aktivistische Interpretation – des tatsächlichen Erkenntnisgeschehens anknüpfen, darf keine utopischen und damit prinzipiell unrealisierbaren Forderungen enthalten, keine Kritik ausüben, die nicht menschlichen Möglichkeiten Rechnung trägt, und keine Kriterien formulieren, die nicht anwendbar sind. Sie muß also von den *realen* Bedingungen der Möglichkeit der Erkenntnis und von *realisierbaren* Zielsetzun-

---

[19] Übrigens möchte ich auch die *Logik* von einer solchen Kritikmöglichkeit – etwa auf der Grundlage von Ergebnissen der linguistischen Forschung – nicht ausnehmen. Es ist durchaus denkbar, daß sich auf Grund solcher Resultate einmal nachweisen läßt, daß in der Logik teilweise von *Annahmen* ausgegangen wird – es kann sich dabei durchaus um Hintergrundannahmen handeln, die erst auf der Basis solcher linguistischer Forschungen explizit gemacht werden –, die inadäquat sind und daher *revidiert* werden müssen, wobei sich *Konsequenzen für den Aufbau der Logik* ergeben können. Eine solche Situation mag heute vielen als unplausibel erscheinen, vor allem, weil die Logik – zusammen mit der Mathematik – als der eigentliche Bereich absoluter Gewißheit aufgefaßt zu werden pflegt. Aber hier gilt ebenso wie in anderen Bereichen die These, daß Gewißheit durch Dogmatisierung stets erreichbar, aber deshalb nicht unbedingt erstrebenswert ist. Im übrigen gilt natürlich das oben erwähnte Münchhausen-Trilemma für den Versuch einer Logik-Begründung ebenso wie für andere Begründungsversuche, ganz abgesehen davon, daß sich hier noch besondere Schwierigkeiten einzustellen scheinen, die damit zusammenhängen, daß die Logik für Begründungen aller Art vorausgesetzt zu werden pflegt. Auch für diesen Bereich muß an die Stelle der Begründungsforderung das Prinzip der kritischen Prüfung treten, wie sich aus meinem o.a. Buch – S. 15 und S. 29 ff. – ergibt.

gen und Anforderungen in diesem Bereich ausgehen[20], wie das auch sonst für rationale Technologien und rationale Normierungen gilt.

Die oben skizzierte Lösung des Überbrückungsproblem macht einen epistemologischen *Naturalismus ohne naturalistischen Fehlschluß* möglich, wie er sich als notwendig erweist, wenn man die theologische Residuen in der Erkenntnislehre beseitigen will. Wenn man die unhaltbare und überdies sterile Idee einer reinen Philosophie aufgibt und die Flucht in den Formalismus nicht mitmacht, die oft mit ihr verbunden ist, dann ist es kaum zu vermeiden, daß man die menschliche Erkenntnistätigkeit als Teil des natürlichen – und damit auch des sozialen – Geschehens auffaßt und dieser Auffassung auch in der Erkenntnislehre Rechnung trägt, gleichgültig, ob man diese nun explikativ, technologisch oder normativ interpretieren möchte.

Im übrigen gibt es auch an anderen Stellen unseres Wissens-Kosmos derartige *Überbrückungsprobleme*, nämlich da, wo die üblichen Abgrenzungen den Eindruck hervorrufen, es handelte sich um inhaltliche oder methodisch streng autonome Bereiche, die sich gegen aus anderen Bereichen stammende Argumente ohne weiters abschirmen ließen. Das ist, wie man zugeben muß, auch weitgehend tatsächlich der Fall. Man muß sich nur darüber klar sein, daß solche Abgrenzungen und Abschirmungen nicht dem Wesen der Dinge entstammen und damit die Natur der Sache widerspiegeln, sondern daß sie mit Hilfe entsprechender Verfahrensweisen, nämlich durch die Benutzung von geeigneten *Abschirmungs-Prinzipien*, hergestellt werden können. Unter dem Gesichtspunkt des Kritizismus ist aber nicht die Frage nach der Abgrenzung eines Bereichs als wichtig anzusehen, sondern vielmehr die Frage, wie sich die Resultate des einen Bereichs – der einen Wissenschaft, der einen Disziplin oder des einen Faches – zur Kritik der Ergebnisse eines anderen Bereichs und zur Verbesserung seiner Problemlösungen ausnutzen lassen. Wenn die Erhöhung der Kritikmöglichkeit und die Verhinderung der Dogmatisierung und der damit verbundenen Immunisierung gegen relevante Kritik an-

---

[20] Wenn man die Frage nach den Bedingungen der Möglichkeit »transzendental« nennen will, dann können offenbar transzendentale Fragen unter Umständen mit realwissenschaftlichen Mitteln beantwortet werden.

gestrebt wird, dann kann nicht die Formulierung solcher Abschirmungs-Prinzipien, sondern nur die Aufstellung geeigneter *Brükken-Prinzipien* in Betracht kommen. Wo überhaupt Abgrenzungen vorgeschlagen werden, da müssen sie jedenfalls als provisorisch gelten und so getroffen werden, daß die Möglichkeit der Beurteilung von Problemlösungen dadurch verbessert wird. Die Kritik des philosophischen Purismus ist nur ein Beispiel für die Art, in der ein konsequenter rationaler Kritizismus solche Probleme angehen kann[21].

2. Zur Kritik der Hermeneutik: die Frage nach der Möglichkeit des Verstehens.

Ein weiteres Beispiel, das für die gegenwärtige philosophische Szenerie von Bedeutung sein dürfte, wäre die Kritik der Hermeneutik und des hermeneutischen Programms, das im deutschen Sprachbereich erheblichen Einfluß hat, unter naturalistischen Gesichtspunkten. Mit der Methode des Verstehens, die in dieser Tradition dem naturwissenschaftlichen Denken als Alternative entgegengesetzt wird, pflegen spezifische epistemologische Ansprüche und, damit zusammenhängend, ein methodologischer Autonomieanspruch für die Geisteswissenschaften verbunden zu sein. Darüber hinaus werden seit der sogenannten Wende zur universalen Hermeneutik, die im Anschluß an die Arbeiten Martin Heideggers im deutschen Sprachbereich propagiert wird, weitergehende Ansprüche ontologischen Charakters erhoben, die darauf abzielen, die gesamte philosophische und wissenschaftliche Weltorientierung dem hermeneutischen Gesichtspunkt unterzuordnen. Dem *methodolo-*

---

[21] Im III. Kapitel meines o.a. Buches habe ich zu zeigen versucht, daß das Wertfreiheitsprinzip keineswegs eine Immunisierung des Bereichs der Wertungen und Normierungen gegen wissenschaftliche und überhaupt sachorientierte Kritik involviert. Im V. Kapitel ist eine analoge Argumentation hinsichtlich der üblichen Dichtonomie von Glaube und Wissen enthalten. Ähnlich läßt sich für die Beziehung etwa von Wissenschaft und Metaphysik, von Ökonomie, Soziologie und Psychologie, von Rechtswissenschaft und Sozialwissenschaft oder etwa von Philologie, Linguistik und Psychologie argumentieren. Überzogene Autonomiethesen gibt es fast in allen Bereichen von Wissenschaft und Philosophie.

gischen Separatismus, der auf die Geisteswissenschaften zugeschnitten war, ist gewissermaßen ein *ontologischer Imperialismus* des hermeneutischen Denkens gefolgt, den man als einen späten Sieg der Romantik über den Naturalismus ansehen kann, einen Sieg allerdings, der vorläufig eine regional beschränkte Bedeutung hat[22], und unter Bedingungen zustandegekommen ist, die man mit einigem Recht als solche einer Degeneration der erkenntnistheoretischen Problematik charakterisieren kann. Seit dieser Wendung ist es üblich geworden, das Problem des Verstehens als *transzendentale* Frage zu formulieren, als die Frage nach den Bedingungen der Möglichkeit des Verstehens, ohne daß gezeigt worden wäre, daß diese Übernahme Kantscher Begriffe sachlich berechtigt ist und zu einer brauchbaren Problemlösung beitragen kann.

Angesichts dieser Dramatisierung des Verstehensproblems muß zunächst betont werden, daß die Hermeneutik aus einer sinnvollen, aber bescheidenen Fragestellung entstanden ist, nämlich aus dem Problem einer adäquaten Interpretation von Texten mit dem Ziel, Mißverständnisse zu beseitigen und dadurch zum Verständnis beizutragen. Noch Dilthey hat sie daher aufgefaßt als eine Kunstlehre der Auslegung[23] und hat darauf hingewiesen, daß in ihr durchaus dieselben elementaren logischen Operationen auftreten, die wir auch sonst in der Wissenschaft finden. Seine Hinweise lassen sich zumindest teilweise so deuten, daß man eine so verstandene Hermeneutik ohne große Schwierigkeiten im Rahmen der Wissenschaftslehre des Kritizismus unterbringen kann, und zwar in einer Weise, die mit der Verweisung des Verstehens in die Heuristik nichts zu tun hat, die heute oft als einziger Ausweg angesehen wird. Leider hat der Versuch, die methodische Autonomie der Geisteswissenschaften durch Herausstellung des *Verstehens* als einer *Alternative* zum naturwissenschaftlichen *Erklären* zu gewährleisten, zu einer ziemlichen Konfussion in Methodenfragen geführt, die auch die heutige Kontroverse noch stark beeinflusst. Von

---

[22] Zur Kritik dieses Phänomens vgl. das VI. Kapitel meines o.a. Buches sowie meinen Beitrag: Hermeneutik und Realwissenschaft, in: Sozial-Theorie und soziale Praxis, Meisenheim 1971.

[23] Vgl. dazu WILHELM DILTHEY, Die Entstehung der Hermeneutik (1900), in: DILTHEY, Gesammelte Schriften, V. Band, 4. Auflage, Stuttgart /Göttingen 1964, S. 317 ff.

dieser hermeneutischen Kontrastideologie zum Naturalismus haben sich auch die Kritiker dieses Autonomieanspruches zu sehr beeindrucken lassen. Tatsächlich kann man die übliche Gegenüberstellung von Verstehen und Erklären wohl nur einem Mißverständnis zuschreiben, denn eine »Methode«, die mit der der theoretisch unterbauten Erklärung zu konfrontieren und zu vergleichen wäre und die sie ersetzen könnte, ist im hermeneutischen Denken nicht zu entdecken. Es hat deshalb auch keinen Sinn, mit dieser Alternative epistemologische Ansprüche zu verbinden, die die Sonderstellung der Geisteswissenschaften legitimieren könnten. Natürlich hat die Vieldeutigkeit des Ausdrucks »Verstehen« im alltäglichen wie im wissenschaftlichen Sprachgebrauch nicht gerade zur Klärung der Probleme beigetragen[24].

Plausibler scheint schon die Idee zu sein, das *Verstehen* als *Alternative* zur *Wahrnehmung* aufzufassen, also Sinneswahrnehmung als Erfassung eines sinnlich Gegebenen und Sinnverstehen als Deutung, das heißt: als Erfassung eines das Gegebene transzendierenden Sinnes zu bestimmen. Auch diese Unterscheidung dürfte dem anti-naturalistischen Vorurteil, das sich in den Geisteswissenschaften eingebürgert hat, sehr entgegenkommen. Außerdem hat sie den Vorteil, positivistische Kritiker der Hermeneutik in Schwierigkeiten zu bringen[25]. Allerdings läßt sich diese Auffassung kaum noch verteidigen, wenn man die relevanten Ergebnisse der wissenschaftlichen Forschung, nämlich die der Wahrnehmungsforschung, berücksichtigt. Hier ergibt sich nämlich wieder die Möglichkeit, solche Resultate zur Kritik epistemologischer Thesen – und zwar in diesem Fall der hermeneutischen Erkenntnislehre – zu verwenden, und zwar in einer Weise, die der schon angedeuteten Kritik an bestimmten Zügen des Empirismus parallel läuft und am gleichen Punkt ansetzt wie diese. Es dürfte nämlich inzwischen klar geworden sein, daß es in der sinnlichen Wahrneh-

---

[24] Daß zwischen dem Verstehen einer Aussage, dem Verstehen einer Handlung, dem Verstehen eines Gesichtsausdrucks und schließlich dem Verstehen eines historischen Zusammenhangs erhebliche Unterschiede bestehen, die die Anwendung des gleichen Ausdrucks in diesen Fällen äußerst fragwürdig machen, ist meines Erachtens kaum zu bestreiten.

[25] Einerseits knüpft ja diese Deutung an die positivistische Vorstellung der Gegebenheit des sinnlich Erfaßbaren an, und andererseits scheint hier der Ausweg versperrt zu sein, das Verstehen in die Heuristik zu verweisen.

mung so etwas wie die nackte, deutungsfreie Erfassung reiner Gegebenheiten gar nicht gibt[26]. Eine Wahrnehmung involviert stets schon die Interpretation des jeweils vorliegenden Reizmaterials, auch wenn sprachliche Deutungsmittel noch keine Rolle spielen. Man kann die *Wahrnehmung* selbst als einen *Zeichendeutungsprozeß* ansehen, wie das seinerzeit schon Peirce vorgeschlagen hat[27], als einen Prozeß, in dem Sinnesempfindungen zum Aufbau einer Wahrnehmungswelt *verwertet werden*, in der eine Orientierung des Organismus möglich ist. Genau diese Wahrnehmung wird nun aber ohne Zweifel auch beim Verstehen von sprachlichen Äußerungen aller Art in Anspruch genommen. Man kann das Verstehen im Sinne der Deutung von Texten oder anderen sprachlichen Äußerungen ohne weiteres als eine Wahrnehmungsleistung besonderer Art ansehen, bei der bestimmte Zeichen als Symbole aufgefaßt werden, mit denen ein durch die Sprache geprägter Sinn verbunden ist. Die »Bedingungen der Möglichkeit des Verstehens« werden also mindestens teilweise in der Wahrnehmungsforschung analysiert, auch wenn die transzendentale Einkleidung der darauf abzielenden Frage diese These zunächst merkwürdig erscheinen läßt.

Diese These ist nun aber geeignet, uns zu dem schon oben angeschnittenen Problem des Verhältnisses von Verstehen und Erklären zurückzuführen. Was sich hier zeigt, ist nämlich die *Möglichkeit, das Verstehen* selbst im Rahmen einer theoretischen Konzeption üblicher Art *zu erklären*, eine Möglichkeit, die übrigens mit manchen Äußerungen Diltheys zur hermeneutischen Problematik durchaus im Einklang stehen dürfte. Was die von ihm ins Auge gefaßte Hermeneutik im Sinne einer Kunstlehre des Verstehens angeht, so läßt sich diese Disziplin durchaus und zwar ganz zwanglos im Rahmen der heutigen Wissenschaftslehre der Realwissenschaften interpretieren, nämlich als eine *Technologie* üblicher Art für die Deutung sprachlicher Äußerungen. Wie jede Technologie so benötigt auch diese eine theoretische Grundlage im üblichen Sinne des Wortes, die

---

[26] Vgl. dazu etwa: Richard L. Gregory, Auge und Gehirn. Zur Psychophysiologie des Sehens. München 1966; M. D. Vernon, The Psychology of Perception (1962), Pelican Books, A 530, sowie den in Anm. 17 genannten Aufsatz von Alfred Bohnen.

[27] Vgl. dazu Charles Sanders Peirce, Einige Konsequenzen aus vier Unvermögen (1868), in: Peirce, Schriften I, herausgegeben von Karl-Otto Apel, Frankfurt 1967, S. 215 ff.

explizit gemacht werden muß, wenn man es sich zur Aufgabe macht, die betreffenden Techniken auf mögliche Verbesserungen hin zu analysieren. Damit ergibt sich an dieser Stelle gerade unter hermeneutischen Gesichtspunkten auch die *Notwendigkeit, das Verstehen zu erklären*. Das heißt also, daß der Vertreter des hermeneutischen Denkens gerade von seinen eigenen Zielsetzungen her genötigt ist, den methodologischen Separatismus zu überwinden, der bisher für diese Denkweise charakteristisch war, und zwar in Richtung auf eine Auffassung, die die Bedeutung der theoretischen Erklärung für alle Bereiche der Wirklichkeit akzentuiert. Das anti-naturalistische Vorurteil, das mit diesem Denkstil verbunden ist, kann also als eines der wesentlichen Hindernisse für die Entwicklung der Hermeneutik angesehen werden. Dieses Vorurteil kommt aber gerade in der durch Heidegger beeinflußten Wendung in diesem Denken besonders stark zum Ausdruck, zum Beispiel in den einschlägigen Lehren von Gadamer, Apel und Habermas, die gewissermaßen eine Aufteilung des Wissenskosmos in positivistisch zu deutende Naturwissenschaften und hermeneutisch aufzufassende Geisteswissenschaften befürworten, wobei allerdings bestimmte Wissensarten, die nicht in dieses Schema passen, unter Umständen eine besondere Interpretation erfahren. Interessant ist dabei die Tatsache, daß sich diese Deutungen – die positivistische wie der hermeneutische – beide vom gleichen Ansatzpunkt her einer Kritik unterwerfen lassen, und zwar einer Kritik, die Resultate der Wissenschaften gegen epistemologische Thesen bestimmter Art verwertet.

Im übrigen ist durch das hermeneutische Programm in der hier akzeptierten Fassung zunächst nur einer der vielen Tatbestände gedeckt, die üblicherweise mit dem Ausdruck »Verstehen« belegt werden. Neben diesem *semasiologischen* Verstehen, das auf Deutung von Symbolen abzielt, gibt es zum Beispiel noch das Ausdrucksverstehen, das die Deutung gewisser organischer Symptome vermittelt und wohl eine teilweise instinktive Basis hat[28]. Auch dieses *symptomatologische* Verstehen ist auf theoretischer Grundlage erklärbar, aber dazu scheinen vorläufig noch zum Teil andere Bestandteile unseres nomologischen Wissens herangezogen werden zu müssen als

---

[28] Vgl. dazu PAUL LEYHAUSEN, Biologie von Ausdruck und Eindruck (1967), in: KONRAD LORENZ/PAUL LEYHAUSEN, Antriebe tierischen und menschlichen Verhaltens, München 1968, S. 297 ff.

für das Symbolverstehen. Um etwas ganz anderes geht es wiederum bei demjenigen Tatbestand, der mitunter *teleologisches* Verstehen genannt wird, nämlich dem Verstehen von menschlichen Handlungen, die ja meist kaum ohne weiteres als Zeichen aufzufassen sind[29]. Gleichgültig, welche Aspekte menschlichen Verhaltens man dabei im einzelnen jeweils erfassen will, auch hier wird jedenfalls eine theoretische Grundlage zur Erklärung solcher Vorgänge nötig sein, wenn man ein echtes »Verständnis« gewinnen will.

Es gibt also die verschiedensten Verstehensvorgänge, deren Eigenart im Rahmen der theoretischen Realwissenschaften zu klären ist. Die Vorstellung, es sei angebracht, an Hand der Verstehensproblematik einen methodologischen Autonomieanspruch bestimmter Wissenschaften zu etablieren, um sie gegen den Einbruch der naturwissenschaftlichen Methode zu schützen, ist daher ebenso fragwürdig, wie die Dramatisierung des Verstehens zu einem Werkzeug universaler Weltorientierung, ohne daß mehr dahinter steckt als die triviale Tatsache, daß unser Weltbild weitgehend sprachlich formuliert und kodifiziert ist. Der linguistisch aufgezäumte Transzendentalismus, der dieses Ausufern der Hermeneutik legitimieren soll, gehört zu den Denkweisen, die schwerlich als Beiträge zur rationalen Lösung von Problemen aufgefaßt werden können. Er dient vielmehr der Abschirmung alter Lösungen gegen eine Kritik, die heute von den Realwissenschaften her möglich ist, wenn man bereit ist, solche Immunisierungspraktiken nicht mehr zu honorieren.

3. Kritizismus als politische Philosophie und das Problem der Vermittlung von Theorie und Praxis

Zwischen philosophischen Konzeptionen und politischen Auffassungen, Ordnungen und Entscheidungen lassen sich fast immer irgendwelche Zusammenhänge, wenn auch oft sehr indirekter Natur, herstellen. Im Falle des kritischen Rationalismus ergibt sich ein solcher Zusammenhang schon aus der Tatsache, daß das klassische Modell der Rationalität, das durch ihn einer Kritik unterzogen

---

[29] Vgl. dazu die in Anm. 21 genannten Arbeiten sowie meinen Aufsatz: Theorie, Verstehen und Geschichte, Zeitschrift für allgemeine Wissenschaftstheorie, Band I, 1970.

wurde, im sozialen und politischen Bereich hinter den verschiedensten Versuchen steht, Rechtfertigungen für Phänomene aller Art, vor allem für etablierte Ordnungen und für gegen sie gerichtete Bewegungen, zu fabrizieren, also hinter Versuchen der Ideologiebildung. Ich will hier keine Bestimmung des Ideologiebegriffs versuchen, aber wenn man überhaupt die Legitimationsfunktion als wesentlich für ideologisches Denken ansieht[30], dann muß man sich klar machen, daß eine solche Denkweise unter Umständen dem klassischen Rationalitätsmodell mit seinem Rekurs auf Dogmen als letzte Instanzen der Rechtfertigung genau entspricht. Ideologische Denkformen sind ja keineswegs als schlechthin irrational zu charakterisieren. Man kann sie viel eher als Versuche dogmatischer Rationalisierung auffassen, die der Suche nach dem archimedischen Punkt für das politisch-soziale Denken und Handeln entspringen, ob dieser Punkt nun in der Gottesidee, in einem immanenten Ziel der Geschichte oder in den Bedürfnissen der Menschen identifiziert wird. Daß solche Denkweisen, so wirksam sie auch oft sein mögen, genau der gleichen Kritik unterliegen wie die entsprechenden Denkweisen in der Erkenntnissphäre, bedarf hier wohl keiner Erläuterung mehr.

Der Kritizismus wird sich aber nicht darauf beschränken, solche Gedankengebäude der Kritik zu unterwerfen. Er ist außerdem in der Lage, die für ihn charakteristische Idee einer rechtfertigungsfreien Kritik und die damit verbundene Konzeption der Rationalität auf den Bereich des sozialen Lebens und der Politik anzuwenden, denn diese Konzeption bezieht sich ja auf rationales Problemlösungsverhalten überhaupt. Auch soziale Arrangements, institutionelle Vorkehrungen, gesellschaftliche Ordnungen und politische Maßnahmen können ja als Problemlösungen betrachtet und im Hinblick auf ihre vergleichsweise Leistung in dieser Hinsicht beurteilt werden. Andererseits gibt es immer wieder Versuche, solche sozialen Tatbestände als sakrosankt zu erklären und sie gegen jede Kritik zu immunisieren. Die *Dogmatisierung* von Problemlösungen ist eine Möglichkeit, die nicht auf die Sphäre der Erkenntnis – des Glaubens oder des Wissens – beschränkt werden kann; sie ist vielmehr eine *allgemeine Möglichkeit der sozialen Pra-*

---

30 Vgl. dazu Ernst Topitsch, Sozialphilosophie zwischen Ideologie und Wissenschaft, 2. Auflage, Neuwied/Berlin 1966, passim.

xis, zu der ja auch die Erkenntnispraxis der Wissenschaften gehört. Der Dogmatisierung tradierter Problemlösungen steht auf der anderen Seite ein utopischer Radikalismus gegenüber, der in seiner Suche nach vollkommenen Lösungen die gegenwärtige Problemsituation mit den ihr innewohnenden Beschränktheiten mehr oder weniger vernachlässigt und damit das Realisierbarkeitsproblem aus den Augen verliert. Auch aus dieser Einstellung kann sich sehr leicht ein Dogmatismus ergeben, ein solcher nämlich, der dazu führt, daß utopische Lösungen gegen jede realistische Kritik durchgehalten werden, wobei der gegenwärtige Zustand des gesellschaftlichen Lebens selbst einer *totalen Kritik* unter utopischen Gesichtspunkten unterworfen wird. Beide Haltungen, die Dogmatisierung tradierter und die utopischer Problemlösungen haben viel miteinander gemeinsam, insoweit nämlich, als ihnen nicht selten ein *Alternativ-Radikalismus* zugrunde liegt, ein Denken in radikalen Alternativen, zu denen nur in verschiedener Weise Stellung genommen wird. Der konservative Dogmatismus will die Tradition um jeden Preis bewahren, weil er nur die extreme Alternative des totalen Umsturzes sieht, deren Kosten ihm zu hoch erscheinen, während der utopische Dogmatismus den Wert des angestrebten vollkommenen Zustandes so hoch einschätzt, daß die Kosten der Änderung ihm gegenüber verschwinden, zumal die einzige Alternative, die Aufrechterhaltung der überlieferten Problemlösungen, wie sie im bestehenden sozialen System verkörpert sind, ihm als unannehmbar erscheint. Wir wissen übrigens aus psychologischen Untersuchungen, wie Dogmatismus, Schwarz-Weiß-Malerei und relativ starres Problemlösungsverhalten miteinander zusammen hängen[31], so daß dieser Alternativ-Radikalismus, in dem sich die extremen Haltungen konservativer und utopischer Prägung begegnen, als ein Phänomen kognitiven Funktionierens auf motivationaler und emotionaler Grundlage erklärbar zu sein scheint.

Es handelt sich gewissermaßen um natürliche Erscheinungen des sozialen Lebens, die unter bestimmten Bedingungen auftreten

[31] Vgl. dazu etwa: MILTON ROKEACH et al., The Open and the Closed Mind. Investigations into the Nature of Belief Systems and Personality Systems, New York 1960; sowie MUZAFER SHERIF and CARL I. HOVLAND, Social Judgement, Assimilation and Contrast Effects in Communication and Attitude Change, New Haven/London 1961.

und auf naturwissenschaftliche Weise erforscht werden können. Gerade die Tatsache, daß es hier Gesetzmäßigkeiten gibt, kann aber in der sozialen Praxis im Sinne einer Verbreitung rationalen Problemlösungsverhaltens ausgenutzt werden, denn wenn es gelingt, Phänomene dieser Art nomologisch zu deuten und damit zu erklären, ergibt sich gleichzeitig zumindest die prinzipielle Möglichkeit, sie vermeidbar zu machen, wenn auch die faktischen Möglichkeiten oft noch sehr beschränkt sein mögen. Um soziale Entwicklungen in dieser Richtung zu beeinflussen, genügt es offenbar keineswegs, daß man die Eigenart rationalen Verhaltens in irgendeinem Sinne verstanden hat, sondern man muß die Bedingungen seiner Realisierbarkeit – gewissermaßen die *Bedingungen der Möglichkeit kritischer Rationalität* – kennen und außerdem noch in der Lage sein, solche Bedingungen durch entsprechende soziale Aktionen – etwa durch politisches Verhalten, das auf einen entsprechenden Umbau der Erziehungsinstitutionen abzielt – herzustellen oder wenigstens zu ihrer Herstellung beizutragen. Auch hier gibt es natürlich die Möglichkeit einer utopischen Politik, die sich weigert, das Problem der Realisierbarkeit ins Auge zu fassen.

Dabei besteht meines Erachtens ein interessanter Zusammenhang zwischen politischen Haltungen dieser Art und der Ablehnung der naturwissenschaftlichen Methode für die Erforschung sozialer Phänomene. Einer der wesentlichen Züge dieser Methode in Anwendung auf die Praxis ist ja darin zu sehen, daß sie die nomologisch bedingten Einschränkungen für die Lösung praktischer Probleme klären kann. Wer nun, wie das häufig geschieht – die im deutschen Sprachbereich dominierenden philosophischen Strömungen scheinen jedenfalls in diesem Punkt übereinzustimmen – den oben analysierten methodologischen Separatismus des geisteswissenschaftlichen Denkens unterstützt, der liefert damit gleichzeitig bis zu einem gewissen Grade, wenn auch vielleicht ungewollt, Munition für politische Bestrebungen, in denen das Realisierbarkeitsproblem nicht genügend beachtet wird, in denen also die Bedingungen rationalen Problemlösungsverhaltens vernachlässigt werden. Das kann paradoxerweise gerade auch für solche Gruppen gelten, die ihrer deklarierten Absicht nach alle Hebel in Bewegung setzen wollen, um die Bedingungen kritischer Rationalität in der Gesellschaft erstmals zu verwirklichen, also etwa diejenigen Gruppen, die unter dem Einfluß der sogenannten »kritischen Theorie« der Frankfurter Schule stehen, die ja dazu beiträgt, für gewisse Bereiche ein anti-naturwissenschaftliches Denken zu propagieren. Diese Schule hat sich bekanntlich anheischig gemacht, das *Problem der Vermittlung von Theorie und Praxis* in einer Weise durchschaut zu haben, die anderen philosophischen Richtungen bisher verschlossen geblieben ist. Gerade in diesem Punkt zeigt sich aber nun die Schwäche dieses Denkens, denn eine der zentralen Fragen dieser Problematik ist das Problem der Realisierbarkeit, das wieder mit dem der naturwissenschaftlichen Methode zusammen hängt.

Der rationale Kritizismus, der hier im Gegensatz zu diesem Denken vertreten wird, ist meines Erachtens in der Lage, in diesem zentralen Punkt eine brauchbare Problemlösung zu liefern, ein Lösung, die den Anti-Naturalismus der Frankfurter Schule und anderer Strömungen nicht nur ad absurdum führt, sondern auch die praktischen Gefahren aufzeigt, die mit dieser Einstellung verbunden sind. Eine Theorie rationaler Praxis, die diese zentrale Schwäche nicht vermeidet, weil sie die Grenzen des geisteswissenschaftlichen Denkens nicht überschreiten will, ist in einem entscheidenden Punkt auch politisch bedenklich, weil sie infolge der inadäquaten Lösung des Vermittlungsproblems konservative oder radikale Bestrebungen fördert und dadurch Reformversuche, die dem Alternativ-Radikalismus solcher Bestrebungen nicht entsprechen, von vornherein in ungünstigem Licht erscheinen läßt. Das ist ganz unabhängig von der Tatsache, daß die Verfechter solcher philosophischer Auffassungen selbst unter Umständen für solche Reformen eintreten und dadurch praktisch dem Geist ihrer Theorien widersprechen mögen. Die Analyse dieses Problems zeigt im übrigen die große Bedeutung philosophischer Auffassungen für die soziale Praxis, die auch dann besteht, wenn weder ihre Vertreter noch die philosophisch Uninteressierten diese Bedeutung durchschauen. Der Kritizismus ist durchaus in der Lage, seine eigene Beziehung zum gesellschaftlichen Leben zu reflektieren[32] und sein Modell kritischer Rationalität nicht nur im Rahmen der Erkenntnis- oder der Wissenschaftslehre zu interpretieren, sondern seine allgemeine Bedeutung für die gesellschaftliche Praxis zu analysieren.

---

[32] Das wird hier deshalb betont, weil bestimmte Vertreter anderer Richtungen das explizit zu bestreiten pflegen.

Erkenntnis, Sprache und Wirklichkeit

Der kritische Realismus und das Problem der Erkenntnis

I. Der Realismus des gesunden Menschenverstands und die anti-realistischen Strömungen des modernen Denkens

Im alltäglichen Leben pflegen die meisten Leute Ausdrücke wie »wahr« und »falsch«, »Tatsache« und »Wirklichkeit«, »Illusion« und »Irrtum« ziemlich ungeniert zu verwenden, auch dann, wenn sie philosophische Ambitionen haben oder gar als Verfechter bestimmter philosophischer Meinungen bekannt sind. Zwar kann man keineswegs sagen, daß es sich dabei um einen einigermaßen präzisen Gebrauch solcher Worte handelt, aber er ist im allgemeinen doch hinreichend genau, um eine Verständigung zwischen Leuten herbeizuführen, die im übrigen die verschiedensten Auffassungen darüber haben mögen, welche Aussagen oder Theorien als »wahr« zu qualifizieren sind, was in den verschiedenen Bereichen als »Tatsache« anzuerkennen ist und wo im einzelnen Illusionen oder Irrtümer identifiziert werden können. Auch die Vertreter einer wissenschaftlichen Disziplin besitzen meist diese Unbefangenheit im Umgang mit solchen Worten, sogar im Rahmen ihrer Forschungstätigkeit. Sie reden davon, daß sich eine Hypothese bisher erstaunlich gut bewährt habe, obwohl eigentlich anzunehmen sei, daß sie falsch ist, sie sprechen darüber, daß bei gewissen Experimenten Illusionen bestimmter Art – etwa Wahrnehmungstäuschungen – erzielt werden können, und sie stellen ohne Bedenken fest, daß bestimmte Personen sich über den Verlauf bestimmter Entwicklungen geirrt haben. Diesen unbefangenen Gebrauch solcher Ausdrücke geben sie allerdings mitunter auf, wenn sie in eine »philosophische« Phase geraten, sie sind dann unter Umständen bereit, die Verwendung des Wortes »Wahrheit« zu desavouieren, Aussagen über die Wirklichkeit als »unmöglich« oder »unwissenschaftlich« zu kennzeichnen, und Kollegen, die sich dazu bekennen, daß es ihnen darauf ankommt, die tatsächliche Beschaffenheit eines Objektbereiches zu erforschen, als »Metaphysiker« zu charakterisieren – oder besser: zu denunzieren, denn der negative Wertakzent, der solchen Feststellungen anhaftet, ist kaum zu übersehen. Eine etwas mildere und unauffälligere Version der gleichen Haltung besteht darin, sich darauf zu versteifen, die Wahrheit einer Aussage bestehe nur in ihrer Nützlichkeit für bestimmte Zwecke, sie sei mit ihrer bisherigen Bewährung zu identifizieren, möglicherweise auch mit dem tatsächlichen oder einem hypothetischen Konsens von Leuten hinsichtlich ihrer Anerkennung oder gar mit ihrer Relevanz für den Klassenkampf oder ein anderes Anliegen, dem sie sich verschrieben haben.

Nun ist es durchaus richtig, daß man die Philosophie ebensowenig wie die Wissenschaft auf den gesunden Menschenverstand verpflichten kann, denn ohne Zweifel an den Selbstverständlichkeiten des Alltags wäre kaum jeweils ein Fortschritt der Erkenntnis zustandegekommen. Das bedeutet aber noch keineswegs, daß etwa eine philosophische Konzeption dem Denken des Alltags stets überlegen sein müßte. Und es bedeutet schon gar nicht, daß der natürliche Realismus der wissenschaftlichen Einstellung unter philosophischen Gesichtspunkten unbedingt als »naiv« zu beurteilen ist[1]. Philosophische Konzeptionen, denen eine solche Beurteilung zu entnehmen ist, mögen sehr viel subtiler, entwickelter und komplizierter sein als diese relativ einfache Auffassung. Sie können aber nur selten eine gewisse Einseitigkeit und Künstlichkeit verleugnen, die sie für eine adäquate Interpretation der menschlichen Erkenntnis unbrauchbar macht. Natürlich können sie trotzdem das Verdienst haben, bestimmte Schwierigkeiten zu beleuchten, mit denen überkommene und plausible Auffassungen fertig werden müssen. Und schließlich mag sich bei einer Konfrontation mit ihnen zeigen, daß auch im Alltagsdenken metaphysische und erkenntnistheoretische Annahmen zu identifizieren sind, die bisher

---

[1] Für eine Verteidigung des alltäglichen und des wissenschaftlichen Realismus vgl. Karl R. Popper, Objektive Erkenntnis. Ein evolutionärer Entwurf, Hamburg 1973, S. 44 und passim.

darin kaum bemerkt wurden und nun einer kritischen Durchleuchtung zugänglich gemacht werden können.

Für das alltägliche Denken wird im allgemeinen der sogenannte »naive Realismus« als charakteristisch angesehen, eine Auffassung, derzufolge die Wirklichkeit im großen und ganzen so beschaffen ist, wie sie uns in unseren Wahrnehmungen erscheint. Der ungetrübte Himmel ist nach ihr wirklich blau, der Stein hart, das Wasser des Bergsees eiskalt, das Gesicht unseres zornigen Nachbarn rot und sein Verhalten bedrohlich. Die Sinnesqualitäten werden hier also zu Eigenschaften der Objekte erhoben, wobei unter Umständen gewisse Korrekturen angesichts der Wirkung ungünstiger Situationen auf die Wahrnehmung angebracht werden. Nun weiß man bekanntlich seit langem, daß Auffassungen dieser Art zu Ungereimtheiten und Widersprüchen führen, so daß es angebracht ist, sie zu revidieren und die in ihnen zum Ausdruck kommende Deutung der menschlichen Erkenntnis in Frage zu stellen. Schon im griechischen Denken ist daher ein kritischer Realismus an ihre Stelle getreten, der unter anderem die Subjektivität der Sinnesqualitäten durchschaut[2] und danach strebt, unsere Erkenntnis von ihren subjektiv bedingten Beschränktheiten nach Möglichkeit zu befreien. Dabei macht er sich den Fortschritt der Einzelwissenschaften zunutze, der ja in erheblichem Maße eine Kritik des Alltagswissens mit sich bringt. Der kritische Realismus ist, so darf man wohl sagen, im wesentlichen auch die den Realwissenschaften inhärente Deutung der Erkenntnis gewesen, und erst in neuester Zeit gibt es innerhalb dieser Wissenschaften Tendenzen, ihn durch andere Auffassungen zu ersetzen[3].

Man darf wohl annehmen, daß die wissenschaftliche Erkenntnis bis zu einem gewissen Grade auch im Alltagsdenken Fuß gefaßt hat, so daß man heute keineswegs mehr berechtigt ist, den »naiven Realismus« als charakteristisch für dieses Denken anzusehen. Möglicherweise sind erheblich modifiziertere Versionen des Rea-

---

[2] Vgl. Oswald Külpe, Einleitung in die Philosophie, 11. verb. Auflage, Leipzig 1923, S. 191 ff., wo der kritische Realismus als herrschende philosophische Auffassung von den Vorsokratikern bis zum 18. Jahrhundert dargestellt wird.

[3] Der stärkste Impuls in dieser Richtung ging wohl von dem Physiker und Naturphilosophen Ernst Mach aus, dessen Ideen u.a. den »Wiener Kreis« inspiriert haben.

lismus heute relativ weit verbreitet. Dagegen ist es sehr viel weniger wahrscheinlich, daß sich die mehr oder weniger raffinierten Versionen des Antirealismus einer solchen Verbreitung erfreuen – Idealismus, Positivismus, Pragmatismus, Phänomenalismus –, es sei denn bei bestimmten Philosophen, Vertretern bestimmter Wissenschaften – wie etwa der Quantenphysik – und in gewissen Kreisen der Bildungsschicht, die sich durch subjektivistische Deutungen moderner wissenschaftlicher Forschungsergebnisse aus der Feder berühmter Vertreter solcher Disziplinen haben beeindrukken lassen. Diese Lehren genießen also seit einiger Zeit die Unterstützung vielfach in ihrer Disziplin sehr kompetenter Spezialisten, was ihrem öffentlichen Ansehen sehr förderlich ist. Sie haben außerdem mitunter den Vorteil, durch paradox klingende Wendungen Überraschungserfolge erzielen zu können, vor allem da, wo man hinter solchen Formulierungen Tiefe vermutet. Sie machen sich anheischig, den Realismus des gesunden Menschenverstandes ad absurdum zu führen, und verbinden das vielfach mit einer Interpretation der wissenschaftlichen Erkenntnis, die diese als ein Gebäude mehr oder weniger nützlicher Fiktionen, Konventionen oder Konstruktionen erscheinen läßt, ein Machwerk, das man weder mit einer davon unabhängigen Wirklichkeit, noch mit der tradierten Wahrheitsidee in sinnvolle Beziehung bringen kann.

Interessant ist dabei die Tatsache, daß in diesen Auffassungen meist dennoch auf die Prüfung wissenschaftlicher Aussagen großer Wert gelegt wird und daß in ihnen die Ansicht dominiert, ein positives Resultat solcher Prüfungen berechtige unter gewissen Umständen zur Annahme, ein negatives aber zur Ablehnung derartiger Aussagen und Systeme. Eine nicht selten komplizierte methodologische Konzeption wird vorgeschlagen, die für die Regelung derartiger Prüfungsversuche und die Beurteilung ihrer Resultate Anhaltspunkte geben soll, aber es ist nicht immer leicht, herauszufinden, warum man gehalten sein soll, diesen Kodex zu praktizieren, denn die naive Idee, solche Verfahrensweisen hätten etwas mit der Suche nach Wahrheit im traditionellen Sinne zu tun, mit dem Bemühen, herauszubekommen, wie die Wirklichkeit – oder besser: ein bestimmter Realitätsausschnitt – beschaffen sei, scheint hoffnungslos überholt zu sein. Die Wissenschaft wird als ein Spiel mit bestimmten Regeln angesehen, über deren genaue Spezifizierung es sich zu streiten lohnt – daher die heftige Diskussion in der

Wissenschaftslehre. Aber die ursprüngliche Aufgabe dieses Spiels – die Zielsetzung der wissenschaftlichen Erkenntnis – scheint nicht selten außer Sicht geraten zu sein.

II. Die Suche nach Gewißheit und die Idee absoluter Begründung

Wie läßt sich diese antirealistische Tendenz im philosophischen Denken begreiflich machen? Vielleicht können wir sie am besten verstehen, wenn wir uns darüber klar werden, daß Erkenntnisstreben und Wahrheitssuche seit langem verbunden sind mit der Suche nach unbedingter Gewißheit, wie sie im Postulat der zureichenden Begründung – der »Letztbegründung« – zum Ausdruck kommt, dem klassischen Prinzip der Methodologie rationalen Denkens[4]. Echtes Wissen kann – so dachte man lange Zeit, und so denken viele noch heute – nur sicheres, unumstößliches, unbezweifelbares Wissen sein. Alle methodischen Veranstaltungen müssen daher darauf gerichtet sein, solches Wissen zu erlangen und zu identifizieren. Es geht also darum, die Erkenntnis auf eine sichere Grundlage zu stellen, ein Fundament, das die Haltbarkeit des ganzen Gebäudes gewährleistet, seine Wahrheit garantiert. Daher ist auch ein Kriterium notwendig, das es ermöglicht, diese Wahrheit auszumachen, denn ohne die Möglichkeit einer solchen Identifikation kann man nicht sicher sein, echtes Wissen erreicht zu haben. Die Idee der Wahrheitsgarantie ist also mit der eines Wahrheitskriteriums eng verbunden. Wenn die Suche nach einem solchen Kriterium sich aber als aussichtslos erweist, stellen sich sehr leicht skeptische Konsequenzen ein. Und der moderne Antirealismus dürfte eine – vielfach im Gewande der Wissenschaft auftretende – Form der Skepsis sein.

---

[4] Dieses Prinzip dürfte hinter vielen – im übrigen ganz verschiedenen – erkenntnistheoretischen Auffassungen stehen; vgl. dazu mein Buch »Traktat über kritische Vernunft«, 3. Auflage, Tübingen 1975; auf die Bedeutung der Idee der absoluten Rechtfertigung hat Popper seit langem hingewiesen; vgl. seinen Aufsatz: On the Sources of Knowledge and Ignorance, in seinem Band: Conjectures and Refutations. The Growth of Scientific Knowledge, London 1963.

Aber kommen wir zunächst auf die im Erkenntnisstreben enthaltene Wahrheitssuche zurück. Die Idee der Wahrheit, die darin steckt, ist an sich gut zu verstehen, ohne daß sie mit der Vorstellung eines Kriteriums im oben angeführten Sinne verbunden ist. Sie ist vermutlich uralt und läßt sich vor allem im Zusammenhang mit einer Sprache, die sich zur Darstellung eignet – also über die Ausdrucks- und Appellfunktionen hinaus, die man auch bei tierischen Kommunikationsmitteln findet, eine Darstellungsfunktion hat[5] –, verdeutlichen. Sie ist dann nichts anderes als die *Idee der zutreffenden Darstellung* irgendwelcher Sachverhalte, auf die man sich mit sprachlichen Mitteln beziehen kann[6]. Diese regulative Idee gehört – ob man sich nun ihrer bewußt ist oder nicht – zur Darstellungsfunktion der Sprache und bezieht sich auf die Adäquatheit von Leistungen in diesem Bereich. Wer überhaupt Mitteilungen informativen Charakters senden oder empfangen möchte, dürfte ohne diese Idee kaum auskommen, wenn es auch im einzelnen schwer sein mag, das Zutreffen einer Darstellung zu beurteilen. Auch die Idee, daß eine Darstellung in höherem oder geringerem Maße zutreffend sein kann, ohne daß man immer in der Lage ist, sie in dieser Hinsicht zu beurteilen, dürfte für die meisten Menschen durchaus verständlich sein. Sie operieren mehr oder weniger naiv und erfolgreich mit Ideen dieser Art und machen sich keine weiterreichenden Gedanken darum, auch nicht hinsichtlich der Frage, ob es ein Kriterium gibt, an Hand dessen man mit Gewißheit feststellen kann, ob eine Aussage oder die in ihr formulierte Auffassung wahr ist oder nicht.

Der Erkenntnistheoretiker ist naturgemäß nicht in dieser erfreulichen Lage. Er möchte Genaueres über solche Dinge wissen. Erkenntnistheoretische Überlegungen sind aber, so wichtig sie sein mögen, sekundärer Natur. Sie können erst anfangen, wenn das alltägliche Operieren mit der Wahrheitsidee und verwandten Vorstel-

---

[5] Vgl. dazu KARL BÜHLER, Sprachtheorie. Die Darstellungsfunktion der Sprache (1934), 2. Auflage, Stuttgart 1965; und schon vorher: DERS., Die Krise der Psychologie (1972), 3. Auflage, Stuttgart 1965.

[6] Vgl. KARL BÜHLER, Die Krise der Psychologie, aaO., S. 49: »Der *Begriff und die Kriterien der Wahrheit* oder Richtigkeit sind wesensgesetzlich aus der Darstellungsfunktion zu entnehmen, und umgekehrt bestimmt das Ideal der zutreffenden und richtigen Darstellung weitgehend die Produktion sprachlicher Gebilde bis in die Wortwahl und Struktur der Sätze hinein.«

lungen vorliegt, und daran kritisch und konstruktiv anknüpfen. Vor allem, wenn dabei Schwierigkeiten auftauchen – wie z.B. das Lügnerparadox –, greifen sie ein. Sie werden aus dem Leben der alltäglichen und der wissenschaftlichen Erkenntnis mit Material versorgt, das sie der Analyse unterziehen können.

Vor allem zweierlei pflegt in erkenntnistheoretischen Untersuchungen angestrebt zu werden:

1. Klarheit darüber, *worin* dieses Zutreffen von Darstellungen eigentlich *besteht*, das mit dem Begriff der Wahrheit gemeint ist, und
2. Auskunft darüber, *wodurch* – auf welche Weise – *festgestellt* werden kann, ob es sich jeweils um – unter Umständen: mehr oder weniger – zutreffende Darstellungen handelt oder nicht.

Diese beiden Fragen fallen keineswegs zusammen[7]. Es ist vielmehr außerordentlich wichtig, sie auseinanderzuhalten. Im ersten Falle geht es um den *Sinn* von Wahrheit, um einen adäquaten Wahrheitsbegriff also, im zweiten um ein *Kriterium* der Wahrheit oder besser: um adäquate Feststellungsmethoden. Nur ein Verfechter operationalistischer oder ähnlicher Auffassungen wird die beiden Fragen nicht auseinanderhalten können oder wollen. Wenn im Zusammenhang mit der zweiten Frage von einem Kriterium gesprochen wird, stellen sich im allgemeinen Assoziationen ein, die der Behandlung dieser Frage wenig förderlich sind, weil sie ihre Beantwortung in einer Weise präjudizieren, die zum Skeptizismus führen muß. Deshalb ist es vermutlich besser, von Feststellungsmethoden zu sprechen, wobei im einzelnen zunächst offen gelassen wird, wie erfolgreich diese Methoden sein können, *ob* sie also zu einer Wahrheits*garantie* zu führen in der Lage sind oder nicht. Wer ein Wahrheitskriterium verlangt, will im allgemeinen mehr als eine Feststellungsmethode, deren Erfolg problematisch ist. Er möchte ein Merkmal präsentiert bekommen, dessen Vorliegen die Wahrheit einer Aussage oder eines Aussagensystems verbürgt, ein sicheres Anzeichen der Wahrheit. Daß die Suche nach einem solchen In-

[7] Vgl. dazu vor allem VICTOR KRAFT, Erkenntnislehre, Wien 1960, S. 181 f., wo die Verschiedenheit dieser Fragen deutlich gemacht wird; auch sonst enthält dieses Buch eine außerordentlich klare Darstellung der Wahrheitsproblematik.

diz erfolgreich sein würde, war keineswegs ohne weiteres zu erwarten. Es ist aber nicht selbstverständlich, daß wir die Wahrheitsidee opfern müssen, wenn sich herausstellt, daß wir mit einem negativen Ergebnis zu rechnen haben[8]. Wir könnten dennoch Methoden finden, mit denen auszukommen ist, auch wenn die mit ihrer Hilfe getroffenen Feststellungen nicht unanzweifelbar sind.

Es ist meines Erachtens verständlich, daß die Suche nach einem archimedischen Punkt der Erkenntnis und damit nach einem die Wahrheit verbürgenden Kriterium die philosophischen Bemühungen in eine Richtung lenken kann, die von einer adäquaten Lösung der Erkenntnisproblematik wegführt. Das scheint auch in der Tat geschehen zu sein. Die Forderung nach absoluter Begründung, die in der klassischen Erkenntnisauffassung wirksam war, mußte in eine ausweglose Situation führen, die ich das »Münchhausen-Trilemma« genannt habe[9]. Als einzig praktikable Lösung erscheint in dieser Lage der *Dogmatismus*, aber in ihm wird diese Forderung praktisch suspendiert, so daß auch diese Lösung nicht akzeptabel ist. Wer die Begründungsforderung beibehalten möchte, wird also konsequenterweise zum *Skeptizismus* übergehen müssen, zu der Auffassung, daß wir nicht in der Lage sind, echtes Wissen zu erwerben. Beide Reaktionen liegt mithin dieselbe Auffassung über eine adäquate Erkenntnis zugrunde, aber während der Dogmatist die Illusion hegt, sein Ziel erreichen zu können, zieht der Skeptizist nur die Konsequenzen aus seiner Unerreichbarkeit. Der »Irrationalismus« des Skeptizisten ist also gewissermaßen eine rationale und kritische Reaktion auf den Rationalismus des Dogmatisten.

Aber es gibt noch andere Möglichkeiten, mit dem Mißerfolg des klassischen Rationalismus fertig zu werden. Man kann eine Auffassung entwickeln, in der dogmatische und skeptische Kompo-

---

[8] Tarski stellt mit Recht fest, daß sich der Begriff der Wahrheit in dieser Hinsicht nicht von manchen anderen Begriffen in der Logik, der Mathematik, der theoretischen Physik und anderen Disziplinen unterscheidet; vgl. Alfred Tarski, Die semantische Konzeption der Wahrheit und die Grundlagen der Semantik (1944), in: Johannes Sinnreich (Hrsg.), Zur Philosophie der idealen Sprache, München 1972, S. 90. Es ist interessant festzustellen, daß sich moderne Kritiker der Wahrheitsidee zuweilen ausgerechnet im Hinblick auf epistemologische Begriffe als Operationalisten gebärden, auch wenn sie längst eingesehen haben, daß diese Auffassung ansonsten Schiffbruch erlitten hat.

[9] Vgl. mein o.a. Buch: Traktat über kritische Vernunft, S. 11 ff.

nenten miteinander verschmolzen sind, etwa in der Weise, daß man zwar weiter nach sicherer Begründung strebt und einen Abschluß des Begründungsverfahrens im dogmatischen Sinne in Kauf nimmt, aber den Erkenntnischarakter der dadurch begründeten Aussagen oder Theorien selbst in Frage stellt, indem man keinen Anspruch auf inhaltliche Wahrheit mit ihnen verbindet[10]. Eine Wissenschaft ohne Wissen, wie sie da ins Auge gefaßt wird, verkörpert die moderne Skepsis, aber in dogmatischer Form, eine Skepsis, die den Realismus der bisherigen wissenschaftlichen Weltauffassung durch eine Version des Pragmatismus ersetzt. Diese Abkehr vom kritischen Realismus, die dazu führt, daß aus der Konkursmasse der klassischen Erkenntnisauffassung gerade die fragwürdigsten Bestandteile gerettet werden, kann am unauffälligsten vonstatten gehen, wenn man den Wahrheitsbegriff entsprechend umdefiniert, so daß auf diesem Wege die Bindung der Wissenschaft an exogene Zielsetzungen plausibel gemacht werden kann[11]. Die Wissenschaft als Instrument der Lebensbewältigung darf ohnehin der Zustimmung des Publikums meist sicher sein, und die Perversion eines Instrumentalismus, der die Erkenntnisgrundlage der Lebenspraxis technologisch umdeutet, bleibt unbemerkt, wenn sie mit hinreichender Subtilität verbunden ist. Überraschend ist nur die Tatsache, daß in den Bemühungen, die Wissenschaft in unmittelbaren Zusammenhang mit der Befriedigung menschlicher Bedürfnisse zu bringen, gerade diejenigen Bedürfnisse vergessen zu werden pflegen, die charakteristisch für unsere Gattung sind: das Streben nach Erkenntnis und nach Weltorientierung.

---

[10] In dieser Weise könnte etwa die Auffassung Hugo Dinglers charakterisiert werden; vgl. dazu etwa: HUGO DINGLER, Die Ergreifung des Wirklichen (1955), Kap. I–IV, mit einer Einleitung von Kuno Lorenz und Jürgen Mittelstraß, Frankfurt 1969, dazu meine Kritik in dem in Anm. 9 erwähnten Buch sowie in meinem Aufsatz: Konstruktivismus oder Realismus? in: ALBERT/KEUTH (Hrsg.), Kritik der kritischen Psychologie, Hamburg 1973, S. 12 ff.

[11] Vgl. dazu Bertrand Russells Kritik an John Deweys Konzeption der »warranted assertability« in: RUSSELL, An Inquiry into Meaning and Truth, London 1940, S. 318 ff.; siehe auch VICTOR KRAFT, Erkenntnislehre, aaO., S. 175 f.

III. Die Suche nach Wahrheit und die Idee der kritischen Prüfung

Ist es notwendig, in dieser Weise – durch Abkehr vom kritischen Realismus und von der traditionellen Wahrheitsidee – auf die Problemsituation zu antworten, die durch den Zusammenbruch des klassischen Rationalismus entstanden ist? Wir haben gesehen, daß die Wahrheitsidee keineswegs, wie das für diese Auffassung charakteristisch war, mit der Gewißheitsidee konfundiert werden muß, so daß die Forderung nach absoluter Begründung als selbstverständlich erscheint. Man kann darüber hinaus auch die Frage nach den adäquaten Methoden der Erkenntnis von der Gewißheitsidee lösen und damit von der Frage nach einem die Wahrheit verbürgenden Kriterium, ohne gleichzeitig die Wahrheitsidee zu opfern. Wenn man das Prinzip der zureichenden Begründung aufgibt und es durch das Prinzip der kritischen Prüfung ersetzt, dann braucht man weder in den Dogmatismus der Verfechter des klassischen Rationalismus noch in den Skeptizismus der enttäuschten Rationalisten zu verfallen, die sich genötigt glauben, zum Irrationalismus überzugehen, noch auch in jene subtile Verbindung von Dogmatismus und Skeptizismus, die für moderne Philosophen so anziehend zu sein scheint. Dieser Kritizismus ermöglicht also eine realistische Wissenschaftsauffassung, in der die Wahrheitsidee – und darüber hinaus die Idee der Approximation an die Wahrheit[12] – als regulative Idee anerkannt wird, so daß die in ihr enthaltene methodologische Konzeption an ihr orientiert werden kann. Das bedeutet, daß hier mit dem kritischen Realismus der überkommenen Auffassung ein konsequenter Fallibilismus verbunden wird, der sich auch auf die Methoden der Wissenschaft bezieht. Nicht nur Aussagen, Theorien und Erklärungen, auch die Methoden, mit deren Hilfe sie konstruiert und geprüft werden, sind prinzipiell revidierbar.

---

[12] Vgl. dazu Karl Popper, Conjectures and Refutations, aaO., S. 215 ff. und Ders., Objektive Erkenntnis, aaO., S. 65 ff.; die betreffenden Formulierungen haben offenbar Schwächen. Die Haltbarkeit der Approximationsidee, die im wissenschaftlichen Denken seit langem wirksam ist, dürfte aber durch den Mißerfolg bestimmter Definitionsversuche kaum getroffen sein.

Daß man für die Diskussion der wissenschaftlichen Methodologie auf die Wahrheitsidee verzichten könne, ist eine These, die sich einiger Beliebtheit erfreut[13]. Daran ist sicherlich soviel richtig, daß man es mit einiger Vorsicht vermeiden kann, Worte wie »Wahrheit« und »Falschheit« sowie ihre auffälligeren Substitute zu vermeiden, wenn man methodologische Fragen erörtert. Schwieriger scheint es mir schon zu sein, den Sinn methodologischer Festsetzungen zu diskutieren, ohne – und sei es auch nur implizit – auf die Wahrheits*idee* zu rekurrieren. Möglicherweise wird man heute zwar nur ein mildes Lächeln ernten, wenn man auf die Frage, warum man danach streben solle, Widersprüche in theoretischen Systemen zu vermeiden, die Antwort gibt, weil kontradiktatorische Aussagen, die sich dann ableiten lassen, jedenfalls falsch sind[14]. Man wird vielleicht darauf verwiesen werden, daß sich aus widerspruchsvollen Systemen beliebige Aussagen ableiten lassen, so daß Systeme dieser Art überhaupt nicht mehr zwischen Aussagen diskriminieren. Aber diese Antwort ist ungenügend, wenn nicht darauf eingegangen wird, im Hinblick auf welche Eigenschaften diskriminiert werden soll, so daß man wieder ganz zwanglos auf die Wahrheitsfrage zurückkommt.

Eine weitere Frage wäre die, warum man überhaupt Theorien in der üblichen Weise prüfen sollte, wobei Experimente und empirische Untersuchungen aller Art eine erhebliche Rolle spielen. Die vage, aber durchaus adäquate Vorstellung, die mit solchen Untersuchungen meist verbunden ist, läuft darauf hinaus, daß durch sie gewissermaßen der »Widerstand der Realität« für die Beurteilung solcher Aussagensysteme in Anschlag gebracht werden kann. Auch hinter den Bemühungen, bei solchen Untersuchungen »Beobachtungsfehler« nach Möglichkeit auszuschalten, steht eine rea-

---

13 Vor kurzem hat KLAUS HOLZKAMP noch in dieser Richtung argumentiert, vgl. dazu seinen Aufsatz: Wissenschaftstheoretische Voraussetzungen kritisch-emanzipatorischer Psychologie, Zeitschrift für Sozialpsychologie, Band I, 1970; dazu meine Kritik in dem in Anm. 10 genannten Aufsatz. Inzwischen scheint er seine Auffassung in dieser Hinsicht revidiert zu haben.

14 Vgl. aber dazu TARSKI, aaO., S. 96. Der Umstand, daß man möglicherweise Widersprüche zeitweise *in Kauf zu nehmen hat*, ändert meines Erachtens nichts an ihrer Unerwünschtheit. Auf diese Frage gehe ich hier nicht weiter ein.

listische Auffassung[15]. Gewiß mag das »Scheitern« einer Theorie an den »Tatsachen« mitunter eine sehr umwegige Angelegenheit sein, aber das rechtfertigt keineswegs die Auffassung, Prüfungsanstrengungen seien prinzipiell überflüssig. Warum sollte man dann nicht auch beliebige Immunisierungsversuche zulassen?

Wenn man sich die Frage stellt, worin sich die »Bewährung« einer Theorie von der einer Maschine unterscheidet, dann kommt man nicht darum herum, die Leistungen zu spezifizieren, die von beiden erwartet werden. Soweit von Theorien »Erklärungen« verlangt werden, läßt sich dann wohl kaum ein Rekurs auf den kognitiv-informativen Sinn der in Betracht kommenden Aussagen vermeiden – auf ihren darstellenden Charakter – und damit auch auf den Unterschied zwischen mehr oder weniger zutreffender Darstellung von Sachverhalten. Nach dem üblichen Modell sind bei Erklärungen ja adäquate Beschreibungen der betreffenden Tatbestände abzuleiten. Selbst wer in wissenschaftlichen Theorien nur Instrumente für die Lösung praktischer Probleme sehen möchte, kommt nicht daran vorbei, bei der Behandlung des Prognoseproblems wenigstens für die Beurteilung der technisch verwendbaren Endprodukte wissenschaftlicher Tätigkeit realistische Gesichtspunkte ins Spiel zu bringen, denn die Brauchbarkeit von Prognosen hängt doch wohl unter anderem auch davon ab, inwieweit sie die zu erwartenden Vorgänge zutreffend darstellen. Wenn man aber schon einmal gezwungen ist, in diesem Punkt Konzessionen zu machen, ist nicht einzusehen, warum man in bezug auf die dabei verwendeten theoretischen Systeme die Wahrheitsidee als unbrauchbar zurückweisen sollte[16].

Wir haben also vorerst keinen Anlaß, die antirealistische Reaktion moderner Philosophen auf das Scheitern des klassischen Rationalismus und des mit ihm verbundenen Begründungsprinzips

---

[15] Külpe weist mit Recht darauf hin, daß dieser Umstand für den Übergang vom naiven zum kritischen Realismus wesentlich ist, vgl. sein Buch: Einleitung in die Philosophie, aaO., S. 192 f. Für eine ausführliche Erörterung der Realismusproblematik vgl. OSWALD KÜLPE, Die Realisierung, Leipzig, 1. Band 1912, 2. Band 1920, 3. Band 1923.

[16] Diese Zurückweisung – etwa in Verbindung mit einer Deutung nomologischer Aussagen als bloßer »Regeln« – kann sich allerdings als Konsequenz aus unangemessenen Forderungen – etwa der Verifizierbarkeitsforderung für alle als sinnvoll zu betrachtenden Aussagen – ergeben.

als einzigen Ausweg anzusehen, zumal diese Reaktion zu größeren Schwierigkeiten für die Deutung der wissenschaftlichen Erkenntnis führen muß als ein Kritizismus, der den kritischen Realismus der alten Auffassung bewahrt. Immerhin wird eine Untersuchung der Wahrnehmungsproblematik vielleicht weitere Gesichtspunkte für die Lösung dieses Problems ergeben.

IV. Wahrnehmung, Wirklichkeit und Wahrheit: Zur Kritik des Positivismus

Die positivistischen Strömungen der Philosophie pflegen in ihrer Kritik am Realismus vorzugsweise an die Betrachtung der Wahrnehmung – ihre linguistisch orientierten Varianten an die von Wahrnehmungs-, Beobachtungs- oder Protokollsätzen – anzuknüpfen. Dabei kommt der Gesichtspunkt zur Geltung, daß die Wahrnehmung das eigentliche Fundament der Erkenntnis bildet und daß diese selbst entweder als eine Konstruktion aus Sinnesdaten – oder Sätzen, die solche Daten kodifizieren – ohne jede »transzendente«, d.h. das »Gegebene« überschreitende, Bedeutung aufzufassen sei oder daß sie sich jedenfalls auf Sinnesdaten – oder entsprechende Aussagen – gründe, im Sinne induktiver Ableitung oder nachträglicher Verifikation. Im einfachsten Falle wird sie als eine Ordnung der Sinnesdaten unter den Gesichtspunkten der Einfachheit, der Zweckmäßigkeit oder der Ökonomie charakterisiert. Thesen dieser Art sind als philosophische Aussagen sicher nicht leicht zu widerlegen, etwa in dem Sinne, wie man im Rahmen der empirischen Forschung Einzelbehauptungen zu disqualifizieren pflegt. Sie sind aber auch nicht gegen jede Kritik gefeit, es sei denn, man behandle sie in merkwürdigem Gegensatz zu wissenschaftlichen Aussagen als Dogmen. Ein konsequenter Kritizismus wird auch philosophische Thesen als Hypothesen behandeln[17] und sich fragen, wie sie zu prüfen und zu beurteilen sind.

---

[17] Vgl. dazu meinen Aufsatz: Kritizismus und Naturalismus, in diesem Band. Schon Külpe hat mit Recht festgestellt, daß die Kantsche Destruktion der alten rationalen Metaphysik nur ihren methodischen Apriorismus getroffen, nicht aber die Unmöglichkeit einer Metaphysik rationalen Charakters gezeigt habe; vgl. dazu KÜLPE, Immanuel Kant. Darstellung und Würdigung.

Dazu wird es sicherlich nicht uninteressant sein, die Resultate der einschlägigen Realwissenschaften heranzuziehen. Der an strenge Einteilungen, scharfe Abgrenzungen und damit verbundene Autonomieansprüche gewöhnte Analytiker wird vielleicht Zweifel anmelden angesichts der These, daß realwissenschaftliche Forschungsergebnisse überhaupt für die Entscheidung philosophischer Fragen ins Gewicht fallen können, aber ihre strikte Ablehnung liefe auf einen Apriorismus hinaus, den gerade positivistisch orientierte Denker sonst weit von sich zu weisen gewohnt sind. Bisher haben Philosophen aller Richtungen immer wieder de facto den Stand der Erkenntnis in allen für die in Frage stehenden Probleme relevanten Wissenschaften verwertet. Sie haben, wenn es um Wahrnehmungsprobleme ging, auch die Ergebnisse der einschlägigen psychologischen, physiologischen und physikalischen Forschung herangezogen und verwertet. Wer eine empiristische Auffassung als Hypothese vertritt, wird gegen eine solche Praxis kaum Einwände prinzipieller Natur machen können.

Wir tun also vermutlich gut daran, zur Beurteilung solcher Anschauungen zunächst einmal das in Betracht zu ziehen, was wir aus den Realwissenschaften über die Wahrnehmung lernen können. Die uns dort zugänglichen Resultate zeigen deutlich, daß die passivistische Auffassung der Wahrnehmung – etwa als einer Registration des Gegebenen, der Sinnesdaten oder gar der Tatsachen – völlig überholt ist. Schon bei niederen Organismen ist sie vielmehr als eine Aktivität aufzufassen, mit deren Hilfe die laufend auftretenden Orientierungsprobleme gelöst werden, und zwar dadurch, daß nach der jeweils adäquatesten Deutung der verfügbaren Daten gesucht wird. Dabei werden die einlaufenden sensorischen »Informationen« als Anzeichen für vorhandene Gegenstände und ihre Beschaffenheiten – ihre Eigenschaften und die zwischen ihnen existierenden Beziehungen – verwertet. Wir können die Wahrnehmung also als einen Zeichendeutungsprozeß auffassen, der zum Aufbau einer Gegenstandswelt führt[18]. In diesem Prozeß werden

2. Aufl., Leipzig 1908, S. 113 und passim. Damit ist auf die Möglichkeit einer hypothetischen Metaphysik hingewiesen, die er – nicht sehr glücklich – als »induktiv« bezeichnet.

[18] Vgl. dazu etwa: RICHARD L. GREGORY, Auge und Gehirn. Zur Psychophysiologie des Sehens, München 1966; aber auch schon K. BÜHLER, Die Krise

laufend – ohne daß das normalerweise ins Bewußtsein tritt – Deutungshypothesen ausprobiert, das heißt entworfen und unter Verwendung der einlaufenden sensorischen Signale kontrolliert. Wenn der höhere Organismus bestimmte »Tatsachen zur Kenntnis nimmt«, dann ist diese Kenntnisnahme selbst ein Ergebnis komplizierter Deutungsprozesse, bei dem die ganze sensorische Apparatur und das Zentralnervensystem beteiligt sind.

Schon in der vorsprachlichen Wahrnehmung werden also offenbar Deutungen produziert, in denen das Vorhandensein von Objekten mit bestimmten Beschaffenheiten »angenommen« wird[19]. Die in diesem Zusammenhang auftretenden Konstanzannahmen haben sich offensichtlich in normalen Umgebungen weitgehend bewährt, weil sie im allgemeinen zu richtigen Erwartungen geführt haben. Das bedeutet unter anderem, daß wir es schon in der Wahrnehmung mit einer »Transzendenz« des Gegebenen – der sensorischen Daten – zu tun haben.

Weiter wird in der Wahrnehmung stets schon vorhandenes »Wissen« zur Deutung ausgenutzt, wobei dieses Wissen in primitiven Fällen in angeborenen Dispositionen verkörpert und mitunter schwer revidierbar ist. Die Wahrnehmung ist in hohem Maße kontextabhängig, und zu dem für sie relevanten Kontext gehören früher aufgebaute »Überzeugungen« der betreffenden Individuen[20].

---

der Psychologie, aaO., und vorher: Oswald Külpe, Die Realisierung, Band 2, aaO., S. 8 f. und passim, wo Empfindungen als Zeichen charakterisiert werden.

[19] Daß man auch in der Betrachtung bildlicher Darstellungen mit Annahmen dieser Art operiert, deren man sich meist erst dann bewußt wird, wenn dabei Widersprüche auftauchen, darauf hat vor allem Ernst Gombrich nachdrücklich hingewiesen, vgl. dazu E. H. Gombrich, Art and Illusion. A Study in the Psychology of Pictorial Representation, New York, 2. red. ed. 1961, S. 272 ff.; sowie Ders., Expression and Communication, in seinem Buch: Meditations on a Hobby Horse, and other Essays on the Theory of Art, London 1963, S. 151 ff.

[20] Vgl. Gregory, aaO., S. 220 ff. und passim. Auf diese Kontextabhängigkeit hat Külpe, auf den die Würzburger Schule der Denkpsychologie zurückgeht, mit Nachdruck hingewiesen; vgl. sein Werk: Die Realisierung, aaO., S. 69 ff., wo auf die ältere Apperzeptionslehre hingewiesen wird, in der diese Idee schon aufgetaucht ist. Die heute in der Wahrnehmungsforschung übliche Akzentuierung der Bedeutung der Einstellung (set) dürfte auf die Külpesche Lehre zurückgehen. Für eine Analyse der wissenschaftstheoretischen Konsequenzen vgl. Alfred Bohnen, Zur Kritik des modernen Empirismus, in: Theorie und Realität, 2. Aufl., Tübingen 1972.

Damit hängt die Tatsache zusammen, daß sie zu Fehlleistungen – etwa Halluzinationen oder Illusionen – imstande ist, die zu Irrtümern führen können.

Der Wahrnehmungstheoretiker erklärt also die Wahrnehmung als eine kognitive Leistung des Organismus auf vorsprachlicher Ebene. Diese Leistung ist – wie alle anderen kognitiven Leistungen – kontextabhängig, prinzipiell fehlbar und sie transzendiert das Gegebene in Richtung auf eine objektive Welt, in der eine Orientierung des Verhaltens möglich ist. Schon in dieser Leistung scheint eine der Wahrheitsidee analoge Steuerungsnorm wirksam zu sein, die das Lernen aus Erfahrung – durch Versuch und Irrtum – ermöglicht. Soll der Philosoph sich dazu durchringen, das alle als fiktiv zu erklären? Etwa deshalb, weil er aus anderer Quelle weiß, daß Realismus und Wahrheitsidee illusorisch sind? Soll er etwa die Erklärungen des Wahrnehmungsforschers als bloße Ordnungen der Sinnesdaten ohne reale Bedeutung interpretieren? Oder soll er den von diesem postulierten Deutungscharakter der Wahrnehmung auf der Ebene der Erkenntnistheorie suspendieren? Vermutlich ist es sinnvoller, dessen Forschungsergebnisse als ernst zu nehmende Beiträge zur Lösung der ihn selbst interessierenden Erkenntnisproblematik aufzufassen, denn die kognitiven Leistungen, die da untersucht werden, gehören ja keineswegs in einen anderen Erkenntnisbereich. Die Wahrnehmungen, die ihn selbst als Erkenntnistheoretiker interessieren, sind nicht von anderer Art als die in der Wahrnehmungsforschung behandelten. Und wenn er der Ansicht sein sollte, daß diese nur Tatsachenfragen, er aber Gültigkeitsprobleme zu behandeln habe, dann muß er sich erstens entgegenhalten lassen, daß man zwar beide Arten von Fragen tunlichst unterscheiden, aber nicht vorschnell jeden Zusammenhang zwischen ihnen leugnen sollte, und zweitens, daß auch der Wahrnehmungsforscher es in gewissem Maße mit beiden Arten von Fragen zu tun hat.

Der kritische Realismus hat keine Mühe, diese Forschungsergebnisse in seinem Sinne zu verwerten. Seine Deutung der wissenschaftlichen Erkenntnis kann an die in ihnen enthaltene Interpretation der Wahrnehmung anknüpfen. Der Anzeichencharakter der Sinnesdaten ist auch für seine Deutung relevant. Er kann die Konstruktion, Verwendung und Prüfung wissenschaftlicher Theorien als eine Fortsetzung der in der Wahrnehmung vollzogenen Leistungen mit teilweisen anderen Mitteln – unter Verwendung von komplexen Symbolsystemen wie der menschlichen Sprache – auffassen. Die Überwindung des naiven Realismus wird vor allem durch den Gebrauch der Mittel möglich, mit deren Hilfe man zu einer korrigierenden Erklärung der Leistungen unserer Sinnesorgane gelangen kann, einer Erklärung, die diese als mehr oder weniger adäquate Approximationen deutet.

V. Sprache, Denken und Wissenschaft: Die Rolle symbolischer Systeme

Die moderne Wissenschaftslehre hat sich bisher vor allem um sprachlich kodifizierte Erkenntnis gekümmert und deren statische Aspekte analysiert. Probleme dieses Bereichs lassen sich durch logisch-semantische Untersuchungen klären und haben daher das Interesse derjenigen Theoretiker auf sich gezogen, die in der logischen Analyse die einzige philosophische Methode identifizieren zu können meinen. Das daraus resultierende Bild der wissenschaftlichen Erkenntnis mit seiner Akzentuierung formaler Züge abgeschlossener theoretischer Systeme war von erheblicher Einseitigkeit und ist daher nun mit Recht einer Kritik ausgesetzt, in der die dynamischen Aspekte der Forschung betont werden. Die Kritik am neoklassischen Empirismus, der bis vor kurzer Zeit die wissenschaftstheoretische Szene beherrscht hat, gibt nun den hermeneutischen Strömungen des philosophischen Denkens Gelegenheit, sich in diese Diskussion einzuschalten und die in ihrem Bereich vorliegenden Auffassungen zu Deutungsproblemen zur Geltung zu bringen, wobei gewisse Affinitäten zwischen analytischen und hermeneutischen Konzeptionen zum Vorschein kommen. Diese bisher einander fremden Richtungen des philosophischen Denkens scheinen nun in einer Weise zusammenzuwirken, die einer realistischen Wissenschaftsauffassung den Garaus machen soll. Die Kuhnsche Analyse wissenschaftlicher Revolutionen hat dazu ermuntert, mit einem Begriff des Paradigmas zu operieren, der es zu erlauben scheint, weitgehend beliebige Deutungen als wissenschaftliche Theorien zu akzeptieren, ein Umstand, der vor allem gewissen Strömungen im Bereich der Sozialwissenschaften sehr zustatten kommt. Als neuestes Wahrheitskriterium wird der Konsens der an der Diskussion Beteiligten unter gewissen Bedingungen angeboten[21], als ob ein solches Indiz irgendeine wesentliche Beziehung zum Inhalt kognitiver Aussagen haben könnte, es sei denn durch höhere Fügung. Und das Basisproblem für wissenschaftliche Theorien wird so gelöst, daß man von der Annahme ausgeht, jede Interpretation einer Beobachtungssituation lasse sich ohne Schwierigkeiten durchhalten, so daß nur gemeinsame Beschlüsse der Forscher – offenbar ohne jeden Anhaltspunkt in der Realität – die Wissenschaft vor dem Chaos der Meinungen retten können. Ein Kollektivsubjektivismus hermeneutisch inspirierter Erkenntnissubjekte, die sich gegenseitig ihrer Wahrhaftigkeit versichern und dem gewählten Paradigma die Treue halten, scheint die moderne Lösung der Erkenntnisproblematik zu sein[22]. Ich habe nicht den Eindruck, daß eine derartige Auffassung als brauchbare Lösung anerkannt zu werden verdient.

Wer diese Behandlung der Probleme zu beurteilen wünscht, tut gut, sich daran zu erinnern, daß die Theoriebildung – wenn nicht ein sehr eingeschränkter spezieller Theoriebegriff in Betracht gezogen werden soll – nicht erst mit dem sprachlich artikulierten Denken oder gar mit der sprachlichen Kodifizierung hochentwickelter Aussagensysteme beginnt. Sie fängt vielmehr innerhalb der Wahrnehmungstätigkeit – das heißt: im vorsprachlichen Bereich – an. Wie Karl Bühler feststellt, ist die »sprachliche Fixierung und Fassung der wahrgenommenen Sachverhalte ... vorbereitet und verwurzelt in den Prozessen, die wir Wahr-

---

[21] Für einen solchen Vorschlag vgl. JÜRGEN HABERMAS, Wahrheitstheorien, in: Wirklichkeit und Reflexion. Walter Schulz zum 60. Geburtstag, Pfullingen 1974; vgl. auch meine Kritik an der Apelschen Auffassung in meiner Schrift: Transzendentale Träumereien, Hamburg 1975.

[22] Ich möchte betonen, daß ich damit keineswegs die Kuhnsche Auffassung wiedergeben möchte. Kuhn selbst hat in der zweiten Auflage seines Buches – vgl. THOMAS KUHN, The Structure of Scientific Revolutions, 2nd ed., Chicago 1970, S. 174 ff. – seine früher etwas extrem klingenden Thesen einer einschränkenden Deutung unterworfen, die sie erheblich abmildert; vgl. dazu jetzt THOMAS S. KUHN, Logic of Discovery or Psychology of Research? und JOHN O. WISDOM, The Nature of Normal Science in: PAUL A. SCHILPP (ed.), The Philosophy of Karl Popper, LaSalle 1974, Vol. II., S. 798 ff. und S. 820 ff., sowie Poppers Antworten im gleichen Band, S. 1144 ff. und S. 1148 ff. Ein Rest von Soziologismus, der kritisiert zu werden verdient, scheint auch seiner jetzigen Auffassung noch anzuhaften.

nehmungen zu nennen und unsachlich scharf von einer ›nachfolgenden‹ sprachlichen Fassung zu trennen pflegen«. Er weist darauf hin, »daß dieselben semantischen Funktionen, die dem Analytiker der Sprache deutlich werden, daß die Signal-, Anzeichen- und Symbolfunktionen in voller Entfaltung den Sinnesdaten des Menschen auch dort und unter solchen Umständen zukommen, wo eine Intervention des Sprachapparates nicht in Frage steht«[23]. Schon innerhalb der Wahrnehmungsaktivität wird ja, wie ich oben erwähnt habe, mit Annahmen mehr oder minder allgemeinen Charakters operiert, in denen bewährte Invarianzen der Wahrnehmungswelt zum Ausdruck kommen. Dabei können sicherlich relativ unstrukturierte Situationen auftauchen, in denen ein erheblicher Spielraum für verschiedene Deutungen durch die Mechanismen der Sinneswahrnehmung besteht. Eine völlige Willkür in diesem Bereich scheint aber durch die Struktur der Sinnesapparate ausgeschlossen zu sein.

Der »Transzendenz der Darstellung«[24], die schon bei singulären Aussagen – also auch sogenannten Basis-Aussagen – zu konstatieren ist, weil in ihnen Allgemeinbegriffe auftreten, entspricht, wie schon erwähnt wurde, eine ganz analoge »Transzendenz der Wahrnehmung«, da auch in ihr schon ein gesetzmäßiges Verhalten der wahrgenommenen Gegenstände »angenommen« wird[25]. Das bedeutet keineswegs, daß Aussagen durch Erlebnisse »verifiziert« werden können, sondern nur, daß schon die Wahrnehmung selbst mit »Hypothesen« arbeitet, in denen Invarianzen bestimmter Art postuliert werden, und daß diese Deutungsleistung in den an sie anknüpfenden kognitiven Aktivitäten höheren Niveaus nicht annulliert, sondern bestenfalls korrigiert werden kann.

Die Sprache ist ein Instrument der Darstellung, das eine weitergehende Objektivierung kognitiver Leistungen durch ihre Kodifikation mit Hilfe in ihrer Verwendung normierter Symbole ermöglicht, eine Kodifikation, die überdies die Kritik und Korrektur sol-

---

[23] Vgl. Karl Bühler, Sprachtheorie, aaO., S. 252.

[24] Vgl. Karl Popper, Logik der Forschung (1934), 2. Aufl., Tübingen 1966, S. 61.

[25] Vgl. dazu etwa die Analyse des Popperschen Beispiels – aaO., S. 61 über den Satz: »Hier steht ein Glas Wasser« – mit der Passage Gregorys – in seinem o.a. Buch, S. 220 – über das abnorme Verhalten eines vermeintlichen Tisches.

cher Leistungen erleichtert[26]. Mit ihren Mitteln können die schon in der Wahrnehmung wirksamen Annahmen explizit gemacht, geprüft und unter Umständen revidiert werden, was teilweise schon im Alltagsdenken geschieht. Die Theoriebildung in den Wissenschaften ist nur eine Fortsetzung dieser Erkenntnispraxis mit verfeinerten Mitteln – teilweise unter Verwendung der in der Mathematik aufgebauten symbolischen Systeme. Sie transzendiert die in der Wahrnehmung erreichbare Erkenntnis und sucht nach allgemeineren Gesetzmäßigkeiten – und zwar auch im Bereich der Organisation kognitiver Leistungen selbst, also der Wahrnehmung, des Denkens, der Symbolverwendung –, mit deren Hilfe unsere Erfahrung erklärt werden kann. Die dadurch erzielten Erklärungen involvieren, gleichzeitig eine Kritik der Erfahrung – der Wahrnehmung und des Alltagsdenkens –,soweit sie die in ihr enthaltene Deutungsleistung in Frage stellen und korrigieren.

Die Erkenntnispraxis der Wissenschaften ist, das braucht heute kaum noch besonders betont zu werden, ebenso prinzipiell fehlbar wie die in der Wahrnehmung enthaltene Deutungstätigkeit. Sie operiert ebenso wie diese mit Hypothesen, allerdings mit solchen, die durch sprachliche Fixierung in stärkerem Maße objektiviert und damit der Kritik zugänglich gemacht werden. Die Methodologie, die in diesem Bereich praktiziert wird, ist nur zu verstehen, wenn man davon ausgeht, daß die Tätigkeit, auf die sie sich bezieht, darauf abzielt, die objektive Beschaffenheit der Wirklichkeit – beziehungweise der ins Auge gefaßten Realitätsausschnitte – und damit auch die für sie gültigen Gesetzmäßigkeiten zu erforschen. Damit ergibt sich gleichzeitig die Bedeutung der regulativen Idee der Wahrheit für die Erkenntnispraxis, einer Idee, die, wie ich schon erwähnt habe, zur Darstellungsfunktion der Sprache gehört und ohne die die Leistungen in diesem Bereich schwerlich zu beurteilen sein dürften. Die methodischen Vorkehrungen, die in den Realwis-

---

[26] Darauf hat vor allem Popper nachdrücklich hingewiesen, der im Anschluß an die Bühlersche Sprachtheorie als weitere Funktion der Sprache die Argumentationsfunktion hervorhebt und im Zusammenhang damit die Bedeutung der sprachlichen Objektivierung für die Kritik betont; vgl. dazu POPPER, Language and the Body-Mind Problem, in seinem Aufsatzband: Conjectures and Refutations, S. 293 ff.; vgl. auch sein o.a. Buch: Objektive Erkenntnis, passim.

senschaften getroffen werden, um willkürliche Deutungen nach Möglichkeit auszuschalten und die Immunisierung von Theorien und Erklärungen gegen relevante Kritik zu verhindern, sind an der Idee zutreffender Darstellung orientiert und daher ohne sie kaum sinnvoll zu deuten. Die Tatsache, daß die in diesem Zusammenhang entwickelten Kriterien selbst prinzipiell nicht unbezweifelbar sind und daher der Kritik zugänglich gemacht werden können, hat keineswegs zur Folge, daß man einen – unter sehr problematischen hypothetischen Bedingungen angeblich erzielbaren – Konsens der an der Forschung Beteiligten selbst zum Kriterium erheben muß. Ein solcher Vorschlag involviert vielmehr jene merkwürdige Verbindung von Skeptizismus und Dogmatismus, die sich daraus ergibt, daß man fragwürdige Konsequenzen aus dem Zusammenbruch des klassischen Rationalismus zieht, indem man die für die Erkenntnis unumgängliche Komponente dieser Auffassung, nämlich die Idee der objektiven Wahrheit, opfert und ihre unhaltbare Komponente, die Idee der zureichenden Begründung, zu retten sucht.

VI. Sprache und Verstehen: Das Problem der Hermeneutik

Soweit sprachliche Mittel in der menschlichen Erkenntnis eine Rolle spielen, ergibt sich ein Problem, um das sich die Geisteswissenschaften seit langer Zeit bemüht haben: das Problem des Verstehens der Produkte sprachlicher Aktivitäten. Die methodologische Disziplin, die sich mit diesem Problem befaßt, die Hermeneutik, hat sich bisher vor allem auf Texte konzentriert und sich als Kunstlehre der Auslegung von Texten verstanden. Erst seit relativ kurzer Zeit beginnt sich eine allgemeine Sprachtheorie abzuzeichnen, die mit den üblichen Methoden der Realwissenschaften arbeitet und sich als Teildisziplin einer theoretischen Lehre von den Zeichen und Zeichensystemen überhaupt auffassen läßt. Man unterscheidet etwa zwischen Symptomen, Signalen und Symbolen[27], wobei diese Zeichenarten den Dimensionen des Ausdrucks, des Appells und

---

[27] Vgl. KARL BÜHLER, Sprachtheorie, aaO., S. 28.

der Darstellung zugeordnet werden, und differenziert zwischen einfachen Systemen und zweiklassigen Systemen vom Typus der Sprache, die eine Darstellung in zwei Schritten, – Wortwahl und Satzbau – aufzubauen imstande sind und in zwei Feldern – dem Zeig- und dem Symbolfeld – operieren[28]. Systeme dieser Art scheinen die Grundlage für alle höheren Kulturleistungen zu bilden. Die Lehre vom Verstehen wird wohl nur im Zusammenhang mit der Theorie als Zeichen und der Zeichensysteme weiterentwickelt werden können, denn Zeichen – als Komponenten der Wahrnehmungswelt – bilden das objektive Substrat für Leistungen dieser Art, die drauf gerichtet sind, den damit verbundenen Sinn zu erfassen. Sie hat die Aufgabe, die menschliche Deutungskativität und ihren Erfolg oder Mißerfolg auf theoretischer Grundlage zu erklären[29]. Diese Deutungsaktivität kann aber selbst als ein Sonderfall der Wahrnehmung aufgefaßt werden, die ja, wie wir gesehen haben, an sich schon als Zeichendeutungsprozeß anzusehen ist, wenn sie auch im allgemeinen nur Anzeichen (Symptome) – nicht Symbole – verwertet. In der zwischenmenschlichen Kommunikation pflegen aber alle drei Zeichenarten – Symptome, Signale und Symbole –, und zwar teilweise am gleichen stofflichen Träger, aufzutreten. Eine Äußerung des Gesprächspartners wird etwa gleichzeitig als Ausdruck seines seelischen Zustandes und als Appell aufgefaßt, wobei ihr Inhalt nur dadurch zu identifizieren ist, daß der Darstellungssinn gewisser Zeichen verstanden wird.

Die theoretische Durchleuchtung des Zeichengebrauchs und des Verstehens im Rahmen der Realwissenschaften macht keine Suspendierung der allgemeinen Methodologie dieser Wissenschaften für diesen Bereich notwendig, wenn sie natürlich auch bereichsspezifische Forschungstechniken erfordert. Insofern ist der methodologische Autonomieanspruch, der für die Geisteswissenschaften immer wieder erhoben wurde, illusorisch. Man darf überdies erwarten, daß die Hermeneutik als Technologie des Verstehens von den Ergebnissen der Zeichen- und Sprachtheorie nur profitieren kann, denn hier ist ebenso wie auf anderen Gebieten zu

---

[28] Dazu Bühler, aaO., S. 73, S. 79 ff. und S. 149 ff.

[29] Vgl. dazu meinen Aufsatz: Hermeneutik und Realwissenschaft, in der Festschrift für Eduard Baumgarten, abgedruckt in meiner Schrift: Plädoyer für kritischen Rationalismus, 4. Auflage, München 1975.

erwarten, daß tieferdringende Erklärungen unsere bisherigen Auffassungen zu korrigieren imstande sind und darüber hinaus zu technologischen Verbesserungen führen. Wer für diesen Bereich den kritischen Realismus aufrechterhalten möchte – und es gibt, soweit ich sehe, keinen Grund, ihn hier aufzugeben –, der wird die bereichsspezifische Methodologie der sogenannten Geisteswissenschaften – im Sinne einer Lehre spezieller Forschungstechniken – nicht gegen mögliche Kritik von seiten der einschlägigen theoretischen Realwissenschaften immunisieren wollen[30].

Vor allem gewisse Sonderansprüche, die zuweilen für das Verstehen erhoben worden sind, können auf Grund unserer heutigen Kenntnisse über die menschliche Deutungstätigkeit zurückgewiesen werden. Wenn zum Beispiel die Rede davon ist, daß dem Verstehen unter gewissen Umständen eine »Evidenz« zukomme, die die dadurch erzielte Einsicht unanzweifelbar mache, so braucht man nur auf die oben erwähnte Kontextabhängigkeit und den hypothetischen Charakter solcher Leistungen hinzuweisen, um diesen Anspruch fragwürdig zu machen[31]. Soweit in den Kultur- oder Geisteswissenschaften verstehende Methoden verwendet werden, sind sie als hochkomplexe Fälle der Zeichendeutung aufzufassen, wie sie auch sonst in der menschlichen Wahrnehmung auftauchen, und es besteht keinerlei Grund, sie mit höheren Gewißheitsansprüchen auszustatten, als sie gemeinhin für Beobachtungen erhoben werden. Ich habe übrigens den Eindruck, daß Tendenzen dieser Art heute nur noch selten festzustellen sind.

Eine andere Tendenz dagegen scheint sich immer deutlicher abzuzeichnen, nämlich die, den hermeneutischen Gesichtspunkt zur Leitidee der gesamten Erkenntnis zu erheben, wie das in der Heideggerschen Wende zur universalen Hermeneutik angebahnt wurde. Während die theoretische Zeichen- und Sprachwissenschaft ihren Gegenstandsbereich als Realitätausschnitt in der üblichen Weise der Realwissenschaften behandelt, wird in dieser Version des

---

30 Mit Recht betont daher GERHARD FREY – in seinem instruktiven Aufsatz: Hermeneutische und hypothetisch-deduktive Methode, Zeitschrift für allgemeine Wissenschaftstheorie, Band I, 1970, S. 35 ff. – die gemeinsame erkenntnistheoretische Grundlage der Natur- und der Geisteswissenschaften.

31 Zur Kritik von Evidenzansprüchen vgl. schon KÜLPE, Die Realisierung, Band 1, aaO., S. 68 f. Auch GERHARD FREY stellt in seinem oben erwähnten Aufsatz – aaO., S. 35 ff. – den Hypothesencharakter der Textdeutung heraus.

hermeneutischen Denkens die Sprache zum transzendentalen Faktor und darüber hinaus zum archimedischen Punkt der Erkenntnis erhoben[32]. Sicherlich wäre Immanuel Kant erstaunt gewesen, wenn er diese Entwicklung hätte vorausahnen können.

---

[32] Vgl. dazu besonders die zahlreichen Arbeiten von KARL-OTTO APEL, zuletzt: The Problem of (Philosophical) Ultimate-Jutification in the Light of a Transcendental Pragmatic of Language, Helsinki 1974 (vervielfältigt); sowie meine Kritik in der oben erwähnten Schrift: Transzendentale Träumereien.

Münchhausen oder der Zauber der Reflexion

Die Ansprüche der Transzendentalpragmatik im Lichte des konsequenten Fallibilismus

1. Letztbegründung durch transzendentale Reflexion: Ein Versuch, den klassischen Rationalismus wiederzubeleben

Die Idee, daß man sich darum bemühen soll, alle Erkenntnis auf eine sichere Grundlage zurückzuführen und sie dadurch gegen jeden möglichen Zweifel zu schützen – der Grundgedanke des klassischen Rationalismus – ist seit der Antike immer wieder gegen Kritiker verteidigt worden. Schon die antike Skepsis und dann wieder der an sie anknüpfende Skeptizismus der Reformationszeit hatte Einwände gegen sie erhoben, die ihre Verfechter in große Schwierigkeiten brachten. Descartes, der eine Neuformulierung des klassischen Gedankens unter Berücksichtigung skeptischer Einwände versucht hatte, sah sich der Kritik Gassendis und Mersennes ausgesetzt, der er sich nicht gewachsen zeigte[1]. Die Humesche Kritik war bekanntlich für Kant ein wichtiger Anstoß zur Ausarbeitung seines Kritizismus, der den Versuch enthielt, mit Hilfe eines transzendentalen Verfahrens ein sicheres Fundament nachzuweisen, von dem jede Erkenntnisbemühung ausgehen könne. Aber auch dieses Fundament hat sich in der Folgezeit als problematisch erwiesen. Dennoch hat es auch in diesem Jahrhundert

[1] Vgl. dazu Richard H. Popkin, The History of Scepticism from Erasmus to Spinoza, Berkeley 1979, S. 193 ff., S. 200 ff. und S. 303 ff.

nicht an Versuchen gefehlt, einen archimedischen Punkt der Erkenntnis zu entdecken[2].

Im Gegensatz dazu hat Karl Popper eine Auffassung formuliert, den kritischen Rationalismus, in der die Suche nach einem sicheren Fundament zurückgewiesen und dennoch – im Gegensatz zu manchen Formen des Skeptizismus – die Möglichkeit einer, wenn auch stets fehlbaren, Erkenntnis behauptet wird[3]. Diese Auffassung ist von vielen Seiten attackiert worden, zum Teil unter radikal skeptizistischen und relativistischen Vorzeichen, aber der in ihr enthaltene konsequente Fallibilismus scheint heute auch von manchen ihrer Kritiker akzeptiert zu werden. Zu denjenigen Kritikern, die gerade diesen Bestandteil des kritischen Rationalismus aufs Korn nehmen, gehört Karl-Otto Apel, dessen Transzendentalpragmatik von einer Reformulierung der Kantschen Frage nach den Bedingungen der Möglichkeit der Erkenntnis unter Berücksichtigung moderner sprachphilosophischer Einsichten ausgeht[4]. Ich habe die Lösungen, die Apel für seine Probleme anbietet, schon einmal analysiert und sie einer scharfen Kritik unterzogen[5]. Diese Kritik bezieht sich auf seine oben schon erörterte Lehre von den drei Wissensformen, die ebenso wie die entsprechende Konzeption von Jürgen Habermas eine Reduktion alles Wissens auf praktische Interessen enthält, auf seine Lehre von der Kommunikationsgemeinschaft, in der dieser Gemeinschaft die Rolle eines transzendentalen Faktors zugewiesen wird, und auf diejenigen Argumente zum Pro-

---

[2] Man denke zum Beispiel an die Bemühungen Edmund Husserls oder Hugo Dinglers, an die viele moderne Denker in ihrer Arbeit anknüpfen.

[3] Vgl. dazu: Karl Popper, Die beiden Grundprobleme der Erkenntnistheorie, aaO. und Ders., Conjectures and Refutations. The Growth of Scientific Knowledge, London 1963, 5. Auflage 1974.

[4] Vgl. dazu Karl-Otto Apel, Das Problem der philosophischen Letztbegründung im Lichte einer transzendentalen Sprachpragmatik. Versuch einer Metakritik des ›kritischen Rationalismus‹, in: Bernulf Kanitscheider (Hrsg.), Sprache und Erkenntnis. Festschrift für Gerhard Frey, Innsbruck 1976, S. 55–82.

[5] Vgl. dazu meine Schrift: Transzendentale Träumereien. Karl-Otto Apels Sprachspiele und sein hermeneutischer Gott, Hamburg 1975; siehe auch meinen Aufsatz: Hermeneutik und Realwissenschaft, in meinem Aufsatzband: Plädoyer für kritischen Rationalismus, München 1971, S. 106–149. In der angeführten Schrift habe ich ein Manuskript des in Anm. 4, oben, erwähnten Aufsatzes mitberücksichtigt, vgl. dazu: S. 90–142.

blem der sogenannten Letztbegründung, die er im Zusammenhang mit seiner Kritik am kritischen Rationalismus entwickelt hat. Dabei habe ich zu zeigen versucht, daß die Apelsche transzendentale Hermeneutik einen Rückfall in den klassischen Rationalismus involviert und daher Einwänden ausgesetzt ist, wie sie im Rahmen des kritischen Rationalismus gegen den Kerngedanken dieser Auffassung formuliert wurden. Es handelt sich um Einwände der Art, wie sie im Laufe der langen Geschichte des Rationalismus von skeptischer Seite immer wieder vorgebracht worden sind, ohne daß sie im Grunde genommen entkräftet werden konnten.

Soweit ich sehe, hat Apel diesen Einwänden bisher nicht hinreichend Rechnung getragen. Auch andere Vertreter der Transzendentalpragmatik Apelscher Prägung haben das meines Wissens nicht getan. Neuere Äußerungen aus dieser Richtung deuten vielmehr darauf hin, daß die Verfechter dieser Konzeption sich teilweise mißverstanden fühlen und daß sie jedenfalls nicht den Eindruck gewonnen haben, die von mir vorgebrachte Kritik sei zutreffend. Bei ihrer Lektüre wird dem Leser das Gefühl vermittelt, man müsse diese Lehre nur richtig verstanden haben, um sie zu akzeptieren[6]. Das ist aber meines Erachtens keineswegs der Fall. Die »reflexive Letztbegründung«, die da praktiziert wird, scheint mir nur gewisse Illusionen zu offenbaren, denen sich die Verfechter der Transzendentalpragmatik hingeben, Illusionen, die sie durch die Bestimmung der von ihnen bevorzugten »strikt reflexiven Einstellung« kritikimmun zu machen suchen. Natürlich bin ich weit davon entfernt, ihnen eine bewußte Absicht dieser Art zuschreiben zu wollen. Möglicherweise ist es eher die bekannte »List der Vernunft«, die hier ihr Spiel treibt. Wie dem auch sei, ich werde mich

[6] Vgl. dazu Wolfgang Kuhlmann, Ethik der Kommunikation, in: Apel/Böhler/Berlich/Plumpe (Hrsg.), Praktische Philosophie/Ethik. Aktuelle Materialien. Reader zum Funk-Kolleg, Band 1, Frankfurt am Main 1980, S. 292–308, Anm. S. 474–476; Ders., Ist eine philosophische Letztbegründung moralischer Normen nötig? und: Ist eine philosophische Letztbegründung moralischer Normen möglich?, in: Funkkolleg Praktische Philosophie/Ethik, Studienbegleitbrief 8, herausgegeben vom Deutschen Institut für Fernstudien an der Universität Tübingen, Weinheim/Basel 1981, S. 11–71; sowie Ders., Reflexive Letztbegründung. Zur These von der Unhintergehbarkeit der Argumentationssituation, Zeitschrift für philosophische Forschung, Band 35, 1981, S. 3–26.

nun zunächst der transzendentalpragmatischen Kritik an den Auffassungen des kritischen Rationalismus zuwenden, um dann die konstruktive Seite des reflexiven Letztbegründungsunternehmens zu würdigen.

2. Einwände gegen den kritischen Rationalismus: Die transzendentalpragmatische Kritik

In seiner Kritik am kritischen Rationalismus hat Karl-Otto Apel seinerzeit den Vorwurf des »Szientismus« gegen diese Auffassung formuliert, den man als eine neue Version des früher von Habermas geäußerten Positivismus- Verdachts ansehen darf. Diese Position wird dabei einer Einschränkung der Vernunft auf technologische Rationalität geziehen. Mit den wirklichen Auffassungen des Kritizismus hat dieser Einwand wenig zu tun. Ich hoffe, daß ich dieses Mißverständnis hinreichend geklärt habe[7] und erspare mir daher ein erneutes Eingehen auf diesen Punkt.

Die Apelsche Analyse des Problems der Letztbegründung im Lichte der transzendentalen Sprachpragmatik[8] ist darauf gerichtet, den konsequenten Fallibilismus zu widerlegen, der mit der Idee der Letztbegründung nicht zu vereinbaren ist. Apel setzt sich dabei mit dem von mir formulierten Münchhausen-Trilemma auseinander, das entsteht, wenn man nach einem sicheren Fundament der Erkenntnis sucht. Man ist dann nämlich gezwungen, zwischen einem infiniten Regreß, einem Zirkel und einem Abbruch des Verfahrens zu wählen, der eine Suspendierung des Prinzips der zureichenden Begründung involviert, so daß sich diese Suche als aussichtslos erweist[9]. Die »metakritische Überprüfung« des kritischen Rationalismus soll nun die Bedingungen der Möglichkeit intersubjektiv gültiger Kritik aufdecken und zeigen, daß das Prinzip der Begründung nicht durch das der Kritik ersetzt werden kann, sondern von ihm vorausgesetzt wird. Auf einigen Umwegen, bei de-

---

[7] Vgl. dazu: Transzendentale Träumereien, aaO., S. 90–100.

[8] Vgl. dazu den in Anm. 4, oben, erwähnten Aufsatz.

[9] Vgl. dazu mein Buch: Traktat über kritische Vernunft, Tübingen 1968, 4. verbesserte Auflage 1980, S. 11–15. Im Nachwort zu diesem Buch habe ich mich mit Einwänden aller Art auseinandergesetzt, vgl. S. 183–216.

nen Mißverständnisse verschiedener Art auftauchen, kommt Apel im Laufe der Untersuchung dann zu dem Resultat, daß der Fallibilismus zwar eine gewisse Berechtigung habe, daß er aber nicht auf das »transzendentale Sprachspiel« ausgedehnt werden könne, in dem es um die erwähnten Bedingungen der Möglichkeit allgemeingültiger Kritik gehe[10]. Ein wesentlicher Punkt seiner Kritik besteht darin, daß die Selbstanwendung des Fehlbarkeits-Prinzips zu einer Paradoxie führe, die der Lügner-Paradoxie entspreche. Dieser Einwand ist aber, wie ich gezeigt habe, buchstäblich aus der Luft gegriffen[11].

Positiv sucht er dann nachzuweisen, daß sich mit Hilfe seiner transzendentalpragmatischen Reflexion bestimmte nicht-kritisierbare Bedingungen der Möglichkeit von Kritik aufdecken lassen, zu denen zum Beispiel einige Regeln der Logik gehören[12]. »Die Pointe philosophischer Letztbegründung«, so meint er am Schluß seiner Untersuchung, liege »in dem reflexiven – transzendentalpragmatischen und deduktiven – Argument, daß man weder für noch gegen die Regeln des transzendentalen Sprachspiels argumentieren oder sich praktisch entscheiden kann, ohne diese Regeln schon vorauszusetzen«. Ich habe meiner Kritik an dieser »Metakritik«, in der ich zu zeigen versucht habe, daß die Apelsche Konzeption auf eine philosophische Münchhauseniade hinausläuft, an sich nichts hinzuzufügen. Aber die Unterstützung, die Wolfgang Kuhlmann nun diesem Unternehmen zukommen läßt, veranlaßt mich, zunächst einmal auf seine Kritik einzugehen und dann die Resultate seiner eigenen »strikt reflexiven« Bemühungen zu untersuchen.

In meinem »Traktat über kritische Vernunft« komme ich nach einer Analyse der Grundgedanken des klassischen Rationalismus

---

[10] Vgl. dazu seinen in Anm. 4, oben, erwähnten Aufsatz und meine Kritik in: Transzendentale Träumereien, aaO., S. 100--142.

[11] Vgl. dazu meine oben erwähnte Schrift, S. 122f. Apel hat ihn nichtsdestoweniger im Laufe einer Diskussion mit mir im Rahmen des Funkkollegs wiederholt. Er hat sich dabei wohl darauf verlassen, daß dieser Einwand inzwischen durch Kuhlmann mit Substanz versehen worden ist. Die Betrachtung der Kuhlmannschen Beweisführung wird aber den Nachweis erbringen, daß das keineswegs der Fall ist; vgl. dazu S. 90 ff. unten.

[12] Vgl. dazu seinen oben erwähnten Aufsatz, S. 70–72 und meine in Anm. 10, oben, erwähnte Kritik, sowie William Warren Bartley, On the Criticizability of Logic – A Reply to A. A. Derksen, Philosophy of the Social Sciences, 10, 1980, S. 67–77.

zu der Feststellung, die Entwicklung dieser Lehre habe Klarheit darüber gebracht, daß sich Gewißheitsstreben und Wahrheitssuche letzten Endes ausschließen[13]. Diese Feststellung ist nach Kuhlmanns Ansicht »ganz sicher eine große Übertreibung«, denn zum »Begriff der Suche« gehöre, so meint er, »notwendig der Begriff der Gewißheit«[14]. Um das nachzuweisen, schildert er dann den Vorgang der Wahrheitssuche so, daß der Begriff der Gewißheit dabei eine wesentliche Rolle spielt. Wer sich auf Argumentieren oder auf wissenschaftliche Forschung überhaupt einlasse, der habe sich, so glaubt er zeigen zu können, schon auf das Streben nach Gewißheit eingelassen.

Nun bin ich mir zwar klar darüber, daß Kuhlmann in der Lage ist, den von ihm benötigten Begriff der Suche in geeigneter Weise zu definieren. Aber ich bin kein Vertreter des Essentialismus und daher in der Lage, die hier vorgeführte Begriffs-Koppelung zu durchschauen. Mithin bin ich weder auf den Kuhlmannschen Begriff der Suche angewiesen, zu dem der der Gewißheit notwendig gehört, noch auf eine Charakterisierung von Argumentation und Forschung, die auf einen solchen Begriff zurückgreift. Nach kritizistischer Auffassung haben wir es in jedem Problemlösungsverhalten mit Hypothesen zu tun, und zwar sowohl in der Ausgangssituation als auch in der Zwischenphase und in der Endsituation, wenn ich einmal die Einteilung unseres Autors übernehmen darf. Man sucht etwa nach einer Erklärung für ein Phänomen, das man festgestellt zu haben glaubt, und findet schließlich eine Lösung des Problems mit Hilfe einer Theorie, die eine brauchbare Erklärung ermöglicht. Dabei bedarf es aber weder der Gewißheit, daß die betreffende Erklärung zutrifft, noch der, daß die Theorie wahr ist, und man braucht beides schon gar nicht für unbezweifelbar zu halten. Sollte man aber die subjektive Gewißheit besitzen, daß man in diesem Falle die Wahrheit gefunden hat, so ist es dennoch nicht nötig anzunehmen, daß eine solche Gewißheit diese Wahrheit auch verbürgt. Der entscheidende Punkt meiner Argumentation ist aber der, daß es keine Wahrheitsgarantie gibt und daß auch ein noch so hoher Grad der Gewißheit keine solche Garantie liefern kann. Wer

---

13 AaO., S. 33.

14 Kuhlmann, Studienbegleitbrief 8 (von nun ab abgekürzt: SB 8), aaO., S. 22 ff.

sich für eine Problemlösung entscheidet, der glaubt wohl im allgemeinen, daß sie besser ist als andere Lösungen, die er kennt. Daß er aber dabei Gewißheit benötigt oder gar eine Gewißheit im Sinne der Unbezweifelbarkeit, die dazu noch eine Wahrheitsgarantie involviert, ist eine These, die mir – gerade auch angesichts des heutigen Standes der wissenschaftstheoretischen Diskussion – völlig unplausibel erscheint. Auch bei Falsifikation einer Hypothese wird keineswegs Gewißheit darüber erreicht, daß sie falsch ist.

Nun meint aber Kuhlmann, wenigstens im Bereich der Maßstäbe für die Forschung müsse eine solche Gewißheit eine Rolle spielen. Zumindest »letzte Maßstäbe« könnten nicht scheitern, da sie ja erst festlegten, »was hier überhaupt Scheitern heißt«. Das mag plausibel klingen, ist aber keineswegs richtig. Über solche Maßstäbe wird gerade in der Wissenschaftslehre häufig diskutiert, und es sind Argumente möglich, die veranlassen können, daß auch solche Maßstäbe aufgegeben werden. So kann der Descartessche Versuch, mit Hilfe der Begriffe der Klarheit und der Deutlichkeit ein Wahrheitskriterium zu etablieren, als gescheitert betrachtet werden, und die meisten Erkenntnistheoretiker dürften heute auch die Rolle der Evidenz anders einschätzen als etwa Husserl, Apel oder Kuhlmann. Die Forschungstätigkeit verlangt zwar Maßstäbe, aber sie verlangt keineswegs Gewißheit oder gar Unbezweifelbarkeit im Hinblick auf sie. Wenn Kuhlmann sagt, daß schon die Rede von der in Kauf zu nehmenden permanenten Ungewißheit der Forscher »absolute Gewißheit hinsichtlich einiger letzter Maßstäbe« voraussetze, so muß auch das bestritten werden. Was hier allenfalls »vorausgesetzt« wird, ist der Begriff der Gewißheit. Aber ich brauche natürlich keineswegs zu bestreiten, daß es Leute geben mag, die ohne absolute Gewißheiten nicht auskommen können, etwa Verfechter der Transzendentalpragmatik oder ähnlicher Ansätze, Leute, die von der Unbezweifelbarkeit bestimmter Thesen oder Tatbestände überzeugt sind und darin eine Wahrheitsgarantie sehen. Nur kann ich mich ihrer Auffassung leider nicht anschließen.

Das Kuhlmannsche Fazit, es gebe einen Bereich, der von den Vorschlägen des kritischen Rationalismus »überhaupt nicht sinnvoll betroffen sein kann«, nämlich den »Bereich der letzten Maßstäbe« und der »fundamentalen moralischen Normen«, beruht also auf einer unzureichenden Analyse. Schon Max Weber hat seinerzeit »letzte Wertmaßstäbe« von der Kritik ausnehmen wollen, aber er hat sich wenigstens keiner Illusion über eine etwa damit verbundene Wahrheitsgarantie hingegeben[15].

Im Zusammenhang mit seiner Untersuchung des Münchhausen-Trilemmas stellt Kuhlmann die Frage, »Ob jeder Versuch der Letztbegründung notwendig in das Münchhausen-Trilemma führen muß oder ob dieses vielleicht von bestimmten vermeidbaren Voraussetzungen abhängt«[16]. Als wichtigste Voraussetzungen meiner Konstruktion sieht er dabei die folgenden an:

1. »Zu etwas Sicherem – insbesondere zu sicher geltenden Aussagen – können wir, wenn überhaupt, dann nur durch Begründung kommen.«
2. »Begründung ist nur durch Rekurs auf (insbesondere: logische Folgerung, Ableitung aus) einen Jenseits des zu Begründenden liegenden Grund möglich.« Und:
3. »Man kann für alles eine Begründung verlangen, also auch für die jeweiligen Gründe selbst.«

Mache ich tatsächlich diese Voraussetzungen oder müßte ich sie eigentlich machen? Es liegt mir fern anzunehmen, daß man *nur* durch *Begründung* zu etwas Sicherem gelangen könne. Ich weise sogar in meinem Buch auf eine Vielfalt von Immunisierungsverfahren hin, die geeignet sind, diesen Zweck zu erreichen. Nur hat eben der klassische Rationalismus vor allem Begründungsverfahren benutzt, um bestimmte Aussagen in ihrer Wahrheit zu sichern. Auch die Voraussetzung, Begründung sei *nur* durch Rekurs auf einen *jenseits* des zu Begründenden liegenden Grund möglich, brauche ich keineswegs zu machen. Der klassische Rationalismus hat in der Tat mit solchen Verfahren operiert, aber ich habe ausdrücklich darauf hingewiesen, daß er dazu gezwungen war, letzten Endes auf irgendwelche Erkenntnisse zurückzugehen, von denen er annahm, daß sie *in sich* eine Garantie ihrer Wahrheit enthalten. Am Ende der Ableitung stand stets eine unmittelbare Gewißheit, die als eine solche Garantie verstanden wurde. Allerdings gehe ich davon aus, daß

---

[15] Für eine Kritik auch der Weberschen Auffassung vgl. meinen: Traktat über kritische Vernunft, aaO., S. 68ff., zum Problem sogenannter »letzter Voraussetzungen«, aaO., S. 34, S. 69 ff., S. 76 und S. 207.

[16] Vgl. KUHLMANN, Reflexive Letztbegründung, aaO., S. 5 f., siehe auch LB 8, S. 47 f.

man für *alles* eine Begründung verlangen *könnte* und daß daher der Abschluß des Begründungsverfahrens unter diesem Gesichtspunkt unbefriedigend ist. Man endet bei Einsichten irgendwelcher Art, die man als unanzweifelbar deklariert, um ihre Wahrheit absolut zu sichern.

Unser Autor vertritt nun die Ansicht, es sei unmittelbar einleuchtend, daß unter den von ihm herausgestellten Voraussetzungen das Problem der Letztbegründung unlösbar sei, und zwar wegen eines in die Problemstellung *eingebauten Widerspruches.* Denn einerseits habe ich mit Unterschieden hinsichtlich der Gewißheit von Aussagen gerechnet, andererseits aber diese Unterschiede in der dritten Voraussetzung als für das Problem unerheblich behandelt. Wo liegt da ein Widerspruch? Für meine Lösung des Problems reicht es aus, daß kein Gewißheitsgrad die Wahrheit der betreffenden Aussage verbürgt, so daß eine Letztbegründung nicht erreichbar ist. Bekanntlich wurde Evidenz schon für die verschiedensten einander widersprechenden Aussagen in Anspruch genommen. Ich habe also Argumente dafür, daß die klassische Lösung illusionär ist. Dazu brauche ich keineswegs vom Vorhandensein sogenannter Evidenzen zu abstrahieren.

Wie dem auch sei, Kuhlmann beantwortet jedenfalls seine Frage, ob jeder Versuch der Letztbegründung in das erwähnte Trilemma führen müsse, mit der Behauptung, das hänge davon ab, ob ein *Beweis* für die oben angeführte dritte Voraussetzung gegeben werden könne. Ein solcher Beweis liefe aber, wie er sagt, paradoxerweise auf »so etwas wie eine Letztbegründung des kritischen Rationalismus« hinaus. Was ist dazu zu sagen? Erstens würde es ausreichen, daß die betreffende Voraussetzung zutrifft. Zweitens betrachte ich meine Argumentation an Hand des Münchhausen- Trilemmas, wie ich schon öfters festgestellt haben, natürlich weder als einen Beweis noch als eine Widerlegung im klassischen Sinne, und es wäre daher unsinnig, für eine der unterstellten Voraussetzungen einen Beweis dieser Art zu verlangen. Ich habe nicht die Absicht, mir ohne Not widerspruchsvolle Forderungen irgendwelcher Art andemonstrieren zu lassen. Drittens habe ich für meine Lösung des Letztbegründungsproblems dennoch argumentiert, aber im Bewußtsein der Grenzen einer solchen Argumentation. Und viertens benötige ich die dritte Voraussetzung für meine Zwecke nicht einmal. Es genügt, daß man die Dogmen, in die ein Letztbegründungsverfahren jeweils einmünden muß, sinnvoll bezweifeln, daß man an ihrer Unrevidierbarkeit zweifeln kann. Dazu genügt es, wenn gezeigt werden kann, daß Ansprüche dieser Art immer wieder gescheitert sind. Der klassische Rationalismus steht hier allerdings vor der Frage, warum man hier nicht auch nach einer Begründung fragen könnte, ganz abgesehen von der Problematik der Evidenz für sein Begründungsprinzip selbst. Und er pflegt ja im allgemeinen mit Argumenten darauf zu antworten, unter Umständen sogar mit mehr oder weniger ausgearbeiteten Theorien über Evidenz, unmittelbare Erkenntnis und ähnliche Dinge, ohne zu sehen, daß er sich damit schon selbst in die Regreßproblematik hineinmanövriert. Wir werden sehen, wie die Verfechter der Transzendentalpragmatik sich bemühen, diese Situation durch Einnahme einer »strikt reflexiven Einstellung« zu vermeiden, allerdings ohne Erfolg.

Auch die Behauptung Kuhlmanns, die dritte Voraussetzung sei eigentlich eine als Voraussetzung kaschierte negative Lösung des Problems, scheint mir unzutreffend zu sein, und zwar deshalb, weil es nicht schon aus logischen Gründen geboten ist, den unendlichen Regreß abzulehnen. Die praktische Undurchführbarkeit, die ich behaupte, folgt keineswegs aus dieser Voraussetzung. Pascal, der die »wahre Methode« der Erkenntnis, »welche die Beweise in höchster Vollendung führen würde«, ganz im Einklang mit dem in der dritten Voraussetzung zum Ausdruck kommenden Prinzip zureichender Begründung formuliert hat, hat in diesem Zusammenhang darauf hingewiesen, »daß die Menschen in einer natürlichen und unabänderlichen Schwäche sind«, irgendeine Wissenschaft so zu betreiben[17]. Wie immer man zu dieser These Stellung nehmen mag, die offensichtlich einen Bezug zum Problem der Endlichkeit enthält, in unserem Zusammenhang genügt es, daß ich auch auf die Situation eingehe, die bei Aufgabe der dritten Voraussetzung entsteht. Es ist also nicht ausreichend, diese Voraussetzung zurückzuweisen.

Außer dem angeblich in die Problemstellung, die zum erwähnten Trilemma führt, eingebauten Widerspruch hat aber Kuhlmann noch zwei andere Widersprüche in der These des konsequenten

---

[17] Vgl. dazu Blaise Pascal, Vom Geiste der Geometrie, (1658), Darmstadt 1948, S. 19 ff.

Fallibilismus entdeckt. Durch den Nachweis dieser Widersprüche möchte er die transzendentalpragmatische These stützen, daß der Fallibilismus zwar für die empirischen Wissenschaften gelte, aber bei Anwendung auf philosophische Bemühungen um die Bedingungen der Möglichkeit von Erkenntnis und Argumentation in Widersprüche führe, die ihn für diesen Bereich entwerteten[18].

Für den Nachweis des ersten dieser beiden Widersprüche geht er davon aus, daß der Hauptgedanke des Fallibilismus in der Aufforderung besteht, »riskante, gehaltvolle, falsifizierbare und kritisierbare Aussagen aufzustellen und diese dann hart zu testen«[19], so daß Immunisierung gegen mögliche Kritik oder Widerlegung die Todsünde sei. Gerade dieser Todsünde mache sich aber der konsequente Fallibilist schuldig. Das will er auf folgende Weise deutlich machen. Wer behaupte, daß jede Überzeugung fallibel sei bzw. daß keine Überzeugung sicher gelte, und das demnach auch für diese These selbst behaupte, der nehme ihr den Wahrheitsanspruch, den man zunächst von ihr erwarte. Es werde de facto dann nur noch behauptet, es sei nicht wirklich sicher, ob nichts wirklich sicher gelte. Jeder Versuch, diese These zu falsifizieren, etwa durch den Nachweis, daß nicht jede Überzeugung unsicher sei – einen Nachweis, den der Autor ja tatsächlich zu erbringen bereit ist –, müsse aber scheitern, weil der Fallibilist immer zeigen könne, es sei kein wirkliches Gegenbeispiel gebracht worden.

Die kuriose Art, in der Kuhlmann hier mit der Fehlbarkeitsthese umgeht, hat aber mit dem Sinn dieser These wenig zu tun. Der konsequente Fallibilismus behauptet, daß der Mensch in allen seinen Versuchen, irgendwelche Probleme zu lösen, fehlbar ist, so daß ihm dabei Irrtümer unterlaufen können. Daher kann auch die Wahrheit keiner Aussage absolut sichergestellt werden, nicht einmal die Wahrheit dieser Aussage selbst. Der kritische Rationalismus zieht daraus die Konsequenz, daß jede Aussage prinzipiell als Hypothese zu behandeln ist, also als stets kritisierbare und revi-

---

18 Vgl. Kuhlmann, SB 8, S. 49 f.

19 Das ist zwar nicht der Hauptgedanke des Fallibilismus, aber immerhin eine, wenn auch etwas ungenaue Formulierung des methodischen Gedankens, der ebenso wie die These der Fehlbarkeit mit dem kritischen Rationalismus verbunden ist. Ungenau ist sie schon deshalb, weil sie die für wissenschaftliche Theorien postulierte Falsifizierbarkeit als allgemein gefordert hinstellt, wie das allerdings auch sonst oft geschieht.

dierbare Behauptung. Daraus ergibt sich unter anderem die Forderung, Gegenbeispiele ernst zu nehmen. Wenn also Kuhlmann in der Lage wäre, nachzuweisen, daß es Überzeugungen gibt, die unanzweifelbar sind im Sinne einer Wahrheitsgarantie, dann wäre das ein Grund, den konsequenten Fallibilismus zu revidieren.

Der Versuch unseres Autors, dem Leser eine Vorstellung davon zu verschaffen, wie der Fallibilist reagieren würde, hat nicht nur mit den Anschauungen des kritischen Rationalismus nichts zu tun und zeugt von einem geringen Verständnis der Auffassung, die er hier kritisieren möchte. Das von ihm benutzte Verfahren ließe sich darüber hinaus ganz analog auf die Behandlung von Hypothesen in den Wissenschaften anwenden, für die Apel und Kuhlmann selbst ja den Fallibilismus anerkannt haben. Hier müßte man etwa die Newtonschen Gesetze in der Kuhlmannschen Weise mit dem Zusatz »Es ist nicht wirklich sicher, daß …« versehen können, um ihren Hypothesenstatus zu kennzeichnen, und dann mit vorgebrachten Gegenbeispielen so verfahren, wie unser Autor das dem konsequenten Fallibilisten unterstellt. Damit wäre dann der Nachweis erbracht, daß *jede* Hypothese immun sei, nicht nur das Prinzip des konsequenten Fallibilismus. Der Verfasser hat offenbar übersehen, daß sein Verfahren sinnvollerweise nicht auf dieses Prinzip eingeschränkt werden kann, da die betreffende Klausel nur den Hypothesenstatus expliziert. Man sieht also, daß hier von einem Widerspruch in den Auffassungen des kritischen Rationalismus keine Rede sein kann, und schon gar nicht von einem Widerspruch innerhalb des Fallibilismus. Aber der Transzendentalpragmatiker gerät hier selbst in Verlegenheit, weil er sich bereit erklärt hat, das Prinzip der Fehlbarkeit für die Wissenschaften zu konzedieren.

Der zweite Widerspruch besteht nach Kuhlmann darin, daß der konsequente Fallibilist zwar etwas zu sagen, also gehaltvolle Aussagen zu machen, behaupte, aber seine These de facto gehaltlos sei[20]. Der Versuch, diesen Widerspruch nachzuweisen, beruht aus-

---

[20] Die Konstruktion, die der Verfasser anbietet, um dem Leser das plausibel zu machen, scheint er für so gelungen zu halten, daß er sie an drei Stellen in etwas verschiedener Formulierung mit Nachdruck vorbringt: außer im SB 8, S. 50, in: Ethik der Kommunikation, aaO., als Anm. 9, S. 475, und in: Reflexive Letztbegründung, als Anm. 7, S. 8.

schließlich darauf, daß der Verfasser sich nicht in der Lage sieht, die semantische Dimension von der pragmatischen zu unterschieden und offenbar dem Verfechter des konsequenten Fallibilismus dieselbe Inkompetenz zumuten möchte. Es ist nämlich unsinnig, den Wahrheitsanspruch einer Hypothese – und damit auch den des Fehlbarkeitsprinzips bei einmaliger oder mehrmaliger Selbstanwendung –, wie er das tut, durch irgendwelche Plausibilitätsansprüche oder Gewißheitsgrade zu ersetzen und dann die Konsequenz zu ziehen, es sei nichts behauptet worden, oder gar die noch merkwürdigere Konsequenz, es sei unmöglich, die für den konsequenten Fallibilismus charakteristische These »überhaupt auszudrücken oder auch nur zu denken«[21]. Offensichtlich müßte dann wohl auch die transzendentalpragmatische Negation dieser These nicht ausdrückbar oder gar nicht denkbar sein. Ich bin mir nicht klar darüber, woher Kuhlmann die Vorstellung bezieht, der kritische Rationalismus habe deshalb, weil er Wahrheits*garantien* leugnet, jeden Geltungsanspruch aufgegeben.

Gerade für Vertreter der Hermeneutik scheint es besonders schwer zu sein, ein richtiges Verständnis der für unsere Auffassung charakteristischen Idee eines konjekturalen Wahrheitsanspruches zu erlangen, so daß Karikaturen wie die Kuhlmannsche Rekonstruktion des Fallibilismus keine Chance mehr haben, ernst genommen zu werden. Wenn Kuhlmann im Zusammenhang mit dem angeblich zweiten Widerspruch von einer Paradoxie spricht[22], dann deutet das wohl darauf hin, daß er die oben angeführte Apelsche Paradoxie-These, deren Haltlosigkeit ich gezeigt hatte, mit Substanz versehen wollte. Aber dieser Versuch ist, wie wir gesehen haben, gescheitert. Die Kritik am kritischen Rationalismus, die der Autor im Anschluß an die Apelschen Bemühungen in Angriff genommen hatte, ist offensichtlich nicht gelungen. Wenden wir uns nun dem positiven Teil des Kuhlmannschen Unternehmens zu, um zu erfahren, ob sich hier neue Gesichtspunkte für unsere alte Kontroverse ergeben.

---

[21] So KUHLMANN in: Ethik der Kommunikation, aaO., S. 475, Anm. 9.

[22] Vgl. SB 8, S. 50 unten, sowie: Ethik der Kommunikation, aaO., S. 296 unten.

3. Begründung durch Rekurs auf implizites Wissen: Die Vorteile der streng reflexiven Einstellung

»An den Grundgedanken der transzendentalpragmatischen Letztbegründung«, so meint unser Autor, »und zugleich an das, was als Basis dieser Letztbegründung dienen kann«, komme man »am einfachsten und schnellsten heran«, wenn man von der Frage ausgehe: »*Läßt sich jede Aussage sinnvoll bestreiten?*«[23] Damit will er gleichzeitig die dritte der von ihm formulierten Voraussetzungen für die Entstehung des Münchhausen-Trilemmas in Frage stellen, die nämlich, daß man für alles eine Begründung verlangen könne. An anderer Stelle bietet er für die von ihm aufgeworfene Frage eine etwas andere Formulierung an: »Gibt es Evidenzen, die über jeden Zweifel erhaben sind und die wir auch jetzt schon als solche identifizieren können?«[24]

Er gibt zunächst zu, daß bloße Evidenz noch keine Wahrheitsgarantie involviert, und möchte auch nicht bestreiten, daß es »genügend Beispiele« dafür gibt, »daß sich Subjekte ihrer Sache sicher glaubten, dennoch aber irrten«. Eine »beliebige Erkenntnisevidenz«, so räumt er ein, die »bisher faktisch allen bestimmten realen Zweifeln standgehalten« habe, könne »darum allein noch nicht als sicher gegenüber alle möglichen – inhaltlich noch gar nicht antizipierbaren – Zweifeln gelten«. Das aber müsse für das Problem der Letztbegründung gefordert werden. Damit berührt der Autor eine wichtige Unterscheidung, nämlich die zwischen faktischer Gewißheit und Unbezweifelbarkeit. Selbst wenn ein Subjekt mit einer vermeintlichen Einsicht irgendwelcher Art subjektiv absolute Gewißheit verbinden sollte, so ist damit noch keine Gewähr dafür verbunden, daß es keine Situation geben kann, in der diese Gewißheit ernsthaften Zweifeln Platz macht. Wir werden sehen, daß dieser Unterschied von den Verfechtern der Transzendentalpragmatik immer wieder vernachlässigt wird, obwohl Kuhlmann an dieser Stelle zeigt, daß er in der Lage ist, ihn zu sehen. Aber genau genommen ist das Zugeständnis, das er in diesem Zusammenhang macht, nicht einmal ausreichend, denn auch der Ausschluß jedes faktisch möglichen Zweifels würde noch nicht die Wahrheit der betreffen-

---

[23] Vgl. SB 8, S. 51 f., und: Reflexive Letztbegründung, aaO., S. 6 ff.

[24] Vgl. Reflexive Letztbegründung, aaO., S. 7.

den Aussage garantieren, wenn man Wahrheit im üblichen Sinne versteht, nämlich im Sinne der zutreffenden Darstellung realer Sachverhalte.

Jedenfalls kommt der Autor zu dem Schluß, daß man weitere Gründe brauche, um zu zeigen, daß »eine bestimmte Erkenntnisevidenz tatsächlich durch keinen möglichen Zweifel zu erschüttern« sei. Die Sache erschiene aber zunächst als wenig aussichtsreich, denn die geforderten zusätzlichen Gründe stützten sich wieder auf Evidenzen, und es sei »zunächst gar nicht zu sehen, warum es sich mit diesen Evidenzen anders verhalten« solle »als mit den zu stützenden Evidenzen«. Das ist in der Tat nicht einzusehen. Aber nach Auffassung des Autors war es auch nicht zu erwarten, daß jede beliebige Evidenz für seine Zwecke ausreichen würde.

Man sieht also, daß es ihm nun um ganz spezifische Evidenzen gehen müßte, damit er in seiner Sache weiterkommen könnte. Und das ist auch tatsächlich der Fall. Es bleibt nämlich seiner Auffassung nach nur der Weg, »in aller Allgemeinheit auf die Struktur, auf die Bedingungen der Möglichkeit und damit auf die Grenzen des Zweifels bzw. des Bestreitens überhaupt zu reflektieren und von daher nach Aussagen zu suchen, die vor jedem Zweifel sicher sein können«. Diese Reflexion muß ihn also nun zu allgemeinen Einsichten führen, die als unbezweifelbar angesehen werden können. Einsichten dieser Art sind nach üblicher Auffassung theoretischen Charakters und lassen sich daher auch mit Hilfe theoretischer Aussagen formulieren, die nach kritizistischer Auffassung als Hypothesen zu behandeln wären. Der Verfasser muß aber, um seiner selbstgestellten Aufgabe gerecht zu werden, den Nachweis erbringen, daß die betreffenden Aussagen unanzweifelbar sind. Wir werden sehen, wie er dieses Resultat zustande bringt: durch Übernahme einer für seine Zwecke geeigneten Einstellung, die er von der üblichen »theoretisch« genannten Einstellung scharf unterscheiden möchte; nämlich der sogenannten »strikt reflexiven Einstellung«.

Aber diesen Einstellungswechsel bringt er erst später ins Spiel. Zunächst zeigt er dem Leser, was schon »eine ganz oberflächliche Betrachtung« auf der »Ebene genereller Reflexion« lehrt, nämlich daß nur ein sinnvoller Zweifel bzw. sinnvolles Bestreiten in Betracht gezogen werden müßten und daß es dafür, daß die betreffenden Handlungen sinnvoll seien, bestimmte Bedingungen gebe, zum Beispiel »daß der Zweifel ernstgemeint, sachlich, vom Interesse an der Wahrheit geleitet, daß er nicht leer[25], nicht in sich widersprüchlich, daß er begründet und Gegenargumenten gegenüber offen« sei. Wenn nur eine dieser Bedingungen fehle, dann »leiste« der Zweifel nichts.

Was muß also unser Zweifler tun, um von Kuhlmann ernst genommen zu werden? Er muß »seinen Zweifel als Argument, sein Bezweifeln bzw. Bestreiten als Argumentieren verstehen und die Bedingungen der Möglichkeit sinnvollen Argumentierens«, die, wie wir sehen werden, durch Kuhlmannsche Dekrete hinreichend geregelt sind, »als gegeben unterstellen«, sonst, so meint unser Autor, widerspreche er sich selbst und verstoße damit gegen das leitende Prinzip des Bestreitens. An anderer Stelle[26] geht der Bezugnahme auf sinnvolle Argumentation eine Betrachtung darüber voraus, daß »Zweifel und Bestreiten letztlich als Behaupten zu verstehen« seien, und daß die mit Behauptungen verbundenen Geltungsansprüche »eine ganze Reihe von Unterstellungen« erforderlich machten, ohne die die betreffenden Handlungen sinnlos und die daher vor jedem Zweifel sicher seien.

In die Kategorie dieser notwendigen Unterstellungen hat der Autor eine Fülle von Aussagen und Regeln hineingepackt, die ihm so selbstverständlich erscheinen, daß er sie wohl für unanzweifelbar hält. Man ahnt schon, daß er das alles dann später mit Hilfe seines strikt reflexiven Verfahrens aus diesem Zylinder wieder hervorzuzaubern imstande sein wird. Jedenfalls kündigt er nun schon an, daß damit »eine sichere Basis für philosophische Begründung gefunden« sei, »eine Basis, die von jedem, der sich ernsthaft und

---

[25] Diese Anforderung gibt dem Autor Gelegenheit, die oben erwähnte Anmerkung zu machen – Reflexive Letztbegründung, aaO., S. 8, Anm. 7 –, derzufolge der konsequente Fallibilismus auf eine leere Behauptung hinausläuft, wobei er mir als Motiv unterstellt, ich habe die von ihm zitierte Fassung des Prinzips gewählt, »weil die hier mit jeder erneuten Selbstanwendung ständig fortschreitende Abschwächung des Geltungsanspruchs der Fallibilismusthese nicht gerade überdeutlich ins Auge« springt, obwohl sie »natürlich auch hier« eintrete. Dann folgt die oben erwähnte Karikatur einer solchen Selbstanwendung. Mir ist unerfindlich, woher der Verfasser meine fragwürdigen Motive so genau kennt. Aber da es nun mit der von ihm behaupteten Gehaltlosigkeit meiner These nicht weit her war, wird er mir nun möglicherweise Mangel an Ernsthaftigkeit oder mangelndes Interesse an der Wahrheit unterstellen.

[26] In SB 8, S. 51 f.

mit Argumenten um Wahrheit und Gewißheit« bemühe, »immer schon unausgesprochen anerkannt« sei, und die »von keinem Zweifel erreicht werden« könne. Damit sei auch »die Auseinandersetzung um das Münchhausentrilemma abgeschlossen«, denn »beide Voraussetzungen, unter denen allein das Münchhausentrilemma ein taugliches Instrument zur Widerlegung der Letztbegründungsthese wäre«, seien damit als falsch nachgewiesen. Es treffe weder zu, daß sich alles sinnvoll bestreiten lasse und man daher für alles Gründe verlangen könne, noch sei es wahr, daß Begründung nur durch Ableitung, nur »als Rückgang auf einen Jenseits des zu Begründenden liegenden Grund« möglich sei. Ich brauche hier nur daran zu erinnern, was ich oben zu diesen beiden »Voraussetzungen« schon gesagt habe[27].

Nun hat aber das Ganze, wie der Autor selbst feststellt, einen erheblichen Schönheitsfehler[28]. Das bisherige Resultat entstammt nämlich, wie er richtig sieht, »einer theoretischen Reflexion auf den Zweifel«, beruht also auf »theoretischen Annahmen«, deren Unbezweifelbarkeit zunächst keineswegs festzustehen scheint. Diese Feststellung des Verfassers möchte ich noch durch den Hinweis ergänzen, daß mir diese theoretischen Annahmen schon deshalb höchst problematisch erscheinen, weil er nicht genügend zwischen Zweifeln und Bestreiten und zwischen Behaupten und Argumentieren unterschieden hat, was ihn später zu merkwürdigen Konsequenzen verleiten wird. Zunächst ist jedenfalls zu betonen, daß es sinnvoll ist, Zweifel vom Bestreiten einer Behauptung zu unterscheiden, denn sie können auch da schon angebracht sein, wo der Zweifelnde sich noch nicht in der Lage sieht, die betreffende Behauptung zu bestreiten oder gar Argumente gegen sie zu produzieren. Und Behauptungen sind durchaus möglich und sinnvoll, ohne daß ihr Produzent bereit ist, argumentativ für sie einzutreten. Nur wenn man gewisse Ideale als selbstverständlich unterstellt, kann man zu Subsumtionen kommen, wie sie der Autor bevorzugt, aber auch dann sind sie keineswegs berechtigt. Die Bemühungen Kuhlmanns um ein sicheres Fundament scheinen sich offenbar nicht zugunsten einer etwas differenzierteren Betrachtungsweise ausgewirkt zu haben.

---

[27] Vgl. S. 84 ff., oben.

[28] Dazu SB 8, S. 53, und Reflexive Letztbegründung, aaO., S. 9 f.

Unser Autor hat jedenfalls nun Anlaß, uns mit den Vorzügen seiner »strikt reflexiven Einstellung« bekannt zu machen, die geeignet sein soll, den hypothetischen Charakter der bisher gewonnenen Einsichten zu beseitigen[29]. Er unterscheidet sie nämlich von der üblichen Einstellung mit Bezug auf das behandelte Thema – die Argumentation und ihre Voraussetzungen – in folgender Weise:

1. in theoretischer Einstellung betrachte und behandle man dieses Thema im Sinne eines normalen theoretischen Problems, das heißt: man entwerfe Hypothesen über diesen Gegenstand und diskutiere sie, ohne daß eigens berücksichtigt werde, daß die Argumentation hier zweimal ins Spiel komme, nämlich einmal als »das was angesichts des problematischen Gegenstands getan« werde, und zum anderen »als Gegenstand selbst«;
2. in strikt reflexiver Einstellung dagegen werde berücksichtigt, daß »hier das theoretische Tun und der Gegenstand des theoretischen Tuns eins« seien.

Der Unterschied der beiden Einstellungen sei, so meint der Autor, für die Behandlung unserer Problematik vor allem deshalb wichtig, weil es nur in der zweiten Einstellung möglich sei, »das Wissen vom Argumentieren (das nichttheoretische Handlungswissen), das erforderlich« sei, »damit überhaupt – ganz unabhängig vom jeweils thematisierten Gegenstand – sinnvoll argumentiert werden« könne, »in Beziehung zu setzen oder zu konfrontieren mit den problematischen theoretischen Aussagen über das Argumentieren und über Argumentationsvoraussetzungen«.

Nur wer sich in theoretischer Einstellung befinde, so stellt er fest, könne alle behandelten Aussagen sinnvoll als fallibel und damit als bezweifelbar ansehen. Er könne daher auch stets sinnvoll nach ihrem Geltungsgrunde fragen und gerate so in das Münchhausen-Trilemma. Wer sich dagegen die strikt reflexive Einstellung zu eigen mache, dem könne das nicht passieren. Er sei vielmehr genötigt, das von ihm selbst in Anspruch genommene Handlungswissen in die theoretische Erörterung einzubeziehen, und habe es daher mit »zwei Arten von Aussagen und zwei Arten von Gewißheiten zu tun«, einerseits mit ausdrücklich vorgetragenen und problematisierbaren Gewißheiten und andererseits mit solchen, »die

[29] Vgl. SB 8, S. 54 f. und Reflexive Letztbegründung, S. 10 ff.

das Problematisieren allererst ermöglichen«, so daß der Reflektierende »sein Handeln als wirkliches Problematisieren verstehen« könne. Die einen seien prinzipiell unsicher, die anderen dagegen absolut sicher.

Nun sieht sich unser Autor in der Lage, den Schönheitsfehler zu beheben, den er zunächst selbst festgestellt hatte, denn die Vorzüge der neuen Einstellung kommen alsbald zum Vorschein. Der oben erwähnte Einwand gegen das Letztbegründungsargument, so meint er, entstamme der theoretischen Einstellung und könne durch Übergang zur strikt reflexiven Einstellung entkräftet werden. Während in der ersten der beiden Einstellungen die betreffenden Gewißheiten »alle als zu theoretischen Aussagen gehörig verstanden« und auf diese Weise »nivelliert« würden, werde in der zweiten das, was der Argumentierende immer schon »als unerschütterliche Basis für jeden Zweifel, für alle argumentative Entscheidung« in Anspruch nehme, als »schon bekannt, als immer schon in Anspruch genommen«[30] aufgedeckt und ausdrücklich wieder in Besitz genommen. Es handele sich hier also nicht um eine Ableitung, sondern um ein Aufdecken, *»um die Einsicht, daß wir das Gesuchte immer schon in Händen haben«*.

Die Inanspruchnahme von Einsicht läuft hier ganz offensichtlich auf ein Evidenz-Argument hinaus, wie ich es in meiner Analyse des Münchhausen-Trilemmas behandelt habe. Der Autor gibt aber zu erkennen, daß diese spezielle Art von Evidenz von meiner Kritik nicht getroffen werde. Ich bin allerdings nicht in der Lage zu sehen, inwiefern er irgendetwas beigebracht hat, was zugunsten seiner Ansicht sprechen könnte. Gegen das Aufdecken von Voraussetzungen aller Art, die bei irgendwelchen Handlungen – also auch bei Argumentationen – gemacht werden, habe ich natürlich nichts einzuwenden. Daß man dazu einer besonderen »Einstellung« bedarf, mag ebenfalls hingenommen werden, wenn mit dieser Einstellung keine übertriebenen Ansprüche verbunden werden. Daß mit dem Aufdecken solcher Voraussetzungen eine »unerschütterliche Basis« erreicht werde, ein gegen jeden Zweifel immunes und damit sakrosanktes Wissen, das sich auf die Bedingungen der Möglichkeit der Argumentation beziehe, ist aber ein derartiger

---

[30] Vgl. SB 8, S. 55, Hervorhebung von mir, d.V.

Anspruch, den der Verfasser hier ohne jeden Versuch, ihn auch nur plausibel zu machen, dem Leser zumutet.

Die Annahmen, die diesem impliziten Handlungswissen zuzurechnen sind, scheinen nach allem, was Kuhlmann sagt, jedenfalls teilweise durchaus theoretischen Charakter zu haben, ganz unabhängig davon, wie sie »aufgedeckt« werden können. Daß sie gewissermaßen durch eine Art von Selbstbesinnung ins Bewußtsein gehoben werden können, mag unter Umständen dazu beitragen, daß der in »strikt reflexiver Einstellung« Denkende subjektive Gewißheit mit ihnen verbindet, aber damit scheint mir keineswegs sichergestellt zu sein, daß es sich dabei nicht um Illusionen handeln kann. Ich habe sogar den Eindruck, daß hier die Möglichkeit von Illusionen in noch viel stärkerem Maße besteht als bei normalen Wahrnehmungen. Es ist mir offen gestanden rätselhaft, woher der Verfasser die Gewißheit nimmt, daß die Ergebnisse eines Nachdenkens über Probleme dieser Art nicht nur unanzweifelbar sind, sondern überdies noch eine Wahrheitsgarantie in sich bergen[31]. Möglicherweise liegt das natürlich daran, daß ich noch nicht in der Lage bin, mir die spezielle Einstellung zu eigen zu machen, die nötig zu sein scheint, um zu solchen Einsichten zu gelangen. Das wäre allerdings sehr merkwürdig, denn ich habe keinerlei Schwierigkeiten, das zu verstehen, was Kuhlmann hier als Lösung der Letztbegründungsproblematik anbietet.

Unser Autor gibt nun durchaus zu, daß seine »Behauptungen über die Möglichkeit, fallible Theorien in diesem Zusammenhang zu vermeiden und statt dessen das Letztbegründungsargument strikt reflexiv durchzuführen«, den Charakter theoretischer Erörterungen haben und daher keinesfalls unbezweifelbar sind[32]. Er weist aber darauf hin, daß es sich »um für die Geltung des Arguments im Prinzip entbehrliche Erläuterungen dazu« handelt, die die Einsicht in seine logische Struktur erleichtern sollen. Es könnte daher sein, daß er in der Lage ist, noch bestehende Zweifel durch Vorführung des Arguments zu beseitigen. Wenden wir uns daher

[31] Vgl. dazu das Nietzsche-Wort, das ich dieser Schrift als Motto vorangestellt habe und das in SB 8, S. 43 abgedruckt ist. Es wurde in unserem Streitgespräch von Apel als uninteressant für seine Probleme beiseitegeschoben.

[32] Vgl. Reflexive Letztbegründung, aaO., S. 15.

nun seinem Versuch zu, dieses Argument selbst ausführlich darzustellen.

4. Kaninchen aus dem leeren Zylinder? Das reflexive Argument in kritischer Betrachtung

Es geht, wie der Verfasser feststellt, um den Nachweis dafür, »daß die Situation des sinnvoll Argumentierenden für uns unhintergehbar ist«. Diese etwas dunkel aber dramatisch klingende These sieht wie eine Aussage über Beschränkungen unseres Erkenntnisvermögens aus, und es ist zunächst erstaunlich, daß sie dazu dienen soll, uns zu so etwas Positivem wie einer sicheren Begründung zu verhelfen. Wie wir später sehen werden, ist es in der Tat ein ins Positive umgedeuteter Mangel, nämlich das Unvermögen, an etwas zu zweifeln, aus dem die Transzendentalpragmatiker erkenntnistheoretische Vorteile ziehen zu können glauben. Die Unhintergehbarkeitsthese möchte unser Autor im Sinne der Behauptung verstanden wissen,

1. »daß wir die Regeln und Präsuppositionen sinnvoller Argumentation nicht sinnvoll, d.h. ohne mit uns in Widerspruch zu geraten, bestreiten«, daß wir sie
2. »nicht sinnvoll, d.h. ohne petitio principii, begründen« und
3. daß wir uns »nicht sinnvoll, d.h. ohne sie zumindest implizit anzuerkennen, gegen ihre Anerkennung entscheiden« können.

Da er meint, daß der Geltungsnachweis für alle Bestandteile dieser Behauptung in gleicher Weise geführt werden könne, beschränkt er sich in seiner Beweisführung auf eine, und zwar die erste, Komponente und untersucht daher die folgende These: »Die Behauptung ›Die Regeln der Argumentation gelten für mich nicht‹ (für das Folgende = *(p)*), ist notwendig falsch.«[33] Er macht zunächst darauf aufmerksam, »daß die Wahrheit der Aussage (p), wenn wir uns der theoretischen Reflexion bedienen, ... von der Wahrheit theoretischer Annahmen über den Zweifel oder das Bestreiten« abhängig

[33] Vgl. dazu SB 8, S. 56 f. und Reflexive Letztbegründung, S. 15 ff. Der Text des Aufsatzes ist ausführlicher als der von SB 8, stimmt aber im wesentlichen mit diesem überein.

sei, und stellt die Frage, was nun der Fall sei, wenn »die systematischen Beschränkungen, denen die theoretische Reflexion« unterliege, aufgehoben und für die Prüfung der oben formulierten These auf das geachtet werde, was aktuell in Anspruch genommen werde.

Nach Kuhlmann ergibt sich nun das Problem, ob die behauptete Aussage *(p)* wahr ist, und darüber hinaus die Frage, ob sie, »die wir als ernsthaften, aufrichtigen, sachlichen und begründeten Versuch, die Geltung der Argumentationsregeln zu bestreiten, ernstnehmen, wahr ist«. Haben wir *(p)* aber in diesem Sinne verstanden, dann haben wir es nach seiner Ansicht de facto als Argument beziehungsweise als Teil eines Arguments verstanden, »das unter Berufung auf das Prinzip des zu vermeidenden Widerspruchs einerseits und auf die – hier freilich nicht explizit gemachten, von uns dennoch zu unterstellenden – Gründe für die negierte Behauptung andererseits uns dazu rational motivieren soll, die Gegenthese zu *(p)*, daß nämlich die Argumentationsregeln für uns gelten, preiszugeben«. »Wenn wir nun aber *(p)* als Argument, d.h. als eine von mir (dem Sprecher von *(p)*) nach Regeln der Argumentation gebildete und vorgetragene Äußerung anerkannt haben, ja notwendig anerkannt haben, solange wir untersuchen, ob *(p)* sich halten läßt, dann haben wir, indem wir uns dies ins Bewußtsein heben, das Problem schon gelöst. Denn es ergibt sich«, so fährt der Autor fort, »daß die Geltung der Argumentationsregeln von mir nur dann wirklich bestritten wird (derart, daß es sinnvoll ist, die Wahrheit der bestreitenden Behauptung zu prüfen), wenn ich die Argumentationsregeln zugleich anerkenne. Es kommt zu dem oben schon vorgestellten Widerspruch. *(p)* erweist sich als falsch, ja notwendig falsch. Die Geltung der Argumentationsregeln läßt sich nicht sinnvoll bestreiten.«

Ich muß gestehen, daß ich zunächst in Versuchung war, diese Argumentation für einen schlechten Scherz zu halten, den der Autor mit seinem Publikum zu treiben sich bemüßigt fühlt, vielleicht um zu sehen, wie weit er gehen kann, ohne daß der geneigte Leser mißtrauisch wird[34]. Aber nach allem, was dazu von ihm an Erläuterungen angeboten wird, scheint es sich tatsächlich um sein ent-

[34] Es hätte sich ja zum Beispiel um einen Test für die Teilnehmer des Funkkollegs handeln können, etwa um ihre Gutgläubigkeit zu erproben, mit gewissermaßen »dialektischer« Hinterlist und in pädagogischer Absicht.

scheidendes Argument zu handeln. Er versucht dem Leser zu verdeutlichen, warum sich die untersuchte Behauptung »als notwendig falsch« erweise und inwiefern er sich »in diesem strikt reflexiven Argument von falliblen Theorien oder falliblen theoretischen Annahmen unabhängig gemacht« habe. Das hängt nämlich nach Kuhlmann damit zusammen, daß es zu einem Widerspruch und damit zur Lösung des Problems schon kommt, bevor er sich überhaupt »auf die Suche nach theoretischen Evidenzen pro oder contra *(p)* gemacht« hat. Zu einem Regreß, so meint er, brauche es nicht zu kommen, wenn man sich dessen erinnere, was man schon anerkannt habe, bevor man überhaupt in den Regreß geraten könne. »Die Pointe des strikt reflexiven Arguments« liege darin, daß man »gar nichts anderes als *(p)* selbst in Anspruch zu nehmen« brauche. Das Argument *(p)* werde nur »mit dem Faktum, das es selbst« darstelle, konfrontiert.

Für den nicht mit einer Kompetenz für strikt reflexive Verfahrensweisen dieser Art ausgestatteten Theoretiker sieht allerdings die Sache so aus, daß Kuhlmann die Behauptung eines Skeptikers über die Nicht-Geltung der Argumentationsregeln, was immer diese Regeln sein mögen, in einen Kontext einbettet, in dem die betreffenden Regeln als gültig angenommen werden, und sich dadurch in der Lage sieht, einen Widerspruch zu konstatieren. Daraus zieht er dann die beruhigende Konsequenz, die Geltung dieser Regeln lasse sich nicht bestreiten. Das Argument ist offensichtlich ganz unabhängig davon, wie diese Regeln im einzelnen charakterisiert werden. Die betreffende Behauptung muß sich nur eben auf die Regeln beziehen, die unser Transzendentalpragmatiker für die Deutung der Situation als gültig unterstellen möchte. Es kommt offenbar nicht einmal darauf an, ob auch der Opponent dazu bereit ist, solche Unterstellungen zu honorieren.

Um die Problemsituation zu verdeutlichen, möchte ich die Struktur der Kuhlmannschen Beweisführung charakterisieren. Sie läßt sich folgendermaßen darstellen: K hat irgendwelche Regeln anerkannt, nennen wir sie die *K*-Regeln. *O* bestreitet die Geltung dieser Regeln für sich mit der *O*-These. *K* bettet nun die *O*-These durch eine entsprechende Deutung in einen Kontext ein, in dem vorausgesetzt wird, daß die *K*-Regeln gelten. Nun kann *K* ohne Schwierigkeiten den Schluß ziehen, daß ein Widerspruch existiere, so daß *O* nicht sinnvoll die Geltung der *K*-Regeln bestreiten könne. Dabei wird so getan, als ob die *K*-Regeln sakrosankt seien, so daß ihre Geltung feststeht.

Warum sollte es nun nicht erlaubt sein, nach einer Begründung der *K*-Regeln zu fragen oder auch nur an der Geltung dieser Regeln zu zweifeln? Soll das etwa deshalb von vornherein ausgeschlossen sein, weil *K* von ihrer Geltung überzeugt ist und daher auch dem *O* zumuten darf, er müsse, auch wenn er sie explizit bestreite, dennoch implizit darin mit ihm übereinstimmen?[35] Der Verfasser, der sich sonst so schnell bereit findet, bei Kritikern der Transzendentalpragmatik eine petitio principii zu identifizieren, hat sich hier offenbar selbst eine veritable Konstruktion dieser Art geleistet.

Es ist nämlich keineswegs einzusehen, daß man eine Behauptung wie die in diesem Argument behandelte These ohne weiteres als Teil eines Arguments deuten und darüber hinaus dann auch noch alle Regeln der Argumentation, die man selbst für evident hält, für diese Deutung ins Spiel bringen darf. Daß man auf diese Weise dem Sinn einer ernst gemeinten Behauptung dieser Art näherkommt – einer Behauptung, in der die Geltung dieser Regeln gerade bestritten wird –, ist eine hermeneutische These von höchster Naivität. Meines Erachtens hieße das, diese Behauptung nicht ernst zu nehmen. Daß man sich auf diese Weise die Begründung einer fundamentalistischen Position erleichtern kann, ist natürlich ein nicht zu übersehender Vorteil, solange dieses Verfahren nicht durchschaut wird. Man wird aber jedenfalls einen ernsthaften Gegner nicht dazu bringen können, sich einer solchen Deutung zu fügen. Auf diese Weise kann unser Autor nur zeigen, daß sich ein unvorsichtiger Gegner, der sich auf Umdeutungen dieser Art einläßt, in Widersprüche verwickelt, aber nicht, daß irgendwelche Regeln »letztbegründet« sind. Und schließlich kann jemand, der die Geltung irgendwelcher Argumentationsregeln nur bezweifelt, ohne damit die Behauptung zu verbinden, daß sie für ihn nicht gelten, von einem Verfechter der Letztbegründungsthese wohl ebenfalls

---

[35] Eine für den Transzendentalpragmatiker noch etwas bequemere Verwendung dieses »strikt reflexiven« Verfahrens läßt sich dadurch erreichen, daß man als einzige *K*-Regel die folgende einführt: »Was für *K* Evidenz hat, ist für alle gültig.« Der Opponent *O*, der dies bestreiten möchte, aber sich die entsprechende Umdeutung seiner diesbezüglichen Behauptung gefallen läßt, sieht sich mit dem Einwand konfrontiert, daß er die Geltung dieser Regel nicht sinnvoll bestreiten könne.

erwarten, daß er ihm den Nachweis für die Geltung dieser Regeln erbringt.

Die Tatsache, daß sich der Verfasser gründlich über den Charakter seines Ergebnisses getäuscht hat, wird noch deutlicher, wenn man einen anderen Teil seiner Beweisführung ins Auge faßt. Er behauptet nämlich, er habe damit gezeigt, daß einer synthetischen Aussage notwendige Wahrheit zukomme[36], was auf die These hinausläuft, er habe so etwas wie ein »synthetisches Apriori« im Kantschen Sinne aufgedeckt. Wie kommt er zu einem derartigen Anspruch? Dadurch, daß er zwischen der Ebene der Metakommunikation unterscheidet, in welcher der *performative Teil* von *(p)*, und der Ebene der Kommunikation, in welcher der *propositionale Teil* von *(p)* liege, wobei dem performativen Teil alles das zugerechnet wird, was für die Argumentation implizit in Anspruch genommen wird, ohne selbst *explizit* im propositionalen Teil behauptet zu werden. *Nur* »wenn wir das *pragmatische* Verhältnis zwischen dem illokutiv verstandenen performativen Teil und dem prädikativ verstandenen propositionalen Teil von *(p)* nicht in ein nur *syntaktisch-semantisches* Verhältnis, bzw. die performative Inkonsistenz nicht in eine schlichte logische Kontradiktion ummünzen, wozu wir durch unsere Gewöhnung an die theoretische Einstellung allzu leicht verführt werden, nur dann behält das Argument seine Kraft«[37], so stellt er nachdrücklich fest, denn *nur dann* »gehen wir nicht über *(p)* hinaus, sondern konfrontieren in einem reflexiven Argument das, was wir illokutiv von *(p)* verstanden haben müssen, also einen Teil von *(p)* mit *(p)* selbst«.

Haben wir uns also bei der Analyse der Kuhlmannschen Beweisführung einer Übernahme der theoretischen Einstellung schuldig gemacht? Haben wir die beiden logischen Ebenen, die hier streng auseinandergehalten werden müssen, miteinander konfundiert, so daß uns das dramatische Ergebnis des reflexiven Verfahrens nicht deutlich werden konnte? Hängt von dieser Unter-

---

[36] Vgl. dazu: Reflexive Letztbegründung, S. 21: ohne über *(p)* hinauszugehen, sei *(p)* – eine synthetische Aussage – als falsch nachgewiesen worden. Sie sei weder logisch falsch – da nicht kontradiktorisch – noch empirisch falsch, obwohl an einem Faktum gescheitert. Ihre Negation sei daher »schlechthin notwendig wahr«.

[37] AaO., S. 20.

scheidung in unserem Zusammenhang irgendetwas Wesentliches ab?

Es ist in der Tat so, daß hier zunächst – unter gewissen Umständen, die oben beleuchtet wurden – die Negation einer synthetischen Aussage konstatiert werden kann. Die Aussage *(p)*, daß die Regeln der Argumentation für den Aussagenden nicht gelten, erweist sich als falsch, *wenn* man dem Aussagenden *unterstellt*, daß er das de facto implizit schon anerkannt habe. Stimmt diese Unterstellung, dann ist *(p)* in der Tat an einem *Faktum* gescheitert. Wie bei jeder empirischen Falsifikation kann man diesen Umstand aber dadurch zum Ausdruck bringen, daß man entsprechende Aussagen formuliert, die miteinander *unvereinbar* sind, so daß ein *logischer Widerspruch* konstatierbar ist. Damit hat sich die Aussage *(p)* selbst nicht als logisch sondern als faktisch falsch erwiesen. Ist sie aber deshalb *notwendig* falsch und ihre Negation *notwendig* wahr? Kuhlmann sagt dazu, daß wir »gerade keine empirische Untersuchung anzustellen« brauchen darüber, »ob der Sprecher die Regeln anerkannt habe«. Dies *müßten* wir »vielmehr schon akzeptiert haben«, damit wir »das Problem und damit die Basis für eine derartige empirische Untersuchung haben«.

Man sieht, die wirklichen Tatsachen spielen hier für unseren Autor überhaupt keine Rolle mehr. Das *Faktum*, das er hier postuliert, ist ein Kuhlmannsches *Fabrikat* und damit für unsere Problemstellung ein *Falsifikat*. Es besteht nämlich gar nicht darin, daß der Sprecher etwas implizit anerkannt *hat*, sondern darin, daß er es nach Auffassung des Autors anerkannt haben *müßte*, weil dieser das für seine Zwecke benötigt. Der Autor kann offenbar sein Problem erst formulieren, wenn er die Lösung schon vorweggenommen hat, durch Unterstellungen, die ihm eine Untersuchung ersparen[38]. Die Aufdeckung des Unterstellten gibt ihm dann die Möglichkeit, die Kaninchen aus dem angeblich leeren Zylinder wieder herauszuzaubern. Daß die strikt reflexive Einstellung hier mehr leistet als die des »selbstvergessenen« Theoretikers, wird man kaum behaupten wollen, denn trotz reichlicher Verwendung des technischen Jargons der Sprechakttheorie hat sie unserem Autor, wie man sieht, nicht dazu verholfen, die Problemsituation einiger-

---

[38] Man erinnere sich daran, daß er genau das gegen die Argumentation an Hand des Münchhausen-Trilemmas eingewendet hatte, s. S. 84 ff. oben.

maßen klar zu sehen und in brauchbarer Weise zu analysieren. Mit der Unterscheidung zwischen theoretischer und strikt reflexiver Einstellung hat er sich meines Erachtens ein leicht durchschaubares Immunisierungsverfahren geschaffen, auf das er allerdings selbst hereingefallen ist.

Um die letzten Bedenken gegen das Ergebnis seines reflexiven Verfahrens auszuräumen, diskutiert Kuhlmann nun noch zwei mögliche Einwände, nämlich: daß »die vermeintlich unbedingte Geltung der Argumentationsvoraussetzungen« tatsächlich abhängig wäre (1) »von der Entscheidung, überhaupt zu argumentieren«, und darüber hinaus (2) »von der Entscheidung, so und nicht anders zu argumentieren«[39]. Auf die Ablehnung derartiger Einwände durch Apel war ich in meiner Analyse der Apelschen Transzendentalpragmatik seinerzeit schon ausführlich eingegangen[40]. Offenbar ist Kuhlmann mit meiner Argumentation in diesem Punkte nicht zufrieden. Er hat anscheinend große Schwierigkeiten, derartige Einwände überhaupt ernst zu nehmen. Wer nicht bereit sei, »sich auf eine regelrechte Überprüfung von Geltungsansprüchen einzulassen«, der habe, so meint er, offenbar keinen Standpunkt, von dem aus »überhaupt irgendetwas« so entschieden werden könne, daß es in Betracht komme, auch nicht die Frage nach der absolut sicheren Geltung von Argumentationsvoraussetzungen. Überdies bereite es »ganz erhebliche Schwierigkeiten, diesen Standpunkt wirklich einzunehmen«.

Was mich angeht, so habe ich jedenfalls keine Schwierigkeiten, diesen Standpunkt zumindest zu *verstehen,* zumal es, wie ich schon gegen die entsprechenden Apelschen Ausführungen geltend gemacht habe, sogar in unserem Kulturkreis noch üblich ist, in gewissen Bereichen die Annahme von Argumenten zu verweigern und den Nutzen eines argumentativen Verfahrens für die Lösung bestimmter Probleme überhaupt in Frage zu stellen. Ich möchte mich zwar dieser Ansicht keineswegs anschließen, sehe aber nicht, wie man sie, wie unser Autor das hier zu tun wünscht, mit absoluter Gewißheit widerlegen könnte. Daß sie für Kuhlmann nicht in Betracht kommt, weil eine Entscheidung, die von einem solchen Standpunkt her getroffen würde, für ihn nicht »zählt«, wie er uns

---

39 Vgl. SB 8 S. 57 f.

40 Vgl. dazu: Transzendentale Träumereien, S. 137 ff.

versichert, beruht darauf, daß er selbst bestimmte Regeln schon anerkannt und große Mühe hat, andere Standpunkte auch nur zu verstehen. Aber Mangel an Verständnis ist sicherlich keine brauchbare Grundlage für Letztbegründungen, vor allem dann nicht, wenn es sich um Begründungen im Geiste einer »transzendentalen Hermeneutik« handeln soll.

Um dem Verständnis für einen solchen Standpunkt etwas nachzuhelfen, möchte ich vorschlagen, sich eine Person vorzustellen, die sich zunächst auf sogenannte Argumentationsregeln irgendwelcher Art einläßt, aber dann entdeckt, daß sie gerade dadurch nicht zu bestimmten Entscheidungen kommen kann, weil jedes Argument von irgendwelchen prinzipiell bestreitbaren Voraussetzungen ausgeht und man von anderen Voraussetzungen her zu anderen Ergebnissen kommen würde. Zudem, so könnte diese Person sagen, könne man nicht einmal sicher wissen, ob die in Anspruch genommenen Regeln wirklich gültig sind, denn, wie die Kuhlmannsche Art der Beweisführung deutlich zeige, komme man nur dann zu einem Nachweis ihrer Gültigkeit, wenn man sie schon implizit vorausgesetzt habe, so daß das Verfahren auf einen Zirkel hinauslaufe. Gerade das könne aber doch nach den üblichen Vorstellungen über ein rationales Verfahren nicht sinnvoll sein. So seien also nicht nur die Voraussetzungen einer Argumentation jeweils problematisch, sondern, wie man durch die gütige Mithilfe des Herrn Kuhlmann, wenn auch gegen dessen Absichten, erfahren könne, gelte dasselbe auch für deren Regeln. Daher sei nicht einzusehen, wie man sinnvollerweise durch Argumente zu Entscheidungen kommen könne. Unser Skeptiker ist also gerade unter Verwendung der Argumentationsregeln zum Zweifel am Wert und an der Geltung dieser Regeln gelangt, wobei ihm die strengen Reflexionen unseres Autors von großem Nutzen waren. Er hat sich mit Kuhlmannscher Hilfe – dialektisch, wenn man so will – von Kuhlmannschen Illusionen befreit.

Damit kommen wir zum zweiten Einwand, den unser Autor, wie wir sehen werden, ebenfalls kavaliersmäßig behandelt. Die Vorstellung, »daß es ein anderes Argumentationssystem geben könnte«, ein System mit anderen Regeln und Voraussetzungen, dessen Anwendung zu anderen Lösungen führe, sei »nicht tragfähig«, so stellt er fest, jedenfalls dann nicht, wenn man noch eine weitere Anforderung stelle, nämlich die, daß wir dennoch ein entsprechendes »Argumentieren« als »mindestens gleichberechtigte«, unter Umständen aber »sogar der unseren überlegene Form des Problemlösens« *anerkennen.* Warum ist diese Vorstellung wohl »nicht tragfähig«? Wie man leicht sieht: wegen des *Widerspruchs,* den der Autor vorsorglich in seine Problemstellung *eingebaut* hat, denn er ist davon ausgegangen, daß der Betrachter implizit die üblichen – oder jedenfalls die Kuhlmannschen – Argumentationsregeln anerkennt, wie er das auch bei seiner reflexiven Letztbegründung getan hat. Anscheinend glaubt unser Autor, daß man auf diese Weise dem hier gestellten Problem gerecht werden kann. Es genügt ihm offenbar, jeweils das »implizite Handlungswissen«, das heißt die von ihm selbst im Vollzug der Argumentation implizit gemachten Voraussetzungen, aufzudecken, und damit ist für ihn das Problem erledigt.

Auf diese Weise kann aber die *Möglichkeit* einer sinnvollen Alternative *nicht einmal ins Blickfeld kommen.* Unser Autor fällt immer wieder auf seine eigenen Gewißheiten zurück, ohne zu bedenken, daß er die Frage einer möglichen Wahrheitsgarantie dabei nicht einmal berührt hat, eine Frage, die für seine Lösung des Letztbegründungsproblems eigentlich entscheidend ist. Die Möglichkeit, daß ein anderer, etwa ein Angehöriger eines anderen Kulturkreises, andersartige implizite Voraussetzungen machen könnte, die durch ein eben solches strikt reflexives Verfahren aufzudekken wären, so daß es zur »Letztbegründung« anderer Thesen käme, wird nicht einmal ernsthaft in Betracht gezogen, ebenso wie bei der oben geschilderten Vorführung des Arguments selbst. Die »transzendentale Hermeneutik« Apelscher Provenienz hat mit dem strikt reflexiven Verfahren gewissermaßen ein gutes Beispiel dafür geliefert, wie man die in der universalen Hermeneutik akzentuierte »Einordnung in das Überlieferungsgeschehen« praktizieren kann. Wenn die vorgeführten Anwendungen dieses Verfahrens repräsentativ sein sollen, dann zeigen sie meines Erachtens nur, daß hier eine Prämie gesetzt wird auf mangelndes Verständnis anderer Standpunkte und auf Mangel an Phantasie.

Als Ergebnis seiner Bemühungen um Letztbegründung kann unser Autor nun feststellen, daß wir hinter das »Selbstvertrauen der argumentierenden Vernunft« nicht zurück können[41]. »Wir

---

[41] Das »Selbstvertrauen der Vernunft« ist bekanntlich eine vor allem von

müssen uns«, wie er feststellt, »zutrauen, daß wir, wenn wir argumentieren, wie wir argumentieren, im Prinzip in der Lage sind, die Wahrheit zu erreichen, das heißt als Subjekte, die sich des vor allem in der europäischen Geistesgeschichte erarbeiteten Systems der rationalen Argumentation bedienen.« Und in dem, »was wir so als für uns schlechthin unhintergehbar anerkennen müssen«, so fährt er fort, finde sich »die Lösung unseres Letztbegründungsproblems«.

Nun besteht aber ein gewisser Unterschied zwischen dem Vertrauen, daß wir im Prinzip in der Lage sind, die Wahrheit zu erreichen, und dem Versuch, eine unerschütterliche Basis zu etablieren, eine Grundlage also, die als unbezweifelbar gelten kann und uns die Wahrheit bestimmter Aussagen garantiert. Die Feststellung, daß wir etwas nicht können, kann zunächst bestenfalls als Hinweis auf eine Beschränkung unserer Möglichkeiten betrachtet werden, die zu so weitgehenden Ansprüchen, wie sie hier erhoben werden, in keiner Weise berechtigt.

Leonard Nelson, dem Erkenntnistheoretiker und Rechtsphilosophen der Friesschen Schule des Kantianismus, häufig gebrauchte Redewendung. In dieser Schule wurde im Zusammenhang mit der Begründungsproblematik der Rückgang auf sogenannte unmittelbare Erkenntnisse als wesentlich angesehen, die, soweit sie nicht schon bewußt sind, durch Vermittlung der Reflexion »aufgewiesen«, das heißt: ins Bewußtsein gehoben werden können. Die Nelsonsche »Aufweisung« ist der Apel-Kuhlmannschen »Aufdeckung« durch strikte Reflexion ganz ähnlich, vgl. dazu etwa LEONARD NELSON, Die Unmöglichkeit der Erkenntnistheorie (1911), in: LEONARD NELSON, Vom Selbstvertrauen der Vernunft, Schriften zur kritischen Philosophie und ihrer Ethik, herausgegeben von Grete Henry-Hermann, Hamburg 1975, S. 43 ff. Auch bei Nelson spielt die Regreßproblematik eine Rolle, vgl. aaO., S. 51. Zur Kritik der Fries-Nelsonschen Richtung vgl. WALTER DUBISLAV, Die Friessche Lehre von der Begründung. Darstellung und Kritik, Dömitz 1926, und KARL POPPER, Die beiden Grundprobleme der Erkenntnistheorie, aaO., V. Kapitel: Kant und Fries.

5. Von der Logik zur Ethik: Moral durch transzendentale Besinnung

Eines der wichtigsten Anliegen der Transzendentalpragmatik besteht darin, eine Letztbegründung auch der normativen Ethik zu leisten. Kuhlmann bemüht sich daher nachzuweisen, daß das von ihm vorgestellte Argument auch dazu geeignet ist[42]. Bei der von ihm ins Auge gefaßten Disziplin handelt es sich, wie er feststellt, um eine Ethik der Kommunikation in einer besonderen Bedeutung dieses Wortes, nämlich in dem Sinne, daß kommunikatives Handeln hier ins Spiel kommt »nicht als bestimmte, anderen gleichgeordnete Art des ethisch zu regulierenden und zu bewertenden Handelns, sondern vielmehr als etwas, das in einer noch zu erläuternden Weise für jedermann schlechthin verpflichtende Normen impliziert«[43]. Das Verfahren, dessen sich die Transzendentalpragmatik hier bedient, um ihr Ziel zu erreichen, ist wieder das reflexive Verfahren der Aufdeckung des immer schon notwendig Vorausgesetzten und Anerkannten.

Die Ansprüche, die von seiten der Verfechter dieser Auffassung in diesem Zusammenhang erhoben werden, kommen besonders deutlich in der Kuhlmannschen Formulierung zum Ausdruck: »Unter einer philosophischen Letztbegründung moralischer Normen verstehen wir den unwiderleglichen und keine weitere Begründung benötigenden Nachweis, daß bestimmte Normen jedermann binden, daß es bestimmte für jedermann verbindliche Verpflichtungen gibt.«[44] Wenn dieser Nachweis nicht möglich sei, so meint der Autor weiter, dann könne »eine normative Ethik den

---

[42] Vgl. dazu SB 8, S. 59 ff., sowie KUHLMANN, Ethik der Kommunikation, aaO., S. 292 ff.

[43] Vgl. Ethik der Kommunikation, aaO., S. 293, wo unter anderem auf die Verwandtschaft der Apelschen mit der Habermasschen und der Lorenzenschen Ethik-Konzeption hingewiesen wird, nur daß die Apelsche sich von den beiden anderen durch die unpopuläre These unterscheide, »daß es möglich und vernünftig sei, für praktische wie auch theoretische Philosophie eine Letztbegründung zu suchen«. Im Funkkolleg »Praktische Philosophie/Ethik« steht dieses Problem im Mittelpunkt der Betrachtung; vgl. dazu die in SB 8 behandelten Themen.

[44] So KUHLMANN in SB 8, S. 38, vgl. auch: Ethik der Kommunikation, S. 294.

Anspruch auf intersubjektive Gültigkeit und Verbindlichkeit nicht erheben«, und damit gebe es in diesem Falle auch »keine intersubjektiv gültigen Verpflichtungen«.

Hier hat sich unser Autor allerdings einen kleinen Sprung geleistet, denn die Nicht-Existenz bestimmter Entitäten folgt ja noch nicht aus dem Umstand, daß es keinerlei Begründungen der von Apel geforderten Art gibt. Derartige Begründungen gibt es auch nicht für die Existenz von Atomen, Kräftefeldern, Sternensystemen und dergleichen, ohne daß wir deshalb schon Anlaß hätten, ihre Nicht-Existenz zu behaupten. Die Kritiker der Apelschen Konzeption brauchen sich daher nicht durch die These einschüchtern zu lassen, mit der Ablehnung der Letztbegründungsthese sei notwendig die Konsequenz verbunden, daß man die Existenz irgendwelcher Verpflichtungen leugnen müsse[45]. In einem bestimmten Sinne kann sogar ein Verfechter einer nicht-kognitivistischen Meta-Ethik Verpflichtungen anerkennen. Ethische Überzeugungen sind de facto weniger von Begründungsversuchen aller Art abhängig, als unser Autor seine Gesprächspartner glauben machen will, um die Bedeutung des Apelschen Unternehmens herauszustellen. Auch sonst ist die von deutschen Kritikern gegen den kritischen Rationalismus – vielfach mit deutlich moralisierendem Unterton – geäußerte These, man könne keine Überzeugungen haben, wenn man einen konsequenten Fallibilismus vertrete, eine etwas leichtfertige Behauptung, die mit dieser Auffassung de facto nichts zu tun hat.

Wenden wir uns wieder der transzendentalpragmatischen Normenbegründung zu. Der betreffende Nachweis kann, wie Kuhlmann feststellt, »nur darin bestehen, daß gezeigt wird, daß zu dem bisher noch gar nicht aufgegliederten Komplex von Argumentationsvoraussetzungen, Argumentationsregeln und Unterstellungen auch fundamentale ethische Normen gehören, die sich zu Prinzipien einer normativen Ethik eignen«. In der Tat, was sollte man anders erwarten? Der Autor muß nun also die Aufgabe lösen, aus dem Komplex dieser Voraussetzungen diejenigen herauszulösen,

---

[45] Vgl. SB 8, S. 38 und S. 36 f., wo den drei philosophischen Gesprächspartnern – Werner Becker, Herrmann Lübbe und Odo Marquard – sogar wieder einmal eine Paradoxie untergeschoben wird, weil sie die Voraussetzungen unseres Autors nicht mitmachen.

die der Begründung einer normativen Ethik dienen können. Indem er sich die Frage stellt, was wir immer schon anerkannt haben, will er Schritt für Schritt zu einer solchen Ethik vorstoßen.

Die Schritte, die er nun unternimmt, bestehen im wesentlichen darin, daß er derartige Voraussetzungen formuliert, die ihm plausibel erscheinen, und für sie mehr oder weniger plausible Argumente präsentiert. Der Anspruch, der damit verbunden wird, geht allerdings weit darüber hinaus. Da der Autor diese Einsichten seiner strikt reflexiven Einstellung verdankt, die es ihm ermöglicht, aufzudecken, was man als Argumentierender immer schon notwendig anerkannt haben muß, haben sie, wie er meint, den Status notwendig wahrer Behauptungen. So kommt er zu seiner ersten Norm, die fordert, daß man bei ernsthaftem Interesse an der Lösung eines Problems sich »vernünftig argumentierend um die richtige Lösung« zu bemühen habe, denn es gebe keine Alternative dazu. Aus ihr entwickelt er, als ihren »eigentlichen Kern«, eine zweite Norm, die dazu auffordert, sich in diesem Falle »um eine vernünftige Lösung zu bemühen, der jedermann zustimmen könnte«, also: »um einen vernünftigen Konsens.«[46]

Nun bin ich mir keineswegs so sicher, wie der Verfasser es zu sein scheint, daß man immer argumentieren muß, um ein Problem sinnvoll zu lösen, und schon gar nicht, daß man jeweils einen Konsens irgendwelcher Art anstreben muß. Und die These, eine Behauptung aufzustellen, könne nichts anderes bedeuten, als daß man sich unter anderem auch bereit erkläre, sie »gegenüber Jedermann zu verteidigen«, die in der Erläuterung zu der erwähnten zweiten Norm auftritt, scheint mir zwar deutlich zu machen, daß der Verfasser bereit ist, die Vorurteile der Erlanger Schule in dieser Hinsicht zu übernehmen, aber ich sehe mich nicht in der Lage, solche verwegenen Thesen als plausibel anzusehen, geschweige denn als Ergebnis eines Verfahrens, das ihre absolute Gewißheit und darüber hinaus ihre Wahrheit verbürgt.

Seine dritte Norm, die er nach der Unterscheidung zwischen theoretischen und praktischen Problemen formuliert, besagt ebenfalls, man müsse sich jeweils um einen vernünftigen Konsens bemühen, was in diesem Falle heißt: »um eine Lösung ..., der jeder ir-

---

[46] Vgl. SB 8, S. 60.

gendwie Betroffene zustimmen könnte«[47], wobei mit »vernünftig« gemeint ist, »daß kein Zwang außer dem des besseren Arguments ausgeübt werden darf«. An sich habe ich gegen Bemühungen um einen derartigen Konsens in praktischen Fragen nichts einzuwenden, wenn ich auch den Gebrauch, den Apel, Habermas und die Lorenzen-Schule von der Konsens-Idee im Rahmen erkenntnistheoretischer Untersuchungen zu machen pflegen, für kaum akzeptabel halte[48]. Aber ich bin mir wieder keineswegs sicher, daß diese Norm in jeder praktischen Situation vertretbar ist, vor allem dann, wenn man sie nicht durch eine entsprechende Deutung der Möglichkeit allgemeiner Zustimmung völlig entleert, denn die faktische Ablehnung der jeweils vorgeschlagenen Lösung durch irgendwie Betroffene soll ja offenbar als Einwand nicht in Betracht kommen.

Der entscheidende Einwand gegen die hier praktizierte Idee der absolut sicheren Begründung von Normen besteht denn auch darin, daß es, wie im Falle theoretischer Aussagen, kaum möglich ist, alle Implikationen einer solchen Norm oder eines Systems derartiger Normen zu übersehen, denn auch hier ist die Menge der Folgerungen unendlich groß[49]. Es kann also durchaus Situationen geben, für die die Befolgung dieser Normen zu Resultaten führen würde, die vermutlich auch unser Autor nicht zu akzeptieren bereit wäre. Auch durch die »Aufdeckung« dessen, »was wir immer schon anerkannt haben«, läßt sich das nicht verhindern.

Die Sicherung einer normativen Ethik durch reflexive Begründung ist bestenfalls ein Mittel der Dogmatisierung plausibler Regeln. Sie kann aber auch dazu benutzt werden, uns in unseren Illusionen zu bestärken und mögliche Vorschläge für die Revison unserer normativen Überzeugungen weniger ernst zu nehmen, als sie es verdienen. Insofern kann ich denjenigen Kritikern der Transzendentalpragmatik, die sich dazu gedrängt fühlen, auf die mögli-

---

[47] Vgl. SB 8, S. 68.

[48] Zur Kritik an der Konsens-Idee und ihrer Rolle in der APELschen Auffassung vgl. Transzendentale Träumereien, Kapitel III, S. 60 ff. und passim.

[49] Auch können sich zum Beispiel, wie Ija Pawlowska gezeigt hat, aus Normen, die miteinander vereinbar zu sein scheinen, für bestimmte Situationen inkompatible Forderungen ergeben, vgl. dazu IJA PAWLOWSKA, Kontradiktion und Inkompatibilität in einem ethischen System, in: Albert/Topitsch (Hrsg.), Werturteilsstreit, Darmstadt 1971, S. 518 ff.

chen negativen Auswirkungen von Bemühungen um die Letztbegründung von Normen aufmerksam zu machen, durchaus Verständnis entgegenbringen[50].

6. Fazit: Die Illusionen der Transzendentalpragmatik und die Pointe des kritischen Rationalismus

Gehen wir noch einmal zurück zum Ausgangspunkt der Kontroverse zwischen kritischem Rationalismus und Transzendentalpragmatik. Die Verfechter dieser neuen Version des Begründungsdenkens möchten, wie wir gesehen haben, den konsequenten Fallibilismus in seine Schranken weisen und damit gewisse methodische und ethische Konsequenzen verbinden. Sie sind zwar durchaus bereit, die Fehlbarkeit der menschlichen Vernunft zuzugeben, soweit es um die empirischen Wissenschaften und die Mathematik geht. Aber für die Philosophie möchten sie in dieser Hinsicht eine Ausnahme machen. Erkenntnistheorie und Ethik sind nach ihrer Auffassung offenbar in der Lage, Einsichten zu produzieren, deren Wahrheit garantiert werden kann, und zwar dadurch, daß sie sich in strenger Reflexion auf die Bedingungen der Möglichkeit aller Argumentation richten. Um zu zeigen, daß der konsequente, auf alle Problembereiche bezogene Fallibilismus nicht einmal eine mögliche Position darstellt, haben Apel und Kuhlmann sogar den Versuch unternommen, nachzuweisen, daß die Verfechter einer solchen Position mit Paradoxien konfrontiert sind. Dieser Versuch hat sich allerdings als erfolglos herausgestellt. Die Illusion, daß ihre Kritik am Fallibilismus schlüssig sei, konnten sich die beiden Autoren nur dadurch verschaffen, daß sie mit Deutungen operiert haben, die der von ihnen attackierten Auffassung in keiner Weise gerecht werden, man darf wohl sagen: mit teilweise absurden Unterstellungen. Die kritische Seite des transzendentalpragmatischen Unternehmens kann also als ein Fehlschlag angesehen werden.

Wie steht es um die konstruktive Seite dieses Versuchs, den Fallibilismus zu überwinden? Es handelt sich, wie Apel immer wieder betont, um das Bemühen, die Transzendentalphilosophie Kant-

[50] Vgl. z.B. die von Becker, Lübbe und Marquard geäußerten Bedenken in SB 8, S. 34 ff.

scher Prägung unter modernen Vorzeichen – das heißt vor allem: unter Berücksichtigung der Resultate und Methoden der modernen Philosophie nach der sogenannten »linguistischen Wende« – zu erneuern. Kant hatte seinerzeit in einer Situation, in der die skeptizistische Kritik Humes den klassischen Rationalismus und damit das philosophische Denken überhaupt ad absurdum geführt zu haben schien, in der sich aber andererseits der außerordentliche Erfolg des neuen naturwissenschaftlichen Denkens in Gestalt der Newtonschen Physik abzeichnete, den Versuch gemacht, durch eine kopernikanische Wende des Denkens die bestehenden Schwierigkeiten zu überwinden. Er hatte versucht, die apriorischen Elemente der Erkenntnis dadurch zu sichern, daß er sie als Bedingungen der Möglichkeit von Erfahrung im Erkenntnisvermögen des Subjekts verankerte. Damit, daß er für seine synthetischen Urteile a priori apodiktische Gewißheit in Anspruch nahm, hatte er einen Kerngedanken des klassischen Rationalismus übernommen. Der Übergang zum transzendentalen Idealismus bedeutete nur eine neue Weise, die Unbezweifelbarkeit derartiger Wahrheiten einsichtig zu machen.

Nun haben die Entwicklungen in den Wissenschaften und im philosophischen Denken dazu geführt, daß die Kantsche Lösung der Erkenntnisproblematik heute in wesentlichen Punkten als unhaltbar angesehen werden muß. Das bedeutet natürlich keineswegs, daß nicht eine Revision des Kantianismus doch noch zu brauchbaren Problemlösungen führen kann. Elemente des Kantschen Denkens sind heute in den verschiedensten philosophischen Richtungen identifizierbar. Vor allem die *transzendentale Frage* nach den Bedingungen der Möglichkeit der Erkenntnis wurde in unterschiedlichen Abwandlungen wieder aufgenommen. Daß die Beantwortung dieser Frage ein besonderes Verfahren, eine *transzendentale Methode*, erforderlich macht, wird ebenfalls mitunter noch behauptet, wenn auch über den Charakter dieser Prozedur keine Einigkeit besteht[51]. Es ist jedenfalls nicht ohne weiteres aus-

---

[51] Zum Charakter und zur Brauchbarkeit sogenannter transzendentaler Argumente vgl. z.B. Roderick Chisholm, What is a Transcendental Argument? und: Moltke S. Gram, Do Transcendental Arguments have a Future? beides in: Neue Hefte für Philosophie, Heft 14, 1978; zur Methode der Transzendentalphilosophie bei Kant vgl. vor alle Wolfgang Röd, Dialektische Philosophie der Neuzeit, Band 1, München 1974, S. 30 ff.

zuschließen, daß sich manche Versionen dieses Verfahrens als deduktive Argumente auffassen lassen, so daß die Besonderheit nur in der Eigenart der Prämissen liegen kann.

Wie dem auch sei, in der Apelschen Konzeption wird die transzendentale Frage zur Frage nach den Bedingungen der Möglichkeit der Argumentation und damit auch der Kommunikation, und die Beantwortung dieser Frage erfordert eine reflexive Einstellung, die von der üblichen theoretischen Einstellung – der Einstellung des »selbstvergessenen« Theoretikers – scharf zu unterscheiden ist. Diese Einstellung soll es ermöglichen, die betreffenden Bedingungen zu eruieren, und zwar dadurch, daß man – gewissermaßen durch Rekurs auf implizites Wissen, also ein Wissen, das mit den betreffenden Handlungen, zum Beispiel mit dem Argumentieren, notwendig verbunden ist – *aufdeckt,* was man im Vollzug der betreffenden Handlungen immer schon *anerkannt haben muß.*

Das reflexive Verfahren ist also darauf gerichtet, Einsichten in notwendige Bedingungen der Möglichkeit der Erkenntnispraxis ans Licht zu bringen, die das betreffende Subjekt de facto schon hat, ohne daß sie ihm schon bewußt sein müssen[52]. Für diese Aufdeckung vorhandener Einsichten wird von Apel der Charakter einer Letztbegründung beansprucht. Das bedeutet, daß die Ergebnisse des reflexiven Verfahrens ihre Wahrheitsgarantie in sich tragen und daher prinzipiell unanzweifelbar sein sollen. Wenn dieser Anspruch nicht erhoben würde, dann ginge die Pointe der Apelschen Kritik am konsequenten Fallibilismus verloren.

Nun ist aber gerade die Berechtigung dieses Anspruchs, wie sich in unserer Untersuchung gezeigt hat, in keiner Weise nachgewiesen worden. Auch die Kuhlmannschen Ergänzungen zur Apelschen Argumentation haben in dieser Hinsicht nicht weiter geführt. Sie haben nur die Verwirrung deutlicher gemacht, die mit dem Gedanken verbunden ist, auf diese Weise könne eine echte Begründung erreicht werden. Wenn es sich wirklich um vorhandene Einsichten des Subjekts handelte, die da nur aufzudecken wären, dann müßte das betreffende Subjekt die in Betracht kommenden Überzeugungen nicht nur *tatsächlich haben,* sondern diese müßten darüber hinaus auch *wahr* sein. Ein Verfahren der Aufdeckung

---

52 Siehe dazu Anm. 39, oben, wo ich auf die Ähnlichkeit mit der Nelsonschen Version des Kantianismus hingewiesen habe.

mag nun durchaus dazu führen, daß vorhandene Überzeugungen ans Licht gebracht werden, aber eine Garantie ihrer Wahrheit ist damit keineswegs ohne weiteres verbunden. Das implizit vorhandene »Wissen« mag durchaus schwerwiegende Irrtümer enthalten.

Offenbar ist dieser unangenehme Umstand den Transzendentalpragmatikern nicht ganz verborgen geblieben, denn Kuhlmann hat zum Beispiel empirische Untersuchungen darüber, ob die betreffenden Personen tatsächlich die notwendigen Überzeugungen haben – ob sie zum Beispiel faktisch die betreffenden Regeln anerkannt haben – als für seine Problemstellung irrelevant zurückgewiesen. Es kommt ihm demnach gar nicht darauf an, was ein Subjekt *de facto* anerkannt hat, weil es über eine entsprechende »Einsicht« verfügt, sondern nur darauf, was es eigentlich anerkannt haben *müßte.* Das *Faktum,* auf das er sich hier berufen möchte, ist ein *Fabrikat* aus der epistemologischen Werkstatt unseres Transzendentalpragmatikers, also im Hinblick auf das zu lösende Problem genau genommen ein *Falsifikat.* Er ist durchaus bereit, seine eigene »Einsicht« an die Stelle der faktischen Überzeugungen seiner Versuchsperson zu setzen, falls sich diese nicht dazu verstehen kann, ihm zuzustimmen. Inwiefern ist eine solche Substitution berechtigt? Wieso soll denn das, was Apel oder Kuhlmann durch Rückbesinnung auf die notwendigen Bedingungen der Argumentation aufgedeckt haben, unanzweifelbar sein? Und inwiefern kann für diese »Einsichten« eine Wahrheitsgarantie beansprucht werden?

In den Untersuchungen unserer beiden Autoren habe ich keinen Anhaltspunkt dafür entdecken können, wie diese Fragen zu beantworten sind. Wie kommen sie also dazu für sich oder andere eine unmittelbare Einsicht in notwendige Bedingungen zu postulieren, die angeblich unrevidierbar sein soll? Soll ihnen etwa ihre reflexive Einstellung eine solche Einsicht garantieren? Und wie kommen sie von der bei ihnen selbst vielleicht vorhandenen faktischen Gewißheit zur Unbezweifelbarkeit[53]? Soll es gerade in diesem Falle erlaubt sein, der Evidenz eine Bedeutung zuzuschreiben, die sie zugestandenermaßen in anderen Fällen nicht haben kann? Inwiefern steht hier der strikt Reflektierende besser da als der angeblich »selbstvergessene« Theoretiker, der sich die Freiheit nimmt, die betreffenden »Einsichten« in theoretischen Aussagen

[53] Vgl. dazu S. 90, oben.

zu formulieren und die Frage zu stellen, welche Prüfungsmöglichkeiten für sie in Betracht kommen, und zwar außer den fehlgeschlagenen Gedankenexperimenten Kuhlmannscher Prägung. Da es sich um synthetische Aussagen handeln soll, darf man ja mit dem Umstand rechnen, daß derjenige, der sie als Ausdruck unmittelbarer Einsichten behandelt, unter Umständen nicht in der Lage ist, alle Folgerungen zu übersehen, die sich aus ihnen ergeben können, und sie für die Beurteilung ihrer Geltung in Betracht zu ziehen. Es ist mir, wie ich schon früher erwähnt habe, ein Rätsel, wie die Transzendentalpragmatik mit diesen Problemen fertig werden will, die sie im Vertrauen auf die Gewißheit ihres Reflexionsresultats nicht einmal in Erwägung gezogen hat.

Daß man durch Rückgang auf unmittelbare »Einsichten« nicht nur erkenntnistheoretische Resultate dieser Art erzielen, sondern darüber hinaus eine normative Ethik »begründen« kann, die einem selbst plausibel erscheint, setzt den bloßen Theoretiker keinesfalls in Erstaunen. Man braucht dieser Einsichtsart ja nur in ausreichendem Maße weitere »Voraussetzungen« hinzuzufügen, um zu noch viel aufregenderen Ergebnissen zu kommen. Hier wäre zum Beispiel auf die Untersuchungen Hans Küngs zum Gottesproblem hinzuweisen[54], die ebenfalls an Kant anknüpfen und unter »Radikalisierung« der transzendentalen Problematik zur Begründung der These vorstoßen, daß der Glaube an die Existenz des christlichen Gottes die einzige »rational verantwortbare« Auffassung sei.

In diesen Untersuchungen wird das bloße »Selbstvertrauen der Vernunft«, das in der Transzendentalpragmatik so schöne Früchte zeitigt, allerdings noch überboten durch ein »Grundvertrauen zur Wirklichkeit«, das natürlich zu noch kühneren Hoffnungen berechtigt als das bescheidenere Nelson-Apelsche Postulat. Aber in zwei Punkten sind sich Apel und Küng durchaus einig: erstens darin, daß der kritische Rationalismus kritisch hinterfragt werden müsse und daß er *überwunden* werden könne in Richtung auf eine *echte* kritische Rationalität, die dann auch wieder echte Begründungen erlaube, und zweitens darin, daß man auf eine gewisserma-

---

[54] Vgl. Hans Küng, Existiert Gott? Antwort auf die Gottesfrage der Neuzeit, München/Zürich 1978; dazu meine Schrift: Das Elend der Theologie. Kritische Auseinandersetzung mit Hans Küng, Hamburg 1979, sowie S. 129 ff. unten.

ßen *im Vollzuge* erfahrene *innere* Rationalität, auf eine *besondere* Art von Evidenz rekurrieren müsse, die solche Begründungen ermögliche.

Natürlich unterscheiden sich beide Unternehmungen in vielen Einzelheiten, zumal es im einen Falle um erkenntnistheoretische und ethische, im anderen darüber hinaus um theologische Probleme geht. Aber in beiden wird der kritische Rationalismus vor allem dadurch widerlegt, daß man ihn mit Paradoxien belastet. Während Küng sich hier im wesentlichen mit einem Hinweis auf Hülasa begnügt[55], wartet Apel mit einer mißratenen Analogie zum Lügner-Paradox auf, und Kuhlmann stößt sogar zu eigenen Paradoxie-Thesen vor. In beiden Fällen besteht der konstruktive Teil des Unternehmens in Thesen, deren Herleitung auf teilweise recht abenteuerliche Weise vor sich geht, so daß die Bruchstellen des Gedankenganges dem aufmerksamen Leser eigentlich kaum entgehen können[56].

Nach allem, was uns da vorgeführt wurde, dürften Bemühungen, die transzendentale Fragestellung mit der Idee der Letztbegründung zu verbinden, also kaum aussichtsreich sein. Aber das ist keineswegs die einzige Möglichkeit, an diese Kantsche Problematik anzuknüpfen. Ich habe schon früher darauf aufmerksam gemacht, daß ich die Möglichkeit, diese Fragestellung mit einem kritischen Realismus zu verbinden, der den konsequenten Fallibilismus ernst nimmt, für bedeutend aussichtsreicher halte[57]. Diese Möglichkeit ist schon vor längere Zeit ins Auge gefaßt und erläu-

---

[55] Siehe dazu meine in Anm. 54, oben, genannte Schrift, S. 55. Es handelt sich um den viel beachteten Aufsatz des dreieinigen Philosophen HAJATO HÜLASA, Baron Albert im Trilemma, Studia Philosophica, 36, 1977; dazu meine Antwort: Hülasa auf der Kanonenkugel, Studia philosophica, 37, 1977, abgedruckt in: Das Elend der Theologie, aaO., S. 223 ff.

[56] Es ist erstaunlich, daß der Name Apel im erwähnten Küngschen Buch nur anmerkungsweise auftaucht, obwohl schon Pannenberg die Verwertbarkeit der Apelschen Konzeption für die Theologie entdeckt hat, vgl. dazu WOLFHART PANNENBERG, Wissenschaftstheorie und Theologie, Frankfurt am Main, 1973, wo allerdings auch kritische Vorbehalte gegen diese Konzeption gemacht werden.

[57] Vgl. dazu: Transzendentale Träumereien, V. Die Sackgasse des Pragmatismus: Das Realismusproblem und die transzendentale Fragestellung, S. 143 ff., wo unter anderem auf Oswald Külpes Bemühungen in dieser Richtung verwiesen wird; vgl. auch meinen Aufsatz: Transzendentaler Realismus

tert worden[58]. Dazu könnte man die Frage nach den Bedingungen der Möglichkeit der Erkenntnis statt als Problem der Letztbegründung als ein Problem der Erklärung auffassen, bei dem gerade nicht auf unanzweifelbare Einsichten zurückgegangen werden müßte. Für Untersuchungen dieser Art bedürfte es weder einer besonderen reflexiven Einstellung, noch einer besonderen Verfahrensweise, die es etwa ermöglichen würde, sakrosankte Resultate zu produzieren, Ergebnisse also, von denen es von vornherein feststeht, daß alternative Lösungen dazu denkunmöglich sind.

Damit sind wir bei einem sehr wesentlichen Punkt angelangt, von dem aus die angeblichen Vorzüge der Transzendentalpragmatik in einem ganz anderen Lichte erscheinen, als das etwa durch die Erläuterungen ihrer Verfechter erreicht wird. Wer seine Bemühung darauf konzentriert, illusionäre Begründungsansprüche für bestimmte Problemlösungen, gleichgültig in welchem Bereich, zu produzieren, verliert dadurch sehr leicht die Fähigkeit, alternative Lösungen überhaupt in Betracht zu ziehen, obwohl sie an sich niemals ausgeschlossen werden können. Die Gewißheit, im Besitze der Wahrheit zu sein, ist auch im Bereich philosophischer Probleme nicht mehr wert als in anderen Bereichen des Lebens. Daß man den Fallibilismus auf die Realwissenschaften, die Mathematik und vielleicht noch auf bestimmte Arten des Alltagswissens einschränken kann und ausgerechnet für das philosophische Denken in dieser Beziehung eine Ausnahme machen muß, ist meines Erachtens ein Irrtum ganz ähnlicher Art, wie man ihn nicht selten im theologischen Denken findet. Er hat hier wie dort keinen Anspruch darauf, von uns honoriert zu werden.

---

und rationale Heuristik, in meinem Buch: Die Wissenschaft und die Fehlbarkeit der Vernunft, Tübingen 1982, S. 37–57.

[58] Vgl. dazu außer den einschlägigen Arbeiten Oswald Külpes vor allem Karl Poppers schon erwähntes Buch: Die beiden Grundprobleme der Erkenntnistheorie.

Der Mythos des Rahmens und der moderne Antirealismus

Zur Kritik des idealistischen Rückfalls im gegenwärtigen Denken

I. Zwischen Fundamentalismus und Relativismus: Das moderne Dilemma?

Der kritische Rationalismus, der von Karl Popper begründet wurde, verbindet bekanntlich einen konsequenten Fallibilismus mit der sogenannten Korrespondenztheorie der Wahrheit und der Auffassung, daß die Idee der objektiven Wahrheit als regulative Idee für die menschliche Erkenntnis und für die Kultur überhaupt unentbehrlich ist. Er betont also einerseits die Fehlbarkeit des Menschen in allen seinen Versuchen, Probleme zu lösen, gleichgültig, ob es sich um Erkenntnisprobleme oder um Probleme der Wirtschaft, der Politik, des Rechts, der Moral oder um andere praktische Probleme handelt. Und andererseits hält er daran fest, daß Erkenntnis im echten Sinne dieses Wortes möglich ist, im Alltag und in der Wissenschaft, und das heißt, daß wir prinzipiell in der Lage sind, zu wahren Auffassungen zu gelangen, und damit zur zutreffenden Darstellung wirklicher Zusammenhänge, wenn das Ergebnis dieser Bemühungen auch stets hypothetischen Charakter behält und damit grundsätzlich revidierbar bleibt.

Das ist anscheinend eine Auffassung, die vielen Leuten große Schwierigkeiten bereitet, so daß sie nicht nur auf Unverständnis stößt, sondern auch immer wieder mißverstanden wird. Es scheint zum Beispiel äußerst schwierig zu sein, die Poppersche Behandlung des Wahrheitsproblems zu verstehen, die auf einer scharfen Unterscheidung zwischen dem Begriff der Wahrheit und dem Begriff eines Wahrheitskriteriums beruht. Der Hinweis darauf, daß im Zusammenhang mit dem konsequenten Fallibilismus ein Wahrheitskriterium im klassischen Sinne zurückgewiesen wird, führt dann zum Beispiel zum Vorwurf des Relativismus und zu weiteren schwerwiegenden Vorwürfen, die darauf hinauslaufen, daß der kritische Rationalismus die Moral und die politische Ordnung unterminiere[1]. Vorwürfe dieser Art erwecken den Eindruck, daß man nur die Wahl habe zwischen dem Relativismus und irgendeiner Version des Fundamentalismus, die für den Schutz der menschlichen Kultur vor der Barbarei unbedingt erforderlich sei[2]. Mitunter wird allerdings auch zugegeben, daß eine solche Situation zumindest ein Dilemma involviert[3], so daß die Entscheidung für eine der beiden Richtungen nicht so leicht erscheint. Es ist aber wohl zunächst zu fragen, ob ein solches Dilemma überhaupt besteht. Der kritische Rationalismus bestreitet das jedenfalls.

---

[1] Vgl. dazu zum Beispiel JOSEF SEIFERT, der sich in seiner »Laudatio« für Solschenizyn (vgl. dazu ALEXANDER SOLSCHENIZYN, Politik und Moral am Ende des 20. Jahrhunderts, Heidelberg 1994, S. 23 f.) dazu versteigt, einen positiven Zusammenhang zwischen dem kritischen Rationalismus und dem Totalitarismus herzustellen. Schon vorher hatte ROBERT SPAEMANN in ähnlicher Weise argumentiert, vgl. dazu seinen Beitrag: »Überzeugungen in einer hypothetischen Zivilisation« in OSKAR SCHATZ (Hrsg.), Abschied von Utopia? Anspruch und Auftrag der Intellektuellen, Graz 1977, S. 322–327. In beiden Fällen ist nicht nur das theoretische Mißverständnis zu beklagen, sondern auch das schlechte Gedächtnis für kirchengeschichtliche Tatsachen.

[2] Nach dem Zusammenbruch der kommunistischen Herrschaft in Europa und dem Erlöschen der marxistischen Ideologie, die zur Legitimation dieser Herrschaft diente, bietet sich der religiöse Fundamentalismus nun als Alternative an; vgl. dazu die oben in Anmerkung 1 erwähnte Seifertsche Rede; vgl. auch GILLES KEPEL, Die Rache Gottes. Radikale Moslems, Christen und Juden auf dem Vormarsch, München/Zürich 1991.

[3] So stellt zum Beispiel Kolakowski am Ende seiner Analyse der Husserlschen Erkenntnisbemühungen fest, daß dieser Denker uns gezwungen habe, »uns das peinliche Dilemma des Wissens klarzulegen: entweder konsequenter Empirismus mit seinen relativistischen, skeptizistischen Resultaten (ein Standpunkt, den viele für entmutigend, unstatthaft und in der Tat ruinös für die Kultur halten) *oder* transzendentalistischer Dogmatismus, der sich nicht wirklich selbst rechtfertigen kann und am Ende ein willkürlicher Entschluß bleibt«; vgl. LESZEK KOLAKOWSKI, Die Suche nach der verlorenen Gewißheit. Denk-Wege mit Edmund Husserl, Stuttgart 1977, S. 96. Immerhin möchte er dann beiden Auffassungen eine positive Rolle für die menschliche Kultur zugestehen.

Tatsächlich hat Karl Popper nicht nur den Fundamentalismus sondern auch den Relativismus stets scharf zurückgewiesen. In einer seiner wichtigsten Arbeiten zu diesem Problem[4] stellt er fest, daß hinter dem modernen Relativismus eine weit verbreitete Auffassung steht, die er den »Mythos des Rahmens« nennt. Es ist die Auffassung, daß die Wahrheit relativ zu unserem jeweiligen geistigen Hintergrund ist, der angeblich den Rahmen unseres Denkens bildet, und daß es zwischen verschiedenen Kulturen keine Möglichkeit des Verstehens gibt, nicht einmal im Bereich der Wissenschaft. Dieser Mythos ist seiner Auffassung nach gleichbedeutend mit der Lehre, daß man fundamentale Fragen nicht rational diskutieren kann, daß also eine rationale Diskussion von Prinzipien unmöglich ist.

Als ehemaliger Anhänger Oswald Spenglers habe ich ein besonderes Motiv, an diese Poppersche These anzuknüpfen, denn zu den wichtigsten Thesen dieses Geschichtsphilosophen, der in der Zeit zwischen den beiden Weltkriegen einen relativistischen Kulturpessimismus vertrat, gehört die Behauptung, daß es »keinen Sinn« gibt, »zwischen den Kulturen«, womit allerdings die Hochkulturen gemeint waren, deren komparative Analyse Spengler sich zur Aufgabe gemacht hatte. Insofern war sein Relativismus weniger radikal als der mancher moderner Wissenschaftstheoretiker.

In einem früheren Buch[5] habe ich die Idee der Kritikimmunität letzter Voraussetzungen oder oberster Prinzipien selbst einer Kritik unterzogen, so daß ich ein weiteres Motiv habe, an die Poppersche Untersuchung dieses Problems anzuknüpfen. Diese Idee war übrigens bisher meist keineswegs an den Relativismus gebunden. Ihre Verfechter waren vielmehr im allgemeinen von der absoluten Wahrheit ihrer Auffassungen überzeugt. Gerade die Verfechter fundamentalistischer Anschauungen pflegen diese Idee, zumindest was ihre eigenen Voraussetzungen angeht, für selbstverständlich zu halten. Die Verbindung dieser Idee mit einem Wahrheitsrelativismus, die für den »Mythos des Rahmens« charakteristisch ist,

---

[4] Vgl. dazu: Karl Popper, »The Myth of the Framework« (1976), in: Karl R. Popper, The Myth of the Framework. In defence of science and rationality, ed. by M. A. Notturno, London/New York 1994, S. 33–64.

[5] Vgl. mein Buch: Traktat über kritische Vernunft (1968), 5. verb. u. erw. Auflage 1991, S. 41 ff., S. 83 ff. und passim.

scheint mir eine relativ neue Errungenschaft zu sein. Ich möchte hier vor allem die Bedeutung dieses von Popper zu recht kritisierten Mythos für den Antirealismus akzentuieren, der inzwischen interessanterweise nicht nur in der hermeneutischen, sondern auch in der analytischen Tradition Fuß gefaßt und darüber hinaus die Sozialwissenschaften infiziert hat.

II. Vom kritischen Realismus zum transzendentalen Idealismus

Die für das alltägliche Denken charakteristische Erkenntnisauffassung dürfte zu allen Zeiten der Realismus gewesen sein, also der Glaube, daß es von unserem Bewußtsein unabhängige, wirkliche Zusammenhänge gibt und daß wir grundsätzlich in der Lage sind, sie zu erfassen, und dabei gewisse Erfolge erzielen konnten, auch wenn wir zugeben müssen, daß wir uns dabei nicht selten geirrt haben. Es handelt sich hier also genau genommen um zwei verschiedene Annahmen, die man auseinander halten und gesondert behandelt sollte[6]. Das empfiehlt sich schon deshalb, weil die Verteidigung der ersten der beiden Annahmen keineswegs stets mit der Übernahme der zweiten verbunden ist.

Wie dem auch sei, der kritische Realismus, der beide Annahmen miteinander verbindet und der mit der Möglichkeit von Irrtümern rechnet, aber darauf vertraut, daß wir grundsätzlich in der Lage sind, sie zu korrigieren, war nicht nur im alltäglichen, sondern auch im philosophischen Denken und in den Realwissenschaften die herrschende Auffassung, bis er im englischen Empirismus des 18. Jahrhunderts in Frage gestellt wurde.

---

[6] Vgl. dazu mein Buch: Kritik der reinen Erkenntnislehre. Das Erkenntnisproblem in realistischer Perspektive, Tübingen 1987, S. 44 und passim. In seiner Verteidigung des Realismus und der Korrespondenztheorie der Wahrheit legt Devitt besonderen Wert auf die Unterscheidung und die gesonderte Behandlung der beiden Thesen; vgl. dazu MICHAEL DEVITT, Realism and Truth, second edition, Cambridge/Mass., 1991, S. 3 f. und passim; vgl. auch WINFRIED FRANZEN, »Totgesagte leben länger. Beyond Realism and Anti-Realism: Realism«, in: Realismus und Antirealismus, hrsg. vom FORUM FÜR PHILOSOPHIE BAD HOMBURG, Frankfurt 1992, S. 20–65, wo die realistische Auffassung gegen den modernen Antirealismus überzeugend verteidigt wird.

Bekanntlich hat George Berkeley die erkenntnistheoretischen Schwierigkeiten, die im Rahmen des Empirismus aufgetreten sind, durch den Übergang zum Idealismus zu überwinden versucht. Diese Schwierigkeiten hingen damit zusammen, daß in der vorkantischen Philosophie die klassische Idee des Wissens dominierte, die sich teilweise auch noch im heutigen philosophischen Denken findet. Es handelt sich um die Idee, daß man nur dann von Erkenntnis sprechen könne, wenn man die Wahrheit der betreffenden Aussagen sicher begründen könne, so daß man berechtigt sei, objektive Gewißheit für sie in Anspruch zu nehmen.

Nun war die Analyse der Erfahrung im englischen Empirismus durch die *ideistische These* geprägt, das heißt durch die Annahme, daß wir durch die Sinne ein solches Wissen nur über »Ideen« oder »Erscheinungen« erlangen können, die daher die einzigen unmittelbaren Objekte der Wahrnehmung seien[7]. Das Problem der Beziehung von Erscheinung und Realität blieb allerdings dabei ungelöst. Da die zutreffende Erfassung realer Zusammenhänge nicht sichergestellt werden konnte, war es nicht möglich, auf diese Weise den Skeptizismus erfolgreich zu bekämpfen.

Bekanntlich hat Kant diese Tatsache ernst genommen und daher einen neuen Versuch unternommen, dem Skeptizismus zu begegnen, ohne das klassische Erkenntnisideal zu opfern. Auch in seiner Lösung der Erkenntnisproblematik ist aber ein ideistischer Rest enthalten[8]. Auch er glaubte nämlich, daß wir in unserer Erkenntnis nicht in der Lage sind, die Welt der Erscheinungen zu transzendieren und dadurch die Wirklichkeit zu erreichen. Nach seiner Auffassung war diese Welt der Erscheinungen durch unser Erkenntnisvermögen konstituiert. Wir dürfen annehmen, daß er seine Konstitutionstheorie für die Lösung des Erkenntnisproblems vorgeschlagen hat, weil er es nicht für möglich hielt, den Ideismus des

---

[7] Vgl. dazu Alan Musgrave, Alltagswissen, Wissenschaft und Skeptizismus. Eine historische Einführung in die Erkenntnistheorie, Tübingen 1993, S. 87–108 und passim; vgl. auch Wolfgang Röd, Die Philosophie der Neuzeit 2. Von Newton zu Rousseau, München 1984, S. 367 und passim, wo die »ideistische Voraussetzung« im Humeschen Denken analysiert wird. Auch im Cartesianischen Denken ist nach Röd der Ideismus zu finden; vgl. dazu sein Buch: Der Gott der reinen Vernunft. Die Auseinandersetzung um den ontologischen Gottesbeweis von Anselm bis Hegel, München 1992, S. 74.

[8] Vgl. dazu Alan Musgrave, aaO., S. 224.

vorkantischen Denkens zu überwinden und zum kritischen Realismus zurückzukehren.

Seine Frage nach den Bedingungen der Möglichkeit der Erkenntnis hätte allerdings keineswegs zum transzendentalen Idealismus führen müssen[9]. Auch eine realistische Antwort auf diese Frage wäre prinzipiell möglich gewesen. Und derartige Lösungen des Kantischen Problems sind tatsächlich auch später vorgeschlagen worden. Ich werde darauf zurückkommen. Man kann also sagen, daß die Kantische Konstitutionstheorie und der mit ihr verbundene Idealismus unnötig ist, obwohl Kant auf sie nicht verzichten zu können glaubte[10]. Dieser Idealismus besteht nun in der Annahme, das Subjekt erzeuge die Welt der Erscheinungen, also die empirische Realität, nach seinen Regeln, so daß diese in ihrem Dasein von ihm abhängig sei[11]. Diese Idee ist offenbar ein zentraler Bestandteil der Kantischen Auffassung, der seine »kopernikanische Wende« vielen seiner Kritiker als unplausibel erscheinen ließ.

Offenbar glaubte Kant, durch seine transzendentale Analyse die Möglichkeit jener synthetischen Urteile a priori begründen und erklären zu können, die seiner Auffassung nach den sicheren Rahmen der wissenschaftlichen Forschung bilden. Nur wenn der Verstand der Natur seine Gesetze vorschreibe, so meinte er, sei die

---

[9] Vgl. dazu Malte Hossenfelder, Kants Konstitutionstheorie und die Transzendentale Deduktion, Berlin/New York 1978, und seinen Aufsatz: »Kants Idee der Transzendentalphilosophie und ihr Mißbrauch in Phänomenologie, Historik und Hermeneutik«, in: I. Heidemann/W. Ritzel (Hrsg.), Beiträge zur Kritik der reinen Vernunft 1781–1981, Berlin/New York 1981, S. 306–345.

[10] Malte Hossenfelder spricht davon, daß sie »überschüssig« sei, weil es für die Lösung des Kantschen Grundproblems genügt hätte, »die Vorschrift an die Natur nicht kategorisch, sondern hypothetisch« aufzufassen: »Wenn die Natur ein Selbstbewußtsein ermöglichen soll, dann muß sie den kategorialen Gesetzen gehorchen, weil nur eine Natur, die dieser Gesetzmäßigkeit unterliegt, ein selbstbewußtes Wesen hervorbringen kann«. Man hätte damit, wie er feststellt, so etwas wie eine »Darwinsche Wende« vollzogen, die allerdings »den Anpassungsaspekt umkehrt: Nicht wir müssen uns den natürlichen Bedingungen, sondern die Natur muß sich unseren Möglichkeitsbedingungen anpassen«; vgl. Hossenfelder, Kants Idee der Transzendentalphilosophie, aaO., S. 313. Allerdings behauptet Hossenfelder keineswegs, daß der Kantsche Beweis gelungen sei, vgl. dazu sein oben erwähntes Buch.

[11] Vgl. dazu Hossenfelder, Kants Idee der Transzendentalphilosophie, aaO., S. 313.

Geltung dieser zentralen Aussagen garantiert, in deren Rahmen sich diese Forschung bewegen müsse. Eine Wahrheitsgarantie für die Resultate dieser Forschung konnte und sollte damit allerdings nicht erreicht werden. Nur der rationale Rahmen der Erkenntnis, nicht ihre empirischen Details sollten damit als gesichert erwiesen werden. Auf diese Weise schien eine Synthese des Rationalismus und des Empirismus möglich zu sein, wobei die dogmatischen Aspekte der einen und gleichzeitig der Skeptizismus der anderen Richtung überwunden zu sein schienen.

Gleichzeitig schien die Gottesidee, die sowohl im rationalistischen als auch im empiristischen Denken der vorkantischen Periode eine Rolle spielte, für die Erkenntnislehre überflüssig geworden zu sein. In der vorkantischen Philosophie hatte nämlich die Auffassung geherrscht, die Übereinstimmung von Denken und Sein sei durch die Annahme gewährleistet, daß beide Bereiche von Gott abhängig seien[12]. Im Rahmen des transzendentalen Idealismus der Kantischen Erfahrungstheorie war dagegen der Rückgriff auf ein transzendentes Prinzip weder möglich noch notwendig. Die Gottesbeweise hatten daher ihre bisherige erkenntnistheoretische Funktion verloren. Die Übereinstimmung zwischen dem Denken und der Erfahrungswirklichkeit wurde durch das erkennende Subjekt mit Hilfe des allen Subjekten gemeinsamen kategorialen Rahmens erzeugt[13].

Das bedeutet aber, daß im Kantischen Denken an die Stelle Gottes das erkennende Subjekt getreten ist, das imstande ist, diese Übereinstimmung herzustellen. Das ist deshalb möglich, weil die Gegenstände der Erkenntnis nicht zur Wirklichkeit, sondern zum Bereich der Erscheinungen gehören, der durch den kategorialen Rahmen der Erkenntnis konstituiert ist. Aber diese Wirklichkeit wird damit keineswegs geleugnet[14]. Der Kantische Phänomenalis-

---

[12] Vgl. dazu Wolfgang Röd, Der Gott der reinen Vernunft, aaO., wo die zentrale Rolle des ontologischen Beweises für die vorkantische Philosophie gezeigt wird. Sie beruht auf der erwähnten Annahme, durch die die Gottesidee eine erkenntnistheoretische Brückenfunktion erhält.

[13] Vgl. dazu Röd, Der Gott der reinen Vernunft, aaO., S. 167 f. Dieser kategoriale Rahmen bestand in den allgemein gültigen Anschauungs- und Denkformen.

[14] Die Kantsche Metaphysik enthält zwar mit der Lehre vom »Ding an sich« einen Bezug zu einer vom Erkenntnissubjekt unabhängigen Wirklich-

mus ist jedenfalls mit einem minimalen metaphysischen Realismus verbunden, der in vielen späteren transzendentalen Bemühungen nicht mehr vorkommt[15].

Im transzendentalen Idealismus der Kantischen Philosophie haben wir nun meines Erachtens eine Auffassung vor uns, die man als Urform vieler moderner Anschauungen ansehen darf, denen man mit Popper bescheinigen kann, daß sie einen »Mythos des Rahmens« involvieren. Allerdings findet man im Kantschen Denken keineswegs den Wahrheitsrelativismus dieser Anschauungen und den damit verbundenen Irrationalismus. Denn bei Kant ist der kategoriale Rahmen, der das Apriori der Erkenntnis ausmacht und die empirische Realität, die Welt der Erscheinungen, prägt, nicht kulturell variabel, sondern konstant und für jede Erkenntnis konstitutiv[16]. Ich werde darauf zurückkommen.

III. Realistische Auffassungen um die Jahrhundertwende: Russell, Husserl, Külpe

Nun kann die Frage nach den Bedingungen der Möglichkeit der Erkenntnis, wie ich schon erwähnt habe, durchaus auch im Rahmen des kritischen Realismus gestellt werden. Ihre Beantwortung

---

keit, aber diese Wirklichkeit ist nach Kant bekanntlich der Erkenntnis nicht zugänglich, eine Auffassung, die bestimmte Schwierigkeiten involviert, auf die ich hier nicht eingehen kann. Andererseits scheint die Lehre vom »Ding an sich« für eine adäquate Deutung der Kantischen Auffassung unverzichtbar zu sein; vgl. dazu zum Beispiel Hans Wagner: »Kants affirmative Metaphysik von Dingen an sich«, in: Kant, A due Scoli dalle Critica, Brescia 1984, S. 181–191.

15 Auch der Idealismus Berkeleys enthielt mit der Gottesidee und der Idee seelischer Substanzen einen minimalen Realismus, der allerdings die Außenwelt ausklammerte; vgl. dazu Oswald Külpe, Einleitung in die Philosophie, 11. Auflage, Leipzig 1923, S. 194.

16 Der sogenannte »Konstruktivismus« ist, wie Devitt mit Recht feststellt, die gefährlichste moderne geistige Tendenz, und, so darf man wohl sagen, eine der am weitesten verbreiteten Auffassungen. Er verbindet zwei Kantsche Ideen mit dem modernen Relativismus, nämlich die Idee, daß wir die uns bekannte Welt mit Hilfe unserer Begriffe herstellen, und die, daß wir eine von uns unabhängige Welt durch unsere Erkenntnis nicht erreichen können; vgl. Michael Devitt, Realism and Truth, aaO., S. VIII f.

muß also nicht unbedingt zum Phänomenalismus führen, wie er für das Kantische Denken und viele nachkantische Auffassungen charakteristisch ist. Diese Frage kann sogar als eine zentrale Frage des realistischen Erkenntnisprogramms aufgefaßt werden, denn die Klärung und Erklärung der menschlichen Erkenntnispraxis und ihrer möglichen Leistungen und des daraus resultierenden Erkenntnisgeschehens ist geeignet, einen wesentlichen Aspekt der Geschichte der menschlichen Kultur aufzuhellen[17].

Tatsächlich hat um die Jahrhundertwende Oswald Külpe, ein realistischer Kantianer, die transzendentale Fragestellung in dieser Weise aufgefaßt. Seine vergleichende Untersuchung der damals vorliegenden erkenntnistheoretischen Auffassungen[18] und seine kritische Untersuchung der Kantischen Philosophie[19] führten ihn zu der Auffassung, daß ein hypothetischer kritischer Realismus[20] allen vorliegenden Alternativen vorzuziehen sei, wenn man eine angemessene Deutung der menschlichen Erkenntnis erreichen wolle. In diesem Zusammenhang wurde von ihm auch der Kantische Versuch, den Phänomenalismus zu begründen, analysiert und als unzulänglich zurückgewiesen. An die Stelle des transzendentalen Idealismus trat also bei Külpe ein transzendentaler Realismus, der die Frage nach den Bedingungen der Möglichkeit der Erkennt-

---

[17] Daß diese Formulierung aus der Perspektive einer »reinen« Erkenntnislehre das philosophische Erkenntnisproblem zu verfehlen scheint, will ich nicht bestreiten; vgl. dazu aber mein Buch: Kritik der reinen Erkenntnislehre, aaO.

[18] Vgl. dazu Oswald Külpe, Die Realisierung. Ein Beitrag zur Grundlegung der Realwissenschaften, I. Band, Leipzig 1912, II. Band, Leipzig 1920, III. Band, Leipzig 1923. Der II. und der III. Band wurden aus dem Nachlaß herausgegeben von August Messer.

[19] Vgl. dazu Oswald Külpe, Immanuel Kant. Darstellung und Würdigung, 2. Auflage, Leipzig 1908.

[20] Von einem »hypothetischen« Realismus kann hier deshalb gesprochen werden, weil auch diese philosophische Position für mögliche Gegenargumente offen gehalten werden kann, nicht weil man glaubt, daß sie auf die Dauer zu beweisen ist. Es ist hier meines Erachtens müßig, auf einen möglichen Beweis zu hoffen. In dieser Hinsicht ist Rutte und Franzen zuzustimmen; vgl. dazu Franzen, aaO., S. 42, Anm. 36 und H. Rutte, »Der Realismus, das Wahrnehmungsproblem und die Ansprüche der naturalistischen Erkenntnistheorie«, in: Wilhelm Lütterfelds (Hrsg.), Transzendentale oder evolutionäre Erkenntnistheorie? Ein Sammelband, Darmstadt 1987, S. 148–179.

nis im Rahmen eines realistischen Erkenntnisprogramms behandelte.

Die Külpesche Behandlung des Realismus-Problems ist meines Erachtens auch insofern interessant, als in ihr offenbar die klassische Begründungsidee aufgegeben wurde. Sie wurde durch die Annahme ersetzt, eine brauchbare Problemlösung sei nur durch eine komparative Analyse möglicher Lösungsversuche an Hand bestimmter Kriterien zu erreichen, also von Leistungsmerkmalen, die eine Entscheidung zwischen den betreffenden Alternativen ermöglichen. Was sich dabei herausstellte, war die Tatsache, daß es zum kritischen Realismus keine akzeptable Alternative gibt. Zu diesem Ergebnis ist später auch Popper gekommen[21].

Auch an anderen Stellen der philosophischen Szene zu Beginn dieses Jahrhunderts gab es Auffassungen, die man dem kritischen Realismus zurechnen kann, ohne daß in ihnen die transzendentale Fragestellung eine Rolle spielte. Das gilt vor allem für die Anfänge des analytischen Denkens bei Bertrand Russell und George Edward Moore und für die des phänomenologischen Denkens bei Edmund Husserl, der an Franz Brentano anknüpfte. Aber innerhalb dieser Strömungen kam es dann nach dem ersten Weltkrieg zu Entwicklungen, die vom ursprünglichen Realismus wegführten und den modernen Antirealismus und Relativismus vorbereiteten, der nun seit einiger Zeit die philosophische Szene beherrscht und der auch in einigen Wissenschaften Fuß gefaßt hat.

Wie dem auch sei, am Beginn dieser Bewegungen standen jedenfalls Denker, die Rationalisten in einem weiten Sinne dieses Wortes waren, nämlich im Sinne einer positiven Akzentuierung der Logik, der Wissenschaften und des kritischen Denkens, und die, wie schon erwähnt, dem kritischen Realismus zuzurechnen sind. Bei Russell finden wir eine empiristische Version des Realismus, die sich mit der Entwicklung der modernen mathematischen Logik verbindet, bei Husserl eine aprioristische Version, die dann allerdings sehr bald in Richtung auf eine neue Form des transzendenta-

---

21 Vgl. dazu KARL POPPER, Objektive Erkenntnis. Ein evolutionärer Entwurf, Hamburg 1973, S. 54 f.; vgl. auch DEVITT, aaO., S. 61: »So the main argument for Realism will be that the arguments against it and for alternatives fail«. Devitt bezieht diese These zunächst auf den Realismus des Alltagsdenkens und überträgt sie dann auch auf den wissenschaftlichen Realismus, der sich auf die Existenz unbeobachtbarer Entitäten bezieht.

len Idealismus weiterentwickelt wird. Und Külpe, der realistische Kantianer, bemühte sich um eine Erkenntnistheorie, die rationale und empirische Kriterien der Erkenntnis aufweist und die menschliche Erkenntnisapparatur als reale Basis der Erkenntnis analysiert.

Während aber die analytische und die phänomenologische Bewegung zu Strömungen anwuchsen, die nicht nur das philosophische Denken in diesem Jahrhundert geprägt, sondern darüber hinaus viele Einzelwissenschaften mehr oder weniger stark beeinflußt haben, ist der Külpesche Realismus weniger wirksam gewesen, wenn man einmal von der von diesem Denker begründeten Würzburger Schule der Denkpsychologie absieht. Allerdings darf man wohl Karl Popper zu dieser Richtung zählen, der ebenso wie Külpe in realistischer Weise an das Kantische Denken anknüpfte.

IV. Die Sprache als konstitutiver Faktor: Transzendentaler Relativismus als postmoderne Metaphysik

Die beiden einflußreichsten Philosophen dieses Jahrhunderts sind aber vermutlich Ludwig Wittgenstein und Martin Heidegger, und diese beiden Denker haben im Rahmen der beiden erwähnten Strömungen, der analytischen und der phänomenologischen Bewegung, eine außerordentlich folgenreiche Rolle gespielt. Der eine der beiden, nämlich Wittgenstein, der mit seinem Frühwerk, dem »Tractatus Logico-Philosophicus«, den logischen Positivismus des »Wiener Kreises« inspiriert hat, hat mit seiner posthum veröffentlichten Spätphilosophie die linguistische Wende[22] des analytischen Denkens in einer Weise beeinflußt, die vom Russellschen Rationalismus wegführte und im Rahmen dieser Tradition idealistische und relativistische Auffassungen hervorbrachte. Und der andere, nämlich Heidegger, hat die hermeneutische Wende des phänomenologischen Denkens inauguriert und einen radikalen Historismus vertreten, mit Konsequenzen, die mit denen des analytischen Relativismus teilweise konvergieren. Beide Denkrichtungen haben den

---

[22] Schon im Positivismus des »Wiener Kreises« war diese Wende vollzogen worden, die darin bestand, philosophische Probleme ganz allgemein als Probleme zu behandeln, die nur durch logische Analyse der Sprache zu lösen sind.

Eindruck hervorgerufen, der kritische Realismus und Rationalismus sei überholt und damit nicht mehr zeitgemäß. Sie haben das, wie ich meine, erreicht, ohne daß dafür hinreichende Argumente beigebracht wurden. Und beide haben Denkweisen gefördert, denen man mit Popper bescheinigen kann, daß sie den von ihm kritisierten »Mythos des Rahmens« involvieren[23].

Wie wir gesehen haben, spielt auch schon in der Kantischen Auffassung die Idee eines kategorialen Rahmens eine zentrale Rolle, der konstitutiv ist für alle Erkenntnis, also eines Rahmens, der nicht nur notwendige Bedingung der Erkenntnis ist, sondern darüber hinaus ihre Gegenstände prägt. Diese Lösung des Erkenntnisproblems kehrt nun im modernen Antirealismus in veränderter Fassung wieder. Insofern ist dieser Antirealismus durchaus ein Erbe des transzendentalen Idealismus. Allerdings unterscheidet er sich, wie ich eingangs schon erwähnt habe, von der Kantischen Auffassung in einem wesentlichen Punkt. In ihm verliert nämlich dieser Rahmen seine Eindeutigkeit: Er wird kulturell und historisch variabel und bleibt dennoch kritikimmun. Das bedeutet aber, daß der moderne Antirealismus einen wesentlichen Bestandteil des klassischen Rationalismus, die Idee der Kritikimmunität sogenannter letzter Voraussetzungen übernimmt und diese Idee mit prinzipiell variablen Resultaten der Erkenntnispraxis verbindet. Diese Verbindung führt darüber hinaus zu einem Wahrheitsrelativismus. Da der jeweilige rationale Rahmen für die betreffenden Erkenntnisse konstitutive Bedeutung hat, wird ihre Wahrheit jeweils auf den betreffenden Rahmen relativiert. Dieser Rahmen ist aber nur für eine Gemeinschaft verbindlich, in der ein Konsens über seine Geltung erzielt wurde. Dasselbe gilt demnach auch für die in diesem Kontext erreichten Resultate der Erkenntnispraxis.

Während bei Kant die Objektivität der Erkenntnis im Sinne ihrer intersubjektiven Geltung aufrechterhalten blieb, wenn auch ihre Objektivität im Sinne einer zutreffenden Darstellung wirklicher Zusammenhänge – also bestimmter Aspekte der subjektunabhängigen Wirklichkeit – verschwand, verschwindet im modernen

[23] Für den von Popper vertretenen Realismus hat Paul Feyerabend eine analoge Rolle gespielt wie Wittgenstein für den Russellschen und Heidegger für den Husserlschen Realismus. Alle diese Denker haben den Weg in den Relativismus gebahnt, der die heutige philosophische Szene beherrscht.

Antirealismus sogar ihre Objektivität im ersten Sinne. Zum Idealismus der Kantischen Konstitutionstheorie gesellt sich der Relativismus der modernen Konsenstheorie. Intersubjektivität und rationale Diskussion gibt es nur noch innerhalb einer dem jeweiligen Rahmen verpflichteten Gemeinschaft. Tatsächlich wird damit die Idee der objektiven Wahrheit als regulative Idee der Erkenntnispraxis mehr oder weniger offen der Konsensidee geopfert[24]. Es geht nicht mehr um die zutreffende Darstellung wirklicher Zusammenhänge, sondern um die Fabrikation von Aussagensystemen, die aus irgendwelchen Gründen auf die Zustimmung einer Gemeinschaft rechnen können. Damit hat der Pragmatismus den Sieg über den Realismus davongetragen[25].

Diese Entwicklung ist ein Produkt der beiden erwähnten Wendungen im modernen Denken, die übrigens beide an derselben Stelle einsetzen, nämlich an der sprachlichen Vermittlung der menschlichen Erkenntnis, und damit enden, daß sie der Sprache der Schöpfung der Welt zumuten[26], statt sie als ein Mittel der Darstellung und der Diskussion und als einen der möglichen Gegenstände der Erkenntnis zu behandeln, nämlich als ein Objekt, das in einem bescheidenen Teil dieser Welt, nämlich der von Menschen bewohnten Erde, in einem bestimmten Zeitraum in Erscheinung getreten ist.

---

[24] Zur Kritik relativistischer Wahrheitsauffassungen vgl. MUSGRAVE, Alltagswissen, Wissenschaft und Skeptizismus, aaO., Kap. 14, S. 251–279.

[25] Winfried Franzen, dessen Analyse des Realismus-Problems ich im wesentlichen zustimme, hat mit Recht darauf hingewiesen, daß Pragmatismus und Realismus durchaus miteinander verträglich sind; vgl. seinen oben erwähnten Aufsatz: »Totgesagte leben länger. Beyond Realism and Anti-Realism: Realism«, aaO., S. 39. Allerdings scheinen das viele Pragmatisten nicht zu erkennen. Meine Akzentuierung einer Erkenntnispraxis, die das Ziel hat, die zutreffende und damit zustimmungsfähige Darstellung wirklicher Zusammenhänge zu erreichen, nimmt die brauchbaren Elemente des Pragmatismus auf, ohne den Realismus und die Wahrheitsidee aufzugeben und damit das Kind mit dem Bade auszuschütten.

[26] Devitt stellt mit Recht fest: »Constructivism has led to a veritable epidemic of ›worldmaking‹«, vgl. DEVITT, aaO., S. IX. Das ist der wesentliche Beitrag des Text-Modells zur modernen Erkenntnislehre, das sich als hervorragend dafür geeignet erweist, eine Brücke zwischen den Nachfahren Wittgensteins, Heideggers und Deweys zu bilden. Die »soziale Konstruktion der Wirklichkeit« ist eine für den Einfluß dieses Denkens bezeichnende sprachliche Prägung im Bereich der Sozialwissenschaften.

Dabei scheint die Entwicklung der »postmodernen« Erkenntnisauffassung teilweise demselben Muster zu folgen wie die der Erkenntnislehre in der vorkantischen Periode. Nur tritt an die Stelle der schon erwähnten ideistischen eine analoge linguistische These. Während man damals glaubte, unsere Sinneswahrnehmung könne die Wirklichkeit nicht erreichen, so daß echtes Wissen im klassischen Sinne dieses Wortes nur über Ideen oder Erscheinungen erreichbar sei, geht man heute von einer analogen Annahme über die Sprache aus. Man glaubt, daß wir nicht in der Lage sind, mit den Mitteln unserer Sprache die Realität zu erreichen, mit der Konsequenz, daß unser Wissen sich nur auf eine sprachlich konstituierte Welt beziehen kann, also eine Welt unserer eigenen Schöpfung[27]. Ein schlüssiges Argument für diese Unmöglichkeitsthese ist hier aber ebensowenig zu finden wie im Falle des Ideismus. Es handelt sich nur um die Übersetzung des transzendentalen Idealismus in den Kontext der linguistisch geprägten Philosophie, durch die die Erkenntnislehre dem Relativismus ausgeliefert wird. Während im erkenntnistheoretischen Idealismus der früheren Zeit das Bewußtsein zum Gefängnis des Denkens wurde, hat der Idealismus, der uns heute allenthalben präsentiert wird, der Sprache eine analoge Rolle zugewiesen.

Die Art der Argumentation, die in den einschlägigen Texten der betreffenden Autoren anzutreffen ist, ist von David Stove auf eine kurze Formel gebracht worden, die ihren logischen Charakter deutlich macht[28]. Die allgemeine Form dieses Arguments sieht folgendermaßen aus: »Du kannst nicht Dinge *x*-en, ohne daß *B* gegeben ist« (wobei *B* eine notwendige Bedingung für das *x*-en der betreffenden Dinge ist). »Also kannst Du nicht Dinge-wie-sie-an-sich-beschaffen-sind *x*-en.« Dabei sind *x* und *B* als Variable aufzufassen. Für *x* können dann eingesetzt werden: »denken«, »begrei-

---

[27] Von Hirnforschern, die sich der Erkenntnistheorie zugewendet haben, stammt bekanntlich die analoge These, daß das menschliche Gehirn die Außenwelt nicht erreichen könne, so daß es im Bereich seiner eigenen Konstruktionen verbleiben müsse; zur Kritik vgl. HANS JÜRGEN WENDEL, Moderner Relativismus. Zur Kritik antirealistischer Sichtweisen des Erkenntnisproblems, Tübingen 1990.

[28] Vgl. DAVID STOVE, The Plato Cult and Other Philosophical Follies, Oxford 1991, S. 139 f.: »You cannot have trees-without-the-mind, without having them in mind. Therefore, you cannot have trees-without-the-mind in mind«.

fen«, »sich beziehen auf«, »sprechen über«, »interagieren mit« usw., für *B* entsprechende Bedingungen, wie »Begriffe benutzen«, »Worte benutzen« usw.[29] Die Prämisse des Arguments ist, wie Musgrave mit Recht feststellt, eine Tautologie, also gehaltlos, die Konklusion dagegen ist gehaltvoll. Das Argument ist also ungültig. Man mag sich darüber wundern, daß in dieser Weise argumentiert wird. Aber vielfach ist vermutlich die Struktur dieses Arguments oft aus sprachlichen Gründen nicht ohne weiteres erkennbar. Natürlich ließe sich die transzendentale Auffassung auch von einer Argumentation dieser Art lösen, so daß die Konklusion auf andere Weise erreicht oder als unabhängige metaphysische Annahme formuliert würde. Es dürfte allerdings einige Schwierigkeiten bereiten, sie dann als plausible Alternative zum kritischen Realismus zu präsentieren. Läßt man sich durch diese Art von Argumentation dazu verführen, die Welt der »Dinge an sich« überhaupt aufzugeben, wie das oft geschieht, dann landet man bei einer Form des reinen Idealismus.

Man sieht sofort, daß die bloße Annahme, es gebe irgendwelche notwendigen Bedingungen der Erkenntnis, keineswegs zu dieser Art der Argumentation führt. Sie nötigt weder zur Konstruktion einer entsprechenden tautologischen Prämisse, noch zur Ableitung der betreffenden Konklusion mit Hilfe eines Fehlschlusses, noch zu ihrer Herleitung auf irgendeine andere Weise. Daß es notwendige Bedingungen der Erkenntnis gibt, ist eine durchaus vernünftige metaphysische Hypothese. Sie führt keineswegs ohne weiteres zu der Konsequenz, die menschliche Erkenntnispraxis könne nicht zur Erfassung wirklicher Zusammenhänge vordringen. Diese Hypothese ist zunächst einmal die Grundlage eines möglichen Forschungsprogramms zur Aufhellung der betreffenden Bedingungen, eines Forschungsprogramms im Rahmen des kritischen Realismus, das selbst auf die zutreffende Erfassung bestimmter wirklicher Zusammenhänge zielt. Denn diese Bedingungen wären ja nur dann zur Erklärung der Möglichkeiten menschlicher Erkenntnispraxis brauchbar, wenn sie selbst in irgendeinem Bereich realisiert, also reale Bedingungen wären.

---

[29] Vgl. dazu Alan Musgrave, »Conceptual Idealism and Stove's Gem« in seinem Buch: Essays on Realism and Rationalism, Amsterdam/Atlanta 1999, S. 177–184.

In diesem Zusammenhang ist auf eine besondere Schwierigkeit vieler transzendentalphilosophischer Erörterungen aufmerksam zu machen. Sie besteht darin, daß sie von Konstitutionsbedingungen der Erkenntnis handeln, deren Erfassung den betreffenden Theoretikern ihrem eigenen Anspruch nach eigentlich kaum möglich ist, weil sie nicht zum Bereich der konstituierten Gegenstände gehören[30]. Um die Einschränkung der Möglichkeit menschlicher Erkenntnis auf diesen Bereich zu erklären, müßte man nämlich auf reale Bedingungen zurückgreifen können, die nach Auffassung dieser Theoretiker durch unsere Erkenntnis nicht erreichbar sind.

Daß die Sprache eine außerordentlich wichtige Funktion für unsere Erkenntnis hat, ist natürlich unbestreitbar. Sie ermöglicht, wie Karl Popper festgestellt hat, unter anderem die Objektivierung der Resultate unserer Erkenntnisbemühungen und erleichtert damit gleichzeitig auch ihre kritische Untersuchung, ohne die ein Erkenntnisfortschritt kaum möglich wäre. Für diese Erkenntnisbemühungen ist aber die schon erwähnte regulative Idee der objektiven Wahrheit, das heißt: die Idee der zutreffenden Darstellung wirklicher Zusammenhänge, maßgebend. Das gilt übrigens auch für unsere alltäglichen Bemühungen, unsere Praxis erfolgreich zu gestalten.

Mit diesen Leistungen der Sprache will sich allerdings der moderne Antirealismus keineswegs zufrieden geben. Er möchte, wie schon erwähnt, der Sprache eine darüber hinausgehende konstitutive Leistung für die Erkenntnis zusprechen, so daß die Gegenstände der Erkenntnis mit ihrer Hilfe nicht erfaßt, sondern erzeugt werden. Man könnte meinen, daß es sich dabei um eine metaphorische Redeweise handeln müßte, denn der Anspruch, durch sprachliche Aktivitäten die beobachtbaren Objekte unseres täglichen Lebens oder auch die unbeobachtbaren Objekte der wissenschaftlichen Erkenntnis erzeugen zu können, scheint bei vernünftiger Betrachtung eine Zumutung zu enthalten[31]. Tatsächlich zielt

---

[30] Vgl. dazu meinen Aufsatz: »Realität und menschliche Erfahrung. Zur Problematik der Erfahrung im transzendentalen Realismus«, in: Jürg Freudiger/Andreas Graeser/Klaus Petrus (Hrsg.), Der Begriff der Erfahrung in der Philosophie des 20. Jahrhunderts, München 1976.

[31] So scheint zum Beispiel Richard Rorty, der in einem früheren Buch gewissermaßen das Kind mit dem Bade ausgeschüttet hatte – er hatte etwa zehn Jahre nach meiner Fundamentalismuskritik in meinem in Anm. 5 oben er-

die antirealistische Rhetorik denn auch vielfach auf eine Version des Realismus, die man nur als Karikatur einer vernünftigen realistischen Position bezeichnen kann[32]. Gegen eine solche Position haben die betreffenden Theoretiker, wie sich herausstellt, oft keine ernsthaften Einwände. Eine echte Alternative zum kritischen Realismus wäre aber nur dann gegeben, wenn man die betreffenden Aussagen wörtlich nehmen könnte. Und es gibt offensichtlich Denker, deren Äußerungen kaum anders aufzufassen sind[33].

Nimmt man solche Äußerungen wörtlich, dann haben sie offenbar zur Konsequenz, daß Personen, deren Wahrnehmungen und Überzeugungen durch verschiedene sprachliche Bezugsrahmen geprägt sind, in verschiedenen Welten leben. Wie diejenigen Theoretiker, die mit derartigen Annahmen operieren, damit fertig werden, daß sie ihre relativistischen Einsichten auch auf sich selbst und auf ihre eigenen Untersuchungen anwenden müßten, ist schwer zu verstehen. Sie geraten jedenfalls unvermeidlich in die bekannten Schwierigkeiten, die üblicherweise mit relativistischen Auffassungen verbunden sind. Tatsächlich ist sogar schon die These, daß die menschliche Wahrnehmung beliebiger sprachlicher Prägung zugänglich ist, äußerst problematisch[34]. Es scheint vielmehr im »mesokosmischen« Bereich eine interkulturell »gemeinsame Welt« oder besser: einen Kern gemeinsamer Auffassungen über die Welt zu geben, an die auch die gegenseitige Verständigung anknüpfen kann. Der alltägliche Realismus, der sich auf Tatsachen dieser Art

---

wähnten Buch mit dem Fundamentalismus unnötigerweise zugleich auch die Erkenntnistheorie aufgegeben, vgl. dazu RORTY, Philosophy and the Mirror of Nature, Princeton 1979 –, tatsächlich ein Realist zu sein, der allerdings als Antirealist posiert, vgl. DEVITT, aaO., S. 203–219; und FRANZEN, aaO., passim.

[32] Vgl. dazu etwa die Analyse der Fineschen Position in: ALAN MUSGRAVE, »NOA's ARK – Fine for Realism«, The Philosophical Quarterly, Vol. 39, 1989, S. 383–398; vgl. auch DEVITT, aaO.; und FRANZEN, aaO.

[33] Dazu gehört zum Beispiel Hilary Putnam, der früher einmal eine andere Auffassung vertreten hat; vgl. dazu DEVITT, aaO., S. 220–234 und passim; sowie FRANZEN, aaO., passim

[34] Vgl. dazu z.B. ELMAR HOLENSTEIN, »Kognitive Universalien – Determinanten des Verstehens« in seinem Aufsatzband: Von der Hintergehbarkeit der Sprache, Frankfurt am Main 1980, S. 53–70; ROBIN HORTON, »Tradition and Modernity Revisted«, in: MARTIN HOLLIS/STEVEN LUKES (eds.), Rationality and Relativism, Oxford 1982; und meine diesbezüglichen Bemerkungen in meiner: Kritik der reinen Erkenntnislehre, aaO., S. 99 ff.

bezieht, ist ja keineswegs schon deshalb überholt, weil die wissenschaftliche Forschung diese Auffassungen teilweise korrigiert, vertieft und erweitert hat. Der prinzipielle Fallibilismus hat keineswegs die absurde Konsequenz, daß unser alltägliches Denken nur Irrtümer zu produzieren in der Lage ist. Es scheint vielmehr oft vernünftiger zu sein als die extremen Thesen, die wir der philosophischen Spekulation verdanken. Die Thesen des linguistischen Relativismus über die Inkommensurabilität, die Unübersetzbarkeit und die Unmöglichkeit einer rationalen Diskussion radikaler Alternativen haben sich jedenfalls bei genauerer Untersuchung als maßlose Übertreibungen von Schwierigkeiten herausgestellt, die sich mit rationalen Mitteln im Rahmen eines Erkenntnisprogramms bewältigen lassen, das auf die Klärung der natürlichen Grundlagen der Erkenntnis abzielt und das vom kritischen Realismus inspiriert ist.

V. Der Realismus, die Wahrheitsidee und das Dilemma der modernen Kultur

Ich hatte zu Anfang darauf hingewiesen, daß manche Denker ein Dilemma der modernen Kultur darin sehen, daß man nur die Wahl habe zwischen dem Relativismus und irgendeiner Version des Fundamentalismus, eine Situation, die in der Tat wenig erfreulich zu sein scheint. Dieses Dilemma entsteht aber tatsächlich nur, wenn man den kritischen Realismus zurückweist, der weder relativistische Konsequenzen hat, noch eines sicheren Fundaments bedarf. Diese Auffassung ist demnach nicht nur von rein akademischem Interesse, sondern sie hat eine allgemeine Bedeutung für unsere Kultur. Sie ist ein Gegengift gegen die These einer kulturellen Relativität der Wahrheit, wie sie zum Beispiel in dem von mir eingangs erwähnten Spenglerschen Diktum zum Ausdruck kommt, es gebe keinen Sinn zwischen den Kulturen.

Im Gegensatz dazu kann man eine der wichtigsten kulturellen Funktionen des philosophischen Denkens darin sehen, die Überbrückung der Kluft zwischen den verschiedenen Bereichen der modernen Kultur und darüber hinaus zwischen den Kulturen zu erleichtern. Das kann unter anderem dadurch geschehen, daß sie Annahmen aufdeckt, die den interkulturellen Vergleich und eine kritische Diskussion ermöglichen. Es gibt keinen Bereich der Kultur, der eine solche Diskussion grundsätzlich ausschließen würde. Und die regulative Idee der Wahrheit ist schon deshalb für alle kulturellen Bereiche relevant, weil alle Problemlösungen theoretische Elemente zu enthalten pflegen[35].

Wenn heute die Bedeutung einer solchen Diskussion akzentuiert wird, dann geschieht das vielfach, indem man spezielle Thesen über Arten von Diskursen produziert, die sich bei genauer Betrachtung als unhaltbar und praktisch nicht anwendbar erweisen. »Diskurs« ist eines jener Zauberworte, mit dem man die Existenz von Lösungen suggerieren kann, wo tatsächlich meist ungelöste Probleme anzutreffen sind[36]. Die akademische Diskussion wird überschwemmt mit dieser Art von Rhetorik. In diesem Zusammenhang wird dann nicht selten versucht, die Lösung von Sachproblemen der Erkenntnis und der Moral aus der Struktur der Sprache zu extrahieren und auf diese Weise den eigenen Idealen eine Plausiblität zu verschaffen, die auf andere Weise kaum zu erreichen wäre. Statt der oben erwähnten relativistischen Unmöglichkeitsthese findet man bei diesen Denkern ebenso unhaltbare Notwendigkeitsthesen. Aber beiden Positionen ist eines gemeinsam: die Überschätzung der philosophischen Relevanz der Sprache, der die Funktion eines transzendentalen Faktors zugewiesen wird[37].

---

[35] Daher kann auch stets eine Verbindung zu kognitiven und daher wahrheitsfähigen Annahmen hergestellt werden, die unter Umständen eine Kritik dieser Lösungen ermöglichen, vgl. dazu meinen Vorschlag der kritischen Verwertung von Erkenntnissen im Bereich der Moral, z.B. im: Traktat über kritische Vernunft, aaO., Kap. III, oder im Bereich der Religion in meiner: Kritik der reinen Hermeneutik, Tübingen 1994, S. 217 ff.

[36] Vgl. dazu Michael Schmid, »Konsensillusion und institutionelle Utopie. Kritische Bemerkung zu einer Theorie von Jürgen Habermas«, Geschichte und Gegenwart, 10. Jahrgang, 1991, S. 259–280; und Eric Hilgendorf, »Zur transzendentalpragmatischen Begründung von Diskursregeln«, Rechtstheorie, 26. Band, 1995, S. 183–200.

[37] Apel und Habermas haben zweifellos mit Erfolg den Versuch unternommen, den Anschluß an die durch die angelsächsische Philosophie bestimmte internationale Entwicklung zu finden, indem sie die Gemeinsamkeiten der hermeneutischen, der linguistischen und der pragmatistischen Tradition akzentuierten. Es sind allerdings gerade diese Gemeinsamkeiten, die dazu beigetragen haben, den modernen Antirealismus und Relativismus zu produzieren.

Auch Karl Popper hat der Bedeutung der Sprache für die menschliche Erkenntnis in seinem Werk Rechnung getragen[38]. Er hat es aber vermieden, die Übertreibungen mitzumachen, die wir der linguistischen und der hermeneutischen Wende verdanken. Vor allem hat er die Tatsache akzentuiert, daß die sprachliche Fassung von Problemlösungen die Möglichkeit kritischer Diskussion eröffnet und daß diese Möglichkeit auch für die Lösung praktischer Probleme in Anspruch genommen werden kann. Dabei bleiben aber der Realismus und die regulative Idee der Wahrheit grundlegend, und zwar auch für alle Bereiche der modernen Kultur.

Es gibt bekanntlich innerhalb der durch den europäischen Sonderweg geprägten westlichen Kultur starke Tendenzen, die darauf zielen, ihre historischen Leistungen herabzusetzen und insbesondere die europäische Wissenschaft zu desavouieren, besonders deshalb, weil die Probleme, mit denen wir es heute weltweit zu tun haben, weitgehend auf unbeabsichtigten Konsequenzen dieser Leistungen beruhen[39]. Vor allem zwei dieser Errungenschaften sind hervorzuheben, die eng miteinander zusammenhängen: die Zähmung der Herrschaft durch Sicherung der persönlichen Freiheit und die Befreiung des Erkenntnisstrebens von politischen und religiösen Beschränkungen, um eine unvoreingenommene Suche nach Wahrheit zu ermöglichen. Ein wesentlicher Aspekt dieser Entwicklung ist die soziale Verankerung eines methodologischen Revisionismus, der die Verbesserung von Problemlösungen erlaubt, ohne daß dadurch notwendigerweise die Stabilität der sozialen Ordnung tangiert wird.

In diesem Zusammenhang taucht die Frage auf, ob die Revidierbarkeit von Problemlösungen nicht insofern eine Grenze hat, als es stets Voraussetzungen geben muß, die von einer Revision unberührt bleiben müssen und daher kritikimmun zu sein scheinen. Der methodologische Revisionismus würde dann jeweils einen Rahmen voraussetzen, ohne den es keine rationale Kritik geben könnte und der damit selbst von einer solchen Kritik unberührt bleiben müßte. Die Bindung an einen solchen Rahmen wäre also

---

[38] Er hat bekanntlich seine Dissertation bei dem Psychologen und Sprachtheoretiker Karl Bühler geschrieben, dessen Arbeiten für seine Auffassungen große Bedeutung hatten.

[39] Vgl. meinen Aufsatz: »Europa und die Zähmung der Herrschaft«, in meiner Schrift: Freiheit und Ordnung, Tübingen 1986.

unvermeidbar, so daß zwischen Verfechtern fundamental verschiedener Auffassungen keine rationale Diskussion möglich wäre.

Nun ist es in der Tat so, daß es kaum möglich ist, bei der Lösung bestimmter Probleme alle Voraussetzungen gleichzeitig zu revidieren. Aber das bedeutet keineswegs, daß es bestimmte Voraussetzungen gibt, die von jeder Revision ausgenommen sind und daher gewissermaßen den Charakter natürlicher Dogmen haben. Es ist zwar stets möglich, bestimmte Annahmen zu dogmatisieren und sie dadurch der kritischen Diskussion zu entziehen, aber eine solche Dogmatisierung ist weder notwendig, noch hilfreich, wenn man das Ziel hat, gute Problemlösungen zu suchen. Und die zusätzliche Idee, alle Wahrheiten seien relativ auf den jeweils vorausgesetzten Rahmen, ist eine völlig unnötige Perversion der klassischen Wahrheitsauffassung, für die es keine vernünftigen Argumente gibt.

Der methodologische Revisionismus darf keineswegs mit dem Skeptizismus verwechselt werden. Die prinzipielle Revidierbarkeit hat nicht die Konsequenz, daß man gezwungen wäre, beliebige Meinungen als gleichberechtigt anzusehen und die Idee der objektiven Wahrheit aufzugeben, oder im politischen Bereich beliebige Maßnahmen als zulässig anzusehen, weil sie im Sinne bestimmter Zielsetzungen als zweckmäßig erscheinen, und etwa die Idee der individuellen Freiheit oder die der Gerechtigkeit fallen zu lassen. Das Faktum des historischen Wandels muß nicht dazu führen, daß man seine Maßstäbe und Ideale der Idee der Geschichtlichkeit opfert. Wer glaubt, der Erkenntnisfortschritt, den uns die Naturwissenschaften und die historische Forschung der Neuzeit verschafft haben, zwinge uns dazu, in dieser Weise die europäische Tradition zu unterminieren, unterliegt einer Fehleinschätzung der Resultate dieser Entwicklung.

Es ist daher auch problematisch, sich zur Auszeichnung bestimmter Ideale auf die Moderne zu beziehen und sie als »Projekt der Moderne« zu verteidigen. In dieser Formulierung zeigt sich der Einfluß einer an der Fortschrittsidee orientierten geschichtsphilosophischen Spekulation, die eine bestimmte historische Phase normativ auszeichnet, um sie dem Gegner, der als antimodern abgestempelt wird, als verbindlich entgegenhalten zu können. Aber die Moderne ist tatsächlich ambivalent und kann daher keineswegs ohne weiteres zur Richtschnur heutiger Praxis erhoben werden. De facto sind auch die rechts- und linksrevolutionären Bewegungen mitsamt ihren totalitären Ausformungen Entwürfe einer alternativen Moderne[40] und sogar der Islam ist möglicherweise imstande, eine derartige Alternative zu entwickeln[41].

Wer bestimmte Resultate des europäischen Sonderwegs wie den Rechtsstaat, die liberale Demokratie, die Marktwirtschaft und die moderne Wissenschaft normativ auszeichnet, muß sich also darüber klar sein, daß es zu ihnen stets alternative Entwürfe gegeben hat oder zumindest geben kann, die nicht einfach dadurch abzuqualifizieren sind, daß sie geschichtlich überholt sind, weil sie einer vergangenen historischen Epoche zugerechnet werden können. Auch der Fundamentalismus läßt sich modern aufzäumen, und der hermeneutische Relativismus der sogenannten Postmoderne ist ihm keineswegs überlegen, obwohl die Idee der objektiven Wahrheit keine moderne Idee ist, sondern auf antike Quellen zurückgeht. Und viele moderne Errungenschaften haben sich bekanntlich als höchst gefährlich erwiesen. Die Idee eines Fortschritts der Menschheit im Ganzen hat sich als Illusion herausgestellt. Und was die Philosophie angeht, so haben gerade die einflußreichsten modernen Denker dafür gesorgt, daß wir heute einen Rückfall in eine Form des Relativismus registrieren können, der geeignet ist, die positiven Seiten des europäischen Erbes zu unterminieren.

Ein kritischer Realismus, der den Mythos des Rahmens und die mit ihm verbundene Behandlung des Wahrheitsproblems zurückweist, wird sich nicht dadurch beirren lassen, daß die in seinem Rahmen vorgeschlagenen Problemlösungen nicht den Stempel einer wie immer definierten Modernität tragen. Der Realist ist weder ein Traditionalist noch ein Modernist. Er weiß, daß er mit Traditionen zu rechnen, aber auch zwischen ihnen zu wählen hat, daß Modernität an sich noch kein Vorzug ist, und daß philosophische Moden nicht selten einen Rückfall hinter die Wahrheiten des alltäglichen Lebens involvieren. Eine dieser Moden, die von führenden Denkern der analytischen und der hermeneutischen Tradition heute gemeinsam verbreitet wird und von der sich vor allem auch Vertreter der Sozialwissenschaften haben beeindrucken lassen, ist der Mythos des Rahmens, den Karl Popper einer durchschlagenden Kritik unterzogen hat.

---

[40] Vgl. dazu Rolf Peter Sieferle, Die konservative Revolution, Frankfurt am Main 1995, S. 198–221.

[41] Vgl. dazu Ernest Gellner, Postmodernism, Reason and Religion, London/New York 1992, S. 20 ff. und passim.

Geschichte und Gesetz

Zur Kritik des methodologischen Historismus

I. Die Tradition des geschichtlichen Denkens und das Erkenntnisprogramm des Historismus

Die geschichtliche Erkenntnis ist ein uralter Zweig des menschlichen Wissens. Wenn man, wie das üblich ist, Herodot und Thukydides als die Väter der wissenschaftlichen Geschichtsschreibung betrachtet, dann kann man die Entstehung dieser Wissensform ins fünfte vorchristliche Jahrhundert zurückdatieren[1]. Man kann die Geschichte als Wissenschaft also als eine griechische Erfindung ansehen, eine Erfindung, die um so erstaunlicher ist, als durch sie Wissen in einem Bereich zustande kam, in dem das nach normalem griechischem Verständnis nicht möglich war[2]. Seitdem gibt es eine mehr oder weniger kontinuierliche Entwicklung des historischen Denkens über die hellenistische, die römische, die mittelalterlich-christliche und die Geschichtsschreibung der Renaissance und der Aufklärung bis zur modernen Geschichtswissenschaft, wie sie sich im 19. Jahrhundert herausgebildet hat. Aber noch bis in die Zeit der Aufklärung hinein war dieses Denken im Einklang mit der schon von Thukydides vertretenen

---

[1] Gleichzeitig kann man Thukydides aber auch als Ahnherrn der Soziologie in Anspruch nehmen; vgl. E. Topitsch, Geschichtswissenschaft und Soziologie; in seinem Aufsatzband: Sozialphilosophie zwischen Ideologie und Wissenschaft. 2. Aufl. Neuwied/Berlin 1966. S. 119 ff. Für Collingwood war er daher charakteristischerweise ein Historiker mit schlechtem Gewissen, der nach Gesetzen gesucht und Herodots historisches Denken mit anti-historischen Motiven zugedeckt habe; vgl. R. G. Collingwood, The Idea of History. Oxford 1946. S. 29 f.

[2] So Collingwood, aaO., S. 28, der die anti-historische Tendenz des griechischen Denkens stark hervorhebt, vgl. ebd. S. 20 ff.

Auffassung, daß das geschichtliche Geschehen in der Natur des Menschen begründet und in die kosmischen Gesetzmäßigkeiten eingebettet ist[3], so daß es nicht angebracht ist, Geschichte und Natur miteinander zu kontrastieren, sei es in ontologischer oder in methodologischer Hinsicht. Es war daher ganz verständlich, daß an der geschichtlichen Entwicklung der Menschheit interessierte Denker wie die schottischen Moralphilosophen des 18. Jahrhunderts bemüht waren, das außerordentlich erfolgreiche *Erkenntnisprogramm der theoretischen Naturwissenschaften* auf den Bereich der gesellschaftlichen Wirklichkeit zu übertragen, um auf diese Weise eine theoretische Wissenschaft vom gesellschaftlichen Leben, nämlich die politische Ökonomie, zu schaffen[4]. Das Streben nach der Erklärung sozialer Vorgänge auf der Basis von Gesetzmäßigkeiten nach Analogie der Newtonschen Physik hat hier zur Errichtung eines eindrucksvollen theoretischen Aussagengebäudes geführt, das sich, wie die heutige Diskussion zeigt, keineswegs auf den Bereich der »Wirtschaft« im engeren Sinne beschränken läßt. Inzwischen hat sich das naturalistische Programm auch sonst im Bereich des Wissens über den Menschen, seine Kulturleistungen und die gesellschaftlichen Zusammenhänge, an die sie gebunden sind, als einigermaßen erfolgreich erwiesen.

Der Historismus ist also keineswegs, wie man meinen könnte, nur ein Ausdruck der für die geschichtlich- gesellschaftliche Welt natürlichen Erkenntnisweise, die sich erst sehr spät gegen die antihistorischen Tendenzen der herrschenden Weltanschauung durchsetzen konnte. Er ist vielmehr das Produkt einer theologisch inspirierten Geschichtsphilosophie, die den naturalistischen Denkstil für die Erkenntnis dieses Bereichs der Wirklichkeit schon deshalb

---

[3] Vgl. dazu K. Löwith, Mensch und Geschichte, in seinem Band: Gesammelte Abhandlungen. Zur Kritik der geschichtlichen Existenz. Stuttgart 1960. S. 155 und passim. Auch bei Kant ist die menschliche Natur noch für die geschichtliche Entwicklung ausschlaggebend, vgl. I. Kant, Idee zu einer allgemeinen Geschichte in weltbürgerlicher Absicht, in: I. Kant, Kleinere Schriften zur Geschichtsphilosophie, Ethik und Politik. Meiner-Ausgabe, Hamburg 1959. S. 5 ff.

[4] Für die Orientierung Adam Smith's an der Newtonschen Methode, vgl. etwa O. H. Taylor, A History of Economic Thought. New York/Toronto/London 1960. S. 49 ff. und passim. Auch bei späteren Vertretern des ökonomischen Denkens ist sie immer wieder zu finden, ganz deutlich etwa bei Léon Walras.

ablehnen mußte, weil sie die Idee der Offenbarung Gottes in der Geschichte zum Ausgangspunkt hatte. Diese philosophische Strömung führte im Historismus zu einem *Erkenntnisprogramm für die Geistes- oder Kulturwissenschaften* überhaupt, einem Programm also, das sich keineswegs nur auf die Geschichtswissenschaft bezieht. Es gehört zu den geistesgeschichtlich bedeutsamsten Entwicklungen der letzten hundert Jahre, daß dieses Programm mit dem naturalistischen Denkstil in Kollision geraten ist, der sich im 19. Jahrhundert allmählich über alle Bereiche der realwissenschaftlichen Erkenntnis ausbreitete. Die Methodenkontroversen, die seit dem Ende des vorigen Jahrhunderts in einer ganzen Reihe von Disziplinen der Wissenschaften vom Menschen stattgefunden haben, sind ein Ergebnis der *Interferenz dieser beiden Erkenntnisprogramme:* des *Naturalismus* und des *Historismus.*

Im Gegensatz zum Naturalismus betonte der Historisrnus die Individualität, die Einmaligkeit und Unwiederholbarkeit des Geschehens, seine »Geschichtlichkeit«, die seine Reduktion auf Gesetzmäßigkeiten als unmöglich erscheinen ließ. Er war mit einem eigenen methodischen Ansatz verbunden, der die methodologische Sonderstellung der sogenannten Geisteswissenschaften, der Wissenschaften von der geschichtlich-gesellschaftlichen Wirklichkeit, den Naturwissenschaften gegenüber begründen sollte. Die Vertreter des methodologischen Historismus richteten ihre Kritik vor allem gegen zwei Verfahrensweisen, die sie als dem geschichtlichen Denken wesensfremd ansehen zu müssen glaubten: gegen das Herantragen *absoluter* und damit geschichtsfremder *Maßstäbe* an die historischen Erscheinungen, wie es zum Beispiel im Naturrecht praktiziert wurde, und gegen den Versuch, in der Weise der Naturwissenschaften den Geschichtsablauf – und überhaupt die Phänomene des sozialkulturellen Bereichs – mit Hilfe *allgemeiner* und damit zeitloser *Gesetze* zu erklären. Sie betrachteten das historische Geschehen als einen Zusammenhang von Ereignissen, die ihren Sinn in sich selbst tragen und in ihrem Sinnzusammenhang ohne die Verwendung allgemeiner Maßstäbe oder Gesetze begriffen werden sollten. An die Stelle des naturwissenschaftlichen *Erklärens* sollte dabei ein das Einmalige und Individuelle erfassendes *Verstehen* treten, eine individualisierende Methode, die das *Wesen* der Phänomene aus ihrem geschichtlichen *Werdegang* verständlich machen konnte.

Die *ontologische* Grundlage des methodologischen Historismus und des mit ihm verbundenen Autonomieanspruches der Geisteswissenschaften, die Unterscheidung der *Welt der äußeren Natur,* die nur von außen begriffen und erklärt werden könne, von der *Welt des menschlichen Lebens* und der mit ihm verbundenen Handlungen, Werke, Ordnungen und Deutungen, an der man selbst teilhabe und die man daher von innen her ausdeuten und verstehen könne, entbehrt nicht einer gewissen Plausibilität, so daß man prima facie oft geneigt ist, sie für unproblematisch zu halten. Man findet sie schon bei Giambattista Vico, einem der Wegbereiter des Historismus, der mit dieser ontologischen Bereichseintellung die später so einflußreiche erkenntnistheoretische Idee verband, daß die historische Welt in einem tieferen Sinne für den Menschen erkennbar sei, weil er es hier mit seinem eigenen Erzeugnis zu tun habe[5]. Vico führte »den Primat der ›Philosophie des Geistes‹, wie wir sie seit Hegel nennen, durch die Kritik des Primats der modernen Naturwissenschaft ein«[6] und lieferte mit seinen erkenntnistheoretischen Überlegungen die ersten Ansätze zur Lehre vom Verstehen als der angemessenen Methode historischer Erkenntnis, die für den methodologischen Historisrnus später zur verbindlichen Doktrin werden sollte.

In reinster Ausprägung ist das Erkenntnisprogramm des Historismus wohl in der Droysenschen Historik enthalten[7], einem sehr einflußreichen Werk, das als repräsentativ für viele Züge des methodischen Stils in den Geisteswissenschaften gelten kann. Droysen macht gleich zu Anfang seiner Untersuchungen die Unterscheidung zwischen Geschichte und Natur, und zwar in einer sehr merkwürdigen Weise[8]. Es kommt ihm offenbar darauf an, was jeweils als

---

[5] Vgl. G. Vico, Die neue Wissenschaft über die gemeinschaftliche Natur der Völker (1744), Reinbek 1966, S. 51 f. Vgl. auch B. Croce, Die Philosophie Giambattista Vicos. Tübingen 1927. S. 19 und passim, sowie K. Löwith, Geschichte und historisches Bewußtsein, in seinem Band: Vorträge und Abhandlungen. Zur Kritik der christlichen Überlieferung. Stuttgart 1966. S. 128 ff., wo die Problematik dieser Abgrenzung herausgestellt wird.

[6] Vgl. K. Löwith, Weltgeschichte und Heilsgeschehen. Die theologischen Voraussetzungen der Geschichtsphilosophie. Stuttgart 1953. S. 114.

[7] J. G. Droysen, Historik. Vorlesungen über Enzyklopädie und Methodologie der Geschichte. (1868). 4. Aufl. München 1960.

[8] Vgl. aaO., S. 6: »Wir meinen mit dem Wort Geschichte die Summe dessen,

wichtiger anzusehen ist: »das in der Veränderlichkeit Bleibende« oder »das im Bleiben Veränderliche«. Obwohl man offensichtlich nach beidem sowohl im menschlichen als auch im außermenschlichen Bereich suchen kann, erfolgt dann eine ziemlich willkürliche Einschränkung der Geschichte auf die Menschenwelt: »Geschichte im eminenten Sinn ist nur die des sittlichen Kosmos«, also des Wirklichkeitsbereiches, in dem nicht die Mechanik der Atome, sondern das Wirken der Willenskräfte das Geschehen bestimme[9]. Dieser Bereich, die sittliche Welt, ist nach seiner Auffassung offenbar der naturwissenschaftlichen Methode verschlossen; sie ist das Gebiet der historischen Forschung[10]. Alles, was Ausdruck menschlichen Geistes ist, kann verstanden werden, und das »Verstehen ist das vollkommenste Erkennen, das uns menschlicherweise möglich ist«[11]. Daher lautet auch der zweite Fundamentalsatz der Geschichtswissenschaft nach Droysen: »Unsere Methode ist forschend zu verstehen«.[12] Damit ist eine zentrale These des methodologischen Historismus auf eine kurze Formel gebracht.

---

was im Laufe der Zeit geschehen ist, soweit irgend unser Wissen davon reicht, – so wie wir analogerweise das Wort Natur brauchen, um alles zu befassen, was irgendwo im Raum ist, soweit unser Wissen davon und unser Erforschen reicht.« Später räumt er zwar selbst ein, daß »alles, was im Raum ist, zugleich in der Zeit ist und umgekehrt« – aaO., S. 11 –, aber unsere Auffassung, so meint er, werde »die Erscheinungen in die eine oder andere Reihe stellen, je nachdem der Moment der Zeit oder des Raumes ihr als das überwiegende« erscheine. Im einen Falle faßten wir die Erscheinungen »als Geschichte«, im anderen »als Natur« zusammen. Bei Oswald Spengler findet man dann später den Unterschied von *»Welt als Geschichte«* und *»Welt als Natur«* in ganz ähnlicher Weise mit dem von *Zeit* und *Raum* und einer ganzen Reihe damit verknüpfter begrifflicher Dichotomien verbunden, eine kategoriale Dichotomisierung der gesamten Erkenntnis; vgl. O. Spengler, Der Untergang des Abendlandes. Umrisse einer Morphologie der Weltgeschichte (1923). München 1963. S. 7 ff. und passim. Allerdings verband Spengler damit die Anschauung, daß man zwar die Natur wissenschaftlich behandeln, über Geschichte aber dichten solle, aaO., S. 129. Collingwood tut die Droysensche Dichotomie als eine bloß rhetorische Antithese ab und begnügt sich mit dieser Kritik, ohne auf die interessanteren Teile des Droysenschen Werkes einzugehen; vgl. R. G. Collingwood, aaO., S. 165 f.

[9] Droysen, aaO., S. 11 ff.

[10] AaO., S. 186.

[11] AaO., S. 26.

[12] AaO., S. 22.

II. Hermeneutik und Historismus Die Methode des Verstehens und ihre nomologischee Grundlage

Die Akzentuierung des *Verstehens* als einer *besonderen Methode*, die sich von der naturwissenschaftlichen Methode essentiell unterscheiden läßt und für die Erfassung der geschichtlich- gesellschaftlichen Wirklichkeit eine *analoge Bedeutung* hat wie die der Erklärung auf der Basis von Gesetzmäßigkeiten für die des natürlichen Geschehens, dürfte zwar zu den wesentlichen Merkmalen des Historismus gehören[13], aber die genauere Charakterisierung dieser Methode stößt auf nicht geringe Schwierigkeiten, weil die dazu gemachten Aussagen nicht selten viel zu unspezifisch sind, um methodologisch verwertbar zu sein. »Die französische Revolution verstehen heißt also«, so sagt zum Beispiel Schieder in einem Abschnitt, der das historische Verfahren exemplifizieren soll, »dieses ganze Geflecht von Verursachungen und Bewirkungen in seinen richtigen Proportionen abwägend und differenzierend zu sehen und es als einen Komplex aufeinander bezogener Kräfte aus der Masse der geschichtlichen Vorgänge herauszulösen«[14]. Für ihn ist das Verstehen »eine Form des Erkennens, die das Ganze eines erkannten Objekts in seiner Komplexität erfaßt und es gleichsam neu hervorbringt«. Mit dieser Kennzeichnung wird zwar ganz bewußt die übliche Kontrastierung von Verstehen und Erklären beiseitegeschoben, aber dafür ist hier an die Stelle einer diskutierbaren methodischen Konzeption eine vage Charakterisierung der historischen Erkenntnis und des in ihr angestrebten Endresultats getreten, die ohne weiteres für andere Erkenntnisweisen benutzbar wäre[15]. Wer mit »Verstehen« nicht mehr als die Erfassung komple-

---

[13] »Das historische ›Verstehen‹ war«, wie Heuss feststellt, sogar »die eigentlich originale Kategorie, mit der die Geschichtswissenschaft des neunzehnten Jahrhunderts sich gegenüber ihren Vorläufern durchsetzte. Es wurde zum primären Organon, mit dem die Geschichte als Gegenstand des Erkennens zu bewältigen war.« Vgl. A. HEUSS, Verlust der Geschichte. Göttingen 1959. S. 35. Es handelt sich um die durch den Historismus geprägte Geschichtswissenschaft.

[14] Vgl. TH. SCHIEDER, Geschichte als Wissenschaft. München/Wien 1965. S. 43. Zum Folgenden vgl. ebd., S. 37 f.

[15] Sie läßt sich z.B. ohne weiteres als Kennzeichnung der in der mathemati-

xer Wirkungszusammenhänge meint, der ist zwar in der Lage, die methodische Kontroverse zu entschärfen, die durch die Interferenz des naturalistischen und des historistischen Programms in den Wissenschaften von der geschichtlich- gesellschaftlichen Realität entstanden ist, aber er kann damit weder zur Klärung der dadurch entstandenen Problemsituation noch zur Bestimmung der Eigenart des historischen Denkens sehr viel beitragen.

Um zur Charakterisierung einer Methode des Verstehens zu gelangen, die für die Erfassung von Vorgängen der menschlichen Welt von spezifischer Bedeutung ist, geht man vielleicht besser von der Droysenschen These aus, unser historisches Verstehen sei »ganz dasselbe, wie wir den mit uns Sprechenden verstehen«[16]. Auch in dieser These dokumentiert sich ein relativ weiter Begriff des Verstehens, aber er ist doch zumindest auf einen Vorgang bezogen – den der sprachlichen Kommunikation –, für den ein Begriff dieser Art in erster Linie in Betracht zu kommen scheint. Da der Historiker es in seiner Arbeit in weitem Umfange mit schriftlichen Quellen zu tun hat, spielt das Verstehen im Sinne der Erfassung der Bedeutung sprachlicher Äußerungen für seine Arbeit eine wichtige Rolle. Es scheint also durchaus angemessen zu sein, an diese besondere Art der Erkenntnis anzuknüpfen, wenn man seine Forschungstätigkeit kennzeichnen möchte, auch wenn sich herausstellen sollte, daß es nicht möglich ist, sich dabei auf sie zu beschränken.

Wenn man aber einmal das Verstehen in diesem speziellen Sinne ins Auge faßt, dann ist es wichtig, einen Unterschied zwischen der *Erfassung des Sinnes* einer Äußerung und der *Deutung der Motive,* die hinter einer solchen Äußerung stehen, zu machen, zwischen einem Verstehen des Gesprochenen und des Sprechenden[17]. Damit

---

schen Ökonomie üblichen Methode der Modellkonstruktion verwenden, obwohl diese Methode für das naturalistische Erkenntnisprogramm charakteristisch ist.

[16] Vgl. Droysen, aaO., S. 25. »Unsere Aufgabe«, sagt der Verfasser dann, »kann nur darin bestehen, daß wir die Erinnerungen und Überlieferungen, die Überreste und Monumente einer Vergangenheit so verstehen, wie der Hörende den Sprechenden versteht, daß wir aus jenen uns noch vorliegenden Materialien forschend zu erkennen suchen, was die so Formenden, Handelnden, Arbeitenden wollten, was ihr Ich bewegte, das sie in solchen Ausdrücken und Abdrücken ihres Seins aussprechen wollten ... »; aaO., S. 26.

[17] Vgl. dazu M. Weber, Roscher und Knies und die logischen Probleme der

haben wir aber nun einen speziellen Problemkreis im Bereich der Zeichendeutung abgegrenzt, nämlich den Kreis derjenigen Fragen, mit denen sich vor allem die ältere *Hermeneutik* befaßt hat, die eine Lehre der Auslegung von Texten war. Soweit Verstehen in diesem Sinne das »primäre Organon« oder auch nur ein wichtiges Werkzeug der historischen Erkenntnis ist, muß diese Hermeneutik für sie von zentraler Bedeutung sein. Der methodologische Historismus hat, soweit ich sehe, die Möglichkeit einer solchen Hermeneutik und ihre Bedeutung für die historische Erkenntnis im allgemeinen nicht in Frage gestellt. Sie gehört offenbar zum methodischen Rüstzeug dieses Zweiges der Realwissenschaften, denn in ihr werden die Regeln der Methode des Verstehens im engeren Sinne kodifiziert.

Die Anerkennung der Hermeneutik hat aber Konsequenzen für die Beurteilung des Historismus, die meines Erachtens bisher nicht gesehen oder zumindest nicht deutlich genug herausgestellt wurden. Um sie zu verdeutlichen, ist es angebracht, sich etwas näher mit dem Charakter dieser Disziplin zu befassen[18]. Schon Schleiermacher, der großen Wert auf die Notwendigkeit einer *allgemeinen* Hermeneutik gelegt hat[19], hat in ihr eine *Kunstlehre* vom Verstehen gesehen, die sich auf sprachliche Äußerungen überhaupt bezieht. Das gleiche gilt für Dilthey, der auf Schleiermacher zurückgeht[21]. Beide machen deutlich, daß eine solche Kunstlehre auf *allgemeine Einsichten* in die Struktur und das Funktionieren der sprachlichen Verständigung zurückgehen müsse[22]. Das bedeutet

---

historischen Nationalökonomie (1903–06). In: M. WEBER, Gesammelte Aufsätze zur Wissenschaftslehre. Tübingen 1951. S. 93 f. mit einem Hinweis auf Simmel und einer Verbesserung seiner Analyse.

[18] Vgl. dazu meinen Aufsatz: Hermeneutik und Realwissenschaft. Die Sinnproblematik und die Frage der theoretischen Erkenntnis, in der Festschrift für Eduard Baumgarten, abgedruckt in meinem Aufsatzband: Plädoyer für kritischen Rationalismus. München 1971.

[19] Vgl. F. SCHLEIERMACHER, Hermeneutik. (Nach den Handschriften neu herausgegeben und eingeleitet von H. Kimmerle). 2. Aufl. Heidelberg 1974. S. 75 und passim.

[20] Vgl. dazu seine Akademiereden von 1829, in: F. SCHLEIERMACHER, aaO., S. 123-156.

[21] Vgl. W. DILTHEY, Die Entstehung der Hermeneutik. (1900). In: W. DILTHEY, Gesammelte Schriften. V. Band, 4. Aufl. Göttingen 1964. S. 317–338.

[22] Vgl. SCHLEIERMACHER, aaO., S. 156, wo er davon spricht, daß »die Her-

aber, daß sie im Grunde genommen ganz denselben Zusammenhang zwischen Kunstlehre oder Technologie und den für sie relevanten theoretischen Einsichten annehmen, wie er im Rahmen der heutigen Wissenschaftslehre akzeptiert zu werden pflegt. Eine technologische Disziplin für einen bestimmten Problembereich ist nur dann möglich, wenn es in diesem Bereich bestimmte Gesetzmäßigkeiten gibt, auch wenn diese noch nicht voll erfaßt wurden. Die betreffenden Phänomene sind dann prinzipiell einer Erklärung auf theoretischer Grundlage zugänglich. In unserem Zusammenhang bedeutet das aber, daß die *Existenz einer solchen Hermeneutik unvereinbar* ist mit dem *methodologischen Historismus,* denn dieser *schließt* ja die *Möglichkeit von Gesetzmäßigkeiten* für den Bereich *aus,* auf den sich die Methode des Verstehens anwenden läßt. Die methodisch für den Historismus besonders wichtige These von der Universalität des menschlichen Verstehens[23] *widerspricht* einer seiner ontologischen Grundthesen.

Es ist an sich einigermaßen überraschend, daß die Verfechter des Historismus diese Inkompatibilität nicht erkannt haben. Sie pflegen ja selbst das Verstehen menschlicher Äußerungen als ein auch im *Objektbereich* ihrer Untersuchungen auftretendes *allgemeines Phänomen* aufzufassen. Das Verstehen der Historiker ist nach ihrer Auffassung im wesentlichen von derselben Art wie das der Menschen, deren Handlungen zum Gegenstand der historischen Analyse gemacht werden. Auch wer sich noch so sehr bemüht, in seinen Untersuchungen die Einmaligkeit und Unwiederholbarkeit geschichtlicher Ereignisse zu akzentuieren, kann daher nicht umhin, das Vorhandensein allgemeiner Züge dieser Art in diesem Geschehen zuzugestehen, so daß es sinnvoll wird, nach tiefer liegenden Gesetzmäßigkeiten zu suchen, die in ihnen zum Vorschein kommen. Überdies ist eine theoretische *Erklärung des Verstehens* auf nomologischer Grundlage nicht nur möglich, sondern sogar er-

---

meneutik zu der ihr als Kunstlehre gebührenden Gestalt gelangt und von der einfachen Tatsache des Verstehens ausgehend aus der Natur der Sprache und aus den Grundbedingungen des Verhältnisses zwischen dem Redenden und Vernehmenden ihre Regeln in geschlossenem Zusammenhang entwickelt werden«. Unter anderem zeigen seine Ausführungen, daß er von einer Kontexttheorie der Bedeutung ausgeht, vgl. aaO., S. 142; vgl. auch DILTHEY, aaO., S. 329 f.

[23] Vgl. A. HEUSS, aaO., S. 38.

strebenswert, wenn man daran interessiert ist, die Hermeneutik als Kunstlehre vom Verstehen weiterzuentwickeln[24]. Gerade wer die Methode des Verstehens für ein wichtiges Instrument der historischen Erkenntnis hält, müßte also an einem theoretischen Fortschritt in diesem Bereich interessiert sein, also daran, daß in ihm das naturalistische Erkenntnisprogramm weiterverfolgt wird.

Ansätze in dieser Richtung gibt es bekanntlich seit längerer Zeit. Schon Schleiermacher hat ja seinerzeit den engen Zusammenhang der Hermeneutik mit Grammatik und Psychologie betont[25]. Daß man für eine adäquate Analyse des Verstehens Sprachtheorie und Psychologie miteinander verbinden muß, scheint mir auch aus den Untersuchungen Karl Bühlers deutlich hervorzugehen[26]. Im übrigen scheinen linguistische Studien schon deshalb für die Entwicklung der Theorie des Verstehens wichtig zu sein, weil sie Aufschlüsse über die Mechanismen des menschlichen Denkens geben können, die ohne sie kaum erreichbar sind[27].

Viele Vertreter des Historismus pflegen aber wohl ihre Methode des Verstehens nicht auf die *Erfassung des Sinnes sprachlicher Äußerungen* beschränken zu wollen[28]. Ihnen scheint es darüber hinaus um die Deutung der Motive handelnder Personen zu gehen und damit um ein *Verständnis ihrer Handlungen.* Sie können sich also mit einer Hermeneutik, die nur auf die Identifizierung des Sinnes von Texten oder von anderen sprachlichen Äußerungen

---

[24] Vgl. dazu meinen o.a. Aufsatz: Hermeneutik und Realwissenschaft, aaO., S. 140 ff.

[25] Dazu SCHLEIERMACHER, aaO., S. 137 ff. Eine Kunstlehre dieser Art war nach seiner Auffassung nur möglich, »wenn sowohl die Sprache in ihrer Objektivität als der Prozeß der Gedankenerzeugung als Funktion des geistigen Einzellebens in ihrem Verhältnis zum Wesen des Denkens selbst so vollkommen durchschaut sind, daß aus der Art, wie beim Verknüpfen und Mitteilen verfahren wird, auch die Art, wie beim Verstehen verfahren werden muß, in einem vollständigen Zusammenhang dargestellt werden kann«, aaO., S. 141.

[26] Vgl. dazu K. BÜHLER, Die Krise der Psychologie. (1927). 3. Aufl. Stuttgart 1965. S. 37 ff. und passim. DERS., Sprachtheorie. Die Darstellungsfunktion der Sprache. (1934). 2. Aufl. Stuttgart 1965. passim.

[27] Vgl. etwa G. SAMPSON, The Form of Language. London 1975. S. 26 und S. 168 ff.

[28] Das gilt ohne Zweifel auch schon für DROYSEN, wie aus vielen Passagen seiner Historik hervorgeht.

zugeschnitten ist, nicht einmal begnügen[29]. Die Problematik des teleologischen Verstehens, die für die von ihnen in Anspruch genommene Methodik in Betracht kommt, führt über die oben erörterte Problematik hinaus zur Frage der *Erklärung von Handlungen* oder von sinnvoller Aktivität überhaupt, also in den Bereich hinein, den Max Weber mit seiner Konzeption der verstehenden Erklärung zu bewältigen versuchte[30]. Für die weitere Auffassung der Verstehensproblematik ergeben sich also analoge Folgerungen zur oben erörterten engeren Deutung. Auch hier zeigt sich, daß der *Historismus* durch die Analyse der *Konsequenzen der in seiner eigenen methodischen Konzeption* enthaltenen Annahmen *ad absurdum* geführt werden kann. Wenn die Methode der Geschichtswissenschaft darin besteht, forschend zu verstehen, dann tragen schon die Implikationen dieser These zur Widerlegung des Historismus bei.

III. Quellen und Tatsachen Die Rekonstruktion des historischen Geschehens

Es gibt aber noch einen weiteren schwerwiegenden Einwand gegen den methodologischen Historismus, einen Einwand, der von der von seinen Verfechtern und von den anderen Vertretern der Geschichtswissenschaft im allgemeinen akzeptierten Aufgabe dieser Wissenschaft ausgeht und von einer Analyse der Möglichkeit, diese Aufgabe zu bewältigen.

In seinem ersten Fundamentalsatz der Geschichte weist Droysen auf den wichtigen Umstand hin, daß der Historiker für seine Forschungsarbeit ausschließlich auf gegenwärtig vorhandenes Material – auf Überreste der Vergangenheit also – angewiesen ist[31], auf

---

[29] Vgl. dazu das weitere Verständnis von Hermeneutik bei Faber, der allerdings nicht zu den Verfechtern des Historismus gerechnet werden darf. K. G. Faber, Theorie der Geschichtswissenschaft. 3. Aufl. München 1974. S. 128 ff.

[30] Vgl. dazu neuerdings K. Eibl, Kritisch-rationale Literaturwissenschaft. München 1976, besonders S. 49 ff.

[31] Vgl. Droysen, aaO., S. 20 ff. und S. 37 ff. Er selbst unterscheidet zwischen Überresten, Denkmälern und Quellen, aber ich verzichte auf diese Unterscheidungen, zumal sie nicht allgemein üblich sind, und spreche von Quel-

die er seine Vorstellungen über die Vergangenheit gründen kann. Daß es in der Geschichte darum geht, früheres Geschehen auf der Basis solcher Quellen zu rekonstruieren, ist natürlich keine speziell historistische These, sondern eher die in dieser Wissenschaft übliche Auffassung[32]. Diese Auffassung war im Bereich der analytischen Geschichtsphilosophie einige Zeit in Vergessenheit geraten, weil man sich auf die Problematik der Erklärung historischer Ereignisse konzentriert oder gar die Darstellungsform der Erzählung in den Mittelpunkt der Diskussion gerückt hatte[33]. Aber die zu erklärenden Ereignisse sind dem Historiker nicht einfach »gegeben«, und auch wenn man sie nur erzählen möchte, ist man zunächst darauf angewiesen, sie aus der Quellenlage zu rekonstruieren.

Wenn man nun dieses primäre Ziel der historischen Forschung ins Auge faßt, so ergibt sich sogleich ein Problem, das bei Aufrechterhaltung historistischer Annahmen nicht zu lösen ist. Es stellt sich nämlich die Frage, auf welche Weise man durch Analyse von Quellen zur Rekonstruktion des Geschehens gelangen kann. Zunächst bietet sich ohne Zweifel die Vorstellung an, man könne gewissermaßen von diesen Quellen auf das Geschehen »zurückschließen«, und mitunter klingen die zu dieser Frage angestellten Überlegungen auch so, als ob dabei in der Tat an eine Art von »Schließen« zu denken wäre[34]. Wenn man diese Ausdrucksweise

---

len. Vgl. auch A. von Brandt, Werkzeug des Historikers. 4. Aufl. Stuttgart 1958. S. 58.

[32] Vgl. dazu etwa G. R. Elton, The Practice of History. London/Glasgow 1967. S. 20.: »Historical study is not the study of the past but the study of present traces of the past ... The crucial element is the present evidence, not the fact of past existence ... «. L. J. Goldstein, Daten und Ereignisse in der Geschichte. In: H. Albert (Hrsg.), Theorie und Realität. Ausgewählte Aufsätze zur Wissenschaftslehre der Sozialwissenschaften. 2. Aufl. Tübingen 1972. S. 269 f., sowie Ders., Historical Knowing. Austin/London 1976, S. 47: »The central problem of historical knowing is how the historian constitutes the historical past out of that diverse motley mass, his historical evidence.« K. G. Faber, aaO., S. 41: »Vergangenes Geschehen ist nur zugänglich über die konkreten Spuren, die von ihm in der Gegenwart vorhanden sind, über die Quellen.«

[33] Zur Kritik vgl. L. J. Goldstein, Theorien in der Geschichtsforschung. In: Theorie und Realität. S. 289 ff.

[34] Vgl. etwa G. R. Elton, aaO., S. 86: »Historical method is no more than a recognized and tested way of extracting from what the past has left the true

ernst nehmen wollte, müßte man aber hier an einen Sonderfall des induktiven Schließens denken, und es ergibt sich sofort der Einwand, daß es keine gültigen Schlußweisen dieser Art, also keine Möglichkeit gibt, gehaltserweiternde und gleichzeitig wahrheitskonservierende Schlüsse durchzuführen. Man müßte also den heutigen Stand der Induktionsproblematik mißachten, um eine solche Deutung der historischen Methode gelten zu lassen.

Will man die Interpretation des in der Geschichtswissenschaft üblichen Verfahrens nicht mit der Zulassung ungültiger Schlußweisen belasten, dann bietet sich eine Auffassung an, die mit dem Historismus allerdings schon deshalb nicht vereinbar ist, weil in ihr nomologische Hypothesen eine wesentliche Rolle spielen. Man kann dieses Verfahren nämlich in der Weise auffassen, daß es auf Versuche hinausläuft, früheres Geschehen so zu rekonstruieren, daß sich die Existenz von Quellen, die gerade so beschaffen sind wie die vorhandenen, aus der Annahme eines Geschehens dieser Art erklären läßt[35]. Durch eine solche Erklärungsleistung läßt sich die Quellenlage begreiflich machen und die Frage beantworten, wie und warum sie zustande gekommen ist[36]. Um sie aber zu ermöglichen, genügt es keineswegs, eine adäquate Rekonstruktion des Geschehens durchzuführen und dann darauf irgendwelche Schlußweisen anzuwenden, denn in diesem Falle würde man wieder auf gehaltserweiternde Schlüsse angewiesen sein. Man muß

---

facts and events of that past ... «. Zur Kritik, vgl. auch L. J. GOLDSTEIN, Historical Knowing. S. 125.

[35] Vgl. dazu L. J. GOLDSTEIN, Daten und Ereignisse in der Geschichte. In: Theorie und Realität. S. 266 ff., wo die These aufgestellt wird, daß die »vom Historiker beschworene Vergangenheit« eine »Konstruktion zur bestmöglichen Erklärung des im Besitze des Historikers befindlichen Materials« ist; vgl. auch das oben erwähnte Buch des gleichen Verfassers: Historical Knowing, passim. Allerdings ist der mit dieser ausgezeichneten Analyse der historischen Methode verbundene Anti-Realismus überflüssig, zumal er nur auf der Kritik realistischer Positionen basiert, die mit Gegebenheitsthesen operieren und Probleme des Sinnes und der Prüfung von Aussagen miteinander konfundieren, wozu auch der Verfasser zu neigen scheint. Vgl. ebd., S. 33, 58, 67 f., 86. Zu dieser Problematik vgl. meinen Aufsatz: Erkenntnis, Sprache und Wirklichkeit, in diesem Band.

[36] Vgl. R. G. ELTON, The Practice of History. S. 100: »There is a single question which the researcher must ask himself in assessing his evidence: how and why did this come into existence?«

vielmehr wie bei jeder echten Erklärung auf *Gesetzmäßigkeiten* zurückgreifen, bei deren Anwendung auf das so rekonstruierte Geschehen sich die heutige Quellenlage ergibt. Ohne die Annahme der Existenz von Gesetzmäßigkeiten irgendwelcher Art hätten wir also keine Möglichkeit, eine Rekonstruktion des vergangenen Geschehens auf Grund der heutigen Quellenlage durchzuführen. Eine solche Rekonstruktion ist und bleibt allerdings *hypothetisch*, auch wenn sich weitere Quellen finden, die sie zu stützen scheinen, weil sie dadurch miterklärt werden.

Auch die Quellen sind für die Geschichtsforschung natürlich nicht unproblematische Gegebenheiten, die man als sichere Ausgangsbasis der Forschung nehmen kann. Sie bedürfen stets der *Identifikation* und der *Interpretation*, und das bedeutet nichts anderes, als daß schon für ihre Erschließung *theoretische* Gesichtspunkte eine Rolle spielen müssen. Es steht nicht einmal von vornherein fest, welche Arten von Objekten als Quellen in Betracht kommen, obwohl natürlich die Bedeutung von schriftlichen Dokumenten für die historische Forschung damit keineswegs bestritten werden soll. Auch solche Dokumente kommen ja nur deshalb in Betracht, weil wir mehr oder weniger implizit mit allgemeinen theoretischen Annahmen zu operieren pflegen, aus denen folgt, daß Quellen dieser Art im geschichtlichen Prozeß unter diesen oder jenen Umständen immer wieder produziert werden und erhalten bleiben. Aber die Geschichte hinterläßt bekanntlich auch Spuren ganz anderer Art, zum Beispiel Veränderungen in der Beschaffenheit der Erdoberfläche, ihrer Flora und Fauna, ihrer Besiedelung und der Bevölkerung, ihrer Sitten und Gebräuche, ihrer Werkzeuge und Geräte, und daher können auch Tatsachen dieser Art als Quellen in Betracht kommen, wenn man über die in dieser Beziehung relevanten theoretischen Gesichtspunkte verfügt. Daraus läßt sich die Konsequenz ziehen, daß für die historische Forschung keineswegs nur psychologische oder soziologische Theorien und die in ihnen kodifizierten Gesetzmäßigkeiten in Frage kommen, sondern prinzipiell Theorien aller Realwissenschaften überhaupt[37]. Die Tatsache, daß man für die Identifikation und die

---

[37] Auch Droysen erwähnt im Zusammenhang mit den »Überresten« die Bedeutung der naturwissenschaftlichen Erkenntnis – DROYSEN, aaO., S. 39 –, aber die Rolle des nomologischen Wissens überhaupt für die Geschichtsfor-

Interpretation von Quellen theoretische Gesichtspunkte benötigt, zeigt, daß nicht nur die Rekonstruktion des historischen Geschehens hypothetischen Charakter hat, sondern daß dies im Grunde genommen auch für ihre Materialbasis gilt.

Man kann also mit einigem Recht sagen, daß die Historiker in ihrer Forschungsarbeit – selbst wenn ihnen das nicht immer bewußt sein mag – die *hypothetisch-deduktive Methode* anwenden, und zwar auch da, wo es ihnen nicht etwa darauf ankommt, die geschichtlichen Ereignisse zu *erklären,* sondern nur darauf, den Zusammenhang des historischen Geschehens zu *rekonstruieren.* Sie pflegen ihre Konstruktionen unter anderem auch durch Suche nach bisher nicht bekannten oder in ihrer Bedeutung nicht richtig gewürdigten Quellen zu prüfen[38], etwa, um besser zwischen alternativen Möglichkeiten der Erklärung der bisherigen Quellenlage entscheiden zu können. Daß sie vielfach Gesetzmäßigkeiten, mit denen sie operieren, nicht explizit machen, ist keineswegs als Einwand gegen eine solche Deutung ihres Verfahrens zu betrachten. Der nomologische Hintergrund des alltäglichen Umgangs mit Gebrauchsgegenständen pflegt ja gemeinhin im Alltag auch nur ganz selten expliziert zu werden. Schon Max Weber hat auf die Trivialität der meisten nomologischen Hypothesen hingewiesen, mit denen man bei der Erkenntnis sozialer Vorgänge im Alltag und auch in der Geschichtsforschung arbeitet[39], ohne damit bestreiten zu wollen, daß auch nicht-triviale Forschungsergebnisse theoretischer Wissenschaften unter Umständen Bedeutung gewinnen können[40].

Was die Frage der Gesetzmäßigkeiten angeht, so kommen wir also hier auf etwas anderem Wege zu dem gleichen Ergebnis wie im

schung wird von ihm nicht analysiert, da sie mit seiner Ontologie nicht vereinbar ist.

[38] Vgl. Droysen, aaO., S. 84 ff. und L. J. Goldstein, Historical Knowing. S. 56 ff. und S. 88.

[39] Vgl. M. Weber, aaO., S. 112 f.

[40] Wenn man die Ausführungen Droysens über die Quellenkritik genauer untersucht, dann sieht man übrigens, daß auch er offensichtlich in allen Fällen außer *besonderen* Kenntnissen über die Produktion der Quellen als Grundlage der Kritik *allgemeine* Einsichten unterstellt, vgl. etwa sein Resümee, aaO., S. 129. Ähnliches gilt für seine Überlegungen zur Interpretation, aaO., S. 202 ff.

vorigen Abschnitt. Auch wenn man wie hier den ersten Fundamentalsatz Droysens zum Ausgangspunkt der Untersuchung macht, gelangt man – ebenso wie bei der Analyse der Konsequenzen des ersten Fundamentalsatzes – zu der Feststellung, daß die *historistische Grundannahme* der Nicht-Existenz relevanter Gesetzmäßigkeiten mit den für die Geschichtswissenschaft angenommenen *Möglichkeiten der Forschung nicht zu vereinbaren* ist. Die Rekonstruktion des Geschehens auf der Basis der Quellen wäre ohne nomologische Grundlage kaum möglich.

IV. Geschichte als Erzählung? Zur Kritik des analytischen Narrativismus

Es gibt eine Version der analytischen Geschichtsphilosophie, die eine besonders problematische Form des Historismus verkörpert: den *Narrativismus*, der von der These ausgeht, daß die Historiographie eine narrative Wissenschaft sei, eine Wissenschaft also, die sich damit zufrieden gebe, *Erzählungen* über vergangenes Geschehen zu produzieren. Diese Auffassung ist nicht so sehr deshalb interessant, weil sie eine erhebliche Einschränkung der für diese Wissenschaft in Frage kommenden Darstellungsweisen zur Folge hat, sondern viel mehr wegen der für eine bestimmte Version des analytischen Denkens charakteristischen Art und Weise, in der hier erkenntnistheoretische Untersuchungen durch Sprachanalyse ersetzt werden[41]. Nach dieser Version sieht es dann so aus, als ob man den Charakter der Geschichtswissenschaft am besten dadurch her-

---

[41] Es handelt sich um im einzelnen unterschiedliche Anschauungen, wie sie von William H. Dray, Morton G. White, Arthur C. Danto, W. B. Gallie und anderen entwickelt wurden. Vgl. etwa W. B. GALLIE, Philosophy and the Historical Understanding, London 1964, wo die Geschichte von der Logik der erzählenden Darstellung und ihrer Verständlichkeit her angegangen wird. Zur Kritik vgl. L. J. GOLDSTEIN, Theorien in der Geschichtsschreibung, aaO., S. 291 f., sowie das 5. Kapital: The Narrativist Thesis, seines oben erwähnten Buches: Historical Knowing, S. 139 ff. Seine Kritik an Gallie scheint mir allerdings insofern etwas überzogen zu sein, als Gallie keineswegs alle epistemologischen Gesichtspunkte außer acht gelassen hat. Vgl. z. B. W. B. GALLIE, aaO., S. 59 ff. Es gibt offenbar extreme und weniger extreme Formen des Narrativismus.

ausarbeiten könne, daß man das sprachliche Endprodukt der Erkenntnistätigkeit des Historikers logisch analysiere, eine Anschauung, die kaum Anspruch darauf machen kann, ernst genommen zu werden, auch wenn die dabei zustande kommende Analyse akzeptabel erscheinen sollte[42]. Während die Droysenschen Untersuchungen auf dem Hintergrund bestimmter erkenntnistheoretischer Auffassungen, die sicherlich nicht unproblematisch sind, durchaus wesentliche *Methodenprobleme* der *historischen Forschung* behandeln und einer Lösung zuzuführen suchen, geht es in den analytischen Untersuchungen dieser Art im Extremfall lediglich um *Fragen der Darstellungsweise,* wie sie Droysen im letzten Teil seiner Historik auf relativ wenigen Seiten abhandelt[43]. Er hielt wohl den erkenntnistheoretisch-methodologischen »Unterbau«[44] mit Recht für wichtiger, wenn es um den Erkenntnischarakter der Geschichte als Wissenschaft geht, als das literarische Endprodukt der historischen Arbeit[45].

Was aber die Darstellungsweise angeht, so kann man wiederum seiner These zustimmen, es sei »ein bloßer Schlendrian, wenn man unter historischer Darstellung immer nur die erzählende versteh(t)e«. Viele Ergebnisse historischer Forschung seien nämlich »gar nicht dazu angetan, in dieser immerhin populärsten Form dargelegt zu werden«. Im übrigen sei »der beste Teil aller wissenschaftlichen Erkenntnis ... die Arbeit des Erkennens«. Es gebe aber der »Natur der Sache nach ... mehr als eine Art, das in der historischen Forschung Gewonnene darzustellen«[46]. Die These, daß

---

42 Gallie betont meines Erachtens mit Recht, daß er sich in seiner Analyse keineswegs mit der sprachlichen Oberfläche historischer Darstellungen befaßt, vgl. W. B. Gallie, aaO., S. 104. Er vertritt, soweit ich sehe, keine extreme Version des analytischen Narrativismus.

43 Vgl. Droysen, aaO., Die Topik, S. 273–316 bzw. S. 359–366.

44 Vgl. dazu Goldsteins Unterscheidung zwischen »Oberbau« und »Unterbau« in seinem oben erwähnten Buch, aaO., S. 141 f.

45 Vgl. dazu auch Max Webers scharfe Unterscheidung zwischen der »im Interesse der ›psychologischen‹ Beeinflussung des Lesers gewählte(n) ›künstlerische(n)‹ Form der *Darstellung* des Erkannten« und der *logischen Struktur* der Erkenntnis«, in seinem Aufsatz: Kritische Studien auf dem Gebiet der kulturwissenschaftlichen Logik. (1906). In: M. Weber, aaO., S. 278. Auf diesen Aufsatz werden wir noch einmal zurückkommen.

46 Vgl. Droysen, aaO., S. 273. Droysen unterscheidet dann vier Darstel-

sich die Geschichtswissenschaft auf die erzählende Darstellung vergangenen Geschehens beschränken müsse, wird auch heute mit Recht bestritten. Zumindest zwei verschiedene Darstellungsweisen pflegt man zu unterscheiden: außer der *erzählenden*, die sicherlich ihren Platz in der Geschichtsschreibung hat, eine mehr *analytisch-untersuchende*[47], wobei beide Weisen der Darstellung in ihrer reinen Form unter Umständen als Grenzfälle behandelt werden.

Daß es historische Untersuchungen gibt, deren Darstellungsform der narrativistischen These strikt widerspricht, bedarf kaum einer besonderen Betonung. Ein gutes Beispiel findet man etwa in dem Buch des Wirtschaftshistorikers Jakob Strieder »Zur Genesis des modernen Kapitalismus«[48], in dem der Verfasser an Hand für diese Frage relevanter Quellen den Nachweis zu erbringen sucht, daß die Sombartsche Auffassung über die Entstehung des modernen Kapitalismus in bestimmten Punkten nicht richtig ist. In diesem Buch wird die Sombartsche These, daß die großen Handelskapitalien der frühkapitalistischen Zeit aus Grundbesitzeinkünften, aus akkumulierter Bodenrente, hervorgegangen sind, einer kritischen Prüfung unterzogen, und zwar mit Hilfe einer Auswertung der Steuerbücher der Stadt Augsburg zwischen 1396 und 1540 und anderer Quellen und unter Zuhilfenahme allgemeiner Überlegungen teilweise psychologischen Charakters. Das wissenschaftlich Interessante an dieser Untersuchung besteht gerade darin, daß hier der »Unterbau« der historischen Erkenntnis großenteils bloßgelegt wird, so daß der Leser ein genaues Bild der Überlegungen erhält, die zur Widerlegung einer historischen Hypothese und zu ihrer Ersetzung durch eine im Sinne der Quellenlage ad-

---

lungsweisen: die untersuchende (S. 276 ff.), die erzählende (S. 282 ff.) mit vier Unterformen, die didaktische (S. 299 ff.) und die diskussive (S. 310 ff.)

[47] Vgl. dazu Th. Schieder, Die Darstellungsformen der Geschichtswissenschaft, aaO., S. 132 f.; R. G. Elton, aaO., S. 160 ff.; K. G. Faber, aaO., S. 150; dazu Droysen, aaO., S. 277: »Es wird keinem Vernünftigen einfallen, die vorsolonische Verfassung Athens, die Königszeit Roms, die Benefizialverfassung im fränkischen Reich einfach narrativ darstellen zu wollen: es fehlt in unserem dürftigen und kontroversen Material über diese Dinge die Evidenz und die Kontinuität, um sie einfach zu erzählen … «

[48] Vgl. J. Strieder, Zur Genesis des modernen Kapitalismus. Forschungen zur Entstehung der großen bürgerlichen Kapitalvermögen am Ausgange des Mittelalters und zu Beginn der Neuzeit, zunächst in Augsburg, 2. Aufl. München/Leipzig 1935.

äquatere Hypothese führen. Ein anderes Beispiel für eine nichtnarrative historische Untersuchung bietet Otto Brunners »Land und Herrschaft«[49], eine Studie, die ein historisches Thema behandelt, das mit bestem Willen nicht auf erzählende Weise abgehandelt werden kann, weil in ihr strukturelle Tatbestände untersucht werden, die für ein bestimmtes Raum-Zeit-Gebiet charakteristisch waren[50]. Obwohl diese Studie keineswegs im gleichen Maße wie die Striedersche Untersuchung die Art der Quellenverwertung offenlegt, ist sie doch von der erzählenden Darstellungsweise weit entfernt.

Die These des Narrativismus ist also nicht nur erkenntnistheoretisch und methodologisch relativ uninteressant, sondern darüber hinaus für die Historiographie unzutreffend. Sie entstammt gewissermaßen einer einseitigen Diät, der Fütterung des sprachanalytischen Denkens mit nur einer Art von Beispielen. Die Beispiele dieser Art sind aber gerade deshalb in epistemologischer Hinsicht irreführend, weil in ihnen der Unterbau der historischen Forschungsarbeit besonders gut kaschiert zu sein pflegt. Wer etwa das erwähnte Striedersche Buch liest, wird nie auf den Gedanken kommen, daß die Geschichtswissenschaft eine narrative *Erkenntnisweise* repräsentiert, was immer er auch für die ideale *Darstellungsform* halten mag. Er erkennt sofort, daß es sich bei ihr um eine *argumentative* Verfahrensweise handelt, die auf die *Aufstellung und Prüfung von Hypothesen* über geschichtliche Zusammenhänge abzielt. Wie jede andere Wissenschaft, so ist auch die Geschichte ein *konstruktiv-kritisches* Unternehmen, innerhalb dessen mit Hilfe von *Argumenten* über *alternative Deutungen* entschieden werden muß, so gut das die *verwertbaren Materialien* der Erkenntnis – die historischen Quellen – erlauben. Es hat natürlich auch wenig Sinn, den Wissenschaftscharakter dieser Disziplin etwa deshalb in Frage zu stellen, weil in ihr keine Experimente durchgeführt oder keine

---

[49] Vgl. O. Brunner, Land und Herrschaft. Grundfragen der territorialen Verfassungsgeschichte Österreichs im Mittelalter. 4. Aufl. Wien/Wiesbaden 1959.

[50] Ähnliches gilt auch für Brunners Buch: Adeliges Landleben und europäischer Geist. Salzburg 1959, sowie für viele andere z.T. historisch hochinteressante Werke, wie z.B. A. de Tocqueville, Der alte Staat und die Revolution. (1856). Birsfelden o.J.

Gesetze aufgestellt zu werden pflegen, denn es wäre unangemessen, die auf bestimmte Zielsetzungen bezogenen Verfahrensweisen anderer Wissenschaften ohne Analyse als für sie maßgebend zu betrachten. Es genügt vollauf, daß in ihr wichtige Probleme der Erkenntnis formuliert und gelöst und daß die Lösungen kritischer Prüfung im Rahmen der vorhandenen Möglichkeiten unterzogen werden.

Andererseits wäre es unsinnig, den Zusammenhang dieser Wissenschaft mit anderen Wissenschaften zu leugnen, der sich aus ihrer spezifischen Zielsetzung ergibt, schon dann, wenn man dabei nur die Rekonstruktion des historischen Geschehens in Betracht zieht. Wir hatten gesehen, daß schon unter diesem Gesichtspunkt der durch den Historismus unnötig akzentuierte Kontrast zu den theoretischen Realwissenschaften verschwindet, die sich am naturalistischen Erkenntnisprogramm orientieren. Er verschwindet schon deshalb, weil die Geschichtswissenschaft selbst darauf angewiesen ist, die Resultate dieser Wissenschaften in weitem Umfange zu nutzen, um ihre eigene Aufgabe zu erfüllen.

V. Theorie und Geschichte. Die theoretischen Realwissenschaften und ihre Bedeutung für die Historiographie

Wenn wir nun wieder zur historistischen Grundthese der Nicht-Existenz für die Geschichte in Betracht kommender Gesetzmäßigkeiten zurückkehren, dann zunächst deshalb, weil schon die Existenz der theoretischen Sozialwissenschaften zu einem Einwand gegen diese These führen muß. Die vielfach diskutierte Ansicht, es gehe hier um irgendwelche »historischen Gesetze« in einem speziellen Sinne des Wortes, scheint mir angesichts der Tatsache, daß der Anwendungsbereich der nomologischen Hypothesen dieser Wissenschaften mit dem Gegenstandsbereich der historischen Forschung zusammenfällt, auf einer unnötigen Akzentuierung der Autonomie des historischen Denkens zu beruhen. Daß die Geschichtswissenschaft darauf angewiesen sei, nach speziell »historischen« Gesetzen zu suchen, ist eine überflüssige Vorstellung, denn die theoretischen Sozialwissenschaften haben ja schon die Aufgabe übernommen, Gesetzmäßigkeiten ausfindig zu machen, die für die geschichtlich- gesellschaftliche Wirklichkeit Geltung haben[51].

In seiner dritten Frage zur historischen Methode – der Frage nach dem Charakter der Resultate seiner Disziplin – sucht Droysen nach einem *Allgemeinen* und *Notwendigen,* »woraus sich erklärt, was ist und geschieht, warum es ist und geschieht«, weil die Geschichte nur dann eine Wissenschaft sein könne, wenn sie in dieser Weise über das in der Empirie gegebene *Tatsächliche* und *Einzelne* hinausgehe[52]. Er schneidet damit genau die Probleme an, die heute wieder diskutiert werden, wenn das Verhältnis nomologischer und historischer Disziplinen behandelt wird. Aber er geht bei der Behandlung dieses Problems von seiner ontologischen Unterscheidung zwischen dem Bereich der Natur und dem der Geschichte aus und kann daher die Möglichkeit von Gesetzmäßigkeiten nur für den ersteren zugestehen. Für den Bereich der sittlichen Welt aber sieht er das Notwendige und Allgemeine zunächst nur in *Tatbeständen institutionellen Charakters* verkörpert – in »Gesetz, Recht und Verfassung«, in den »großen Notwendigkeiten und Normen der Wirtschaft, des Kirchenwesens, der Politik, des Kriegswesens«, in denen »der amtlichen Verantwortlichkeit, der künstlerischen Produktion usw.«, kurz in dem, was er dann später »die sittlichen Mächte« nennt[53]. Aber für die Erforschung dieser Zusammenhänge gibt es, wie er dann feststellt, eigene Disziplinen, »Wissenschaften, die sie behandeln und begründen« und »die dann oft ein und dieselbe Sache unter sehr verschiedenen Gesichtspunkten behandeln, und zwar so behandeln, wie es die lebendige, praktische Bewegung der Gegenwart, die juristische, politische, kirchliche, militärische Betrachtung der Sache fordert und ergibt«. Das Allgemeine und Notwendige der Geschichte besteht für ihn dagegen in der *historischen Kontinuität,* durch die die einzelnen Tatsa-

---

[51] Wenn man in diesem Zusammenhang von »historischen« Gesetzen spricht, dann läßt sich vielfach zeigen, daß es sich de facto um nomologische Hypothesen üblicher Art handelt. Vgl. dazu: Macht und ökonomisches Gesetz. Der Gesetzesbegriff im ökonomischen Denken und die Machtproblematik, in meinem Aufsatzband: Aufklärung und Steuerung. Hamburg 1976. S. 136 ff.

[52] Vgl. Droysen, aaO., S. 26 f.

[53] Vgl. Droysen, aaO., S. 28 und S. 202 ff.

chen der Geschichte verbunden seien und die jeder in ihrer individuellen Art ihren Wert gebe[54].

Diese Lösung des Problems der Allgemeinheit und Notwendigkeit entspringt offenbar den Schwierigkeiten, die sich Droysen durch seine ontologische Dichotomie von Natur und Geschichte selbst geschaffen hat. Da er die Möglichkeit von Gesetzmäßigkeiten für den Bereich der sittlichen Welt ausschließen zu müssen meint, glaubt er für diesen Bereich auf einen Ersatz angewiesen zu sein, den er in institutionellen Vorkehrungen – also relativen Invarianzen des sozialen Lebens, die selbst historisch wandelbar sind – und in der Kontinuität des geschichtlichen Geschehens selbst findet. Angesichts des Vorhandenseins theoretischer Wissenschaften vom Menschen, von Kultur und Gesellschaft, kann diese Lösung heute nicht mehr befriedigen[55]. Die historistische Grundthese ist jedenfalls mit der Existenz solcher Wissenschaften nicht kompatibel, es sei denn, man wäre bereit, sie als bloße Scheinwissenschaften abzutun. Aber dann wäre, wie wir gesehen haben, das Programm der Rekonstruktion des historischen Geschehens selbst gefährdet.

Die Bedeutung von Gesetzmäßigkeiten aller Art für die Geschichte und damit auch die Bedeutung der theoretischen Realwissenschaften für sie ergibt sich, wie wir festgestellt haben, schon daraus, daß es unmöglich ist, mit den Mitteln der Logik von den gegenwärtig vorhandenen Quellen auf das frühere Geschehen zurückzuschließen. Nur wenn man in der Lage ist, theoretisches Wissen einzusetzen, läßt sich die Aufgabe der historischen Forschung durchführen, und zwar in der Weise, daß man versucht, das frühere Geschehen so zu rekonstruieren, daß sich aus dieser Rekonstruktion zusammen mit den relevanten Gesetzmäßigkeiten eine möglichst gute Erklärung der Quellenlage ergibt. Es ist aber keineswegs so, daß sich das historische Interesse darauf beschränken müßte, derartige Rekonstruktionsversuche zu machen. Wenn es schon im Zusammenhang mit solchen Versuchen notwendig ist,

---

[54] Vgl. Droysen, aaO., S. 28 f.

[55] Wie Droysen den Charakter der von ihm erwähnten bereichsbezogenen Einzeldisziplinen eingeschätzt hat, kann ich nicht feststellen. Vermutlich wollte er ihnen den Status technologischer Disziplinen zuweisen. Wenn das zutreffen sollte, dann ergäben sich hier aber ähnliche Konsequenzen wie im Falle der Hermeneutik, vgl. Abschnitt II, oben.

das *geschichtliche* Geschehen als einen *Wirkungszusammenhang* aufzufassen, innerhalb dessen unter anderem auch die heute verfügbaren Quellen entstanden sind, dann läßt sich auch der Wunsch verstehen, diesen Wirkungszusammenhang selbst einer Analyse zu unterziehen, um zu einer *Erklärung derjenigen geschichtlichen Ereignisse* zu kommen, die man unter den jeweils vorherrschenden Wertgesichtspunkten für interessant hält. Soweit man aber das Ziel verfolgt, solche Erklärungen zu liefern und insoweit das geschichtliche Geschehen als Kausalzusammenhang zu rekonstruieren[56], bedarf man wieder der dafür in Frage kommenden Gesetzmäßigkeiten.

Diese Einsicht ist vor allem bei Max Weber zu finden, in dessen methodologischen Arbeiten die Interferenz des naturalistischen mit dem historistischen Erkenntnisprogramm im Bereich der Geistes- oder Kulturwissenschaften deutlich zum Ausdruck kommt, und gleichzeitig der Versuch, den berechtigten Forderungen der beiden Programme Rechnung zu tragen[57]. Weber hat durchaus richtig gesehen, daß die Geschichtsforschung die von ihr zu rekonstruierenden tatsächlichen *Zusammenhänge* nicht ermitteln kann, wenn sie dabei nicht mit objektiven *Möglichkeiten* des Geschehens operiert, und daß die Bestimmung solcher Möglichkeiten die Domäne des *nomologischen* Wissen – und damit der theoretischen Realwissenschaften – ist[58]. Auch im Bereich historischer Untersu-

---

[56] Auch Droysen bedient sich mitunter einer solchen Ausdrucksweise, z.B. wenn er im Zusammenhang mit der pragmatischen Interpretation von »dem Kausalnexus der Tatsachen« spricht, »dessen Verlauf wir uns rekonstruieren wollten«, aaO., S. 168. Der Zusammenhang des Kausalproblems mit der Gesetzesproblematik war ihm vermutlich dabei nicht bewußt.

[57] Vgl. dazu etwa M. Weber, Die »Objektivität« sozialwissenschaftlicher und sozialpolitischer Erkenntnis. (1904). In: M. Weber, aaO., S. 178 f.: »Wo immer die kausale Erklärung einer ›Kulturerscheinung‹ – eines ›*historischen Individuums*‹ ... – in Betracht kommt, da kann die Kenntnis von Gesetzen der Verursachung nicht *Zweck*, sondern nur *Mittel* der Untersuchung sein«, und: »... wenn die kausale Erkenntnis des Historikers *Zurechnung* konkreter Erfolge zu konkreten Ursachen ist, so ist eine *gültige* Zurechnung irgend eines individuellen Erfolges ohne die Verwendung ›nomologischer‹ Kenntnis – Kenntnis der Regelmäßigkeiten der kausalen Zusammenhänge – überhaupt nicht *möglich*.«

[58] Für die grundsätzlichen Probleme vgl. K. R. Popper, Logik der Forschung. 2. erweiterte Aufl. Tübingen, 1966. Die hier relevanten Weberschen

chungen erfolgt die Ermittlung von Tatsachen und Zusammenhängen stets auf dem Hintergrund eines mehr oder weniger expliziten nomologischen Wissens[59], das in vielen – aber nicht notwendig in allen – Fällen in der Form theoretischer Aussagengebäude kodifiziert sein mag[60]. Dieses nomologische Wissen wird einerseits für die bloße Rekonstruktion des Geschehens, andererseits für die Erklärung bestimmter für wichtig gehaltener Züge dieses Geschehens benötigt, und zwar auch von den Verfechtern historistischer Thesen, die durch ihre methodologische Doktrin allerdings dazu verführt werden, diese Komponenten ihrer Erkenntnispraxis in ihrer Darstellung zu bagatellisieren. Sie werden daher im Extremfall

---

Überlegungen findet man vor allem im II. Teil von: Kritische Studien auf dem Gebiet der kulturwissenschaftlichen Logik, aaO., S. 266 ff., z.B. S. 276: »Ein ›Möglichkeitsurteil‹ in dem Sinne, in welchem der Ausdruck hier gebraucht wird, bedeutet also stets die Bezugnahme auf Erfahrungsregeln. Die Kategorie der ›Möglichkeit‹ kommt also nicht in ihrer negativen Gestalt zur Verwendung, in dem Sinne also, daß sie ein Ausdruck unseres Nicht- resp. Nichtvollständig-Wissens im Gegensatz zum assertorischen oder apodiktischen Urteil ist, sondern gerade umgekehrt bedeutet sie hier die Bezugnahme auf ein positives *Wissen* von ›Regeln des Geschehens‹, auf unser ›nomologisches‹ Wissen, wie man zu sagen pflegt.«

[59] Für die Bedeutung *impliziter* soziologischer Theorien vgl. E. Topitsch, Geschichtswissenschaft und Soziologie. In: Ders., Sozialphilosophie zwischen Ideologie und Wissenschaft. 2. Aufl. Neuwied/Berlin 1966. S. 128 f.

[60] Die Debatte um die sogenannte »covering law«-These in der analytischen Geschichtsphilosophie krankt, wie Goldstein meines Erachtens mit Recht bemerkt – vgl. L. J. Goldstein, Theorien in der Geschichtsforschung. In: Theorie und Realität. S. 293 ff. – daran, daß die Verfechter dieser Auffassung nicht selten Beispiele für solche Gesetze beigebracht haben, die lediglich als unmittelbare Verallgemeinerungen der zu erklärenden Fälle gelten konnten. Derartige Beispiele sind natürlich leicht kritisierbar, wie der Aufsatz von S. H. Beer, Causal Explanation and Imaginative Re-enactment. In: History and Theory, Vol. 3 (1963), S. 6 ff. zeigt. Vgl. dazu aber die Behandlung des sogenannten »Universalitätsdogmas« bei Goldstein, aaO., S. 297. Zu Mißverständnissen der »covering law«- These vgl. auch K. Acham, Neuere angelsächsische Theorien zur Geschichte. In: G. Schulz (Hrsg.), Geschichte heute. Göttingen 1973. S. 202 f. Dafür, daß auch die Verfechter des Historismus de facto mit allgemeinen Möglichkeiten zu operieren gezwungen sind, vgl. Droysen, aaO., über Quellenkritik, S. 122 ff., wo das sehr deutlich wird. Es zeigt sich dort, daß der Verfasser eine ganze Anzahl *logisch* durchaus möglicher Zusammenhänge nur deshalb ausschalten kann, weil er den jetzigen Stand der theoretischen Wissenschaften als verbindlich akzeptiert.

dazu neigen, den oben kritisierten Narrativismus zu bevorzugen, weil die erzählende Darstellung am meisten geeignet ist, die relevanten Wirkungszusammenhänge zu verdecken.

VI. Die Geschichte und die Einheit der wissenschaftlichen Methode

Der methodologische Historisrnus hat sich also als eine unhaltbare Auffassung erwiesen, vor allem deshalb, weil er miteinander unvereinbare Komponenten enthält und weil er der Existenz und der Bedeutung der theoretischen Realwissenschaften für die Geschichtsforschung nicht Rechnung trägt. Das bedeutet natürlich nicht, daß die Verfechter dieser Auffassung keine interessanten Beiträge zur Methodologie der Geschichtsforschung geleistet hätten. »Der deutsche Historismus entwickelte«, wie Iggers mit Recht feststellt, »Methoden zur kritischen Bewertung der Evidenz, aber durch sein Insistieren auf dem ausschließlichen Interesse der Geschichtswissenschaft für das Besondere zerriß er nicht nur das Band zur Philosophie, sondern auch zur Wissenschaft, insofern diese sich niemals mit dem Besondern für sich allein befaßt, sondern Beziehungen herzustellen sucht.«[61] Die Methode der historischen Forschung – einschließlich der Beiträge, die im Rahmen des Historismus dazu geleistet wurden – ist meines Erachtens sehr viel besser interpretierbar, wenn man die Verbindung der Geschichte zu den theoretischen Wissenschaften, zum nomologischen Wissen, in Betracht zieht, wenn man also das Vordringen des naturalistischen Erkenntnisprogramms in den Bereich der Erforschung der geschichtlich-gesellschaftlichen Wirklichkeit nicht zurückweist, sondern sich vielmehr die Resultate der an ihm orientierten Erkenntnistätigkeit zunutze macht.

---

[61] Vgl. G. Iggers, Deutsche Geschichtswissenschaft. Eine Kritik der traditionellen Geschichtsauffassung von Herder bis zur Gegenwart. München 1971. S. 385. Die Vertreter des Historismus schlossen, wie er vorher festgestellt hatte, »dogmatisch die Möglichkeit einer allgemeinen Menschennatur, die rationaler Erfahrung zugänglich ist, aus, indem sie darauf bestanden, Geschichte sei das Reich des Einmaligen«, aaO., S. 21. Dabei ist zu beachten, daß das Droysensche »Allgemeine« nichts mit echter Allgemeinheit zu tun hat; vgl. oben.

Wenn man auf diese Weise den Kontrast zwischen der historischen Forschung und den theoretischen Realwissenschaften beseitigt, dann wird es möglich, den richtigen Kern der These von der Einheit der wissenschaftlichen Methode herauszuarbeiten. Er kann natürlich nicht darin bestehen, daß alle Realwissenschaften – die theoretischen wie die historischen Disziplinen – in gleicher Weise nach Gesetzmäßigkeiten suchen, die zur Erklärung aller wirklichen Zusammenhänge geeignet sind, denn das Interesse an der tatsächlichen geschichtlichen Entwicklung, das sich in den historischen Disziplinen manifestiert, kann nicht auf diese Weise einfach hinwegdekretiert werden. Allerdings werden diese Disziplinen Gesetzmäßigkeiten zur Rekonstruktion und zur Erklärung des historischen Geschehens verwerten müssen, wo das für ihre Zwecke notwendig erscheint[62].

Im übrigen gilt aber für alle Wissenschaften, daß sie insofern eine methodisch-rationale Erkenntnispraxis befolgen können, als sie ihre hypothetischen Konstruktionen nicht als sakrosankt betrachten, sondern stets davon ausgehen, daß es alternative Problemlösungen geben mag, die eine höhere Erkenntnisleistung involvieren, so daß es angebracht ist, mit Hilfe kritischer Argumente die Vorzüge und Schwächen aller Lösungen herauszuarbeiten und zu vergleichen, um zu einer angemessenen Beurteilung zu kommen. Man kann also die Geschichte ebenso wie die theoretischen Wissenschaften als konstruktiv-kritisches Unternehmen auffassen, das trotz seiner speziellen Zielsetzungen und der daran orientierten speziellen methodischen Verfahrensweisen nicht von diesen Wissenschaften isoliert zu werden braucht. Denn die Vorzüge der wissenschaftlichen Arbeitsteilung sollten uns nicht darüber hinwegtäuschen, daß die Probleme der Erkenntnis im Grunde genommen zusammenhängen und daß man diesen Zusammenhang nur künstlich suspendieren kann.

---

[62] Vgl. H. LÜBBE, Was heißt »Das kann man nur historisch erklären?« Zur Analyse der Struktur historischer Prozesse, in seinem Aufsatzband: Fortschritt als Orientierungsproblem. Aufklärung in der Gegenwart, Freiburg 1975. S. 165 f.

Die Möglichkeiten der Wissenschaft und das Elend der Prophetie

Ich habe mir einige Zeit lang darüber den Kopf zerbrochen, wie wohl ein wissenschaftstheoretischer Vortrag aussehen könnte, der die Interessen möglichst aller an dieser Universität vertretenen Disziplinen mehr oder weniger berührt. Die Antwort scheint gar nicht so einfach zu sein, es sei denn, man zieht sich auf eine formale Fragestellung zurück und mutet seinen Kollegen zu, relativ unverdauliche Brocken zu schlucken, mit dem Hintergedanken, für die Wissenschaftslehre als Modedisziplin müsse ohnehin jeder Interesse bekunden, wenn er um den Status seiner eigenen Disziplin besorgt sei – und Statusunsicherheit kann man heute bei den sogenannten Geisteswissenschaften fast immer voraussetzen. Davon halte ich wenig, schon deshalb, weil ich von dieser Mode wenig halte.

Vielleicht kann man aber alle Anwesenden bis zu einem gewissen Grade interessieren, wenn man von der konkreten Frage ausgeht: Inwieweit lassen sich menschliche Handlungen, Kulturleistungen, soziale Entwicklungen, inwieweit läßt sich der Gang der Geschichte vorhersagen oder zumindest erklären – oder vielleicht nur verstehen? Das ist ein Problem der angewandten Wissenschaftslehre, wenn man so will, ein Problem, das nicht ohne Bezugnahme auf die Resultate bestimmter Wissenschaften, auf inhaltliche Ergebnisse, zu lösen ist. Es dürfte außerdem für fast alle hier vertretenen Disziplinen relevant sein.

Ausgangspunkt für die Untersuchung dieser Frage kann die altbekannte Figur des Laplaceschen Dämons sein, der in der Lage sein soll, auf Grund der Kenntnis aller Naturgesetze und des tatsächlichen Zustandes der Welt in einem bestimmten Zeitpunkt den Zustand der Welt in jedem beliebigen anderen Zeitpunkt zu bestimmen und damit auch, soweit es sich um die Zukunft handelt:

vorherzusagen. Dabei wird natürlich eine metaphysische Konzeption vorausgesetzt, die lange Zeit nicht nur das wissenschaftliche, sondern auch das philosophische Denken beherrscht hat: der Determinismus, die Anschauung, daß jedes Ereignis in jeder Einzelheit gesetzmäßig bestimmt ist, durch Kausalgesetzmäßigkeiten, wie das im sogenannten Kausalprinzip mehr oder weniger vollkommen zum Ausdruck kam.

Die philosophische Problemsituation war lange Zeit durch die Schwierigkeiten bestimmt, die sich aus dieser Auffassung für die Deutung menschlicher Phänomene – vor allem für Moral und Recht – ergeben haben. Für beide Bereiche schien die Voraussetzung menschlicher Freiheit unabdingbar zu sein, denn: wie sollte man jemanden für eine Handlung verantwortlich machen können, von der anzunehmen wäre, daß sie völlig determiniert war, so daß er sie nicht hätte vermeiden können[1]. Daraus ergab sich also eine bestimmte Prägung des *Überbrückungsproblems* zwischen *Physik* und *Moral*, dessen Lösungen jeweils zu neuen Schwierigkeiten führten[2]. Der *Indeterminismus* der modernen Quantenphysik hat dazu geführt, daß man zunächst in dieser Hinsicht große Erleichterung verspürte. Man produzierte Scheinlösungen wie die Ableitung der Willensfreiheit aus der Heisenbergschen Unbestimmtheitsrelation. Aber schließlich mußte man erkennen, daß es doch ziemlich fatal ist, wenn an die Stelle der kausalen Determiniertheit die Bestimmtheit durch den Zufall gesetzt wird. Ist ein Mensch frei, wenn seine Handlungen zufallsgesteuert sind? Ist eine bloße Lücke in der Determiniertheit des Geschehens ausreichend, um jemanden für bestimmte Aspekte dieses Geschehens verantwortlich zu machen? Überdies: Hat die mikrophysikalische Unbestimmtheit etwas mit menschlichen Handlungen zu tun, die doch offensichtlich dem Makrobereich angehören? Solche Fragen wird kaum jemand geneigt sein, ohne weiteres mit »ja« zu beantworten. Hier soll keine Lösung der Freiheitsproblematik versucht werden, wohl

---

[1] »Sollen impliziert Können«, wie eine beliebte und plausible Formen lautet, woraus sich durch Kontrapositionsschluß ergibt: »Nicht-Können impliziert Nicht-Sollen« oder »Ultra posse nemo obligatur«.

[2] Zum Beispiel die Kantsche Zwei-Welten-Lösung oder die kausale Theorie der Freiheit im Empirismus; vgl. dazu neuerdings J. W. N. WATKINS, Three Views Concerning Human Freedom, 1973, in deutscher Übers. in seinem Buch: Freiheit und Entscheidung, Tübingen 1977.

aber wird sich aus dem Versuch, das oben formulierte Problem zu lösen, ein Resultat ergeben, das im Rahmen dieser Problematik von Bedeutung ist.

Ich will nun dieses Problem in sechs Phasen behandeln, wobei eine Reihe aktueller wissenschaftstheoretischer Fragen berührt werden:

1. Zunächst werde ich kurz auf das Paradebeispiel genauer Vorhersage: die Bestimmung der Planetenbewegungen, eingehen und einige wissenschaftstheoretische Fragen erläutern, die dabei auftauchen.
2. Dann werde ich zum menschlichen Bereich übergehen und eine Position erläutern, die man als »positivistische« Auffassung bezeichnen könnte.
3. Danach will ich darauf eingehen, was von hermeneutischer Seite zu dieser Lösung gesagt werden könnte.
4. Anschließend will ich unter Bezugnahme auf Max Webers Idee der verstehenden Erklärung den heutigen Stand der Diskussion skizzieren, wie ich ihn sehe.
5. Weiter will ich auf das Problem der Wissensentwicklung und ihrer Bedeutung für den Gang der Geschichte eingehen.
6. Und schließlich will ich daraus Konsequenzen für die Praxis ziehen.

1. Theorie, Erklärung und Prognose: das astronomische Beispiel

Der auffallendste Erfolg der naturwissenschaftlichen Revolution des 17. Jahrhunderts war die Tatsache, daß es gelungen war, alle Bewegungsvorgänge theoretisch unter einen Hut zu bringen, gleichgültig ob sie sich in der supralunaren Sphäre – »im Himmel« – oder in der sublunaren Sphäre – »auf Erden« – abspielten. Besonders eindrucksvoll war die Möglichkeit, die Planetenbewegungen zu erklären und vorherzusagen – zwar keineswegs, wie so oft angenommen wird: restlos und absolut genau, aber doch so, daß man in der weiteren Entwicklung hoffen konnte, zu einer vollkommenen Erklärung zu gelangen[3]. Die Newtonsche Theorie, die das zu leisten

[3] Die Drehbewegung der Merkurbahn wurde z.B. erst durch die allgemei-

schien, wurde von da an zum Paradigma vollkommener Wissenschaft, das Newtonsche Erkenntnisprogramm zum einflußreichsten Programm im Bereich der Erkenntnis überhaupt und die Erklärung der Planetenbewegungen zum Musterbeispiel einer adäquaten Erklärung.

Wie sieht eine solche Erklärung prinzipiell aus? Sie besteht gewissermaßen in einer *Subsumtion* des zu erklärenden Geschehens unter eine dafür relevante allgemeine Theorie, ein Aussagensystem also, in dem gewisse abstrakte theoretische Ideen zum Ausdruck kommen. Zentrale Bestandteile einer solchen Theorie sind nomologische Aussagen – Aussagen über Gesetzmäßigkeiten – die mit Hilfe des Begriffsapparates der Theorie – also einer einheitlichen, ganz auf den Erkenntniszweck hin konstruierten theoretischen Sprache – formuliert sind. Dabei pflegt man bestimmte Anforderungen an solche Theorien zu stellen – wie Allgemeinheit, Präzision, Tiefe, Prüfbarkeit, Informationsgehalt, Erklärungskraft usw. –, die ihre Leistungsfähigkeit gewährleisten sollen.

Die Erklärung selbst erfolgt durch Anwendung der betreffenden Theorie auf das zu erklärende Geschehen, wobei das Geschehen in bestimmter Weise schematisiert werden muß. Die Anwendungssituation muß nämlich mit Hilfe des Begriffsapparates der Theorie so beschrieben werden, daß mit ihrer Hilfe die Beschreibung des zu erklärenden Phänomens abgeleitet werden kann. Um z.B. mit Hilfe der Newtonschen Theorie die Planetenbewegungen zu erklären, muß das Planetensystem in einem sogenannten Modell dargestellt werden, auf das sich die Theorie anwenden läßt; das heißt: seine theoretisch relevanten Eigenschaften müssen in der Sprache der Theorie beschrieben werden. Dadurch wird das System in einer bestimmten Konstellation erfaßt. Von vielen seiner Eigenschaften wird dabei *abstrahiert* – z.B. der chemischen Zusammensetzung der Materie –, und es wird bis zu einem gewissen Grade *idealisiert*, z.B. werden die Massen der Planeten als in einem Punkt konzentriert dargestellt. Dadurch wird die zu erfassende Konstellation approximiert, soweit das erforderlich erscheint, also niemals die »volle Wirklichkeit« in allen Einzelheiten erfaßt.

---

ne Relativitätstheorie erklärt: vgl. dazu z.B. ALBERT EINSTEIN/LEOPOLD INFELD, Die Evolution der Physik, Hamburg 1956, S. 160.

Es ist dabei wichtig zu beachten, daß man von einer *Annahme* ausgeht, die man auf Grund der Theorie selbst berechtigt ist, als falsch anzusehen, nämlich von der Annahme, daß das Planetensystem ein geschlossenes System ist, völlig isoliert von den anderen Himmelskörpern. *Falsch* ist diese Annahme deshalb, weil die Theorie die Konsequenz hat, daß *alle* Massen Anziehungskräfte aufeinander ausüben. *Berechtigt* ist sie dennoch, weil man Grund hat, die Einflüsse anderer Himmelskörper als so gering anzusehen, daß man sie vernachlässigen kann. Überdies setzt die Anwendung der Theorie de facto weitere Gesetzmäßigkeiten voraus, denn die im Modell dargestellte Konstellation kann nur mit optischen (oder anderen) Mitteln erfaßt werden, und um sie adäquat zu bestimmen, müssen die Gesetzmäßigkeiten der Optik (oder die des jeweiligen anderen Bereichs) in Rechnung gestellt werden. Lassen wir es damit bewenden.

2. Verhalten in sozialen Systemen: das ökonomische Beispiel in »positivistischer« Sicht

Man hat die Nationalökonomie mitunter – in kritischer Absicht – eine »Astronomie der Warenbewegungen« genannt, und tatsächlich läßt sich nachweisen, daß die Newtonsche Erklärung der Planetenbewegung für die Entwicklung dieser Wissenschaft eine gewisse Rolle gespielt hat[4]. Von vornherein wurde der zu erklärende Bereich – die »Wirtschaft«, wie immer man sie abgrenzen möchte – von den Vertretern dieser Disziplin als ein System angesehen, das nach gewissen Gesetzmäßigkeiten funktioniert, wobei sogar der kybernetische Gedanke der negativen Rückkopplung schon eine Rolle spielte[5]. Der Preismechanismus involviert ein durch Informationen gesteuertes System, und zwar so gesteuert, daß z.B. erzielte Gewinne zu Investitionen in dem betreffenden Produktionszweig führen, mit der Konsequenz, daß eine Tendenz zum Verschwinden dieser Gewinne auftritt; Verluste wirken sich über Pro-

---

[4] Vgl. dazu Overton H. Taylor, A History of Economic Thought, New York/Toronto/London 1960, S. 11 f. und S. 56.

[5] Vgl. Friedrich A. von Hayek, The Confusion of Language in Political Thought, Occasional Paper 20, The Institute of Economic Affairs, 1968, S. 12.

duktionseinschränkungen in analoger Weise aus. Eine der zentralen Gesetzmäßigkeiten, die dafür maßgebend sind, ist die, daß die Unternehmer nach Gewinnmaximierung streben. Nimmt man dazu das Verhalten in anderen zu dem betreffenden System gehörenden Rollen – etwa auf der Basis der Annahme des Strebens nach Nutzenmaximierung –, so liegt der Schluß nahe, in diesem Falle sei ebenso wie im astronomischen Beispiel damit zu rechnen, daß sich bei Erfassung einer Ausgangskonstellation – eines Datenkranzes – in Form eines Modells aus den betreffenden Gesetzmäßigkeiten ohne weiteres eine Erklärung und damit auch eine Prognose der zukünftigen Zustände eines solchen Systems ergeben müßte. Wir haben Gesetze und Daten und können daher in gleicher Weise verfahren und zu entsprechenden Vorhersagen kommen.

Nun glauben wir heute zu wissen, daß die Dinge nicht so einfach liegen. Es hat sich nicht nur gezeigt, daß die Gesetzmäßigkeiten, die für solche Systeme vorgeschlagen wurden, nicht für derartige Prognosen zureichen, sondern darüber hinaus, daß sie selbst problematischen Charakter haben, so daß man ihre Anwendung nicht ohne weiteres befürworten kann. Man könnte zunächst meinen, die Schwierigkeit läge nur in der Eigenart der hier analysierten Systeme: Eine »Wirtschaft« sei kein geschlossenes System im eben erwähnten Sinne, da sie in die Gesellschaft »eingebettet« sei. In diesem Falle seien die vernachlässigten Wirkungen aber so beträchtlich, daß man eine Erklärung auf der Basis der kontrafaktischen Isolationsannahme – oder eine entsprechende Prognose – nicht mehr ohne weiteres rechtfertigen könne. Mit anderen Worten: Die Gesetzmäßigkeiten stimmen zwar, aber mit ihrer Anwendung hapert es. Wenn es gelingen würde, die anderen sozialen Bereiche miteinzubeziehen – u.U. auch mit weiteren Gesetzen –, dann müßte eine adäquate Erklärung auch hier möglich sein[6].

---

[6] Z.B. wäre die Rechtsordnung zu berücksichtigen, etwa in dem Sinne, daß – wie John R. Commons seinerzeit vorschlug – die Erwartungen der Marktteilnehmer hinsichtlich möglicher Gerichtsentscheidungen in die Erklärung einbezogen würden. Es gibt heute übrigens eine Strömung im ökonomischen Denken, die darauf gerichtet ist, die konkrete Gestaltung der Rechtsordnung in theoretische Überlegungen einzubeziehen; vgl. dazu Eirik Furubotn und Svetozar Pejovich, Property Rights and Economic Theory: A Survey of Recent Literature, Journal of Economic Literature, 1972, Bd. 10, Nr. 4, S. 1137–1162.

Aber in dieser Weise wird heute kaum noch ein Nationalökonom argumentieren, denn selbst wenn die Isolationsannahme berechtigt wäre, wären die angenommenen Gesetzmäßigkeiten nicht zureichend. Einer der wichtigsten Tatbestände nämlich, die für das ökonomische Geschehen relevant zu sein scheinen, ist die Aufnahme und Verarbeitung von Informationen im Hinblick auf zukünftige Ereignisse und ihre Bedeutung für das Verhalten der Marktteilnehmer[7]. Man müßte also die Verhaltenshypothesen so verbessern, daß diese Zusammenhänge – und damit die Rolle kognitiver Faktoren – in angemessener Weise berücksichtigt würden.

Nun gibt es aber einen weiteren Einwand, der diese ganze Art des Vorgehens überhaupt in Frage stellt, weil in ihm der Gesetzescharakter der betreffenden Annahmen geleugnet wird, so daß ihre übliche Verwertung unzulässig erscheint. So hat etwa v. Kempski darauf aufmerksam gemacht, daß ja die übliche Gewinnmaximierungsannahme eigentlich auf eine *Maxime des Handelns* – etwa im Kantischen oder im Max Weberschen Sinne des Wortes – rekurriert, die man befolgen könne, aber keineswegs müsse, so daß man sich hier also nicht etwa im Bereich natürlicher Gesetzmäßigkeiten, sondern im Bereich menschlicher Freiheit befinde[8]. Damit ist ein grundlegender Zweifel an dem angemeldet, was ich hier – für unsere Zwecke – die »positivistische« Deutung von Geschehnissen im menschlich-sozialen Bereich genannt habe.

3. Das Verstehen menschlichen Handelns und die hermeneutische Problematik

Wenn bei menschlichen Handlungen das übliche naturwissenschaftliche Verfahren versagt, dann scheint sich eine Lösung anzubieten, wie sie in der hermeneutischen Tradition ins Auge gefaßt wird. Für den kulturellen Bereich müssen, so wird man sagen, an-

---

[7] Vgl. dazu meine Schrift: Ökonomische Ideologie und politische Theorie (1954), 2. Auflage, Göttingen 1972, S. 47 ff.

[8] Vgl. dazu Jürgen v. Kempski, Zur Logik der Ordnungsbegriffe, besonders in den Sozialwissenschaften (1952), und: Handlung, Maxime und Situation (1954), in: Albert (Hrsg.), Theorie und Realität, 2. Auflage, Tübingen 1972.

dere Methoden der Erkenntnis in Anspruch genommen werden, als sie etwa in der Physik gebräuchlich sind. Wenn es um die Erfassung der geschichtlich-gesellschaftlichen Wirklichkeit geht, um die Erkenntnis der »*Ordnungen des Lebens* in Staat, Gesellschaft, Recht, Sitte, Erziehung, Wirtschaft, Technik« und der »*Deutungen der Welt* in Sprache, Mythus, Kunst, Religion, Philosophie und Wissenschaft«[9], dann sind wir im Bereich der Geisteswissenschaften und müssen uns der *Methode des Verstehens* bedienen, denn es geht um die Erfassung von *Sinnzusammenhängen*, nicht: von *Wirkungszusammenhängen*.

Dieser Anspruch ist nicht ohne weiteres beiseitezuschieben, auch wenn er meist im Gewande einer Argumentation erscheint, die dem Verfechter rationaler Denkweise außerordentlich verdächtig vorkommt, weil sie in vielfältiger Weise mit Thesen romantisch-irrationalistischer Provenienz durchsetzt ist. De facto können wir nämlich kaum leugnen, daß die Erfassung von Sinn und damit das Verstehen zumindest im menschlichen Alltag und darüber hinaus in verschiedenen wissenschaftlichen Disziplinen und in der Philosophie eine erhebliche Rolle spielt. Ohne ein solches Verfahren ist menschliche Kommunikation kaum möglich, so daß auch eine von der naturwissenschaftlichen Methode geprägte Denkweise diesem Phänomen irgendwie Rechnung tragen muß, wenn sie ernst genommen werden will. Nun könnte man natürlich sagen, daß das Verstehen von Sinnzusammenhängen zwar durchaus berücksichtigt werden muß, daß es aber zum *Objektbereich* der Wissenschaften gehört, also zum Gegenstand der Erklärung zu machen ist und daher nicht selbst den Status einer wissenschaftlichen Methode beanspruchen darf. Das mag zunächst ganz gut klingen, aber es dürfte schwer sein, einen Philologen, einen Juristen oder auch einen Historiker davon zu überzeugen, so daß man zumindest in dieser Universität mit dieser These leicht in die Minderheit geraten könnte. Die Überzeugungskraft der These von der Notwendigkeit einer Methode des Verstehens ergibt sich meines Erachtens zwanglos aus der Tatsache, daß es Wissenschaften gibt, die in erster Linie oder auch in der Hauptsache mit *Texten* zu tun haben, die gedeutet (verstanden, ausgelegt) werden müssen, und

[9] Vgl. Erich Rothacker, Logik und Systematik der Geisteswissenschaften, Bonn 1947, S. 3.

daß es kaum plausibel ist, diese Tätigkeit aus dem Bereich der wissenschaftlichen Methodologie auszuschließen, solange man auf sie angewiesen ist.

Die Frage kann also eigentlich nur lauten, wie man dieser Aktivität im Rahmen der Wissenschaftslehre gerecht wird, wenn man darauf verzichten will, sie gewissermaßen hinwegzudefinieren und u.U. den betreffenden Wissenschaften ihren Status streitig zu machen. Dabei ist es zweifelsohne auch notwendig, sich mit den hermeneutischen Strömungen der Philosophie auseinanderzusetzen, die dazu neigen, das Textmodell auf große Bereiche der Wirklichkeit, wenn nicht gar auf den ganzen Kosmos, auszudehnen oder eine »transzendentale Hermeneutik« zu postulieren, die durch »Aufdeckung des Sinnes von Sein und der Grundstrukturen des Daseins überhaupt«[10] jeder Erkenntnis voranzugehen beansprucht.

Zunächst steht die These zur Diskussion, daß im menschlichen Bereich »Verstehen« als Alternative zum »Erklären« zu betrachten ist, so daß die übliche naturwissenschaftliche Methode hier überflüssig wird. Nehmen wir einen alltäglichen Kommunikationsvorgang als Beispiel: Ein Verkäufer nennt einem Kunden auf Anfrage den Preis eines Gutes. Der Kunde versteht die Antwort, ist damit zufrieden, zahlt, nimmt die Ware in Empfang und geht. Es scheint so, als ob er in diesem Falle nur zu verstehen brauche, um sich richtig zu verhalten. Erklärungen scheinen hier abwegig zu sein, Prognosen scheinen sich, soweit nötig, aus dem Verstehen zu ergeben. Ist das wirklich so? Was der Kunde zunächst versteht, ist: *der Sinn einer Aussage* (semantisches oder semasiologisches Verstehen). Aber diese Aussage steht in einem Handlungszusammenhang, und man ist geneigt, ohne weiteres zu konzedieren, daß er nicht nur die Aussage, sondern das ganze Verfahren des Verkäufers versteht, den *Sinn seines Handelns* – oder: *»Die Logik der Situation«* –, und daß daher für alle in Betracht kommenden Akte mit reinem Verstehen auszukommen sei.

---

[10] Vgl. Martin Heidegger, Sein und Zeit, 7. Auflage, Tübingen 1953, S. 37 f., sowie neuerdings die Arbeiten Karl-Otto Apels; zur Kritik: mein Aufsatz: Hermeneutik und Realwissenschaft, in der Festschrift für Eduard Baumgarten ›Sozialtheorie und soziale Praxis‹, Meisenheim 1971.

Nun könnte man dagegen einwenden, der Theoretiker – etwa der Soziologe – könne sich auf ein solches Verständnis nicht beschränken, denn für die Wissenschaft sei ein solcher Zugang zu den Problemen nicht ausreichend. Immerhin, könnte hier der »Hermeneutiker« antworten, komme auch der Soziologe nicht darum herum, in diesem Sinne zu verstehen, was immer er darüber hinaus mit diesem Verständnis anfangen wolle. Wenn er sich darauf beschränken wolle, in »positivistischer« Manier die körperlichen Bewegungen der Beteiligten im Detail zu beschreiben – einschließlich der dabei erzeugten »Geräusche« –, dann bleibe er in seinem Verständnis des Geschehens sogar hinter dem des Alltags zurück. Und das ist der Punkt, in dem wir dem Vertreter dieser Denkweise wohl recht geben müssen.

Was bedeutet das aber im Rahmen unserer Problematik? Zunächst nur das eine: daß auch der Wissenschaftler bei der Untersuchung bestimmter Objektbereiche zur Erfassung bestimmter Tatbestände so etwas wie eine »verstehende Methode« anwenden muß. Sonst ist er nämlich nicht in der Lage, Tatbestände dieser Art überhaupt zu *identifizieren*[11]. Bedeutet das aber, daß seine Aufgabe damit erledigt ist? In den Naturwissenschaften ist die Identifikation eines Tatbestandes keineswegs mit seiner Erklärung identisch, obwohl beides eng miteinander zusammenhängt. Habe ich z.B. mit optischen oder anderen Mitteln ein bestimmtes Objekt im Weltraum identifiziert – etwa einen Himmelskörper –, dann habe ich noch nicht sein Auftauchen an der betreffenden Stelle erklärt. Ist das im Bereich des menschlichen Verhaltens anders? Sehen wir uns unser Beispiel noch einmal an.

Der Kunde erfaßt den sprachlichen Sinn der Antwort des Verkäufers und identifiziert in diesem Zusammenhang – gewissermaßen intuitiv – dessen Verhalten als adäquate Reaktion im Kontext einer Verkaufshandlung. Der Soziologe, der eine Erklärung liefern soll, ist vor schwierige weitere Fragen gestellt, die nur angesichts der Trivialität des Falles nicht imposant erscheinen. Man muß zum Beispiel, um das Verhalten des Verkäufers zu erklären, theoretische Annahmen zur Verfügung haben, die es erlauben, derartige Verhal-

---

[11] Vgl. dazu FRANK CUNNINGHAM, Bemerkungen über das Verstehen in den Sozialwissenschaften, in: Theorie und Realität, aaO., sowie den in Anm. 10 erwähnten Aufsatz.

tensweisen überhaupt abzuleiten, auch dann, wenn sie nicht so selbstverständlich erscheinen, wobei alle möglichen Faktoren – wie Motivationslage, Wertorientierung, Informationsstand usw. – in Rechnung zu stellen sind. Wenn der Kunde die für sein Verhalten nötigen Prognosen unmittelbar aus dem Sinn der Aussage des Verkäufers entnehmen zu können glaubt, dann nur deshalb, weil er implizit gewisse Konstanzannahmen für normale Situationen macht, die in anderen Situationen völlig in die Irre führen können. Um es extrem auszudrücken: Gewiß kann man normalerweise z.B. für gewisse soziale Prognosen den Eisenbahnfahrplan benutzen – für äußerst genaue Prognosen sogar: Wenn ich morgens um 12.41 Uhr in Mannheim in den D 511 einsteige, kann ich um 17 Uhr in München aussteigen. Also könnte man sagen, nimm lieber den Fahrplan und keinen Soziologen (oder Ökonomen, Verkehrswissenschaftler usw.). Durchaus richtig! Aber es dürfte sehr schwierig sein, die impliziten theoretischen und historischen Annahmen zu identifizieren, die einem solchen – oft erfolgreichen – Handeln zugrundeliegen, und damit hängt es unter anderem zusammen, daß man in gewissen Ländern zu gewissen Zeiten vielleicht besser den Fahrplan überhaupt nicht in Betracht zieht, wenn man reisen will, auch wenn er überall zu haben ist. Das Funktionieren eines komplizierten sozialen Systems – wie der Eisenbahn – zu erklären, dessen »normales« Funktionieren so erfolgreiche Prognosen aller Art gestattet, ist eine Aufgabe von unglaublicher Schwierigkeit. Damit hängt zusammen, daß ein solches System nicht ohne weiteres in jedem Kulturmilieu zu schaffen wäre. Wer die Ursachen solcher Tatbestände analysiert, stößt auf Zusammenhänge, die es verständlich machen, daß die Übertragung ökonomischer Modelle auf Entwicklungsländer bisher oft wenig erfolgreich war[12].

Unser bisheriges Fazit: *»Verstehen«* ist eine Operation auf der Ebene der *Beobachtung, keine Alternative* zum *Erklären*. Sie ist gerichtet auf die Identifikation bestimmter Phänomene, die »Sinncharakter« haben. Das können Phänomene sehr verschiedener Art sein.

---

[12] Vgl. dazu Peter T. Bauer, Dissent on Development, London 1972, passim.

4. Verstehende Erklärung und die Prognose sozialen Handelns

Max Weber ist einer der wenigen, wahrscheinlich auch der erste Theoretiker, der in seiner Wissenschaftslehre versucht hat, Sinnphänomene in einer Art zu verarbeiten, die prinzipiell mit der recht verstandenen naturwissenschaftlichen Methode theoretischer Erklärung vereinbar ist. Er kam so zu seiner Konzeption der verstehenden Erklärung, auf die ich im einzelnen hier nicht eingehen kann und die ich auch im Detail nicht für akzeptabel halte. Jedenfalls hat er sich außerordentlich bemüht, weder die positivistische Bagatellisierung, noch die hermeneutische Dramatisierung von Sinnzusammenhängen mitzumachen. Löst man sich von den Einzelheiten seiner Konzeption, so kann man hinter ihr die *theoretische Idee* erkennen, daß die *kognitiven und normativen Überzeugungen* der handelnden Personen zusammen mit den *motivationalen Faktoren* für den *Willensbildungsprozeß* und damit für ihre jeweiligen *Entscheidungen* konstitutive Bedeutung haben, und zwar über die Situationswahrnehmung und die mit ihr verbundenen Erwartungen, auch hinsichtlich des Verhaltens der anderen Personen. Damit ist natürlich noch nicht gesagt, wie diese Faktoren im einzelnen zusammenwirken, ein Problem übrigens, das eigentlich in den Bereich der Psychologie zu gehören scheint und, soweit ich sehe, von einer Lösung noch weit entfernt ist. Auch die Konsequenzen dieser theoretischen Idee sind wohl noch nicht ausreichend geklärt. Jedenfalls kommt mit ihr die große Bedeutung des Wissens – der Information, die natürlich auch falsche Information sein kann – und der Normen für das soziale Geschehen ins Blickfeld.

Sehen wir uns in diesem Zusammenhang noch einmal die schon erwähnte ökonomische Hypothese an, daß die Unternehmer nach Gewinnmaximierung streben. Wir können nun ruhig zugestehen, daß es sich hier um die *Befolgung einer Maxime* handeln kann, wie v. Kempski betont hat, einer Maxime, die sogar den Charakter einer *institutionalisierten Norm* haben, also im Handlungsgefüge der Unternehmung und des gesamten Marktsystems fest verankert sein kann. Das würde gleichzeitig auch bedeuten, daß man die Hypothese der Befolgung dieser Maxime nicht ohne weiteres als nomologische Aussage – als »Gesetzmäßigkeit« – charakterisieren oder besser: akzeptieren kann, denn ein solches Verhalten ist damit als sozialkulturell bestimmt und mithin prinzipiell variabel zu bezeichnen und muß sich daher eine Relativierung auf bestimmte institutionell definierte Situationen gefallen lassen, was wiederum wissenschaftstheoretisch bedeutet: Es ist selbst *erklärungsbedürftig*. Weiter: wenn die Befolgung dieser Maxime eine Situationswahrnehmung und damit verbundene Erwartungen voraussetzt, dann ist es zur Erklärung notwendig, diese Komponenten zu berücksichtigen. Auch diese Bestandteile sind aber grundsätzlich variabel. Sie hängen unter anderem von den »Theorien« ab – und seien sie noch so rudimentär –, die sich die Unternehmer gebildet haben.

Damit sind wir aber nun bei einem Tatbestand angelangt, der die ganze Geschichte unheilbar zirkulär oder paradox zu machen scheint. In der Wissenschaftslehre ist von Theorien die Rede, die sich auf Objektbereiche bestimmten Charakters beziehen. Nun taucht aber hier ein Objektbereich auf, in dem Theorien selbst die Rolle geschehenswirksamer Faktoren spielen, und das gilt für den gesamten menschlichen Bereich und damit für Gesellschaft und Geschichte überhaupt. Der *Mensch* ist ein *Theorien fabrizierendes und benutzendes Tier* – wie man »animal rationale« deuten könnte –, und zwar auch im Alltag, nicht erst in der Wissenschaft. Wenn man Theorien über menschliches Verhalten haben will, die adäquat sein sollen, so muß man offenbar diesen Umstand auch im Objektbereich in Rechnung stellen, und dazu genügt es nicht, auf die beliebte Unterscheidung von Theorien und Meta-Theorien hinzuweisen. Was unser Prognoseproblem angeht, so ist diese Tatsache schon des öfteren ins Blickfeld geraten, z.B. wenn die Problematik der Eigendynamik von Aussagen aufgetaucht ist[13]. Es handelt sich aber um weit mehr als ein sekundäres Problem, das in ein Sonderkapitel der Wissenschaftslehre abgeschoben werden kann. Und es führt zu Konsequenzen, die kaum schon zu übersehen sind.

Sehen wir uns zunächst einmal wieder einen konkreten ad hoc konstruierten Fall an: Es handelt sich darum, das Prognoseverhal-

---

[13] Vgl. dazu schon BERTRAND RUSSELL, German Social Democracy as a Lesson in Political Tactics (1896), deutsche Fassung in: RUSSELL, Politische Schriften I, München 1972, S. 40ff., weiter: OSKAR MORGENSTERN, Wirtschaftsprognose, Wien 1928, sowie die einschlägigen Arbeiten von Karl Popper, Robert K. Merton, Ernst Topitsch, Emile Grunberg und Franco Modigliani, Herbert A. Simon und anderen.

ten eines Wissenschaftlers in einem bestimmten sozialen Feld – etwa das eines Astronomen, der eine Sonnenfinsternis voraussagt – zu erklären oder zu prognostizieren. Man wird vielleicht denken, ein solcher Fall sozialen Verhaltens gehöre in die Kompetenz des Soziologen, aber wenn dieser sich mit dem Problem vertraut gemacht hat, wird er auf seine Zuständigkeit gerne verzichten. Es wird sich nämlich zeigen, daß Erklärung wie Prognose dieses Verhaltens das Verständnis der betreffenden Teile der Astronomie voraussetzen, so daß ein anderer Astronom eher damit fertig werden würde als der befragte Soziologe. Man wird einwenden, daß der Soziologe nur gewisse Aspekte des sozialen Verhaltens erklären könne, und dazu gehöre natürlich nicht der *konkrete Inhalt* der Prognose des Astronomen; dieser gehöre in die Naturwissenschaft.

Wenden wir uns daher einem anderen konkreten Fall zu, der eher in seine Kompetenz zu fallen scheint: Die Erklärung oder Voraussage der Entscheidung eines Richters, eines für die Entwicklung eines sozialen Systems möglicherweise höchst bedeutsamen Verhaltens. Auch hier kommt man aber kaum ohne die Kenntnis des herrschenden Rechts aus, so daß der Soziologe genötigt sein mag, die Aufgabe auf einen juristischen Kollegen abzuwälzen. Diesmal wird es ihm aber schwerer fallen, sich mit dem Hinweis auf die erwähnte Beschränktheitsthese zu rechtfertigen, denn hier hat ja der Inhalt der Entscheidung sozialen Charakter. Wann, so fragt man sich, wird sich der Soziologe um Inhalte zu kümmern beginnen? Da wird man sich etwa an Max Weber erinnern, der in seiner Erklärungsskizze für die Entstehung des abendländischen Kapitalismus religiöse Glaubenssysteme ins Spiel brachte, die er nicht etwa aus Kompetenzgründen den Theologen überlassen konnte. Der *Inhalt* von Aussagen – Prognosen, Beschlüssen, Dogmen, Befehlen – ist eben oft von größter sozialer Wirksamkeit und muß daher in die Erklärung oder Prognose einbezogen werden. Dieser Inhalt aber muß, und damit kommen wir auf die Sinnproblematik zurück, *verstanden* werden, damit er überhaupt eine Rolle in diesem Zusammenhang spielen kann, und er muß sich überdies aus den für die Erklärung oder Prognose relevanten Faktoren ergeben; aus dem betreffenden *kognitiv-normativ-motivationalen System*. Da dieses System in weitem Umfang *sozial normierte Teile* zu enthalten pflegt, kann man sich in gewissen »Normalsituationen« praktisch darauf beschränken, die *eigene Deutung der Situation* mit Hilfe relevanter Texte – Astronomie, Rechtstexte, Katechismus, Eisenbahnfahrplan – *an die Stelle der Erklärung* nach dem üblichen Schema zu setzen. Daher ist es sehr verständlich, daß sich mitunter die Idee aufdrängte, man könne sich hier auf ein »Verstehen« der Zusammenhänge im Sinne der Hermeneutik beschränken; eine Erklärung käme schon deshalb nicht in Betracht, weil es nur um »Sinnzusammenhänge« gehe[14].

5. Die Entwicklung des Wissens und der Gang der Geschichte

Bisher hatten wir stets vorausgesetzt, daß es bei der Erklärung und Prognose bestimmter sozialer Vorgänge notwendig sei, vorhandene theoretische und normative Systeme heranzuziehen, falls sie als Komponenten der Überzeugung handelnder Personen wirksam sind. Nehmen wir nun aber an, es gehe darum, eine wissenschaftliche Entdeckung – oder eine ähnlich Kulturleistung innovativen Charakters – vorauszusagen oder zu erklären, oder z.B. den Inhalt der Mitteilung eines Wissenschaftlers, der sie gemacht hat, an seine Kollegen – ohne Zweifel doch einen Aspekt eines sozialen Vorgangs von großer Bedeutung. Jemand, der eine solche Prognose machen wollte, müßte die Entdeckung selbst vorwegnehmen, wie Popper vor langer Zeit betont hat[15]. Es kann aber keine Theorie geben, die es erlaubt, durch Anwendung auf eine bestimmte Ausgangssituation den Inhalt einer echten Entdeckung – etwa einer neuen wissenschaftlichen Theorie – vorauszusagen. Hätten wir eine solche Theorie, dann könnten wir eine »Induktionmaschine« konstruieren, die prinzipiell in der Lage wäre, Wissenschaftlern ihre schöpferische Arbeit abzunehmen. Eine neue Theorie trans-

---

[14] Vgl. dazu v. Wrights Verwendung des »praktischen Syllogismus« in seinem Buch: Erklären und Verstehen, Frankfurt 1974, passim; sowie Peter Winch, Die Idee der Sozialwissenschaft und ihr Verhältnis zur Philosophie, Frankfurt 1966; dazu kritisch meinen in Anm. 10 erwähnten Aufsatz, sowie ›Erkenntnis und Recht‹ in meinem Buch: Konstruktion und Kritik, Hamburg 1972.

[15] Vgl. Karl Popper, Das Elend des Historizismus (1944), Tübingen 1965, passim.

zendiert nicht nur die bisherige Erfahrung, sondern darüber hinaus enthält sie nicht selten eine Korrektur bisheriger Theorien und der für sie charakteristischen Beobachtungen. Der wissenschaftliche Fortschritt besteht aber zum erheblichen Teil in solchen unvorhersehbaren Entdeckungen. Von ihm ist wieder der technische Fortschritt und schon damit auch die wirtschaftliche und soziale Entwicklung abhängig. Nun wirkt sich aber der Erkenntnisfortschritt nicht nur darin aus, daß er neue technische Möglichkeiten eröffnet, sondern überdies in einer Änderung von menschlichen Bedürfnissen, Wertungen, Normierungen, Einstellungen und ihren vielfältigen Konsequenzen. Und auch sonst führen neue Ideen zur Umorientierung verhaltensrelevanter Faktoren in der seelischen Ökonomie; man denke etwa an die Auswirkungen der Psychoanalyse, gleichgültig, ob man sie wissenschaftlich akzeptabel findet.

Daraus ergibt sich die These, daß es unmöglich ist, mit den Mitteln der Wissenschaft den Gang der Geschichte vorauszusagen, und daß auch der Fortschritt der Wissenschaft diese Unmöglichkeit nicht beseitigen kann, zumal gerade er selbst ein wesentlicher Grund für diese Unvorhersagbarkeit ist[16]. Die Entwicklung der menschlichen Kultur ist gewissermaßen die Fortsetzung der biologischen Evolution mit anderen Mitteln: An die Stelle der Mutation tritt die Innovation (Entdeckung, Erfindung), an die Stelle der (endosomatischen) Vererbung die Überlieferung, die als eine Art nicht-genetischer (exosomatischer) Vererbung erworbener Eigenschaften angesehen werden kann[17]. Ebensowenig wie man, soweit ich sehe, Mutationen im Detail voraussagen kann – auch wenn man über alle theoretischen Voraussetzungen verfügt, um das Funktionieren von Organismen zu erklären –, kann man Innovationen im einzelnen voraussagen, auch wenn man ausreichende theoretische Kenntnisse hätte, um das Funktionieren sozialer Systeme zu erklären, also die Gesetzmäßigkeiten sozialer Mechanismen hinreichend kennen würde, wovon wir noch ziemlich weit entfernt sind. Das Geschehen ist ja stets nicht nur von Gesetzen, sondern darüber hinaus von den jeweiligen Anfangs- und Randbedingungen abhängig, und zu diesen Bedingungen ge-

---

[16] Vgl. dazu Popper, aaO.

[17] Vgl. dazu Peter B. Medawar, Tradition: The Evidence of Biology, in: The Uniqueness of the Individual, Edinburgh 1957.

hören die sich ändernden Kenntnisse, Bedürfnisse, Wertorientierungen und Normierungen[18].

Neue Ideen, die zu neuen Problemlösungen in allen Bereichen führen können, scheinen also die autonomen Faktoren dieser Entwicklung zu sein. Sie sind nicht vorherzusagen, sondern nur zu verstehen, aber sie können für die Erklärung der Entwicklung herangezogen werden. Institutionelle Vorkehrungen und die sich daraus ergebenden sozialen Mechanismen können dafür sorgen, daß die Suche nach neuen Ideen mehr oder weniger gefördert, daß neue Problemlösungen verbreitet oder unterdrückt, daß sie auf diese oder jene Weise ausprobiert und verwertet, diskutiert oder geheimgehalten werden. Von Theorien über solche Systeme und Mechanismen darf man also nicht erwarten, daß mit ihrer Hilfe Details zukünftiger Entwicklungen vorausgesagt werden können. Man darf höchstens erwarten, daß sie erklären, wie solche Mechanismen im Prinzip funktionieren, wie sie z.B. Innovationen verarbeiten, falls diese irgendwo auftreten, wie das z.B. in der Schumpeterschen »Theorie der wirtschaftlichen Entwicklung« versucht wurde[19].

6. Praktische Konsequenzen: Alternativanalyse contra historische Prophetie

Wenn das so ist, dann sind Aussagensysteme, die den Gang der Geschichte vorherbestimmen sollen – gleichgültig, ob im Gewande der Wissenschaft, wie der historische Materialismus, oder im Gewande romantischer Metaphysik, wie etwa die Geschichtsphilosophie Oswald Spenglers – als rationale Unternehmen nicht möglich. Sie gehören in die Sphäre irrationaler Prophetie, auch wenn sie wissenschaftlich interessante theoretische Ideen enthalten mögen, wie das z.B. beim Marxismus sicherlich der Fall ist. Natürlich kann solche Prophetie selbst historisch wirksam werden, aber das hat

[18] In der Ökonomie ist das Problem der Prognose exogener Faktoren bekannt, das man zwar in die anderen Wissenschaften, z.B. Soziologie oder Psychologie, weiterschieben kann, das dort aber auch nicht gelöst wird.

[19] Vgl. dazu Joseph Schumpeter, Theorie der wirtschaftlichen Entwicklung (1912), Berlin 1952.

mit ihrer wissenschaftlichen Qualität nichts zu tun. Interessanterweise hat ja der Marxismus de facto dazu beigetragen, seine eigenen Prognosen teilweise ad absurdum zu führen und dadurch der Idee der historischen Prophetie im Bereich kritischer Wissenschaft jeden Kredit zu nehmen, indem er gleichzeitig damit ungewollt die selbständige Rolle von Ideen für die historische Entwicklung deutlich gemacht hat.

Der Gang der Geschichte hängt in wesentlichem Umfang von den Entscheidungen aller Beteiligten und damit auch von ihrer Phantasie ab, von den Problemlösungen, die sie sich einfallen lassen. Natürlich gibt es Unterschiede sozialer Macht und damit Unterschiede in der Möglichkeit, solche Lösungen durchzusetzen oder zu verhindern, aber je weiter sich eine Gesellschaft vom Idealtyp einer von einem Zentrum her gesteuerten sozialen Maschinerie entfernt, je mehr sie polyzentrischen Charakter hat, je freier sie ist, desto mehr ist sie geeignet, die Produktion neuer Ideen und damit neuer Problemlösungen zu fördern. Wer diese Chance möglichst groß machen will, muß eine Ordnung der Gesellschaft anstreben, die vom Modell einer solchen Maschine möglichst weit entfernt ist: eine *Ordnung der Freiheit*. In einer solchen Ordnung muß er sich aber damit abfinden, daß Prognosen, vor allem wo sie die Einzelheiten einer Entwicklung bestimmen sollen, am schwersten zu haben sind. Daher muß eine solche Ordnung so aussehen, daß ihr Funktionieren weitgehend nicht von solchen Prognosen abhängig ist, obwohl die Individuen natürlich ihre Erwartungen haben.

Die Idee einer solchen Ordnung verdanken wir den schottischen Moralphilosophen und der von ihnen hervorgebrachten klassischen Nationalökonomie. Auch die Methode der Untersuchung, die geeignet ist, eine rationale Wahl einer adäquaten Ordnung zu ermöglichen, finden wir dort. Adam Smith hat in seinem Werk aus dem Jahre 1776[20] unter anderem eine Alternativanalyse verschiedener sozialer Systeme und ihrer komparativen Leistung in bezug auf gewisse Kriterien mit den damals zur Verfügung stehenden Mitteln in Angriff genommen. Es ging ihm nicht darum, Entwicklungsgesetze zu konstatieren, um mit ihrer Hilfe den Gang der Geschichte vorherzusagen, wie das später Karl Marx ver-

---

20 Adam Smith, An Inquiry into the Nature and the Causes of the Wealth of Nations.

sucht hat, also *nicht um historische Prophetie*. Es ging ihm vielmehr darum, mit Hilfe relevanter Gesetzmäßigkeiten das komparative Funktionieren alternativer sozialer Ordnungen zu zeigen, um damit *eine freie und informierte Entscheidung zu ermöglichen*. So jedenfalls läßt sich seine Art der Untersuchung in der fruchtbarsten Weise deuten. Die Rolle rationaler Argumentation in der Politik besteht nämlich nicht darin, zu demonstrieren, daß man sich im Einklang mit dem Sinn der Geschichte – also gewissermaßen auf der Seite der siegreichen Kräfte, der Kinder des Lichts, nicht der Kinder der Finsternis – befindet, sondern darin, daß man versucht, in möglichst klarer Weise realisierbare Alternativen aufzuzeigen und auf ihre Vorzüge und Nachteile hinzuweisen.

Erkenntnis und Entscheidung

Die Wertproblematik und kritizistische Perspektive

I. Das Problem der Begründung ethischer Überzeugungen

Damit haben wir in unserer Analyse des Erkenntnisproblems die allgemeine Wertproblematik erreicht, die sich in dieser Perspektive zunächst als das Problem des Verhältnisses von Erkenntnis und Entscheidung präsentiert. Dieses Problem scheint in der Form, in der es heute behandelt werden muß, relativ spät aufzutauchen. Man darf annehmen, daß es in früheren Zeiten schon deshalb nicht so gestellt wurde, weil der natürliche Wertplatonismus der alltäglichen Wertorientierung das Entscheidungsproblem durch sprachliche Fusion von Werten und Tatsachen auf die Erkenntnisebene zu transportieren pflegt[1], und zwar auf so unmerkliche Weise, daß die Fragwürdigkeit dieser Operation nicht auffällt. Es wird meist nicht einmal ein erheblicher Unterschied zwischen Werterkenntnissen und Sacherkenntnissen gemacht, vor allem, solange eine soziomorphe Weltdeutung normative Kategorien unbefangen auf den gesamten Kosmos überträgt. Die kognitive In-

---

[1] Vgl. dazu die Untersuchungen Ernst Topitschs in seinen Büchern: Vom Ursprung und Ende der Metaphysik. Eine Studie zur Weltanschauungskritik, Wien 1958, und Sozialphilosophie zwischen Ideologie und Wissenschaft, Neuwied/Berlin 1967, die Arbeiten Hans Kelsens in seinem Band: Aufsätze zur Ideologiekritik, herausgegeben von Ernst Topitsch, Neuwied/Berlin 1964; die Kritik des kognitiv-ethischen Parallelismus durch Hans Reichenbach in seinem Buch: Der Aufstieg der wissenschaftlichen Philosophie, Berlin-Grunewald o.J., sowie Ernest Gellners Analyse in seinem Buch: Thought and Change, Chicago 1964.

terpretation von Werturteilen ist selbstverständlich und unangefochten, so daß eine entsprechende Unterscheidung innerhalb des Bereichs der Erkenntnis kaum in Betracht kommt. Werte haben in diesem Stadium den gleichen Charakter der Gegebenheit wie Tatsachen, ihre Erkenntnis kann wie die der faktischen Zusammenhänge dem Offenbarungsmodell entsprechend als eine passive und willkürfreie Erfassung vorhandener Züge des Kosmos aufgefaßt werden. Durch diese Verankerung der Werte in einer soziomorph gedeuteten Realität ist ihre Dogmatisierung auf die natürlichste Weise gesichert. Das ist heute noch an den Residuen dieser Weltauffassung zu erkennen, die wir im naturrechtlichen Denken vor uns haben.

Erst auf einer fortgeschrittenen Stufe taucht der Dualismus von Sein und Sollen, von theoretischer und praktischer Vernunft auf[2], der die autonome Behandlung ethischer Probleme ermöglicht und das Problem der Begründung für diesen Bereich in einer Weise aufwirft, die seine explizite Behandlung notwendig zu machen scheint. Damit ist eine Situation entstanden, die, wie man leicht sieht, zu prinzipiell den gleichen Schwierigkeiten führen muß, wie wir sie in unserer Analyse der Begründungsproblematik schon kennengelernt haben. Das Münchhausen-Trilemma ist ja nur darauf zurückzuführen, daß man die Begründungsidee zu realisieren sucht, unabhängig davon, ob es sich dabei um die Sicherung von Erkenntnissen oder von Wertungen und Normen handelt. Eine Ethik, die sich auf Intuitionen stützen will, in denen oberste Wertungsgrundsätze zum Ausdruck kommen sollen, muß sich nicht nur entgegenhalten lassen, daß die Intuitionen der Mitglieder verschiedener sozialer Gebilde vielfach keineswegs miteinander harmonieren, sondern auch, daß sie durch die Traditionen der kulturellen Umgebung geprägt zu sein pflegen, in denen die betreffenden Personen aufgewachsen sind, ein Tatbestand, der zur Erklärung dieser Divergenz herangezogen werden kann, und daß überdies der Abbruch des Begründungsverfahrens bei solchen Intuitionen auf eine Dogmatisierung tradierter Wertprinzipien hinausläuft. Der Versuch, die Ethik *more geometrico* zu konstruieren, das heißt, sie dem euklidischen Ideal der Axiomatisierung entspre-

---

[2] Vgl. dazu Karl R. Popper, The Open Society and its Enemies, aaO., Kap. 5: Nature and Convention.

chend zu behandeln, bringt in dieser Hinsicht keinerlei Verbesserung mit sich, wenn er auch die logischen Beziehungen innerhalb des bevorzugten normativen Systems durchsichtiger machen mag. Eine mehr empiristische Version des moralphilosophischen Begründungsdenkens, die auf so etwas wie unmittelbare Werterfahrungen, Werterlebnisse oder Gefühle rekurrieren will, ist dem gleichen Einwand der kulturellen Geprägtheit ausgesetzt und muß darüber hinaus noch mit einer dem Induktionsproblem analogen Problematik fertig werden, wenn sie über die Praxis fallweiser Entscheidungen hinausgelangen und zu einer Systematisierung des ethischen Denkens vorstoßen will. Es ist nicht zu erkennen, wie der Rekurs auf bestimmte Quellen der Bewertung, gleichgültig, ob es sich um Intuition oder Gefühl, um Gewissen oder Bedürfnis handelt, zu etwas anderem führen kann als zu einer dogmatischen Ethik, in der diese Instanzen als unkritisierbare Gegebenheiten erscheinen, obwohl wir heute wissen, daß sie alle de facto durch das sozialkulturelle Milieu geprägt und damit wandelbar sind. Das zeigt, daß auch eine autonome Ethik, die sich aus der Verflochtenheit in die alte sozionormative Weltdeutung gelöst hat, dadurch noch nicht gegen dogmatisches Denken geschützt ist.

Dazu kommt, daß der Dualismus von Sein und Sollen insofern Schwierigkeiten mit sich bringt, als er dazu beitragen kann, daß eine tiefe Kluft zwischen Erkenntnis und Entscheidung, zwischen Sachanalyse und Bewertung entsteht. Das tritt noch nicht sehr deutlich hervor, solange kognitive Interpretationen normativer Aussagen das Feld beherrschen, solange man also die Existenz spezifischer Einsichtsarten postuliert, die der Formulierung von Werturteilen und Normen zugrunde liegt. Philosophische Richtungen, die in dieser Weise verfahren, sind gezwungen, gleichzeitig ad hoc die Existenz entsprechender Wesenheiten anzunehmen[3],

---

[3] Dabei ist z.B. an Max Schelers »Wertqualitäten« und »Wertverhalte« zu denken – vgl. sein Buch: Der Formalismus in der Ethik und die materiale Wertethik (1916), 4. Auflage, Bern 1954, S. 35 ff., S. 107 ff., S. 205 ff. –, die durch quasi-kognitive Akte des Fühlens, Vorziehens und Nachsetzens »erfaßt« werden; vgl. dazu die Kritik Viktor Krafts in seinem Buch: Die Grundlagen einer wissenschaftlichen Wertlehre, 2. Auflage, Wien 1951. Auch G. E. Moores »nicht-natürliche« Eigenschaften gehören hierhin; vgl. sein Buch: Principia Ethica (1903), Cambridge 1960, sowie die Kritik in: W. K. Frankena, The Naturalistic Fallacy, Mind, 48, 1939, abgedruckt in: Readings

die für die Erklärung des tatsächlichen Geschehens keinerlei Funktion zu haben pflegen. Darüber hinaus entsteht für sie die Schwierigkeit, daß sich aus in dieser Weise kognitiv gedeuteten Wertaussagen, die mithin beschreibenden Charakter haben, keinerlei normative Konsequenzen für das Verhalten ergeben können, das heißt: keine Aussagen, in denen Direktiven für Stellungnahme und Handeln enthalten sind[4]. Das bedeutet, daß sich ein solches System nur mit Hilfe eines *naturalistischen Fehlschlusses* normativ verwenden lassen würde, es sei denn, man führt für die praktische Verwendung explizit ein normatives Prinzip ein, das dann allerdings selbst nicht kognitiv gedeutet werden könnte, so daß an dieser Stelle zumindest erneut das Deutungs- und das Begründungsproblem auftritt.

Ein moralphilosophischer Kognitivismus, der keine neuen Einsichtsarten und Wesenheiten postuliert, sondern den Versuch unternimmt, ethische Aussagen auf kognitive Aussagen üblicher Art zu reduzieren, vermeidet zwar die Willkür des oben beschriebenen ad hoc-Verfahrens, aber nicht das Problem des naturalistischen Fehlschlusses. Außerdem würde in einer solchen Auffassung die Autonomie der Ethik wieder verschwinden, was allerdings von denen, die nach einer wissenschaftlichen Ethik streben, sicherlich nicht als Nachteil beurteilt würde, vor allem, wenn sie der Anschauung sind, daß die Probleme der Moral nur in diesem Falle rational gelöst werden könnten. Die Schwierigkeit bestünde in diesem Falle eben nur darin, daß eine Moralwissenschaft dieser Art zwar nützliche Dienste bei der Beschreibung und Erklärung von unter ethischen Gesichtspunkten interessanten Tatbeständen leisten könnte, aber die Begründung moralischer Direktiven anderen Instanzen überlassen müßte, die dann das ethische Geschäft in eigene Regie zu übernehmen hätten. Soziologische und psychologische Forschungsergebnisse mögen durchaus relevant sein für die Lösung moralischer Probleme, aber daß sie selbst solche Problemlösungen bieten, dürfte schwerlich nachzuweisen sein. Wer in der Moralphilosophie eine Methodologie der zureichenden Begrün-

---

in Ethical Theory, ed. by Wilfried Sellars and John Hospers, New York 1952, S. 103.

[4] Vgl. zu dieser ganzen Problematik meinen Aufsatz: Ethik und Meta-Ethik, Archiv für Philosophie, Band 11, 1967.

dung vertritt, kann jedenfalls mit dieser Form des Kognitivismus nicht zufrieden sein.

An dieser Stelle wird also deutlich, daß der Dualismus von Sein und Sollen einerseits schwer zu überwinden sein dürfte, daß er aber andererseits mit der Akzentuierung des Autonomieanspruches für den Bereich des ethischen Denkens keineswegs alle Schwierigkeiten beseitigt, denn die Fragwürdigkeit naturalistischer Fehlschlüsse scheint, indem sie die Kluft zwischen Erkenntnis und Wertung besonders tief erscheinen läßt, das Begründungsproblem für diesen Bereich besonders schwierig zu machen. Sobald sich die Annahme der Existenz eines autonomen Reichs der Werte oder einer reinen Sphäre der Geltung und des Sollens als eine Illusion erweist, die durch unsere üblichen Sprachformen zwar gestützt wird, aber der modernen Sprachkritik allmählich zum Opfer fällt – ein Residuum aus der Zeit der Verankerung des Wertdenkens in einer Kosmosdeutung, die Anspruch auf objektive Gültigkeit machte –, fehlt einem nach sicheren Grundlagen suchenden Denken jeder Anhaltspunkt dafür, wie der Einbruch der puren Willkür in die Moralphilosophie verhütet werden könnte. Die Unterscheidung zwischen Seinserfassung und Sollenszumutung wird radikalisiert, und zwar so, daß auf der einen Seite die objektive, neutrale, uninteressierte und von jeder Willkür freie Erkenntnis steht, während wir auf der anderen radikal subjektive, dem Willen unterworfene, engagierte und daher nicht-neutrale Entscheidungen antreffen, so daß Erkenntnis und Engagement völlig auseinanderzufallen scheinen.

Einen extremen Punkt hat diese Entwicklung mit der Polarisierung des philosophischen Denkens erreicht, die sich mit der Entstehung zweier aneinander so gut wie völlig desinteressierter Richtungen der Philosophie anbahnte: des *Existentialismus* und des *Positivismus*[5], die sich in bezug auf die Dichotomie von Erkenntnis und Entscheidung im Grunde genommen kaum unterscheiden, aber in ihrer Bewertung radikal verschiedene Standpunkte einnehmen. Während der Existentialismus den Akzent auf die Entscheidung legt, deren freien und grundlosen Charakter, ihre Irrationalität betont und die wissenschaftliche Erkenntnis gerade wegen ihrer

---

[5] Vgl. dazu die interessante vergleichende Analyse WALTER KAUFMANNS in seinem Buch: Religion und Philosophie, 1958, München 1965, Teil II, S. 38 ff.

Objektivität als im wesentlichen uninteressant deklariert, legt der Positivismus die Betonung auf Erkenntnis und Objektivität, betont deren Begründbarkeit und ihren rationalen Charakter, verweist dagegen Entscheidung und Engagement als philosophisch uninteressant in den Bereich der Subjektivität und der Willkür. Die eine Seite sucht die objektive Erkenntnis auszuscheiden, weil sie angeblich die Existenz nicht berührt, die andere die subjektive Entscheidung zu vermeiden, weil sie außerhalb des Bereichs der Rationalität zu liegen scheint. Man sieht, daß beide Richtungen, so wenig sie sich gegenseitig zu sagen haben, doch bis zu einem gewissen Grade von gemeinsamen Voraussetzungen ausgehen. Beide optieren für eine Auffassung, nach der Rationalität und Existenz auseinanderfallen[6], nur daß die eine Richtung die rational zu analysierenden positiven Tatsachen in den Vordergrund stellt, während die andere die irrationalen existentiellen Entscheidungen aufs Podest hebt[7]. Beide neigen zu einer *faktizistischen* Auffassung der Erkenntnis, die teilweise in einer instrumentalistischen Deutung der Wissenschaft gipfelt, so daß die Wissenschaft nur noch unter dem Gesichtspunkt der prognostischen Relevanz und der Bereitstellung von Mitteln für die Praxis gesehen wird, und zu einer *dezisionistischen* Behandlung der Wertproblematik, die insofern das Korrelat dazu bildet, als sie den Bereich der Zwecksetzung der Irrationalität ausliefert, die infolge der Einschränkung der Vernunft auf die technische Problematik hier ein freies Betätigungsfeld findet[8].

---

[6] LUDWIG WITTGENSTEINS These: »Wir fühlen, daß selbst, wenn *alle möglichen* wissenschaftlichen Fragen beantwortet sind, unsere Lebensprobleme noch gar nicht berührt sind« (Tractatus Logico-Philosophicus, London 1922, 6. 52), könnte ebenso auch von einem Vertreter des Existentialismus stammen.

[7] Es versteht sich, daß diese einfache Charakterisierung nur eine durchgehende *Tendenz* beider Strömungen treffen kann, nicht aber die Auffassung jedes Philosophen im Detail trifft, der einer der beiden gemeinhin zugerechnet wird.

[8] In diesem Punkt ist Jürgen Habermas ohne Zweifel recht zu geben, wenn er auch charakteristischerweise selbst die instrumentalistische Deutung der Wissenschaft mitmacht, wie viele Philosophen, die ihre Auffassungen von Hegelschen Ideen herleiten; vgl. HABERMAS, Dogmatismus, Vernunft und Entscheidung. Zu Theorie und Praxis in der verwissenschaftlichten Zivilisation, in seinem Aufsatzband: Theorie und Praxis. Sozialphilosophische Studien, Neuwied/Berlin 1963, S. 231 ff. In dieser Arbeit zeigt sich, welche Mißverständnisse dadurch entstehen können, daß man die Analyse anderer Auffassungen in

Eine Diskussion zwischen den beiden Richtungen scheint nicht nur unnötig zu sein, weil sie über die ihnen gemeinsame Voraussetzung kaum zu streiten brauchen, sie scheint außerdem auch unmöglich zu sein, weil jede kraft dieser gemeinsamen Voraussetzungen der anderen einen Bereich zugestehen muß, an den sie mit ihren Mitteln nicht herankommen kann, den Bereich der »reinen« Tatsachen beziehungsweise den der »reinen« Entscheidungen.

Diese Situation mußte sich grundlegend ändern, als die gemeinsame Voraussetzung der beiden Richtungen in Frage gestellt wurde, was vor allem durch die Entdeckung geschah, daß »hinter« aller Erkenntnis letzten Endes Entscheidungen stehen, eine Entdekkung, die an vielen Stellen ungefähr gleichzeitig gemacht wurde, teilweise schon, bevor der Gegensatz zwischen Positivismus und Existentialismus die philosophische Szene zu beherrschen begann[9]. Dieser Einbruch der Entscheidung in den Bereich der Erkenntnis könnte nun an sich durchaus als eine Gefahr für deren Objektivität angesehen werden, weil sich der radikale Subjektivismus in der Behandlung der Wertprobleme auf diesen Bereich auszudehnen und ihn ebenfalls der subjektiven Willkür und dem jeweils bevorzugten Engagement ausliefern könnte. Sobald der Festsetzungscharakter positivistischer Sinnkriterien und anderer für die Erkenntnis relevanter Kriterien und damit ihre Willkür im Sinne der oben erwähnten gemeinsamen Voraussetzung durchschaut ist, scheint die Erkenntnis als Ganzes ins Gleiten geraten, jedenfalls aber ihre Objektivität fragwürdig werden zu müssen. Andererseits wird eben mit dieser Entdeckung nicht nur die radikale Unterscheidung von Erkenntnis und Entscheidung problematisch, sondern darüber hinaus auch die bisher unanalysierte und nicht explizierte Gleichsetzung von Entscheidung und Willkür, die These von der fundamentalen Irrationalität aller Entscheidungen.

---

das bequeme Schema einer Positivismus-Kritik preßt, weil man von der Fixierung auf Hegel nicht loskommt, die zu den auch politisch bedenklichen Zügen der deutschen philosophischen Tradition gehört; vgl. dazu das o.a. Buch von Ernst Topitsch, Die Sozialphilosophie Hegels als Heilslehre und Herrschaftsideologie, sowie Ralf Dahrendorf, Die deutsche Idee der Wahrheit, in seinem Buch: Gesellschaft und Demokratie in Deutschland, München 1965, S. 175 ff.

[9] Ich denke hier vor allem an Untersuchungen Karl Poppers, Hugo Dinglers, Hans Reichenbachs und Herbert Feigls.

Daß der Erkenntnisprozeß von Normierungen, Wertungen und Entscheidungen durchsetzt ist, scheint eine Feststellung zu sein, die nur einmal deutlich ausgesprochen werden muß, um allgemeiner Anerkennung sicher zu sein[10]. Wir wählen unsere Probleme, bewerten Problemlösungen und entscheiden uns dafür, eine der vorgeschlagenen Lösungen anderen vorzuziehen, ein Vorgang, der sicherlich nicht frei ist von Komponenten eindeutig werthaften Charakters. Da die Wissenschaftslehre sich mit den Kriterien befaßt, die bei solchen Prozessen eine Rolle spielen, könnte man die in ihr stattfindenden Kontroversen ohne weiteres dem Bereich der Wertdiskussionen zurechnen. Diese Zurechnung wäre sicherlich für viele befremdlich, für die einen, weil sie diese Disziplin für analytisch und daher wertneutral halten und nicht bereit sind, sie subjektiver Willkür auszuliefern, und für die anderen, weil sie glauben, daß sich bei Wertdiskussionen das Engagement der Teilnehmer stets in leicht identifizierbaren Werturteilen mit existentiellen Anstrich äußern muß. Aber das alles ist keineswegs der Fall. Die Wissenschaftslehre – und überhaupt die gesamte Erkenntnislehre – ist nicht neutral, aber es wäre vorschnell, daraus den Schluß zu ziehen, daß deshalb die Benutzung von Werturteilen für sie besonders charakteristisch wäre. Die Diskussion in diesem Bereich zeigt vielmehr deutlich, daß man über Wertprobleme diskutieren kann, ohne das eigene Engagement durch Formulierung entsprechender Werturteile in die Waagschale zu werfen. Das ist verhältnismäßig leicht zu verstehen, denn sobald das Engagement in der Diskussion zählt, treten Argumente ad hominem in den Vordergrund. Wie dem auch sei: man kann jedenfalls Erkenntnistheorie und Wissenschaftslehre als denjenigen Teil der Wertlehre ansehen, in dem es darum geht, Gesichtspunkte für die Förderung der Rationalität unseres Problemlösungsverhaltens im Erkenntnisbereich zu entwickeln.

Man hat unter dem Gesichtspunkt der zureichenden Begründung versucht, einen wesentlichen Unterschied aufzuweisen zwischen Behauptungssätzen und Forderungssätzen und damit zwischen Wissenschaft und Ethik[11]. Dieser Versuch leidet darunter,

---

[10] Vgl. dazu meinen Aufsatz: Wertfreiheit als methodisches Prinzip. Zur Frage der Notwendigkeit einer normativen Wissenschaft, in meinem Aufsatzband: Aufklärung und Steuerung, Hamburg 1976, S. 160 ff.

[11] Vgl. dazu Walter Dubislav, Zur Unbegründbarkeit der Forderungssätze, Theoria, Band III, 1937, S. 330 ff.

daß einerseits bei Behauptungssätzen an den üblichen Stellen ohne viel Aufhebens der Abbruch des Begründungsregresses zugestanden, andererseits nicht gesehen wird, daß die Fortsetzung dieses Regresses in der »Vertikalen« unter Umständen genau auf Forderungen der Art zurückführen könnte, deren Unbegründbarkeit nachgewiesen wurde, ganz abgesehen davon, daß die Forderung nach Begründung selbst dazu zu gehören scheint. Wenn das aber der Fall ist, dann muß ja letzten Endes die Unbegründbarkeit der Forderungssätze selbst auf die Erkenntnis abfärben. Um das zu erkennen, ist es vorteilhaft, die Frage der Begründbarkeit der Ethik zunächst mit der analogen Frage nicht für die Wissenschaft in Parallele zu setzen, sondern für die Wissenschaftslehre. Im übrigen führt ja die Begründungsidee, gleichgültig auf welcher Ebene sie realisiert werden soll, wie wir wissen, zu dem bekannten Trilemma. Wir haben also allen Anlaß, diese Idee für Aussagen aller Art aufzugeben, für Forderungs- wie für Behauptungssätze.

Kehren wir zurück zu unserem Problem von Erkenntnis und Entscheidung. Wir können aus unseren bisherigen Erörterungen ohne Zweifel die Konsequenz ziehen, daß die durch die Polarisierung des philosophischen Denkens in Positivismus und Existentialismus nahegelegte Dichotomie von rationaler Erkenntnis und irrationaler Entscheidung inadäquat ist, und zwar schon deshalb, weil hinter jeder Erkenntnis – bewußt oder unbewußt – Entscheidungen stehen. Es ist also auch nicht möglich, eine Irrationalitätsthese für Entscheidungen auf deren Unbegründbarkeit zu stützen, ohne daß sich diese These notwendigerweise auf den gesamten Erkenntnisbereich erweitern ließe. Außerdem wird nun klar, daß die Unterscheidung von Rationalität und Irrationalität als *methodische* Unterscheidung sich auf die *Praxis* beziehen muß und daß sie daher *innerhalb* der Sphäre von Bewertung und Entscheidung ihren Ort hat. Sie bezieht sich auf den Erkenntnisbereich gerade insofern, als in diesem Bereich nicht passive Schau und Offenbarung, sondern geistige Aktivität und Gestaltung – und das heißt unter anderem auch: Selektion, Bewertung und Entscheidung – dominieren, und sie bezieht sich darüber hinaus auf alle Bereiche, in denen Probleme gelöst werden müssen, in denen also Konstruktion und Kritik ihren Platz haben. Daß eine Rationalitätskonzeption möglich ist, die der Unbegründbarkeit von Erkenntnis und Entscheidung insofern Rechnung trägt, als sie mit dem Streben nach Gewißheit die Begründungsidee opfert, ohne die Möglichkeit der Kritik aufzugeben, haben wir schon gesehen. Daß diese Konzeption für die Ethik ebenso bedeutsam ist wie für die Erkenntnistheorie, dürfte nun verständlich geworden sein. Ehe wir darauf zurückkommen, soll aber ein Problem behandelt werden, das in der sozialwissenschaftlichen Methodendiskussion seit langem eine erhebliche Rolle gespielt hat und das unzweifelhaft in diesen Zusammenhang gehört: das Problem der Wertfreiheit der Wissenschaft.

II. Wissenschaft und Praxis: Das Problem der Wertfreiheit

Wenn die wissenschaftliche Erkenntnis ein Bereich der gesellschaftlichen Praxis ist, in dem Bewertungen und Entscheidungen eine erhebliche Rolle spielen, dann liegt die Frage nahe, ob sich daraus keine Konsequenzen für das von Max Weber formulierte Prinzip der Wertfreiheit der Wissenschaft ergeben. Es könnte so scheinen, als ob dieses Prinzip angesichts des bisher Gesagten hoffnungslos diskreditiert sei, denn es kann ja keinem Zweifel unterliegen, daß die hier entwickelte Rationalitätskonzeption eine normative Funktion haben und daß sie andererseits in ihrer Anwendung dazu führen soll, Ergebnisse und Methoden der wissenschaftlichen Arbeit unter bestimmten Gesichtspunkten, wie dem der Widerspruchsfreiheit, des Gehaltes, der Erklärungskraft und der Bewährung zu beurteilen und damit auch zu bewerten. Wir wissen außerdem ja, daß in diesem sozialen Bereich wie in anderen Bereichen Ideale, Normen und Programme von großer Bedeutung sind: als Wahrheitsideale, Prüfungs- und Bewährungsnormen, Erkenntnis- und Forschungsprogramme, die ebenso kritischer Diskussion unterliegen wie etwa die vorgebrachten theoretischen Konzeptionen und die geplanten und vollzogenen Experimente. Läßt sich dieser Bereich in einer solchen Weise von anderen Bereichen des sozialen Lebens unterscheiden, daß für ihn ein sonst unbekanntes und unbrauchbares Wertfreiheitsprinzip postuliert werden kann, ein Prinzip, das etwa die strikte Neutralität wissenschaftlicher Aussagen oder gar die Neutralität der Wissenschaft überhaupt diesen anderen Bereichen gegenüber garantieren könnte? – Sollte das die Bedeutung des Max Weberschen

Prinzips sein, dann könnte man in der Tat nur seine Unbrauchbarkeit konzedieren und in den Chor der Kritiker einstimmen, die sich bisher in so reicher Zahl eingefunden haben[12]. Das ist aber, wie sich zeigen wird, keineswegs der Fall.

Das Wertfreiheitspostulat ist zunächst, wie man leicht erkennt – ebenso wie bestimmte Versionen des Widerspruchsfreiheitsprinzips, zum Beispiel die oben von uns formulierte –, ein methodisches Prinzip, das insofern selbst eine normative Funktion hat. Würde man es als normatives Prinzip formulieren und ihm gleichzeitig unbeschränkte Geltung zusprechen, so müßte es unter sein eigenes Verdikt fallen und daher zu einem Selbstwiderspruch führen. Eine so formulierte Version dieses Postulats wäre also kaum zu brauchen. Es gibt keinen Anhaltspunkt dafür, daß Max Weber an ein Prinzip dieser Art gedacht hat. Er hat vielmehr ein Prinzip charakterisiert, das sich ohne grundsätzliche Schwierigkeit zumindest für große Teile der Wissenschaft aufrechterhalten läßt, so daß seine Gegner in der Werturteilsdebatte im allgemeinen nur eine methodologische Sonderstellung für bestimmte Wissenschaften zu beanspruchen pflegen, da für diese das Prinzip nicht brauchbar sei. So wird heute noch sehr oft für die sogenannten Geisteswissenschaften ein methodologischer Autonomieanspruch erhoben, der die Annahme des Max Weberschen Postulats ausschließen soll. Sehen wir zu, was von solchen Ansprüchen zu halten ist.

Zunächst kann man feststellen, daß der paradoxe Charakter des oben erwähnten umfassenden Prinzips sofort verschwindet, wenn man es auf den Aussagenbereich einschränkt, an den Max Weber in erster Linie gedacht haben dürfte, als er seine Forderung aufstellte. Unterscheidet man nämlich hinsichtlich der in Betracht kommen-

---

12 Für die Behandlung der Wertproblematik durch Max Weber vgl. vor allem seine folgenden Arbeiten: Die »Objektivität« sozialwissenschaftlicher und sozialpolitischer Erkenntnis (1904), Der Sinn der »Wertfreiheit« der soziologischen und ökonomischen Wissenschaften (1917–18), Wissenschaft als Beruf (1919), in: Gesammelte Aufsätze zur Wissenschaftslehre, 2. Aufl. besorgt von Johannes Winckelmann, Tübingen 1951. Zur Analyse und Kritik von Einwänden gegen das Max Webersche Prinzip vgl. meinen Beitrag: Theorie und Praxis. Max Weber und das Problem der Wertfreiheit und der Rationalität, in: Die Philosophie und die Wissenschaften. Simon Moser zum 65. Geburtstag, herausgegeben von Ernst Oldemeyer, Meisenheim 1967.

den sozialwissenschaftlichen Aussagen – das Prinzip wurde ja von ihm für diese Gruppe von Wissenschaften formuliert – zwischen der Ebene der *Gegenstände*, auf die sich die Aussagen dieser Wissenschaften beziehen, also etwa der sozialen Tatbestände, der Ebene der *Objekt-Sprache*, also der wissenschaftlichen Aussagen über diese Gegenstände, und der Ebene der *Meta-Sprache*, also zum Beispiel der hier in Betracht kommenden methodologischen Aussagen, dann lassen sich in bezug auf diese Einteilung drei Fragenkomplexe für die Diskussion der methodologischen Wertproblematik formulieren, deren Analyse relativ eindeutige Resultate ergeben dürfte: das Problem der Wertungen im Objektbereich der Sozialwissenschaften, das der Werturteile in der Objekt-Sprache und das der Wertbasis dieser Wissenschaften[13].

Nun ist es unbestreitbar, daß die Sozialwissenschaften nicht umhinkönnen, Wertungen zum Gegenstand ihrer Aussagen zu machen; aber solche Aussagen können, wie schon Max Weber gesehen hat, kognitiv-informativen Charakter haben. Sie können die Wertungen der analysierten Individuen und Gruppen beschreiben, erklären und voraussagen, ohne selbst Wertgehalt zu haben. Auch das Problem der Wertbasis dürfte kaum Schwierigkeiten machen, denn die Abhängigkeit der wissenschaftlichen Betätigung von Wertgesichtspunkten, der normative Hintergrund der Wissenschaften, braucht von einem Verfechter des Wertfreiheitsprinzips nicht bestritten zu werden. Allerdings kann man auch diese Wertbasis der Wissenschaft wieder zu einem Gegenstand kognitiv-sachlicher und in diesem Sinne wertfreier Analyse machen, wie das in den Sozialwissenschaften seit langem der Fall ist[14]. Der Aussagenbereich, auf den sich das Max Webersche Postulat in erster Linie bezieht, ist der der sozialwissenschaftlichen Objekt-Sprache.

---

[13] Da ich diese Probleme anderweitig eingehend analysiert habe, möchte ich mich hier auf eine Skizzierung der Resultate beschränken; vgl. meine Aufsätze: Wissenschaft und Politik. Zum Problem der Anwendbarkeit einer wertfreien Sozialwissenschaft, in: Probleme der Wissenschaftstheorie. Festschrift für Viktor Kraft, herausgegeben von Ernst Topitsch, Wien 1960, Wertfreiheit als methodisches Prinzip, aaO., Theorie und Praxis, aaO., sowie die in meinem o.a. Aufsatzband: Marktsoziologie und Entscheidungslogik abgedruckten einschlägigen Arbeiten.

[14] Eines der berühmtesten Beispiele dafür ist bekanntlich Max Webers Arbeit: Wissenschaft als Beruf, aaO.

Der eigentliche Streitpunkt in der Werturteilskontroverse ist also die Notwendigkeit, Möglichkeit oder Zweckmäßigkeit von Werturteilen im objektsprachlichen Aussagenzusammenhang der Sozialwissenschaften selbst und damit das Problem einer normativen Sozialwissenschaft, die Werturteile über ihren Gegenstandsbereich, die sozialen Tatbestände, formuliert.

Es liegt auf der Hand, daß die Lösung dieses Problems von der Zielsetzung der wissenschaftlichen Arbeit und von der Beschaffenheit ihrer Mittel abhängt. Mitunter greifen die Verfechter einer wertenden Sozialwissenschaft zu der Aushilfe, eine solche Wissenschaft als unvermeidlich hinzustellen, und zwar aus dem einfachen Grunde, daß eine Neutralisierung der sozialwissenschaftlichen Sprache nicht möglich sei, daß also die Mittel für eine wertfreie Sozialwissenschaft im Weberschen Sinne nicht zur Verfügung stünden[15]. Diese These kann heute eigentlich nur noch eine gewisse Plausibilität für diejenigen haben, die bereit sind, mehr als die Hälfte der modernen sozialwissenschaftlichen Literatur zu übersehen. Sie kommt dem natürlichen Wertplatonismus des Alltagsdenkens entgegen, nimmt aber keine Rücksicht auf die Tatsache, daß im Laufe der Entwicklung der Wissenschaften eine Disziplin nach der anderen – beginnend mit den physikalischen und den mathematischen Disziplinen – aus dem Bereich der wertenden Betrachtung in den der wertfreien Analyse übergegangen ist. Angesichts dieser Tatsache kann man die Strauss'sche These nur als einen Versuch der Rechtfertigung eines schon teilweise überwundenen Status quo ansehen, einen Versuch übrigens, der sich charakteristischerweise essentialistischer Mittel bedient.

Was die Zielsetzung der wissenschaftlichen Arbeit angeht, so stellt sich die Frage, ob man sich mit der Erkenntnis der Wirklichkeit, ihrer Strukturen und Zusammenhänge, zufriedengeben will oder darüber hinausgehende Ziele für die Wissenschaft in Anspruch nimmt. Für die Aufgabe der Erkenntnis kommt man mit einer Wissenschaft aus, für die das Max Webersche Wertfreiheitspostulat kein Hindernis ist. Dieses Ergebnis ist von der Beschaffenheit des jeweiligen Gegenstandsbereichs einer Wissenschaft un-

---

[15] Vgl. vor allem LEO STRAUSS, Naturrecht und Geschichte, Stuttgart 1956, S. 51 ff.

abhängig, also auch auf andere Teile der sogenannten Geisteswissenschaften anwendbar. Es beruht nicht etwa auf einer Vernachlässigung der großen Bedeutung von Normen, Werturteilen und Entscheidungen für alle Arten menschlicher Aktivität, auch für die Erkenntnis und damit für den Bereich der Wissenschaft selbst – mithin auch ihrer Bedeutung innerhalb der Gegenstandsbereiche bestimmter Wissenschaften, die sich mit menschlicher Aktivität befassen –, sondern es stellt diese Tatbestände ausdrücklich in Rechnung. Es kommt darauf an, sich deutlich vor Augen zu halten, daß oft gerade unter bestimmten Wertgesichtspunkten äußerst relevant erscheinende Tatsachen und Zusammenhänge – und dazu gehören ja vielfach die Tatbestände des sozialkulturellen Bereichs, vor allem die der Moral, des Rechts und der Politik – einer sachlichen Analyse kognitiven Charakters unterworfen werden müssen, damit die angestrebte rationale Lösung der betreffenden praktischen Probleme erreicht werden kann.

Das hier zur Diskussion stehende Postulat der Wertfreiheit gehört, wie schon erwähnt, selbst in den Bereich der normativen Regulierungen. Aber gerade in der Möglichkeit der sachlichen Analyse seiner Bedeutung für die Wissenschaft kommt die allgemeine Möglichkeit zum Vorschein, Zusammenhänge aus der Sphäre der Wertproblematik zum Gegenstand der Erkenntnis zu machen und damit wertfrei zu behandeln. Die Annahme dieses Prinzips ist ohne Zweifel eine Sache der Entscheidung, aber das gilt, darüber sollte man sich klar sein, grundsätzlich auch für die Annahme etwa des Prinzips der Widerspruchsfreiheit und aller andren methodischen Prinzipien – so auch für die oben analysierte Wahl zwischen dem Begründungs- und dem Prüfungsprinzip –, aber nicht nur für sie, sondern auch für die Annahme oder Ablehnung von Theorien, Hypothesen, Forschungstechniken, für die Wahl von Problemen, Kriterien, Gesichtspunkten und Perspektiven, wie sie in der wissenschaftlichen Praxis an der Tagesordnung sind. Die Erkenntnis ist von Bewertungen und Entscheidungen aller Art durchsetzt. Ihre Rationalität kommt gerade in der Weise zum Ausdruck, in der diese Bewertungen vollzogen und diese Entscheidungen getroffen werden, denn: Rationalität ist stets eine Sache de Methode und damit der Praxis, somit auch der Erkenntnis- und damit der Wissenschaftspraxis, aber sie braucht nicht auf diese Praxis eingeschränkt zu werden.

Damit stellt sich nun gleich die Frage, wie es denn um die *Anwendung* der Wissenschaft im sozialen Leben bestellt ist, und ob nicht vielleicht deren Erfordernisse die Einführung von Werturteilen in den wissenschaftlichen Aussagenzusammenhang notwendig machen. Die Verfechter einer normativen Sozialwissenschaft begründen ihre Auffassung heute nicht selten mit dem Bedürfnis nach einer praktisch brauchbaren Wissenschaft[16]. Für die praktische Anwendung, so meinen sie, sei eine Normativierung sozialwissenschaftlicher Aussagensysteme durch Einführung geeigneter Wertprämissen unbedingt erforderlich oder jedenfalls zweckmäßig, wenn schon die reine Erkenntnis ohne solche Wertkomponenten auskommen könne. Diese Auffassung gründet sich darauf, daß es nicht möglich ist, mit den uns zur Verfügung stehenden Mitteln der Logik aus Aussagensystemen rein kognitiv-informativen Charakters normative oder andersartige präskriptive Konsequenzen abzuleiten. Will man den oben erwähnten naturalistischen Fehlschluß vermeiden, dann scheint also der einzige Ausweg darin zu bestehen, daß man geeignete Wertprämissen einführt. Diese Argumentation sieht zunächst schlüssig aus, aber soweit sie das wirklich ist, reicht sie nicht aus, die Notwendigkeit einer normativen Wissenschaft zu zeigen.

Es ist ohne Zweifel richtig, daß wir für die praktische Anwendung wissenschaftlicher Aussagen Klarheit darüber benötigen, was wir wollen. Außerdem ist nicht zu bestreiten, daß Aussagensysteme rein kognitiv-informativer Natur an sich keine Antwort auf diese Frage geben. Es ist zwar unter Umständen möglich, sie in technologische Systeme zu verwandeln, die Auskunft über menschliche Handlungsmöglichkeiten geben, aber damit ist bestenfalls eine Antwort auf die Frage erreicht, was wir können. Die reine Wissenschaft gibt uns also in Anwendung auf praktische Probleme Mittel an die Hand, praktische Möglichkeiten zu untersuchen und damit herauszubekommen, wie wir die vorliegende Situation bewältigen können, aber sie sagt uns nicht, daß wir irgend-

---

16 Vgl. dazu etwa die Arbeiten GERHARD WEISSERS, z.B.: Politik als System aus normativen Urteilen, Göttingen 1951, und: meine Kritik in den in Anm. 13 genannten Arbeiten; vgl. auch: KLAUS LOMPE, Wissenschaftliche Beratung der Politik. Ein Beitrag zur Theorie anwendender Sozialwissenschaften, Göttingen 1966, und meine Kritik in: Sozialwissenschaft und politische Praxis, Archiv für Rechts- und Sozialphilosophie, Vol. XIV, 1968.

eine der in Frage kommenden Möglichkeiten realisieren sollen, sie schreibt uns also nicht unsere Entscheidung vor. Daraus geht hervor, daß die Resultate einer wertfreien Wissenschaft niemals ausreichen können, wenn es um die Bewältigung praktischer Situationen geht. Anders ausgedrückt: die Notwendigkeiten des Handelns gehen stets über das hinaus, was uns die Erkenntnis liefern kann. Obwohl also in der Erkenntnispraxis Entscheidungen eine wichtige Rolle spielen, lassen sich die Entscheidungen der Praxis nicht aus Erkenntnissen allein gewinnen.

Wer daraus aber schließen wollte, daß man aus praktischen Gründen die Wissenschaft normativieren müsse, der zöge aus dieser Situation eine Konsequenz, die sie nicht hergibt. Die Anwendung der Wissenschaft erfordert zwar zusätzliche Entscheidungen – Entscheidungen über Zielsetzungen und über die Zulässigkeit von Mitteln –, aber dieser Umstand macht es keineswegs notwendig, eine normative Wissenschaft zu schaffen, die Vorentscheidungen für beliebige Situationen konkreter Anwendung enthält, aufgrund deren die konkrete Entscheidung jeweils logisch ableitbar ist. Diese Wendung des oben erörterten Leibnizschen Ideals ins Normative ist vielmehr ebenso utopisch wie der Versuch, dieses Ideal im Bereich der reinen Erkenntnis zu realisieren, zumal es in seinen Ansprüchen noch über die Leibnizsche Konzeption hinausgeht. Seine Realisierung würde es erlauben, nicht nur die Entscheidungen im Erkenntnisbereich, sondern darüber hinaus auch die in den anderen Bereichen der sozialen Praxis prinzipiell durch Kalkulationen zu ersetzen. In dieser Vorstellung liegt eine Überschätzung der Vollständigkeit und Sicherheit des erreichbaren Wissens wie des erreichbaren Entscheidungsvermögens, die an den Erkenntnisoptimismus der Aufklärungszeit erinnert und an die Idee einer Ethik *more geometrico*, in der das euklidische Denken auf moralische Probleme angewendet wird. Wenn man die methodische Idee der zureichenden Begründung aufgibt, die ein solches Denken noch verständlich machen würde, dann ist nicht mehr zu sehen, worin die Vorzüge einer solchen Auffassung liegen. Sobald man sich darüber klar ist, daß eine ideale normative Wissenschaft im oben skizzierten Sinne nicht realisierbar ist, ist man natürlich mit der Frage konfrontiert, inwieweit es von Interesse ist, dieses Ideal grundsätzlich aufrechtzuerhalten, aber die Anforderungen, die an seine Realisierung gestellt werden, so abzuschwächen, daß das System keine der Leistungen mehr erbringen kann, die man von ihm ursprünglich erwartet hatte.

In dieser Situation kann daran erinnert werden, daß normative Systeme der hier vorgeschlagenen Art für die praktische Anwendung der Erkenntnis nicht benötigt werden. Die Entscheidung in praktischen Situationen bedarf im allgemeinen, vor allem, wenn es sich um neuartige Situationen handelt, situationsspezifischer Überlegungen, die nicht in genereller Weise vorweggenommen werden können. Die Wissenschaft kann ihren Beitrag dazu leisten, indem sie die Möglichkeiten analysiert, die unter den für die betreffenden Entscheidungssituationen maßgebenden Wertgesichtspunkten jeweils in Betracht kommen, und dadurch die Realisierung von Entwürfen möglich macht, die der praktischen Phantasie entstammen. Denn die Gesetzmäßigkeiten der theoretischen Realwissenschaften sind in praktischer Hinsicht als *Einschränkungen* zu betrachten, die der praktischen Phantasie für die Lösung von Problemen auferlegt werden müssen. Weder die Wissenschaft, noch ein normatives System von Vorentscheidungen kann die schöpferische Einbildungskraft ersetzen, die für die Lösung neuer Probleme erforderlich ist[17]. Schon an diesem Umstand dürfte jeder Versuch scheitern, die menschliche Praxis *more geometrico* vorwegzunehmen. Der Praktiker ist, soweit er nicht einer etablierten Routine folgt, in der Situation des Künstlers, der die ihm bekannten Gesetzmäßigkeiten ausnutzt, um die Schöpfungen seiner Phantasie zu realisieren. Seine Tätigkeit schreitet ebenso fort im Wechsel von Konstruktion und Kritik wie die erkennende Aktivität des Forschers und die gestaltende des Künstlers.

III. Das klassische Rationalitätsmodell und die Wertdiskussion

Wir hatten gesehen, daß das Begründungspostulat für den Bereich der Moralphilosophie zu ebendenselben Schwierigkeiten führt wie für den der Erkenntnistheorie und der Wissenschaftslehre. Die Su-

---

[17] Die Rolle der Einbildungskraft, die in den Konzeptionen vernachlässigt zu werden pflegt, die mit dem Ideal der Axiomatisierung der menschlichen Praxis operieren, wird mit Recht betont von G. L. Shackle in seinem Buch: Decision, Order and Time in Human Affairs, Cambridge 1961, S. 8 ff.

che nach dem archimedischen Punkt ist in der Ethik ebenso nutzlos und daher fehlgeleitet wie in anderen Disziplinen. Unter dem Gesichtspunkt des Fallibilismus kann es nicht die Aufgabe der Philosophie sein, den gegenwärtigen Zustand der Erkenntnis oder der Moral zu rechtfertigen, indem sie ihn »transzendental« oder auf irgendeine andere Weise unterbaut und dadurch dogmatisiert. Andererseits ist die Suche nach einem vollkommenen System, das die Vorentscheidungen für alle moralisch relevanten Situationen in sich birgt, ein utopisches Unternehmen, das die Bedeutung der Ungewißheit, des Risikos und der Phantasie für die Lösung praktischer Probleme nicht berücksichtigt[18]. Die utopische Version des Strebens nach Gewißheit rechnet ebensowenig mit den realen menschlichen Möglichkeiten wie die konservative. Die eine konstruiert Problemlösungen im luftleeren Raum und verkennt die Bedeutung der Tradition für den menschlichen Fortschritt, die andere konserviert bisherige Problemlösungen und unterschätzt damit die Möglichkeiten des Lernens. In beiden Fällen wird die Notwendigkeit verkannt, auf neuartige Situationen mit schöpferischen Antworten zu reagieren, die durch keine Kalkulation im Rahmen ein für allemal festgelegter abstrakter Regelsysteme vorweggenommen werden können.

Angesichts der Schwäche einer an der Begründungsidee orientierten Moralphilosophie hat sich unter dem Einfluß analytischer und hermeneutischer Denkweisen in letzter Zeit eine Tendenz herausgebildet, die philosophische Betrachtung auch in diesem Bereich auf die Analyse von Sinnproblemen zu reduzieren. In der Philosophie kommt es darauf an, so behaupten die Verfechter dieser Resignationslösung, nicht die realen Zusammenhänge zu erklären – das besorge, soweit es möglich sei, schon die Wissenschaft –, auch nicht Begründungen zu liefern – das übersteige ihre Möglichkeiten –, sondern nur zu verstehen, das heißt: den Sinn des menschlichen Tuns oder gar nur seiner sprachlichen Komponenten aufzuschließen. Die analytische Moralphilosophie will als neutrale Meta-Ethik in Anknüpfung an die Spätphilosophie Ludwig Wittgensteins nur die Sprachspiele analysieren, in denen moralische

---

[18] Vgl. dazu die Kritik Leszek Kolakowskis am Ideal eines vollkommenen Sittenkodex, in: Ethik ohne Kodex, abgedruckt in seinem Aufsatzband: Traktat über die Sterblichkeit der Vernunft, München 1967, S. 102 ff.

Ausdrücke auftreten[19]. Die philosophische Hermeneutik, die in der Nachfolge Martin Heideggers die Universalität des hermeneutischen Gesichtspunktes postuliert, geht teilweise so weit, in bewußter Nicht-Neutralität traditionell überkommene Vorurteile verstehend zu legitimieren und damit die Tradition des kritischen Denkens über Bord zu werfen[20]. In diesen Tendenzen des analytischen und des hermeneutischen Denkens kommt eine Skepsis hinsichtlich der möglichen Leistung der menschlichen Vernunft zum Ausdruck, die man verstehen kann, wenn man davon ausgeht, daß es lange üblich war, das Rationalitätsmodell der klassischen Methodologie als einzige Möglichkeit anzusehen. Die Schwierigkeiten dieses Modells konnten daher leicht als natürliche Grenzen der Rationalität überhaupt gedeutet werden, so daß eine Philosophie, die nicht dogmatisch verfahren wollte, darauf angewiesen schien, sich auf verstehende Betrachtungsweisen zu beschränken.

Diese Einstellung ist schon sehr deutlich bei Max Weber zu erkennen, der, wie man mit einem gewissen Recht bemerkt hat, mit seinen Gedanken den Positivismus wie den Existentialismus beeinflußt hat, obwohl er selbst ohne weiteres keiner der beiden Richtungen zugerechnet werden kann. Weber hat sich bekanntlich nicht damit zufriedengegeben, das Prinzip der Wertfreiheit für die Sozialwissenschaften zu postulieren. Er hat sich vielmehr ausdrücklich auch mit der Frage beschäftigt, inwieweit die Wissenschaft etwas zur Diskussion von Wertproblemen beitragen kann[21], und in diesem Zusammenhang die These aufgestellt, daß Werturteile keineswegs der wissenschaftlichen Diskussion entzogen seien. Die Kritik mache vor ihnen nicht halt, nur sei die Frage zu klären, was eine solche Kritik bedeute und bezwecke[22]. Seine Untersuchungen zu dieser Frage machen deutlich, daß er die Leistung

---

[19] Zur Kritik dieser Richtung vgl. meinen o.a. Aufsatz: Ethik und Meta-Ethik; vgl. auch HANS LENK, Kann die sprachanalytische Moralphilosophie neutral sein? in: H. ALBERT/E. TOPITSCH (Hrsg.), Werturteilsstreit, Wege der Forschung, Bd. CLXXV, 2. Auflage, Darmstadt 1979, S. 367 ff.

[20] Vgl. dazu das VI. Kapitel meines Buches: Traktat über kritische Vernunft, aaO.

[21] Vgl. dazu seine Aufsätze: Die »Objektivität« sozialwissenschaftlicher und sozialpolitischer Erkenntnis, aaO., S. 149 ff., und: Der Sinn der »Wertfreiheit« der soziologischen und ökonomischen Wissenschaften, aaO., S. 496 ff.

[22] MAX WEBER, aaO., S. 149.

einer rationalen Diskussion von Wertproblemen in der Klärung aller logischen und faktischen Zusammenhänge sah, die dabei eine Rolle spielen, und darüber hinaus in der Aufdeckung der normativen Grundpositionen, von denen bei der Entscheidung solcher Fragen ausgegangen werden kann. Nur die Entscheidung für eine dieser Positionen und damit auch die konkrete Entscheidung in der jeweiligen praktischen Situation könne die Wissenschaft dem Handelnden nicht abnehmen. Die letzten »Wertaxiome«, von denen die an einer solchen Diskussion Beteiligten ausgehen, können nach Max Webers Auffassung offenbar durch rationale Diskussion zwar herausgearbeitet und verstanden werden, so daß auch die konkreten Entscheidungen, die aus ihnen hervorgehen müssen, verständlich werden, aber sie selbst sind letzten Endes keiner Kritik mehr zugänglich. Die Diskussion leistet also einen Beitrag zur Klärung der Positionen und zur Durchleuchtung der Begründungszusammenhänge, aus denen sich die Entscheidungen rechtfertigen lassen, aber damit hat es dann sein Bewenden. Die Grenze der kritischen Argumentation ist erreicht, wenn sich die Konsistenz der verschiedenen möglichen Standpunkte herausgestellt hat.

Diese Auffassung geht offenbar von einer impliziten Anerkennung des klassischen Rationalitätsmodells aus, verbindet sie aber mit der den tatsächlich stattfindenden Wertkontroversen entstammenden Erfahrung, daß verschiedene »letzte Stellungnahmen« nicht nur logisch möglich, sondern auch faktisch oft vorhanden sind. Hat man sie einmal herausgearbeitet, so ist nicht recht zu sehen, wie man durch rationale Analyse noch weiterkommen kann. Es scheint jedenfalls ehrlicher zu sein, diese Situation zuzugeben, als der Wissenschaft zuzumuten, ohne ausreichenden Grund für eine dieser Antworten einzutreten oder aber sogar eine Formel zu finden, die den Konflikt der Wertungen harmonisierend überdeckt, ohne daß er wirklich ausgetragen wird. Da Weber den Wertrelativismus als Ausweg aus diesem Dilemma nicht akzeptieren konnte, führte ihn seine Verbindung von ethischem Fundamentalismus und Pluralismus zu der Konsequenz, daß es sich bei den verschiedenen unvereinbaren Wertpositionen um Glaubensüberzeugungen handele, zwischen denen man sich entscheiden müsse, ohne die Hilfe der Wissenschaft dazu in Anspruch nehmen zu können. Mit ihr verbunden war bei ihm die Auffassung, daß »jede wissenschaftliche Diskussion von Gegnern in Glaubenssachen ... im wesentlichen immer nur der Erprobung und Festigung des eigenen Glaubens dient«[23]. Vieles deutet darauf hin, daß Max Weber »letzte Wertvoraussetzungen« für im Grunde genommen unkorrigierbar, jedenfalls aber durch rationale Kritik unbeeinflußbar hielt. Mit seinem Versuch, den möglichen Beitrag der wissenschaftlichen Diskussion zur Lösung von Wertproblemen zu klären, hat er die Grenze der rationalen Kritik soweit in den Bereich weltanschaulicher Überzeugungen hinauszuschieben gesucht, wie es mit dem klassischen Rationalitätsmodell vereinbar zu sein schien. Dabei hat sich allerdings gezeigt, daß angesichts des herrschenden Pluralismus ethischer Standpunkte die Irrationalität der obersten normativen Voraussetzungen zugegeben werden mußte, wenn nicht der Anschein erweckt werden sollte, daß die eigene Position aus rationalen Gründen vorgezogen werden müsse. Da keine rationale Autorität zu finden war, auf die die eigenen Stellungnahmen als die nachweisbar allein richtigen zurückgeführt werden konnten, mußte auch den Verfechtern anderer Standpunkte die Souveränität ihrer Gewissensentscheidung zugestanden werden.

Wir haben gesehen, daß die Idee der Irrationalität echter Entscheidungen eine gemeinsame Voraussetzung der positivistischen und der existentialistischen Richtungen des philosophischen Denkens wurde, die sich in der Zeit nach Max Weber herausbildeten. Die in dieser Entwicklung erfolgende Polarisierung des Denkens sorgte dafür, daß die Komponenten, die er in seinem existentiellen Rationalismus vereinigt hatte, auseinandertraten. Der Positivismus kultivierte die rationale Analyse der Wissenschaft, wobei allerdings der Entscheidungsaspekt seiner Problemlösungen vielfach zunächst im dunkeln blieb, der Existentialismus suchte mit hermeneutischen Methoden den irrationalen Charakter existentieller Entscheidungen einsichtig zu machen, wobei wiederum die mögliche Entscheidung für Rationalität im Denken und Handeln meist vernachlässigt wurde. Eine Wiederaufnahme der von Max Weber aufgeworfenen Probleme unter neuen Gesichtspunkten war in dieser Situation nicht zu erwarten. Gegen die Annahme, letzte Voraussetzungen und fundamentale Entscheidungen seien Glaubens-

---

23 So Eduard Baumgarten in seiner Einleitung zu: Max Weber, Soziologie – Weltgeschichtliche Analysen-Politik, herausgegeben von Johannes Winckelmann, 2. Auflage, Stuttgart 1956, S. XXXV.

sache und damit zwar dem Verstehen, aber keinesfalls mehr der Kritik zugänglich, eine Annahme, die heute vermutlich auch im Alltagsdenken tief verwurzelt ist, hatten die Kritiker Max Webers, die ihn von theologischen oder quasi-theologischen Voraussetzungen her zu überwinden suchten[24], keinen stichhaltigen Einwand vorzubringen. Sie pflegten für sich selbst mit Vorliebe von der Kritikimmunität letzter Voraussetzungen Gebrauch zu machen, allerdings ohne daß sie ihm den gleichen Vorteil einzuräumen bereit waren.

Wie oben festgestellt wurde, hat die Entdeckung der Tatsache, daß »hinter« allen Erkenntnissen letzten Endes Entscheidungen irgendwelcher Art stehen, eine Entdeckung, die übrigens zumindest unausdrücklich schon in der Weberschen Analyse der Wissenschaft enthalten ist[25], insofern eine neue Problemsituation geschaffen, als sich nun die Schwierigkeiten, die hinsichtlich der Wertproblematik aufgetaucht waren und hier zur Annahme einer Schranke für die rationale Diskussion geführt hatten, auf den Bereich der Erkenntnis übertragen lassen müssen. Kognitive Ansprüche unterliegen ja ebenso wie moralische und politische Ansprüche der Bewertung und der Entscheidung unter den jeweils dafür adoptierten Gesichtspunkten. Damit stellt sich, wenn man von der Begründungsidee ausgeht, die Frage nach den letzten Wertvoraussetzungen der Erkenntnis, und der Nachweis der Unbegründbarkeit von Forderungssätzen läßt sich auch auf diejenigen Anforderungen ausdehnen, die an gültige Erkenntnisse gestellt zu werden pflegen. Wer nun die Max Webersche Auffassung hinsichtlich des Status letzter Wertvoraussetzungen kritisieren möchte, muß sich darüber klar sein, daß er ein viel allgemeineres Problem in Angriff genommen hat und daß er mit seiner Kritik eine Auffassung trifft, die zu-

---

[24] Für eine Übersicht über die verschiedenen Richtungen der Max Weber-Kritik vgl. Guenther Roth, Political Critiques of Max Weber: Some Implications for Political Sociology, American Sociological Review, Vol. 30, 1965, S. 213 ff.

[25] Vgl. dazu seinen Aufsatz: Wissenschaft als Beruf, aaO., wo die in der wissenschaftlichen Arbeit enthaltene Entscheidung zur Rationalität analysiert und vor allem die Spannung zum theologischen Denken herausgestellt wird, das nach Weber stets die »Virtuosenleistung des ›Opfers des Intellekts‹« erforderlich macht; vgl. aaO., S. 595; vgl. auch Karl Löwiths Bemerkungen dazu in seinem Aufsatz: Die Entzauberung der Welt durch Wissenschaft, Club Voltaire II, München 1965, S. 134 ff.

mindest unausdrücklich zu den fundamentalen Überzeugungen im übrigen sehr heterogener philosophischer, theologischer und weltanschaulicher Richtungen gehört: die Auffassung von der *Kritikimmunität sogenannter letzter Voraussetzungen*, die wir oben schon analysiert haben. Damit haben wir wieder eine Charakterisierung der Problemsituation erreicht, die die genaue Parallelität zwischen den moralphilosophischen und der erkenntnistheoretischen Grundlagenproblematik zeigt.

Unsere Kritik an der klassischen Methodologie der zureichenden Begründung läßt sich nun prinzipiell auch auf das ethische Grundlagenproblem anwenden, denn sie zielt ja auf die allgemeine Struktur des Begründungsdenkens ohne Rücksicht darauf, welche Art von Überzeugungen zur Diskussion steht. Wer für konkrete Werturteile und damit auch für moralische Entscheidungen eine zureichende Begründung im Sinne des klassischen Modells anstrebt, der wird ganz in der Weise, die von Max Weber vorgeschlagen wurde, auf letzte Wertmaßstäbe rekurrieren müssen, die keiner weiteren Begründung mehr fähig sind, wenn er die beiden anderen Äste des Trilemmas vermeiden will. Das bedeutet aber nichts anderes als den Rückgriff auf dogmatische Prinzipien, die keiner Kritik mehr unterworfen sind, also auf die von Max Weber offenbar für notwendig gehaltenen unkorrigierbaren letzten Stellungnahmen. Nun läßt sich hier schon gegen ihn einwenden, daß in seiner ganzen Exposition der Wertproblematik bereits eine Vorentscheidung für den klassischen Typus der Rationalität enthalten ist, der sich auf Grund des euklidischen Ideals herausgebildet hat. Die Option für dieses Ideal schließt aber Stellungnahmen aus, die sich nicht ohne weiteres diesem Typus der Rationalität fügen. Die von ihm ins Auge gefaßten Partner einer Wertdiskussion werden so charakterisiert, daß sie sich einer Kritik unter logischen und sachlichen Gesichtspunkten zugänglich erweisen, während eine weitergehende Kritik auf ihren Widerstand stößt. Das ist bei Weber ohne Zweifel nicht als eine psychologische Charakterisierung gedacht. Er hat dabei vielmehr die objektive Gültigkeit von Logik und Realwissenschaft vorausgesetzt, ohne in diesem Zusammenhang Rücksicht darauf zu nehmen, daß auch die »letzten Voraussetzungen« dieser Wissenschaften in die Diskussion einbezogen werden könnten.

Es taucht aber nun sofort die Frage auf, warum die Teilnehmer einer solchen Diskussion gerade nur die von Max Weber apostrophierten »letzten Wertaxiome« als immun erklären und damit dogmatisieren sollten. Sie könnten das ja ohne weiteres auch mit anderen Komponenten der von ihnen vorgebrachten Überzeugungen machen, denn das bei Weber vorausgesetzte Rationalitätsmodell läßt grundsätzlich eine Dogmatisierung beliebiger Teile des eigenen Glaubenssystems zu, soweit dabei nicht logische Prinzipien verletzt werden. Läßt man solche Verletzungen zu, so verläßt man zwar den Umkreis der von Max Weber bevorzugten Lösungen, aber man hat dann einen noch weiteren Spielraum für solche Immunisierungen gewonnen. Man denke nur an die Suspendierung des Widerspruchsfreiheitsprinzips bei gewissen Verfechtern der Dialektik Hegelscher Provenienz, die bei geschickter Handhabung solchen Theoretikern von vornherein den Sieg in jeder Diskussion sichern kann, wenigstens solange ihre Gegner diese Strategie nicht durchschauen. Es ist also keineswegs selbstverständlich, daß sich auch nur die von Max Weber ins Auge gefaßten Möglichkeiten rationaler Kritik realisieren lassen. Unter Aufgabe seines Rationalitätsmodells läßt sich die Vielfalt möglicher ethischer Überzeugungen also ohne weiteres noch vergrößern.

Jedenfalls kann man aber auch dann, wenn man seine Konzeption der Kritik unterwerfen will, zunächst zugeben, daß es durchaus möglich ist, bestimmte Komponenten irgendwelcher Auffassungen und damit auch sogenannte letzte Voraussetzungen kognitiven oder normativen Charakters gegen jede Kritik zu immunisieren. Eine solche *Immunität* ist, wie wir schon in unserer Untersuchung der Erkenntnisproblematik festgestellt haben, zwar keine notwendige Eigenschaft bestimmter Bestandteile von Überzeugungen, aber sie ist durchaus *herstellbar*, wenn man bereit ist, geeignete Verfahrensweisen anzuwenden. Je nach Art der betreffenden Überzeugung und nach der Eigenart des sozialen Bereichs, in dem sie auftreten, mag ihre Dogmatisierung mit verschiedenartigen und mehr oder weniger großen Schwierigkeiten verbunden sein. Als prinzipielle Möglichkeit kann sie für keinen Bereich der menschlichen Weltorientierung ausgeschlossen werden, nicht einmal für den Bereich der Wissenschaft. Die Dogmatisierung ist eine Möglichkeit der menschlichen und sozialen Praxis überhaupt, in der die Tatsache zum Ausdruck kommt, daß der Wille, Gewißheit zu erlangen, über den Willen triumphiert, Problemlösungen zu erreichen, die für mögliche Kritik offenbleiben, daher dem Widerstand der Realität und dem Widerstand anderer Mitglieder der Gesellschaft ausgesetzt sind und sich dabei bewähren oder scheitern können. Die Schließung von Glaubenssystemen ist also nicht ein Gebot der Logik oder irgendeiner anderen objektiven Instanz, sondern ein Diktat des Willens und der Interessen und Bedürfnisse, die hinter ihm stehen, ihre Offenheit ist, so könnte man sagen, selbst eine Frage der Moral.

IV. Kritizismus und Ethik: Die Rolle kritischer Prinzipien

Wer also die Möglichkeit der Dogmatisierung konzediert, ist damit noch keineswegs gezwungen, diese Praxis für irgendwelche Fälle als notwendig zu akzeptieren, wie es durch die klassische Rationalitätskonzeption zumindest für sogenannte letzte Voraussetzungen nahegelegt wird. Man wird vielmehr die Methodologie der kritischen Prüfung, die im Rahmen der Behandlung des Erkenntnisproblems skizziert wurde, als *allgemeine* Alternative zur klassischen Lehre betrachten und sie auf Überzeugungen *aller* Art, also auch auf normative Konzeptionen und Wertmaßstäbe, anwendbar machen können. Der Eindruck, es müsse »letzte« Voraussetzungen geben, die *an sich* der Kritik entzogen seien, kommt nur unter der Faszination des axiomatischen Denkens zustande, das ja dafür sorgt, daß Voraussetzungen dieser Art *geschaffen* werden. Wir wissen allerdings heute, daß Axiomatisierungen zwar für gewisse Zwecke nützlich sind, aber keineswegs endgültige und prinzipiell unkritisierbare Problemlösungen bieten[26]. Vor allem können sie natürlich nicht zeigen, daß irgendeine Aussage *an sich* den Charakter einer »letzten Voraussetzung« hat und in *diesem* Sinne ein Axiom ist[27]. Abgesehen davon, daß es für jede These prinzipiell un-

[26] Vgl. dazu das interessante Buch von ALEXANDER ISRAEL WITTENBERG, Vom Denken in Begriffen. Mathematik als Experiment des reinen Denkens, Basel und Stuttgart 1957, sowie die Arbeiten von Imre Lakatos.

[27] In diesem Zusammenhang ist es interessant, Max Webers Bemerkungen über die Weise zu betrachten, in der er sich die Identifizierung der jeweils »letzten Wertaxiome« von Individuen vorgestellt hat. Ihre Herausarbeitung ist seiner Auffassung nach »eine von der Einzelwertung und ihrer sinnhaften Analyse ausgehende, immer höher zu immer prinzipielleren wertenden Stel-

endlich viele mögliche Voraussetzungen gibt, läßt sich kein Punkt angeben, an dem ein Begründungsregreß abgebrochen werden müßte. Man kann also höchstens sagen, daß jemand, der in einer Wertdiskussion der von Max Weber angeführten Art irgendwelche der von ihm gemachten Aussagen als »letzte« Voraussetzungen deklariert, *nicht bereit ist*, darüber in diesem Zusammenhang zu diskutieren[28]. Damit erweist sich die von ihm postulierte Schranke der kritischen Diskussion als vom Willen der Diskussionspartner abhängig. Auch in der Wertdiskussion hat die Rationalität also nur diejenigen Grenzen, die ihr von den Beteiligten selbst gesetzt werden. Auch hier läßt sich die Idee der kritischen Prüfung prinzipiell auf alle Bestandteile der in Frage kommenden Überzeugungen anwenden, auch hier natürlich, ohne daß man einen der Beteiligten zwingen könnte, ein kritisches Argument zu akzeptieren.

Max Weber hat, wie wir sahen, eine Auffassung über die Diskussion von Wertfragen entwickelt, hinter der eine eigenartige Kombination von Fundamentalismus und Pluralismus stand. Die Anwendung des Kritizismus auf die moralphilosophische Problematik involviert nun zwar die Ablehnung des Fundamentalismus,

---

lungnahmen aufsteigende Operation. Sie operiert nicht mit den Mitteln einer empirischen Disziplin und zeitigt keine Tatsachenkenntnis. Sie »gilt« in gleicher Art wie die Logik (Der Sinn der »Wertfreiheit« der soziol. u. ökon. Wissenschaften, aaO., S. 496). In seinem Gutachten zur Werturteilsdiskussion im Ausschuß des Vereins für Sozialpolitik aus dem Jahre 1913 (vgl. Max Weber, Werk und Person, Dokumente, ausgewählt und kommentiert von Eduard Baumgarten, Tübingen 1964, S. 102) spricht Weber noch von einer rein *logischen* Prozedur, die »kraft der Geltung der Logik« gelte. Diese auffallende Revision des im übrigen wenig veränderten Textes nach vier Jahren ist wohl darauf zurückzuführen, daß Weber inzwischen eingesehen hatte, daß die Logik das gewünschte Verfahren nicht zur Verfügung stellt. Es müßte sich ja um eine induktive Operation handeln, aber auch dafür gibt es keinen quasi-logischen Kanon. Außerdem tritt nun die Frage auf, wann der von ihm ins Auge gefaßte Regreß abgebrochen werden kann, wann also eine Voraussetzung als »letzte« zu identifizieren ist. Damit sind wir wieder bei unserem alten Problem: der prinzipiellen Unbegrenztheit des Begründungsregresses.

[28] In meiner Kritik an diesem Punkt der Max Weberschen Auffassung stimme ich, soviel ich sehe, im Effekt mit Eduard Baumgarten und W. G. Runciman überein, vgl. dazu: Eduard Baumgarten, Max Weber, Soziologie-Weltgeschichtliche Analysen-Politik, aaO., S. XXXV f., Ders., Max Weber, Werk und Person, aaO., S. 652 ff.; W. G. Runciman, Social Science and Political Theory, Cambridge 1963, S. 156 ff.

aber nicht die des ethischen Pluralismus, der vielmehr ein Bestandteil auch dieser Auffassung ist. Wenn es darauf ankommt, ethische Aussagen und Systeme nicht als *Dogmen*, sondern als *Hypothesen*[29] zu behandeln, dann muß es grundsätzlich zulässig sein, *Alternativen* in Erwägung zu ziehen und neue Perspektiven zu entwerfen, aus denen sich andere Lösungen ethischer Probleme ergeben als die bisher üblichen. Auch die von vielen beklagte »Anarchie der Werte« angesichts der heute schon miteinander rivalisierenden ethischen Gesichtspunkte und Systeme ist von daher als eine Herausforderung zu betrachten, kritische Vergleiche dieser Vorschläge unter Bezugnahme auf die heute vorliegende Problemsituation vorzunehmen. Für eine kritische Moralphilosophie kann es nicht darauf ankommen, die jeweils herrschende Moral mit einer fragwürdigen Rechtfertigung zu verstehen, um sie fester im Bewußtsein der Menschen und in den sozialen Zuständen zu verankern. Ihre Aufgabe besteht vielmehr darin, sie kritisch zu beleuchten, ihre Schwächen herauszuarbeiten und Gesichtspunkte für ihre Verbesserung zu entwickeln.

Eine wichtige Frage, die sich in dieser Hinsicht stellt, ist die nach der Rolle der Erkenntnis und damit auch der Wissenschaft in diesem Unternehmen. Zunächst sieht es so aus, als ob die Kritik am naturalistischen Fehlschluß zu einer so scharfen Trennung von Sachaussagen und Werturteilen führen müßte, daß die sich autonom konstituierende Ethik damit vollkommen von der Erkenntnis abgeschnitten würde. Die Erkenntnis wäre mithin irrelevant für die Kritik des ethischen Denkens und der Moral. Das ist aber keineswegs ohne weiteres der Fall. Man kann allerdings – das geht schon aus unserer bisherigen Analyse des Immunisierungsproblems hervor – bestimmte Bestandteile eines Überzeugungssystems gegeneinander isolieren, wenn man das wünscht, und man ist damit auch in der Lage, ethische Komponenten bis zu einem gewissen Grade gegen Erkenntnisse abzuschirmen, so daß sie etwa zeitweise gegen die Erosion geschützt sind, die ihnen durch den Fortschritt der Wissenschaften drohen mag. Aber das erfordert wieder den Entschluß, Verfahrensweisen anzuwenden, die der Dogmatisierung dienen. Eine »natürliche« oder auch notwendige

[29] »Hypothese« bedeutet in diesem Zusammenhang natürlich nicht mehr als prinzipiell kritisierbare Annahme.

Isolierung dieser Art besteht nicht, wie die Geschichte des Denkens und der Moral zeigt. Was immer man unter einer autonomen Ethik verstehen will, diese Autonomie kann jedenfalls nicht bedeuten, daß es keine kognitive Kritik an unserer Wertorientierung geben könne, es sei denn, an die Stelle der früheren theonomen trete nun eine Dogmatik autonomen Charakters.

Wenn für die Moralphilosophie die oben charakterisierte dialektische Methode adoptiert werden soll, dann kommt es darauf an, zur kritischen Durchleuchtung gegebener Wertorientierungen nach relevanten Widersprüchen zu suchen, um gegebenenfalls eine Revision der betreffenden Überzeugungen anzustreben. Soweit nach dieser Maxime die Eliminierung von Widersprüchen gefordert ist, ist sie schon im Max Weberschen Ansatz enthalten, der ja die Geltung der Logik voraussetzt. Auch insoweit Überlegungen zur Realisierbarkeit der auf Grund vorausgesetzter Wertprinzipien anzustrebenden Ziele bei ihm eine Rolle spielen, wird dieser Maxime im Zusammenhang mit realwissenschaftlichen Erkenntnissen entsprochen. Damit wird die Möglichkeit einer rationalen Wertkritik von ihm schon in einem Umfang eingeräumt, der weit über das hinausgeht, was ein extremer ethischer Irrationalismus gestatten würde. Nur die Fiktion vom Erkenntniskontext völlig gelöster letzter Voraussetzungen suggeriert, wie wir gesehen haben: unnötigerweise, eine Grenze für die Kritik. Auch wird die aktive Suche nach Widersprächen nicht ausdrücklich zur Maxime erhoben, wenn auch der Zusammenhang, in dem das Wertproblem erörtert wird – die Diskussion zwischen Personen mit verschiedener Überzeugung –, ein Element dieser Art enthält. Man sieht nun, daß schon der Max Webersche Ansatz implizite von einem kritischen Prinzip Gebrauch machen muß, das in der reinen Wissenschaft nicht vorkommt, nämlich von der Maxime: *Sollen impliziert Können*[30]. Ohne diese Maxime ist nicht zu erkennen, wie man im Rahmen der Max Weberschen Rationalitätskonzeption überhaupt kognitive Kritik an Wertüberzeugungen bewerkstelligen könnte. Es handelt sich hier also gewissermaßen um ein *Brücken-Prinzip* – eine Maxi-

---

[30] Zur Analyse dieses Satzes vgl. Manfred Moritz, Verpflichtung und Freiheit. Über den Satz »sollen impliziert können«, Theoria, Vol. XIX, 1953, S. 131 ff. Der Satz entspricht etwa dem alten: ultra posse nemo obligatur. Sein Sinn mag deutlicher werden, wenn man ihn in die logisch äquivalente kontrapositive Form bringt: Nicht-Können impliziert Nicht-Sollen.

me zur Überbrückung der Distanz zwischen Soll-Sätzen und Sachaussagen und damit auch zwischen Ethik und Wissenschaft –, dessen Funktion darin besteht, eine wissenschaftliche Kritik an normativen Aussagen zu ermöglichen.

Sobald man aber einmal die Möglichkeit zugestanden hat, derartige Brücken-Prinzipien kritisch zu verwenden, ist nicht einzusehen, warum man sich auf dieses Prinzip beschränken und damit nur eine letzten Endes unmittelbar technologisch unterbaute Kritik an Wertorientierungen zulassen sollte. Eine kritische Moralphilosophie wird sich sogar explizit die Aufgabe stellen müssen, weitere derartige Brückenprinzipien zu finden, die eine Ausnutzung der Erkenntnis für die Kritik an normativen Auffassungen ermöglichen. Ein weiteres solches Prinzip neben dem erwähnten Realisierbarkeits-Postulat wäre etwa ein Kongruenz-Postulat, das eine Kritik an normativen Behauptungen ermöglichen würde, die, um sinnvoll zu sein, die Existenz von Faktoren oder Zusammenhängen involvieren müßten, die für die Erkenntnis nicht in Betracht kommen. So ist die Annahme, daß höhere Wesen im Himmel das Recht haben, den Menschen Befehle irgendwelcher Art zu erteilen, und dieses Recht an ein Stammes- oder Staatsoberhaupt delegiert haben, zwar mit bestimmten soziokosmischen Weltdeutungen vereinbar, aber nach unserem heutigen Wissen auf Grund dieses Kongruenzpostulats kritisierbar. Die daraus sich ergebende Kritik läßt sich auf den Inhalt von Normen erweitern, die ihre einzige Stütze in einer Annahme dieser oder ähnlicher Art haben. Damit dürfte manche These moderner protestantischer Theologen, die wesentliche Teile der soziokosmischen Anschauungen, in deren Rahmen sich die Theologie entwickelt hat, über Bord geworfen haben, schon aus diesem Grunde äußerst problematisch werden[31]. Es gibt Inkongruenzen zwischen Kosmologie und Ethik, die dem kritischen Denken nicht standhalten können. Das Problem des naturalistischen Fehlschlusses braucht bei solcher Kritik überhaupt nicht aufzutauchen.

---

[31] Der Leser wird bemerken, daß der Grund für die Kritisierbarkeit der oben erwähnten Annahme nicht etwa in ihrer einfachen, groben Formulierung liegt. Verfeinerungen der Ausdrucksweise, wie man sie heute findet, nützen in dieser Hinsicht gar nichts, es sei denn, sie tragen zur Entleerung solcher Thesen bei. Insoweit ergeben sich dann andere kritische Argumente. Vgl. zu dieser Problematik Kap. V: Glaube und Erkenntnis meines Buches: Traktat über kritische Vernunft, aaO.

Der Glaube, man könne die Ethik und die tatsächliche Moral wegen ihrer Autonomie nicht auf Grund von Erkenntnissen einer Kritik unterwerfen, geht vermutlich von einer Vakuum-Fiktion aus, wie sie ähnlich auch bei der Analyse erkenntnistheoretischer Probleme eine Rolle spielt, von der Annahme nämlich, wir hätten zu einem bestimmten Zeitpunkt über unser fundamentales Wertsystem als Ganzes zu entscheiden, und zwar losgelöst von jeder wertfremden Erwägung und damit auch von jeder Rücksicht auf Erkenntnisse. Erst nach dieser Grundentscheidung müßten dann für die Anwendungsproblematik, also für sogenannte technische Fragen, Erkenntnisse herangezogen werden. Eine Situation, die eine derartige Entscheidung fordern würde, kommt aber de facto nicht ernsthaft in Betracht. Bestimmte Wertüberzeugungen sind immer schon in Verbindung mit Erkenntnissen vorhanden, sie sind mit sachlichen Überzeugungen gewissermaßen »verwachsen«, eine Situation, der durch den natürlichen Wertplatonismus des Alltagsdenkens Rechnung getragen wird[32]. Wir haben nun beide Arten von Überzeugungen bei der Lösung unserer Lebensprobleme ständig anzuwenden und dabei zu prüfen und gegebenenfalls zu revidieren. Neue Ideen und neue Erfahrungen können uns dazu bringen, unser kognitives System in irgendeiner Weise umzustrukturieren und auf diesem Wege auch dazu, unser Wertsystem zu ändern. Zwar ist, wie wir wissen, aus einer Sachaussage nicht ohne weiteres ein Werturteil deduzierbar, aber bestimmte Werturteile können sich durchaus *im Lichte einer revidierten sachlichen Überzeugung* als mit bestimmten Wertüberzeugungen, die wir bisher hatten, *unvereinbar* erweisen. Die kritische Verwendung der erwähnten Brücken-Prinzipien ist ein Mittel, solche Unvereinbarkeiten aufzudecken[33].

---

[32] Daher sagt Gellner mit einem gewissen Recht, daß dieser Platonismus zwar eine ziemlich wertlose Philosophie, aber dafür eine ausgezeichnete Soziologie sei, vgl. ERNEST GELLNER, Thought and Change, aaO., S. 84 ff.

[33] Im Hinblick auf die Möglichkeit einer objektiven Kritik an Wertüberzeugungen besteht offenbar Übereinstimmung zwischen der hier entwickelten Auffassung und der Auffassung, die VIKTOR KRAFT in seiner Abhandlung: Rationale Moralbegründung, Wien 1963, zum Ausdruck gebracht hat; vgl. z.B. aaO., S. 33 f. Allerdings verbindet Kraft die Idee der Kritik in einer Weise mit dem Postulat der Begründung, die m.E. zu den oben aufgewiesenen Schwierigkeiten führen muß. Konkret zeigen sich in seiner Darstellung der Probleme

Eine andere Art von Kritik kann sich daraus ergeben, daß neue moralische Ideen erfunden werden, von denen aus bisherige Lösungen moralischer Probleme fragwürdig erscheinen. Im Lichte solcher Ideen werden oft erst bestimmte bisher unbeachtete oder für selbstverständlich gehaltene problematische Züge dieser Lösungen sichtbar. Dadurch ergibt sich eine neue Problemsituation, ebenso wie das in der Wissenschaft beim Auftauchen neuer Ideen oft der Fall ist. Bisher unbeachtete Möglichkeiten der Problemlösung kommen zum Vorschein, so daß neue Entscheidungen notwendig werden. Solche Ideen sind früher sehr oft, wenn auch nicht ausschließlich, im Zusammenhang mit religiösen Weltdeutungen aufgetreten. Es steht keineswegs fest, daß die Moralphilosophie, wie es dem Programm des analytischen Denkens entsprechen würde, in dieser Beziehung Abstinenz üben müßte. Nachdem das analytische Programm sich ohnehin als unzulänglich erwiesen hat, ist es vielleicht angebracht, auf die spekulative und konstruktive Seite kritischen Philosophierens hinzuweisen. Diese Seite ist, wie im Erkenntnisbereich, mit einem anderen Aspekt verbunden, der schon bei Max Weber zu finden ist: mit einem ethischen Pluralismus, der alternative Problemlösungen in Betracht zieht. Max Weber hat durchaus richtig gesehen, daß die rationale Diskussion von Wertproblemen nicht unbedingt zu einem Konsensus führen muß. Aber er hat nicht beachtet, daß man Situationen dieser Art auch bei der Diskussion von Erkenntnisproblemen findet. Vielleicht hätte ihn diese Einsicht davor bewahrt, für die Wertdiskussion eine

---

diese Schwierigkeiten vor allem in dem von ihm vorgeschlagenen Rekurs auf natürliche Bedürfnisse als Letztgegebenheiten; vgl. dazu vor allem Karl Acham, Rationale Moralbegründung. Einige Bemerkungen zur analytischen Moralphilosophie im Hinblick auf Victor Krafts gleichnamiges Buch, Archiv für Rechts- und Sozialphilosophie, Vol. 1967, LIII/3, S. 387 ff., besonders S. 402 ff. Da ich nicht sehe, wie hier das o.a. Trilemma anders vermieden werden kann, würde ich das von Kraft postulierte Ziel einer rationalen Begründung der Moral also – durchaus im Einklang mit der hinter dieser Zielsetzung stehenden rationalen Einstellung – opfern, um auch hier einen konsequenten Kritizismus zu vertreten, einen Kritizismus, der es allerdings durchaus erlaubt, ganz im Sinne des Kraftschen Naturalismus für die Kritik an gegebenen Moralauffassungen und moralisch relevanten sozialen Verhältnissen mit Argumenten zu operieren, in denen die Bedürfnisbefriedigung der Mitglieder einer Gesellschaft eine Rolle spielt.

Schranke der Rationalität anzunehmen, die bei der Erörterung von kognitiven Fragen nicht auftritt.

Es ist also möglich, die positivistische Resignation in moralphilosophischen Fragen zu überwinden, ohne in den existentialistischen Kult des Engagements zu verfallen, der die rationale Diskussion solcher Probleme durch irrationale Entscheidungen ersetzt. Der Kritizismus, der uns diese Möglichkeit verschafft, hat im übrigen selbst moralischen Gehalt. Wer ihn übernimmt, entscheidet sich damit nicht für ein abstraktes Prinzip ohne existentielle Bedeutung, sondern für eine Lebensweise. Eine der unmittelbaren ethischen Konsequenzen des Kritizismus ist die, daß der rationalen Argumenten unzugängliche unerschütterliche Glaube, den manche Religionen prämieren, keine Tugend, sondern ein Laster ist[34].

---

[34] Vgl. Richard Robinson, An Atheist's Values, Oxford 1964, S. 118 ff., vor allem aber Walter Kaufmann, Der Glaube eines Ketzers (1959), München 1965.

Die soziale Verankerung der Wissenschaft und die Steuerung des Erkenntnisgeschehens

I. Die neue deutsche Ideologie und die Demaskierung der Wissenschaft

Die moderne Wissenschaft ist eine besondere Wissensform, wie sie in dieser Art nur im Abendland – in der europäischen Kultur und ihren außereuropäischen Einflußgebieten – zu finden ist. In keinem anderen Hochkulturbereich der Erde konnte vermutlich eine Wissensform dieser methodischen Ausprägung entstehen und sich ausbreiten, die so eng mit allen anderen Sphären der Kultur verflochten ist. Sie ist die Erkenntnisweise der industriellen Gesellschaft[1] und damit gleichzeitig die der unter dem Einfluß europäischer Gedanken heute allmählich entstehenden industriellen Weltzivilisation. Ebenso wie der im Interesse der Individuen durch eine Verfassung in der Ausübung der Herrschaft beschränkte Staat und die weitgehend dem Zusammenspiel autonomer Kräfte überlassene bürgerliche Gesellschaft – die marktgesteuerte Wirtschaft – ist sie das Ergebnis einer europäischen Sonderentwicklung, die mit der geschichtlichen Entwicklung in anderen Hochkulturbereichen in merkwürdiger Weise kontrastiert – ein Phänomen, das daher die Aufmerksamkeit der vergleichenden historisch-soziologischen Forschung von Montesquieu über Marx bis zu Weber, Wittfogel und Brunner auf sich gezogen hat. Der Rechts- und Verfassungsstaat der Neuzeit, der moderne Kapitalismus als Träger der industriellen Revolution und die autonome, vom Erkenntnisstreben am Wahrheitsideal orientierter For-

---

[1] So Ernest Gellner, Thought and Change. Chicago 1964, S. 179.

scher bestimmte Wissenschaft, deren Erkenntnisleistungen sich nichtsdestoweniger praktisch verwerten lassen, sind eng miteinander verbunden, und zwar nicht nur, was ihre institutionellen Vorbedingungen angeht, sondern auch hinsichtlich der Ideen, die ihre Entwicklung bestimmt haben, und der historischen Triebkräfte, denen wir ihre Entstehung verdanken. Im Rahmen von Kulturen, die durch die »asiatische Produktionsweise« (Marx) charakterisiert oder als »orientalische Despotien« (Wittfogel) organisiert waren, konnten weder moderne Verfassungen, noch marktregulierte Wirtschaftsformen, noch Erkenntnisweisen von der Art der heutigen Wissenschaft entstehen oder Bestand haben.

Es ist kein Zufall, daß die radikalen ideologischen Strömungen, von denen die westliche Kultur heute heimgesucht wird, mit ihrer Kapitalismuskritik gleichzeitig auf diese drei Prägungen der abendländischen Geistes- und Gesellschaftsentwicklung zielen und sie gemeinsam zu desavouieren suchen, als Weisen der Entfremdung des Menschen, die durch revolutionäre Umwälzungen beseitigt und durch eine emanzipatorische Praxis – durch Formen emanzipierten Zusammenlebens und gemeinsamer an praktischen Interessen orientierter Wahrheitssuche – ersetzt werden sollen. Auf der Grundlage einer Geschichtsphilosophie, die – in der Nachfolge eschatologischer Weltauffassungen – den Sinn des historischen Geschehens enthüllen zu können meint, werden die für die westliche Welt charakteristischen Staats-, Wirtschafts- und Wissensformen als Erscheinungsweisen technokratischer Praxis denunziert und einer totalen Kritik überantwortet, die den »positivistisch halbierten Rationalismus«, der in ihnen angeblich zum Ausdruck kommt, im Namen einer umfassenderen Vernunft an den Pranger stellt.

Die Verfechter solcher Denkweisen pflegen die heute realisierten Lösungen der ordnungspolitischen Problematik in diesen drei Bereichen *toto coelo* in Frage zu stellen, ohne daß sie allerdings in der Lage wären, echte – das heißt unter anderem: hinsichtlich der in Frage kommenden institutionellen Vorkehrungen durchkomponierte und realisierbare – Alternativen anzubieten. Ihr Verfahren ist das der Anklage, der Denunziation des gesamten Systems wegen der Schwächen, die ihm angeblich notwendigerweise anhaften und die daher durch Reformen nicht zu beseitigen seien. In dieser Art von Systemkritik ohne den Hintergrund einer brauchbaren

Alternativanalyse kann man mit einigem Recht eine Erbschaft des Marxschen Denkens sehen, einen vor allem in praktisch-politischer Hinsicht äußerst schwerwiegenden und folgenreichen Mangel, der den meisten Versionen des Marxismus gemeinsam sein dürfte. Sie gibt, wie wir noch sehen werden, gerade im Hinblick auf das Problem einer im echten Sinne rationalen Praxis zu erheblichen Bedenken Anlaß. Schon Karl Marx hatte seine teilweise durchaus realistischen und hinsichtlich der darin aufgeworfenen Probleme interessanten und fruchtbaren Analysen des tatsächlichen Funktionierens sozialer Mechanismen auf dem Hintergrund einer geschichtsphilosophischen Konzeption angestellt, die ihm nicht nur prophetische Vorwegnahmen des künftigen historischen Geschehens erlaubte, sondern diese Analysen darüber hinaus als integrierende Bestandteile einer Anklage in Form einer totalen Systemkritik erscheinen ließ. In dieser letzten Endes auf früheres geschichtstheologisches Denken zurückgehenden Konzeption lag der Gang des historischen Geschehens im Großen schon fest, so daß sich Alternativanalyse und Programmatik im wesentlichen zu erübrigen schienen.

Der Marxismus, ein Amalgam historischer und theoretischer Analyse auf philosophischem Hintergrund mit einer äußerst vagen Programmatik im Gewande der Prophetie, ist gerade deshalb von so großer politischer Brisanz, weil er es seinen Parteigängern ermöglicht, sich im Einklang mit dem Sinn der Geschichte zu fühlen und daher einer echten Entscheidung überhoben zu sein. Die Gegner können als Gefangene einer ihrer Klassenlage entsprechenden Ideologie angesehen werden, während sich die Anhänger dieser Lehre als im Besitze der Wahrheit befindlich – und damit als die Vertreter echter Wissenschaft – betrachten. Sie nehmen, wie das seit jeher im theologischen Denken üblich war, den Ungläubigen gegenüber ein Erkenntnisprivileg in Anspruch, ein Umstand, der in der Herrschaftspraxis heutiger sozialistischer Staaten zum Interpretationsmonopol der Partei und ihrer Führer geführt hat, einem Analogon übrigens zur Theokratie, wie sie für orientalische Despotien charakteristisch war. Eine Weltauffassung, in der der Glaube an die Wissenschaft mit dem Glauben an die Notwendigkeit des Fortschritts und an die einer reinigenden Katastrophe einherging, die zur Überwindung des Kapitalismus und damit zur Emanzipation der Menschheit führen müsse, so daß Probleme der institutionellen Regelung, der Koordination menschlicher Handlungen, der rechtlichen Sicherung individueller Freiheiten, bedeutungslos würden – eine solche Auffassung war gewiß geeignet, als Ideologie einer militanten Massenbewegung zu dienen und Energien für den Klassenkampf zu mobilisieren. Aber sie war als Grundlage einer rationalen Praxis von sehr fragwürdigem Wert, und ihr radikales, der vergleichenden Untersuchung realisierbarer Alternativen hinderliches Systemdenken hat sicherlich einen erheblichen Anteil an den totalitären Entwicklungen, die sich in allen Ländern ergeben haben, in denen diese Auffassung zur herrschenden Ideologie wurde.

Die Verfechter neomarxistischer Auffassungen, denen wir die heute in den westlichen Ländern virulente Kapitalismuskritik und die Ansätze zur Kulturrevolution verdanken, die in diesen Gebieten zu beobachten sind, haben die praktischen Auswirkungen der marxistischen Orthodoxie zur Kenntnis genommen und versucht, die Marxsche Lehre der heutigen Situation anzupassen. Sie haben zu diesem Zweck in erheblichem Ausmaß Motive und Ideen der hermeneutischen Strömungen der Philosophie rezipiert und sich dadurch die Kritik orthodoxer Marxisten zugezogen, die noch immer bereit sind, die Systeme des »real existierenden Sozialismus« zu verteidigen. Die neue deutsche Ideologie, die sich durch solche Modifikationen herausgebildet hat, kann sich ohne Schwierigkeiten von den totalitären Aspekten dieser Systeme distanzieren, und man darf wohl davon ausgehen, daß die Kritik ihrer Vertreter an Gesellschaftsformen dieser Art nicht weniger ernst gemeint ist als die Kritik durch Verfechter konservativer oder liberaler Auffassungen. Das bedeutet aber keineswegs, daß die verschiedenen Versionen des Neomarxismus deshalb als Systeme der Weltorientierung, als Anleitungen zum praktischen Handeln oder als Grundlage politischer Maßnahmen akzeptabel sind oder daß man ihren Anspruch auf umfassende Rationalität zu honorieren hätte, den sie anderen – vor allem »bürgerlichen« – Auffassungen gegenüber geltend zu machen pflegen. Die Anfälligkeit des neomarxistischen Denkens für philosophische Anschauungen – wie etwa die Philosophie Martin Heideggers –, die seit den zwanziger Jahren dafür gesorgt haben, daß der deutsche Geist dem Irrationalismus anheimgefallen ist, scheint mir in dieser Hinsicht von erheblichem Interesse zu sein. Wir haben keinen Anlaß anzunehmen, daß die

Aufnahme solcher Ingredienzien das marxistische Denken rationaler macht.

In diesem Zusammenhang möchte ich mich auf zwei Punkte beschränken, die mir im Rahmen unseres Themas besonders wichtig erscheinen. Der eine ist die *instrumentalistische Deutung* der Wissenschaft, die bei diesen Denkern meist zu finden ist, mit den sich daraus ergebenden Konsequenzen. Der zweite ist das schon erwähnte Verfahren der *totalen Kritik,* das sie mit den übrigen Verfechtern marxistischer Anschauungen gemeinsam haben. Die instrumentalistische Deutung der Wissenschaft, besonders der Naturwissenschaften, findet man bei vielen Denkern. Die Idee, daß die Wissenschaft ein bloßes Werkzeug praktischer Lebensbewältigung ohne echten Erkenntnisanspruch ist, wird mitunter von Vertretern einer theologisch geprägten Metaphysik verfochten, die damit versuchen, die Wissenschaft zugunsten dieser Disziplin zu relativieren. Von Denkern, die der idealistischen Tradition verpflichtet sind, wird sie mit ähnlichen Konsequenzen akzeptiert. Es ist daher nicht erstaunlich, daß man sie in der von Jürgen Habermas entwickelten Wissenschaftslehre wiederfindet, in der Elemente marxistischer, hermeneutischer und pragmatistischer Herkunft miteinander verschmolzen sind[2]. Diese Lehre, die als Kritik des herrschenden Wissenschaftsverständnisses gedacht ist, kann als eine Abwandlung der Lehre Max Schelers von den drei Wissensformen – dem Herrschaftswissen der Naturwissenschaften, dem Bildungswissen der Geisteswissenschaften und dem Heilswissen der Theologie – angesehen werden, wobei die instrumentalistische Deutung der ersten Wissensform übernommen, die zweite auf das erkenntnisleitende Interesse der praktischen Verständigung festgelegt und an die Stelle der dritten eine auf das emanzipatorische Interesse verpflichtete Geschichtsphilosophie gesetzt wird. Was dabei herauskommt, ist *de facto* eine vollständige Reduktion aller Wissensformen auf praktische Interessen, so daß die reine Erkenntnis überhaupt nicht mehr in Betracht kommt. Sie wird als ideologischer Schein demaskiert, wie das seinerzeit Marx für die klassische Ökonomie zu leisten glaubte. Tatsächlich werden damit alle Wissenformen zu technologischen Disziplinen im Dienste der

[2] Vgl. JÜRGEN HABERMAS, Erkenntnis und Interesse. Merkur, 1965, S. 1139 ff.

drei Arten von Interessen, die in diesem System zugelassen sind[3]. Die damit verbundene Konsens-Theorie der Wahrheit sucht die Idee einer objektiven Wahrheit dadurch zu unterminieren, daß sie sie auf die Übereinstimmung aller Mitglieder einer Kommunikationsgemeinschaft reduziert. Daß Deutungsversuche dieser Art, ganz abgesehen von ihrer erkenntnistheoretischen Fragwürdigkeit, geeignet sind, für die Rechtfertigung politischer Eingriffe in die Wissenschaft herzuhalten, bedarf keiner Erläuterung.

Das Verfahren der totalen Kritik ist, wie schon erwähnt, ebenfalls eine gemeinsame Komponente verschiedener Versionen des Marxismus, die in besonders wirksamer Weise in Herbert Marcuses Analyse der eindimensionalen Gesellschaft zum Ausdruck gekommen ist[4]. Dieses Verfahren ist, so sehr es im Namen einer die beschränkte Erkenntnis der Wissenschaft überwindenden und auf die gesellschaftliche Praxis bezogenen Vernunft praktiziert werden mag, gerade ein Resultat eines für diese Praxis gefährlichen Irrationalismus, und zwar insofern, als in ihm das Realisierbarkeitsproblem bagatellisiert und die Analyse realisierbarer Alternativen vernachlässigt wird, weil vom utopischen Hintergrund dieses Denkens her alle solchen Alternativen als in gleicher Weise wertlos erscheinen. So resultiert daraus ein Katastrophendenken, das nur die Wahl zwischen Revolution und Resignation läßt und die Frage möglicher Reformen als uninteressant deklariert. Diese Denkweise steht in scharfem Kontrast zu der schon im Werke von Adam Smith dokumentierten liberalen Idee rationaler Praxis, in der die Anlayse realisierbarer Alternativen akzentuiert wird[5], einer Idee, die übrigens auch für die Erkenntnispraxis der Wissenschaft von Bedeutung ist.

---

[3] Vgl. dazu meine Kritik an der Apelschen Version dieser Lehre, die in dieser Hinsicht gleichgelagert ist, in meiner Schrift: Transzendentale Träumereien. Hamburg 1975.

[4] Vgl. Herbert Marcuse, Der eindimensionale Mensch. Neuwied/Berlin 1967.

[5] Vgl. dazu mein Buch: Traktat über rationale Praxis. Tübingen 1978.

II. Das Erkenntnisprogramm der Wissenschaft und ihre praktische Bedeutung

Daß die wissenschaftliche Erkenntnis von großer praktisch-technischer Bedeutung ist und daher schon aus diesem Grunde gesellschaftliche Relevanz für sich in Anspruch nehmen kann, ist kaum zu bestreiten. Aber es wäre falsch, daraus den Schluß zu ziehen, die moderne Wissenschaft sei eine Form der Erkenntnis, die nur oder auch nur in erster Linie darauf abziele, den sogenannten technischen Fortschritt zu fördern und dadurch die Versorgung der Gesellschaft mit Gütern aller Art zu verbessern, obwohl diese Auswirkungen des Erkenntnisfortschritts keineswegs bagatellisiert werden sollen. Die seit Francis Bacon ständig wiederholte Parole »Wissen ist Macht« hat dazu beigetragen, diese Funktion der Wissenschaft im öffentlichen Bewußtsein so fest zu verankern, daß die für die neue deutsche Ideologie charakteristische Redeweise vom »Herrschaftswissen« vielen plausibel erscheint, die sonst keinerlei Beziehung zum wissenschaftlichen Denken haben.

In Wirklichkeit werden die instrumentalistischen Deutungen der wissenschaftlichen Erkenntnis, die dem populären Vorurteil entgegenkommen, den Tatsachen kaum gerecht. Sie verfehlen nämlich nicht nur eines der stärksten Motive, das hinter den für die Gestaltung des modernen Weltbildes grundlegenden Erkenntnisleistungen – etwa hinter den Entdeckungen von Kopernikus, Kepler, Galilei, Newton, Darwin, Einstein und Freud – stand, sondern darüber hinaus auch die für die wissenschaftliche Forschung, zumindest für die Grundlagenforschung, dominante Wertorientierung und die für sie im allgemeinen charakteristischen Hintergrundannahmen, die vor allem das Erkenntnisprogramm der theoretischen Realwissenschaften bestimmt haben. Man kann nämlich diese Wissenschaften – von der Physik und der Chemie bis zur Biologie, der Ökonomie und der Psychologie – durch ein Programm charakterisieren, das ihnen im wesentlichen gemeinsam ist: das Programm der theoretischen Erklärung auf der Basis von Gesetzmäßigkeiten. Und dieses Programm ist nichts anderes als eine ins Methodische gewendete moderne Version des kritischen Realismus, der schon in der vorsokratischen Philosophie anzutreffen ist und der schon die frühere Entwicklung der Wissenschaften – vor der Entstehung der modernen Naturwissenschaften – weitgehend bestimmt hatte.

Lange Zeit hindurch war die an diesem Programm orientierte Wissensform mit einer statischen Erkenntnisauffassung verbunden, derzufolge letzte Erklärungen erreichbar erschienen, Erklärungen, in denen sich das Wesen der Dinge enthüllte und von denen sich mit Sicherheit zeigen ließ, daß sie die Wahrheit darüber enthielten. Der klassische Rationalismus mit seiner Idee eines sicheren Fundamentes der Erkenntnis, wie er zum Beispiel schon in der aristotelischen Erkenntnislehre und später wieder bei so verschiedenen Denkern wie Descartes, Leibniz oder Kant zum Ausdruck kam, war bis in die neueste Zeit die herrschende Anschauung. In dem für sie charakteristischen Begründungsdenken war die Illusion wirksam, man sei in der Lage, einen archimedischen Punkt der Erkenntnis zu erreichen, der nie mehr in Frage gestellt werden müsse.

Diese Auffassung hat seit den durch Albert Einstein und andere Forscher bewirkten Umwälzungen im physikalischen Weltbild allmählich ihre Glaubwürdigkeit eingebüßt. Vor allem Karl Popper hat gezeigt, daß man den kritischen Realismus, der für den naturwissenschaftlichen Denkstil charakteristisch ist, beibehalten und eine angesichts der heutigen Problemsituation angemessenere Rationalitätsauffassung mit ihm verbinden kann, in der das Prinzip absoluter Begründung keine Rolle mehr spielt: einen kritischen Rationalismus, der an die Stelle dieser Forderung ein in bestimmter Weise aufgefaßtes Prinzip der kritischen Prüfung setzt, das mit einem prinzipiellen Revisionismus und einer dynamischen Erkenntnisauffassung vereinbar ist. Damit werden aus der Idee der Fehlbarkeit des Menschen, die für seine gesamte Praxis – für sein Problemlösungsverhalten in allen Bereichen – und damit auch für seine Erkenntnispraxis in den Wissenschaften gilt, die Konsequenzen für die Erkenntnislehre und für die in ihr verwurzelte allgemeine Methodologie der Wissenschaft gezogen. Die daraus resultierende Wissenschaftsauffassung ist nicht nur philosophisch interessant, sie hat vielmehr auch erhebliche Bedeutung für das Problem der Steuerung des Erkenntnisgeschehens, für das Verhältnis von Wissenschaft und Gesellschaft und infolgedessen auch für die politischen Probleme, die in diesem Zusammenhang auftauchen.

Die für die moderne Wissenschaft charakteristische Wertorientierung läßt sich durch einige miteinander zusammenhängende Ideen kennzeichnen, auf die teilweise schon hingewiesen wurde, vor allem auf die Idee der Wahrheit und der Annäherung an die Wahrheit, die Idee der theoretischen Erklärung auf der Basis von Gesetzmäßigkeiten und die Idee der Wertfreiheit, wie sie Max Weber herausgearbeitet hat. Schon der Hinweis darauf, daß diese Webersche Idee zur Wertorientierung der im Bereich der Wissenschaft geübten Erkenntnispraxis gehört, zeigt, daß damit nicht gemeint sein kann, in diesem Bereich hätten Wertgesichtspunkte und normative Regelungen nichts zu suchen – ein Mißverständnis, auf das viele Einwände zurückzuführen sind. Schon Max Weber selbst hatte vielmehr die für diese Erkenntnisform maßgebenden Wertgesichtspunkte deutlich gemacht und darüber hinaus zu zeigen versucht, auf welche Art von Wertungen im Interesse der Erkenntnis zu verzichten sei.

Daß man auf die Wahrheitsidee verzichten könne, gehört zu den – auch mitunter bei Wissenschaftstheoretikern beliebten – Illusionen pragmatistischer Herkunft. Aber ohne diese Idee – die Idee zutreffender Darstellung von Sachverhalten – wäre die innerhalb wissenschaftlicher Disziplinen praktizierte Methodologie kritischer Prüfung kaum zu verstehen. Die Bewährungsidee kann keineswegs, wie mitunter angenommen wird, an die Stelle des Wahrheitsgedankens treten, denn ohne ihn wäre nicht klar zu machen, in weicher Hinsicht sich wissenschaftliche Theorien mehr oder weniger bewähren können. Und auch der Sinn von Erklärungen auf theoretischer Grundlage wäre ohne ihn nur unter Schwierigkeiten zu verdeutlichen. Daß man in gewissen Disziplinen auf Erklärungen verzichten könne – etwa in den Geisteswissenschaften –, wie das unter dem Einfluß des methodologischen Historismus für einige Zeit angenommen wurde, ist eine These, die heute nicht mehr zu halten ist.

Die in heute sehr einflußreichen philosophischen Lehren unternommenen Versuche der Reduktion des wissenschaftlichen Denkens auf sogenannte praktische Interessen beruhen also auf einem fundamentalen Mißverständnis dieser für die moderne Kultur unentbehrlichen Wissensform. Die regulative Idee der objektiven Wahrheit gehört zu den elementaren Gesichtspunkten, die für die Steuerung des Erkenntnisgeschehens unentbehrlich sind, und zwar nicht nur in der Wissenschaft, sondern auch in anderen sozialen Bereichen. Die Idee der zutreffenden, oder auch einer approximativ zutreffenden, Darstellung von Sachverhalten ist grundlegend nicht nur für die Wissenschaft, sondern für jede Kommunikation zwischen Individuen und damit auch für den menschlichen Alltag. Das gleiche gilt für die Idee einer reinen – durch Wertungen nicht verzerrten oder überlagerten – Darstellung. Auch für die Lösung praktischer Probleme besteht ja ein Interesse daran, zunächst einmal die Sachlage zu klären, das heißt: eine möglichst unverzerrte Darstellung der relevanten Sachverhalte zu erreichen, um dann die Möglichkeit zu haben, unter Verwendung der in Betracht kommenden Wertmaßstäbe zu einem brauchbaren Urteil zu kommen.

Die Tatsache, daß sich moderne Philosophen dazu verleiten lassen, die Wahrheitsidee – entweder offen oder versteckt, etwa durch eine nicht ohne weiteres durchschaubare definitorische Zurückführung auf den Konsens bestimmter Gruppen – zurückzuweisen, ist nicht etwa ein Symptom besonders fortschrittlicher Anschauungen. Sie ist vielmehr eher als eine Nachwirkung des klassischen Rationalismus anzusehen, also einer überholten philosophischen Auffassung, deren Erkenntnislehre die Annahme einer Wahrheitsgarantie enthielt. Wer den Wahrheitsbegriff mit der Vorstellung eines Gewißheit verbürgenden Kriteriums verbindet, wie das in dieser Lehre der Fall war, stellt, wie wir heute wissen, utopische Anforderungen an die menschliche Erkenntnis, die auch in ihren höchsten Leistungen nicht über fehlbares Wissen hinausgelangen kann. Philosophen, die von der in dieser Auffassung verwurzelten Suche nach absoluter Gewißheit nicht loskommen können, neigen nicht selten dazu zu resignieren, wenn sie feststellen müssen, daß keine Aussicht besteht, die angestrebte Wahrheit mit solcher Gewißheit zu erreichen. Sie sind dann mitunter bereit, die Idee der objektiven Wahrheit zu opfern und erkenntnistheoretische Ersatzlösungen zu propagieren, in denen die Wissenschaft als ein Gebäude praktisch mehr oder minder nützlicher Fiktionen erscheint, über die ein gewisser Konsensus der Forscher erreichbar ist.

In Wirklichkeit würde eine solche Auffassung auch die praktische Bedeutung der Wissenschaft sehr unplausibel machen. Während es durchaus verständlich ist, daß man eine – wenn auch unter Umständen nur approximativ zutreffende – Erkenntnis wirklicher Zusammenhänge praktisch erfolgreich verwenden kann, ist die Nützlichkeit eines gänzlich fiktiven Machwerkes kaum ohne weiteres einsehbar, es sei denn, man wolle es nur zur Täuschung von Gegnern verwenden. Auch technologische Aussagensysteme lassen sich vor allem auf der Basis echter Erkenntnisfortschritte verbessern, auf der Grundlage neuer theoretischer Problemlösungen also, die es erlauben, die Struktur realer Zusammenhänge besser zu erfassen. Ihre Verbesserung ist also, ebenso wie der damit verbundene technische Fortschritt, kaum ohne die Wahrheitsidee und die damit verknüpfte Idee der Annäherung an die Wahrheit erklärbar.

Die praktische Bedeutung der Wissenschaft und des in ihr erreichbaren Erkenntnisfortschritts für die heutige Weltzivilisation besteht aber nicht nur darin, daß ihre Resultate – durch Umsetzung in Technologie und in Technik – zur *Grundlage erfolgreichen Handelns* gemacht und damit zur *Steuerung* des Geschehens ausgenutzt werden können, sondern auch in ihrer *Aufklärung*sfunktion. Sie sind ja auch die *Grundlage für unsere allgemeine Weltorientierung* – ganz unabhängig von ihrer technischen Verwertbarkeit. Damit sind sie aber auch für unsere *Wertorientierung*, für die Entwicklung unserer Werte, Ziele und Ideale, nicht ohne Bedeutung, soweit wir in der Lage sind, Erkenntnisse dafür fruchtbar zu machen. Wer die gesellschaftliche Relevanz der Wissenschaft durch ihre Bindung an durch politische Instanzen ermittelte praktische Bedürfnisse erhöhen will, macht sich die instrumentalistische Fehldeutung der Erkenntnis zunutze, die manche Philosophen zu unterstützen bereit sind.

III. Die soziale Einbettung der Wissenschaft und die Steuerung der Erkenntnis

Aber sind die Wertideen, die der Orientierung der wissenschaftlichen Erkenntnispraxis dienen sollen, nicht längst der Ideologiekritik anheimgefallen? Ist die Wissenschaft als soziales Phänomen nicht selbst in Interessen, Bedürfnissen und Motiven aller Art verwurzelt, die mit der Suche nach der reinen Wahrheit wenig zu tun haben, so daß die Resultate wissenschaftlicher Forschung gar keinen Anspruch auf objektive Geltung machen können? Auch die Wissenschaft ist seit einiger Zeit in den Sog der Ideologiekritik geraten. Die vor allem in philosophischen Lehren des vorigen Jahrhunderts verankerten Versuche, menschliche Kulturleistungen als ideologisch – als durch Interessen bedingt und daher ohne objektive Geltung – zu demaskieren, haben auch vor den Naturwissenschaften nicht Halt gemacht. Anklage und Analyse pflegen in ihnen so miteinander verknüpft zu sein, daß die negative Wertung als ein natürliches Resultat der sachadäquaten Untersuchung erscheint. Durch den Nachweis sozialer, seelischer oder vitaler Verankerung der betreffenden Kulturleistungen – also auch der wissenschaftlichen Resultate – soll der Anspruch auf allgemeine Anerkennung unterminiert werden, der mit ihnen verbunden zu sein pflegt. »Seinsverbundenheit des Denkens« und objektive Geltung seiner Ergebnisse scheinen sich in ideologiekritischer Perspektive auszuschließen.

Nun ist sicherlich die Tatsache nicht von der Hand zu weisen, daß es institutionelle, motivationale und sogar vitale Erkenntnishindernisse gibt und daß darüber hinaus die soziale Einbettung des Erkenntnisgeschehens – und damit auch der wissenschaftlichen Forschung – überhaupt eine erhebliche Bedeutung für die Steuerung dieses Geschehens hat. Die Formulierung wissenschaftlicher Problemstellungen, die Suche nach adäquaten Problemlösungen, ihre Entdeckung, Bewertung und Verbreitung, vollziehen sich keineswegs in einer Sphäre des reinen Geistes, die mit der menschlichen Bedürfnisbefriedigung und mit den an sie anknüpfenden institutionell geregelten Belohnungssystemen nichts zu tun hat. Erklärungen der Entwicklung des menschlichen Wissens müssen daher, wenn in ihnen Wert auf die Berücksichtigung aller wesentlichen Umstände gelegt wird, auch institutionelle, motivationale und vitale Faktoren einbeziehen. Man braucht keine Sorge zu haben, daß die Einbeziehung solcher Faktoren ohne weiteres negative Konsequenzen für den Geltungsanspruch der betreffenden Erkenntnisleistungen haben müsse. Ideologiekritische Analysen, die diesen Eindruck erwecken, müssen sich vielmehr den Vorwurf gefallen lassen, auf einem negativen genetischen Fehlschluß zu beruhen, einem Schluß von der – möglicherweise unter irgendwelchen Gesichtspunkten fragwürdigen – Abstammung auf die Ungültigkeit dieser Leistungen.

Tatsächlich können aber in Erklärungsversuchen für Erkenntnisleistungen, in denen die erwähnten Faktoren als kausal relevante Komponenten auftreten, durchaus diejenigen *Kriterien* eine Rolle spielen, die dem Verfechter der Idee einer objektiven Erkenntnis wichtig erscheinen, dann nämlich, wenn sie für den Ablauf des Erkenntnisgeschehens *faktisch* bedeutsam sind. Daß der

Forscher in seinem Verhalten durch bestimmte Motive gelenkt wird und daß gewisse institutionelle Arrangements vorhanden sind, die seinen Verhaltensspielraum mitbestimmen, bedeutet ja keineswegs, daß die Wertgesichtspunkte und Leistungsnormen unwirksam sind, die für die Objektivität seiner Problemlösungen maßgebend sind. Es ist vielmehr prinzipiell durchaus möglich, daß die sozialen Mechanismen, die im Bereich der Wissenschaft wirksam sind, gerade so funktionieren, daß sich solche Normierungen im Verhalten der Forscher durchsetzen. Inwieweit das auch tatsächlich der Fall ist, hängt allerdings von ihrer jeweiligen Ausgestaltung ab, die sich von einem im Sinne bestimmter Ideale optimalen Zustand mehr oder weniger weit entfernen kann. Wie auf die Lehre, die Vermittlung wissenschaftlicher Problemlösungen und Lösungsmethoden an Studierende[6], so können sich auch auf die Forschung die jeweils vorherrschenden institutionellen Regelungen mehr oder weniger günstig auswirken. Sie können, grob gesagt, den Erkenntnisfortschritt – in manchen Bereichen in geringerem, in anderen in stärkerem Maße – fördern, sie können ihn hemmen und sie können unter Umständen sogar zur völligen Stagnation und zu Rückschritten, zum Verfall des bisherigen Wissens und zur Zerstörung erkenntnisrelevanter Traditionen, führen.

Wir haben hier eine Problematik der prinzipiell gleichen Art vor uns, wie sie von den schottischen Moralphilosophen, den Begründern der klassischen Ökonomie und einer naturalistisch verfahrenden Sozialwissenschaft, schon im 18. Jahrhundert ins Auge gefaßt wurde, vor allem von Adam Smith, dessen berühmtes Werk über den Reichtum der Nationen ja keineswegs ein ökonomisches Buch im heute üblichen Sinne des Wortes ist, sondern ein Buch, das von umfassenden soziologischen Gesichtspunkten geprägt ist und Untersuchungen über alle Bereiche des sozialen Lebens enthält, die heute noch von Bedeutung sind. Es gehört wohl zu den wichtigsten soziologischen Entdeckungen, die wir dieser Richtung verdanken, daß die soziale Bedeutung, die »Funktion«, einer Tätigkeit nicht unbedingt eines der Motive oder gar das wichtigste oder das einzige Motiv für ihre Ausübung und ihre Verbreitung in der Ge-

---

[6] Vgl. dazu schon Adam Smith, The Nature and the Causes of the Wealth of Nations. In: The Works of Adam Smith, Vol. IV (Reprint). Aalen 1963, S. 150 ff.

sellschaft sein muß, so daß es für deren Erklärung als wesentlicher Faktor heranzuziehen ist. Die gegenteilige Annahme hat noch im modernen soziologischen Denken zu einem defekten Erklärungstyp geführt, der lange Zeit für die herrschende Lehre, den sogenannten Funktionalismus, charakteristisch war. Bestimmte positiv bewertete – aber natürlich auch negativ bewertete – soziale Tatbestände sind oft unbeabsichtigte oder sogar unvorhersehbare Nebenprodukte von Verhaltensweisen, die ihrer Motivation nach auf ganz andere Ziele gerichtet sind. Im ökonomischen Denken wurde dieser Gesichtspunkt vor allem im Hinblick auf die möglichen Wohlfahrtswirkungen am Selbstinteresse orientierter Tätigkeiten – zum Beispiel des auf Gewinnmaximierung abzielenden Unternehmerverhaltens – verwertet. Aber man kann ihn natürlich, da es sich um einen allgemein soziologischen Gesichtspunkt handelt, ohne weiteres auf andere soziale Tatbestände anwenden, zum Beispiel auf den Erkenntnisfortschritt und die ihn beeinflussenden Verhaltensweisen. Die Einengung auf pekuniäre Motive ist auch für das ökonomische Denken übrigens nicht selbstverständlich. Bedeutende Vertreter dieser Tradition wie Adam Smith, John Stuart Mill, Alfred Marshall und Josef Schumpeter haben im Gegenteil immer wieder darauf hingewiesen, daß auch hier andere Motive – das Streben nach Erfolg, nach Anerkennung und nach Reputation – in Betracht kommen und daß die Verwendung des Geldmaßstabes noch keinen Rückschluß auf die dahinter stehende Interessenlage erlaubt.

Wie dem auch sei, das Problem der sozialen Steuerung – der institutionellen Regelung menschlicher Verhaltensweisen unter Berücksichtigung verschiedener Motivlagen, Interessen und Bedürfnisse – ist grundsätzlich in allen sozialen Bereichen identifizierbar, wenn auch die vorliegenden Bedingungen teilweise verschieden sind. Überall haben Knappheit, Ungewißheit und Konflikt eine gewisse Bedeutung als Züge der allgemeinen menschlichen Lebenssituation. Wer die eigenen Ziele erreichen will, stößt auf gleichgerichtete, aber auch auf entgegengesetzte Interessen anderer Individuen, woraus sich Kooperation und Konkurrenz, häufig aber auch eine Art des Zusammenwirkens ergeben kann, die Züge beider Arten von Koordination trägt. Dabei kann die soziale Verkettung individueller Verhaltensweisen sowohl durch marktmäßige als auch durch organisationsartige Regelungen zustande kommen, wobei je nach Art der wirksamen institutionellen Vorkehrungen und Motivstrukturen ganz verschiedene Arten der Sanktionierung, der Belohnung und Bestrafung in einem sehr weiten Sinne des Wortes, in Frage kommen. Unterschiede dieser Art sind nicht nur für die Gestaltung der Aktivität von Individuen, die in den verschiedenen Bereichen – als Träger verschiedener Rollen – tätig sind, von großer Bedeutung, sondern schon für die Rekrutierung des Personals für diese Bereiche und Rollen und damit für die Auslese, die in dieser Hinsicht aus der Gesamtbevölkerung getroffen wird. Wie schon Max Weber gesehen hat, wirkt die jeweilige soziale Struktur durch die mit ihr verbundene Prämierung bestimmter Verhaltensweisen auch insofern selektiv, als sie auf diese Weise dazu beiträgt, daß bestimmte Arten von Kulturleistungen – Leistungen von unterschiedlicher Qualität – zustande kommen.

Das gilt nicht nur für die Wirtschaft im üblichen Sinne des Wortes, sondern auch für die Wissenschaft. Wenn zum Beispiel eine von Bürokraten inspirierte Gesetzgebung durch geeignete Regelungen dafür sorgt, daß die Unternehmertätigkeit immer mehr die Züge einer Verwaltungsarbeit aufweist, dann darf man kaum erwarten, daß die entsprechenden Positionen auf Leute attraktiv wirken, die bereit sind, sich als »dynamische« Unternehmer im Sinne Schumpeters zu verhalten, und man hat allen Grund, mit entsprechenden Auswirkungen auf die wirtschaftliche Entwicklung zu rechnen. Ebenso wäre es illusorisch anzunehmen, daß die Verwandlung von Positionen, von deren Inhabern wissenschaftliche Forschung erwartet wird, in typische Beamtenstellen mit den üblichen Anforderungen geregelter administrativer Tätigkeit dazu beiträgt, sie für Leute erstrebenswert zu machen, die geeignet sind, den Erkenntnisfortschritt zu fördern.

Zu den wichtigsten Entdeckungen der schon erwähnten schottischen Moralphilosophen gehört die Einsicht, daß es im sozialen Leben nicht-autoritäre Systeme der Steuerung gibt, bei denen die für die Koordination individueller Verhaltensweisen erforderlichen Sanktionen aus dem Zusammenspiel der Individuen selbst hervorgehen, als Nebenwirkungen ihres Verhaltens, ohne daß eine zentrale Instanz dabei tätig wird, und daß solche Systeme unter gewissen Bedingungen im Sinne akzeptabler Wertgesichtspunkte erfolgreicher funktionieren können als die seit langem bekannten Zwangsordnungen. Man kann solche Systeme mit einem gewissen

Recht *»anarchisch«* nennen, weil sie keine *Herrschaftsordnung* besitzen, aber das bedeutet nicht, daß sie auch *»anomisch«*, also ohne jede *Ordnung*, sein müssen. Die »Anarchie« der Produktion im Kapitalismus hat, wie der schärfste Kritiker dieses Systems, Karl Marx, selbst hervorgehoben hat, zur Entfesselung der produktiven Kräfte und zu einem gewaltigen Wirtschaftswachstum geführt. Ähnliches kann man mit einigem Recht von der »Anarchie« im Bereich der wissenschaftlichen Forschung sagen, und zwar im Hinblick auf den Erkenntnisfortschritt. Andererseits ist nicht zu verkennen, daß wie im Wirtschaftsleben so auch in der Wissenschaft organisatorische Formen der Koordination, zum Teil sogar Großorganisationen, im Vordringen begriffen sind, in denen bürokratische Regelungen teilweise unvermeidlich erscheinen. Daran ändert auch die demokratische Gestaltung ihrer internen Willensbildungsprozesse nichts, zumal die Demokratie eben auch eine Herrschaftsform ist. Die Leistungsfähigkeit solcher Großgebilde pflegt, sowohl im Geschäftsleben als auch in der Forschung, vermutlich überschätzt zu werden, zumal sie über Möglichkeiten eindrucksvoller Selbstdarstellung verfügen, die anderen nicht zur Verfügung stehen.

IV. Die Ordnung des Erkenntnisgeschehens als politisches Problem

Daß in einer modernen Industriegesellschaft die Staatsgewalt ein Interesse an den Resultaten der wissenschaftlichen Erkenntnispraxis und daher auch an der sozialen Ordnung des Erkenntnisgeschehens hat, ist schon deshalb verständlich, weil ohne die Resultate und Methoden der modernen Wissenschaft die heutige Zivilisation nicht aufrechtzuerhalten wäre. Es besteht daher – und zwar unabhängig von der herrschenden sozialen Gesamtordnung – ein starkes, auch politisch artikuliertes Interesse daran, die Leistungsfähigkeit der Wissenschaft aufrechtzuerhalten und nach Möglichkeit zu verbessern. Das bedeutet aber noch nicht, daß diesem Interesse auch in ordnungspolitischer Hinsicht angemessen Rechnung getragen wird, denn dazu gehört unter anderem eine ausreichende Einsicht in die Bedingungen des Zustandekommens solcher Kulturleistungen, die nicht ohne weiteres vorausgesetzt werden kann, auch nicht bei den maßgebenden politischen Kräften. Besonders die Tatsache, daß viele politisch einflußreiche gesellschaftliche Faktoren nur insoweit an der Wissenschaft interessiert sind, als ihre unmittelbare technische oder politische Verwertung in Betracht kommt, kann in dieser Hinsicht zu kurzschlüssigen Argumentationen und zu damit begründeten fragwürdigen Maßnahmen beitragen, welche die Herstellung erkenntnisoptimaler Bedingungen im Bereich der Wissenschaft eher hemmen als fördern.

Daß Maßnahmen dieser Art im Herrschaftsbereich totalitärer Systeme vorkommen, ist eine bekannte Tatsache. In solchen Systemen muß die herrschende Ideologie jeweils gegen die Erosion geschützt werden, die ihr von der Verbreitung bestimmter wissenschaftlicher Erkenntnisse her droht. Vor allem die sozialwissenschaftliche Forschung pflegt davon betroffen zu sein. Systeme mit freiheitlicher Ordnung sind aber keineswegs gegen Entwicklungen geschützt, durch welche die Funktionsbedingungen der wissenschaftlichen Tätigkeit und die Voraussetzungen des Erkenntnisfortschritts beeinträchtigt werden können. Gesetzgeberische und bürokratische Eingriffe können auch in solchen Systemen dafür sorgen, daß etwa die Rekrutierung und Ausbildung der für die Forschung erforderlichen Kräfte, die Organisation der Forschung, die institutionelle Regelung und die Alimentierung dieser Tätigkeit so beeinflußt werden, daß die soziale Grundlage des Erkenntnisfortschritts dadurch unterminiert wird.

Auch wer die von den Verfechtern gewisser sozialphilosophischer Auffassungen in ideologiekritischer Absicht produzierten Anklagen gegen die Wissenschaft wegen ihrer Einbettung in den Verwertungszusammenhang kapitalistischer Systeme zurückweist, weil sie selbst den Stempel ideologisch bedingter Voreingenommenheit tragen, ist nicht davon dispensiert, das Faktum der sozialen Verankerung des wissenschaftlichen Denkens für seine eigenen Überlegungen gebührend in Rechnung zu stellen. Die für die Gesellschaft unentbehrlichen Leistungen dieses Denkens lassen sich keineswegs in einem sozialen Vakuum produzieren. Sie sind in jahrhundertealten Traditionen verwurzelt, deren Schwächung auf lange Sicht außerordentlich gefährliche Konsequenzen für die Gesellschaft haben würde. Die sozial verankerten Wertorientierungen der wissenschaftlichen Forschung, die mit ihnen verbundene Disziplinierung des Problemlösungsverhaltens in diesem

Bereich, seine gleichzeitig konstruktive und kritische Ausrichtung auf der Basis regulativer Ideen, die eine möglichst umfassende und tiefe Erkenntnis wirklicher Zusammenhänge wünschenswert erscheinen lassen, sind Tatbestände, die sich nicht mehr ohne weiteres planmäßig auf dem Verordnungswege ins Leben rufen lassen, wenn man sie einmal durch entsprechende Eingriffe zum Verschwinden gebracht hat. Es ist jedenfalls bedeutend leichter und weniger kostspielig und zeitraubend, kulturelle Traditionen dieser Art institutionell zu schützen und zu fördern, solange sie noch lebendig sind.

Die Wissenschaft ist also für die moderne Industriegesellschaft durchaus in Politikum ersten Ranges, aber daraus sollte man keineswegs vorschnell die Konsequenz ziehen, daß man sie deshalb einer politischen Gesamtplanung unterwerfen müsse, einer zentralen Steuerung, in der etwa die von Politikern oder Bürokraten identifizierten gesellschaftlichen Bedürfnisse zum Ausdruck kämen. Eine These dieser Art, wie sie sich zum Beispiel schon in vielen Argumenten zur »gesellschaftlichen Relevanz« wissenschaftlicher Erkenntnisse andeutet, ist meines Erachtens noch problematischer als analoge Thesen im Hinblick auf die Ordnung des Wirtschaftslebens, und zwar aus Gründen, die sich aus der modernen Erkenntnistheorie und Wissenschaftslehre ergeben.

Wer die Auffassung vertritt, man könne den Erkenntnisfortschritt durch Geltendmachung praktisch-technischer oder moralisch-politischer Gesichtspunkte, durch Hinweis auf das soziale Gesamtinteresse und eine entsprechende Beeinflussung von Problemstellungen und Problemlösungen, in eine bestimmte Richtung lenken, der unterliegt einer fundamentalen Illusion, einem Irrtum, der allerdings – vor allem unter dem Einfluß der schon erwähnten Lehren von den Erkenntnisinteressen und vom Primat der Praxis – die Chance hat, auch im öffentlichen Bewußtsein Wurzeln zu schlagen, und von politischen Instanzen aus naheliegenden Gründen gerne akzeptiert wird. Er verkennt nämlich die Bedeutung umfassender und von der Einschränkung auf spezielle Probleme der Alltagspraxis losgelöster Theorien für die Erkenntnisentwicklung. Der marxistische Mythos des unmittelbaren Praxisbezugs der Wissenschaft hat durch die wissenschaftsgeschichtliche Forschung der letzten Jahrzehnte seine Glaubwürdigkeit eingebüßt. Gerade Theorien der genannten Art haben sich später immer wieder auch für die Lösung praktischer Probleme als unentbehrlich erwiesen. Dabei hätte man die außerordentlich vielfältigen Möglichkeiten ihrer Verwertung im allgemeinen in keiner Weise voraussehen können, so daß es höchst unpraktisch gewesen wäre, die Forschung von praktischen Alltagsproblemen her aufzuzäumen, wie das etwa in der Alchemie geschehen ist.

Da die Folgerungsmengen erklärungskräftiger Theorien unübersehbar sind, und zwar auch dann noch, wenn solche Theorien ausgearbeitet vorliegen, ist die Annahme, man könne ihre praktisch-technische Relevanz schon vorher, etwa durch Wahl eines geeigneten praktischen Ausgangsproblems für die Forschung, bestimmen, in höchstem Grade naiv. Ebenso naiv ist die neuerdings aufgetauchte Auffassung, man könne in gewissen Problembereichen davon ausgehen, daß die theoretische Entwicklung einen Abschluß erreicht habe, so daß man solche Bereiche einer Steuerung unter praktischen Gesichtspunkten ausliefern könne[7]. Was die sozialen Wirkungen neuer theoretischer Problemlösungen angeht, so hängen sie außer von den Konsequenzen, die aus ihnen gezogen werden können, natürlich noch von gesellschaftlichen Macht- und Interessenkonstellationen außerhalb der Wissenschaft ab, und damit auch von den Einstellungen, Wertungen und Einsichten sowie von den Möglichkeiten der Menschen, die Kenntnis von ihnen erlangen. Die Verhütung oder Kompensation unerwünschter Wirkungen des Erkenntnisfortschritts ist demnach ein Problem der Gestaltung der sozialen Ordnung im Ganzen, nicht ein spezielles Problem der Planung wissenschaftlicher Aktivitäten.

Ideologien, die eine Planung der Wissenschaft in einem dazu verpflichtenden Gesamtinteresse zu rechtfertigen suchen, sind aber noch aus einem weiteren Grunde äußerst problematisch. Sie sind nämlich genötigt, außerwissenschaftlichen Instanzen, den Trägern der politischen Herrschaft, ein Erkenntnisprivileg zuzuerkennen, wie es zum Beispiel im Einflußbereich des orthodoxen Marxismus auch tatsächlich geschieht. Die sinnvolle Handhabung der damit verbundenen Kompetenzen würde bei den Trägern der politischen Willensbildung weiterreichende Kenntnisse vorausset-

---

[7] Vgl. dazu Gunnar Andersson/Gerard Radnitzky, »Finalisierung« der Wissenschaft im doppelten Sinne. Neue Züricher Zeitung, Nr. 191, 1978, 19./20. August 1978, S. 33, und die darin angeführte Literatur.

zen, als sie innerhalb des Bereichs der wissenschaftlichen Forschung vorhanden sind. Erkenntnisprivilegien und Kompetenzansprüche dieser Art sind im Rahmen konservativer und revolutionärer politischer Theologien immer wieder legitimiert worden. Der mit liberalen Auffassungen verbundene Fallibilismus, wie er zum Beispiel in John Stuart Mills Abhandlung über die Freiheit beispielhaft vertreten wird[8] – der gleiche Fallibilismus übrigens, der sich auch in der modernen Erkenntnislehre durchzusetzen scheint –, ist mit einer solchen Legitimation jedenfalls unvereinbar. Die Lehre von der Fehlbarkeit des Menschen hat gleichzeitig erkenntnistheoretische und sozialphilosophische Aspekte, und sie hat damit auch politische Konsequenzen für alle Bereiche des sozialen Lebens, darunter vor allem auch negative Konsequenzen für den Planungsoptimismus, der für das Credo revolutionärer Denker und Politiker charakteristisch ist. In diesem Zusammenhang kann auf die ordnungspolitische Diskussion im ökonomischen Denken verwiesen werden, in der solche Konsequenzen ebenfalls deutlich geworden sind. Die Wissenschaft als sozialer Bereich der Produktion gewisser Kulturleistungen, die für die Gesellschaft unentbehrlich sind, unter Knappheit der Mittel produziert werden müssen und in allen Bereichen verwertet werden, muß natürlich in diese Diskussion einbezogen werden.

Die reine auf den Fortschritt der Erkenntnis abzielende Wissenschaft bedarf keiner exogenen Steuerung und schon gar nicht einer Lenkung unter ideologischen Gesichtspunkten, aus der sich nur negative Konsequenzen für ihre Leistungsfähigkeit ergeben könnten. Sie bedarf allerdings einer institutionellen Stützung, das heißt: der Sicherung durch geeignete institutionelle Vorkehrungen, die eine adäquate Selbststeuerung des Erkenntnisgeschehens zur Folge haben. Zu den Bedingungen wissenschaftlicher Arbeit, die durch politische Maßnahmen sichergestellt werden können, gehören die Freiheit der Forschung und der Verbreitung ihrer Resultate, ihr Schutz gegen Störungen durch Inkompetente, gegen Versuche, politischen Druck auszuüben (etwa um ideologisch unerwünschte Themen oder Resultate auszuschalten), die Entlastung der Forschenden von administrativen Aufgaben, die Möglichkeit der Re-

---

[8] John Stuart Mill, Über die Freiheit (1859). Hrsg. von Manfred Schlenke, Stuttgart 1974.

krutierung unter Leistungsgesichtspunkten und die Bereitstellung von Mitteln. Für die adäquate Lösung solcher Probleme ist natürlich der Tatbestand der Knappheit zu berücksichtigen, der keine spezielle Bedingung wirtschaftlicher Betätigung, sondern ein Aspekt der allgemeinen menschlichen Lebenssituation in jeder Gesellschaft ist. In welchem Umfang eine Gesellschaft Mittel für die Forschung bereitstellen soll, kann natürlich keineswegs von den Forschenden selbst bestimmt werden. Sie werden im eigenen Interesse meist mehr fordern, als die Gemeinschaft ihnen zu geben bereit ist. Die Verteilung der Mittel ist ebenfalls ein schwieriges Problem, teilweise aus den gleichen Gründen. Eine Forschungspolitik, die den Erkenntnisfortschritt fördern will, wird sich in solchen Fragen den Rat bisher erfolgreicher Forscher zunutze machen, obwohl auch das natürlich keine Garantie gegen Fehlinvestitionen bietet.

Das alles gilt zunächst für die reine Grundlagenforschung. Daß die technologische Forschung an praktischen Zielsetzungen orientiert ist, wird man kaum bestreiten wollen. In diesem Bereich sind politisch motivierte Richtungsentscheidungen nicht zu vermeiden, die sich auf die aus praktischen Gründen interessanten Problembereiche beziehen. Auch hier wird man sich vernünftigerweise bei der Formulierung der zu lösenden praktischen Probleme des Rates von Fachleuten bedienen und die Umsetzung dieser Probleme in adäquate technologische Problemstellungen den dafür kompetenten Forschern überlassen. Aber die Akzentuierung bestimmter Problembereiche durch Bereitstellung entsprechender Mittel kann sinnvollerweise auch in einer freien Gesellschaft der politischen Urteilsbildung kaum entzogen werden. Das bedeutet nicht ohne weiteres, daß der Staat diese Bereiche der Forschung in eigene Regie übernehmen müßte. Die ordnungspolitische Entscheidung für die Bevorzugung marktwirtschaftlicher Regelungen hat vielmehr die Konsequenz, daß auch die technologische Forschung in erheblichem Ausmaß durch autonome Entscheidungen von Unternehmungen gesteuert wird. Forschungsinvestitionen unterliegen wie alle Investitionen einem Risiko, das auch durch staatliche Planung nicht aufgehoben werden kann. Der Staat kann nur dafür sorgen, daß ein solches Risiko auf alle Mitglieder der Gesellschaft verteilt wird, aber das bedeutet noch nicht, daß die von ihm unmittelbar beeinflußten Investitionsentscheidungen sinnvoller sind als die autonomer gesellschaftlicher Kräfte.

In einer modernen Industriegesellschaft lassen sich offenbar auch im Bereich der wissenschaftlichen Forschung bürokratische Lösungen des Steuerungsproblems nicht vermeiden. In diesem Sinne ist geplante Wissenschaft ein Phänomen, dessen Existenz von den Unterschieden der sozialen Ordnung unabhängig zu sein scheint. Es verhält sich damit ganz ähnlich wie auch sonst, wenn es um die adäquate Lösung ordnungspolitischer Probleme geht. Planung als Komponente menschlichen Handelns überhaupt ist selbstverständlich und daher kein Diskussionspunkt zwischen den Verfechtern verschiedener ordnungspolitischer Lösungen. Planung der Koordination individueller Handlungen durch Organisationen ist in modernen Industriegesellschaften unvermeidlich und daher ebenfalls nicht strittig. Planung in dem Sinne, wie sie von Verfechtern planwirtschaftlicher Lösungen gefordert wird, würde voraussetzen, daß die Gesellschaft selbst einer zentralen Lenkung unterworfen, also in eine Organisation verwandelt würde. Die Konsequenzen von Versuchen mit dieser Zielsetzung sind bekannt. Wir haben sie in den totalitären Systemen vor unseren Augen. Man kann nicht sagen, daß sie unvorhersehbar waren. Liberale Denker wie John Stuart Mill und Max Weber haben vor ihnen gewarnt, ohne daß man darauf gehört hat. Wer die Erhaltung freiheitlicher Systeme für wünschenswert hält, wird die Zunahme bürokratischer Lösungen innerhalb dieser Systeme mit Mißtrauen betrachten müssen, zumal deren Effizienz im allgemeinen überschätzt wird. Er wird auch für den Bereich der wissenschaftlichen Forschung solche Lösungen nur da vorschlagen, wo sie unbedingt notwendig erscheinen, und im übrigen vor der Illusion warnen, man könne gerade in diesem Bereich die konstruktive Phantasie, die Initiative und die kritische Diskussion am Erkenntnisfortschritt interessierter Forscher durch hierarchische Kontrolle in die gewünschten Bahnen lenken und dadurch bessere Resultate erzielen.

Erkenntnis und Recht

Die Jurisprudenz im Lichte des Kritizismus

»Die Erkenntnislehre soll die Grundlage für eine *Kritik* des tatsächlichen Erkenntnisbetriebes geben.«

VICTOR KRAFT, Erkenntnislehre, Wien 1960

I. Die kritizistische Wissenschaftsauffassung und das Problem der Dogmatisierung

Wenn man die alltägliche Forschungspraxis in den verschiedenen wissenschaftlichen Disziplinen ins Auge faßt, gewinnt man nicht selten den Eindruck, es handele sich hier um relativ autonome und geschlossene Bereiche der Erkenntnis mit ziemlich genau bestimmbaren Grenzen, die nicht ohne Schaden überschritten werden können, so daß das Revierverhalten, das von manchen ihrer Vertreter an den Tag gelegt wird, durchaus verständlich und legitim erscheinen mag. Dieser Eindruck verschwindet aber sofort, wenn die sogenannten Grundlagenfragen ins Blickfeld kommen, denn spätestens in diesem Augenblick pflegt sich zu zeigen, daß die Vertreter der betreffenden Einzelwissenschaften selbst philosophische Auffassungen in Betracht zu ziehen gezwungen sind, auch wenn sie sich dieser Notwendigkeit nur widerstrebend fügen. Daß sich andererseits aus verschiedenen philosophischen Konzeptionen auch unterschiedliche Konsequenzen für diese Wissenschaften ergeben können, wird im allgemeinen kaum bezweifelt, wenn auch der Wille, solchen Konsequenzen im Alltagsbetrieb der Wissenschaften Rechnung zu tragen, oft nicht sehr wirksam ist.

Nun gibt es allerdings philosophische Auffassungen, die in dieser Hinsicht nicht allzu unbequem sind, weil sich aus ihnen kaum kritische Konsequenzen für diesen Betrieb ergeben können. Ich denke hier vor allem an eine bestimmte Ausprägung des hermeneutischen Denkens, die die Einordnung in das Überlieferungsgeschehen zum methodischen Ideal erhoben hat[1] und sich für die im Zentrum ihrer Bemühungen stehende geisteswissenschaftliche Erkenntnis ausdrücklich am Modell dogmatischer Wissenschaften – nämlich: der Theologie und der Jurisprudenz – orientiert. Daß eine Wissenschaftslehre, die – der Heideggerschen Wendung zur universalen Hermeneutik folgend – den hermeneutischen zum leitenden Gesichtspunkt der Betrachtung wissenschaftlicher Disziplinen macht, in die Gefahr gerät, den Status quo zu legitimieren, bedarf kaum besonderer Betonung[2]. Ähnliches gilt aber meines Erachtens auch für jene Ausprägung des analytischen Denkens, in der die Wissenschaftslehre – in der Nachfolge Wittgensteins – ebenso wie andere philosophische Disziplinen auf Sprachanalyse, das heißt: auf eine am Neutralitätsgesichtspunkt orientierte Analyse des tatsächlichen Sprachgebrauchs in den betreffenden Wissenschaften[3], reduziert wird.

Im Gegensatz dazu läßt sich die Erkenntnislehre[4] – und in ihrem Rahmen die Wissenschaftslehre – als ein kritisches Unternehmen auffassen, das darauf abzielt, die Ergebnisse und Methoden der einzelnen Wissenschaften zu durchleuchten und im Lichte bestimmter Erkenntnisideale und Forschungsprogramme einer Kritik zu unterziehen, wobei zum Beispiel auch die Resultate der je-

---

[1] Repräsentativ für diese Richtung ist vor allem: Hans-Georg Gadamer, Wahrheit und Methode, Grundzüge einer philosophischen Hermeneutik, 2. Auflage, Tübingen 1965.

[2] Vgl. dazu meinen Beitrag: Hermeneutik und Realwissenschaft. Die Sinnproblematik und die Frage der theoretischen Erkenntnis, zu: Sozialtheorie und soziale Praxis. Festschrift für Eduard Baumgarten, Meisenheim 1971, in dem ich die Habermas-Apelsche Wissenschaftslehre einer entsprechenden Kritik unterzogen habe.

[3] Zur Kritik vgl. Josef Agassi, Epistemology as an Aid to Science: Comments on Dr. Buchdahls Paper, The British Journal for the Philosophy of Science, Vol. X, 1959, S. 135 ff.; vgl. auch meine Kritik an der meta-ethischen Neutralitätsthese in: Ethik und Meta-Ethik. Das Dilemma der analytischen Moralphilosophie, Archiv für Philosophie, Band 11, 1961, S. 28 ff.

[4] Vgl. dazu Victor Kraft, Erkenntnislehre, Wien 1960, S. 23 ff.

weils anderen Wissenschaften kritisch und konstruktiv ins Spiel gebracht werden können. Natürlich ist eine solche Tätigkeit keineswegs der Kompetenz der sogenannten Fachphilosophen vorbehalten[5]. Ein epistemologischer Kritizismus dieser Art kann davon ausgehen, daß der am Postulat der zureichenden Begründung orientierte klassische Rationalismus sich als unhaltbar erwiesen hat[6], weil er – entgegen dem für ihn maßgebenden Motiv – zur Dogmatisierung führen muß und damit zur Immunisierung der betreffenden Überzeugungen gegen rationale Argumente. Da sich die Kritikimmunität irgendwelcher Komponenten unseres Überzeugungssystems aber stets durch geeignete Strategien herstellen läßt, ist leicht einzusehen, daß sie epistemologisch wertlos ist, auch wenn sie dem Bedürfnis nach subjektiver Gewißheit entgegenkommt[7]. Die Idee der Letztbegründung und die sich aus ihr ergebende Suche nach einem archimedischen Punkt der Erkenntnis – oder auch anderer Bereiche der menschlichen Praxis – führt stets zu autoritär-dogmatischen Denkformen, also zu einem Stil des Problemlösungsverhaltens, wie er in den Naturwissenschaften seit langer Zeit meist als inadäquat angesehen wird. Die Erkenntnispraxis in diesen Wissenschaften hat sich seit langem de facto am Prinzip der kritischen Prüfung orientiert, auch wo ihre epistemologische Interpretation einen anderen Eindruck hervorrief.

Was die schon erwähnte Autonomie der Einzelwissenschaften angeht, so gehört es zu den wichtigsten Forderungen des rationalen Kritizismus, daß die Abgrenzungen zwischen den Disziplinen nicht zu ernst genommen werden sollten, damit ihre Ergebnisse

---

[5] Ein großer Teil der wissenschaftlichen Lebensarbeit Max Webers kann z.B. in dieser Weise aufgefaßt werden.

[6] Vgl. dazu Karl Popper, On the Sources of Knowledge and Ignorance, in seinem Aufsatzband: Conjectures and Refutations. The Growth of Scientific Knowledge, London 1963, und andere Arbeiten in diesem Band; vgl. auch mein Buch: Traktat über kritische Vernunft, 2. Auflage, Tübingen 1969, Kap. I und II.

[7] Julius Krafts im übrigen sehr interessante Ausführungen zur Problematik der Geisteswissenschaften – vor allem der Theologie und Jurisprudenz – kranken daran, daß er seine Begründungsidee nicht genügend geklärt und daher den Zusammenhang von Begründung und Dogmatisierung nicht gesehen hat; vgl. sein Buch: Die Unmöglichkeit der Geisteswissenschaft, 2. Auflage, Frankfurt 1957, vor allem S. 36 ff.

und Methoden füreinander fruchtbar gemacht werden können, denn die Fiktion vollkommener Autonomie dient bestenfalls der Abschirmung bisheriger Problemlösungen gegen Argumente, die sie in Frage stellen könnten. Gerade die Überbrückung der Grenzen zwischen verschiedenen Bereichen der Erkenntnispraxis, die de facto schon immer zu den wesentlichen Funktionen des philosophischen Denkens gehörte, wird in dieser Auffassung zu einem leitenden Gesichtspunkt erhoben[8], und zwar im Zusammenhang mit der Behandlung des Dogmatisierungsproblems.

II. Die Jurisprudenz – eine dogmatisch-normative Disziplin?

Der epistemologische Charakter der Rechtswissenschaft scheint mit der oben skizzierten Wissenschaftsauffassung auffallend zu kontrastieren, denn führende Vertreter dieser Wissenschaft betonen immer wieder, daß wir es hier – jedenfalls soweit die Kerndisziplin dieses Gebiets: die systematische Jurisprudenz in Frage steht – mit einer *dogmatischen* Wissenschaft *normativen* Charakters zu tun haben, so daß man sogar üblicherweise ganz einfach von *Dogmatik* zu sprechen pflegt, wenn von ihr die Rede ist und der Vergleich mit der Theologie sich ganz von selbst einstellt[9]. Daß es zwi-

---

[8] Vgl. dazu meinen Aufsatz: Kritizismus und Naturalismus. Die Überwindung des klassischen Rationalitätsmodells und das Überbrückungsproblem, in diesem Band.

[9] Sogar ein Naturrechtskritiker und Verfechter einer analytischen Jurisprudenz wie Norberto Bobbio glaubt, dieses Zugeständnis machen zu müssen, wenn er von dem Autoritätsprinzip spricht, »das der Jurisprudenz und der Theologie eigen« sei; man habe es daher hier immer mit einer Dogmatik zu tun, die auf ein Sollen abziele, vgl. Bobbio, Über den Begriff der »Natur der Sache«, abgedruckt in: Die ontologische Begründung des Rechts, herausgegeben von Arthur Kaufmann, Darmstadt 1965, S. 102. Und Julius Kraft sagt in kritischer Absicht: »Die Jurisprudenz ... ist tatsächlich ein Teilgebiet der Theologie. Denn die Jurisprudenz enthält das System juristischer Wahrheiten, die darum wahr sind, weil sie von einem fremd- oder eigenautoritären Subjekt verkündet sind. Die Wahrheit der Jurisprudenz ist also eine Glaubenswahrheit ...«, in ihr, sagt er weiter, sei ein »impliziter Offenbarungsglaube« enthalten, der »auf das explizite System des Offenbarungsglaubens, d.h. auf die Theologie« zurückführe, während die Theologie »auch die Jurisprudenz nur

schen Religion und Recht und zwischen Theologie und Jurisprudenz enge Zusammenhänge und strukturelle Ähnlichkeiten gibt, ist seit langem bemerkt worden[10]. Eine der wesentlichen Gemeinsamkeiten zwischen theologischer und juristischer Denkweise scheint darin zu bestehen, daß beide sich mehr oder weniger ausdrücklich einem *Offenbarungsmodell* der Erkenntnis unterwerfen, dem zufolge es darauf ankommt, die Wahrheit aus den Verlautbarungen von Instanzen zu entnehmen, die mit unbezweifelbarer *Autorität* für die Lösung der betreffenden Probleme ausgestattet sind. So können im wesentlichen nur zwei Arten von Problemen auftreten: Probleme der *Identifikation* der in Betracht kommenden Verlautbarungen und Probleme ihrer adäquaten *Interpretation.* Im einen Falle handelt es sich um die Frage der *Geltung* bestimmter »Quellen«, im anderen um die ihrer gültigen *Deutung*, woraus zu ersehen ist, daß auch hier wiederum ein Geltungsproblem auftritt. Da der Inhalt der betreffenden Verlautbarungen in beiden Bereichen – in der Theologie wenigstens teilweise – überdies *normativen* Charakter hat, scheint in der Tat eine beträchtliche Parallelität zwischen den beiden Disziplinen hinsichtlich des Denkstils und der typischen Problemlagen – auch wohl der typischen Schwierigkeiten – zu bestehen.

Das bloße Faktum, daß eine maßgebende Instanz bestimmte normative Äußerungen gemacht hat, wird in einen Anspruch auf unbedingte allgemeine Anerkennung ihres Inhalts und damit in einen kategorischen Befolgungsanspruch umgemünzt. Daß diese Instanz zu solchen Forderungen berechtigt ist, scheint allerdings eine Voraussetzung zu sein, die nur geglaubt werden kann. Infolgedessen wird hier von den Betroffenen offenbar in beiden Fällen ein Glaubensgehorsam erwartet, wie er für die Erkenntnis in anderen Wissenschaften kaum in Betracht kommt. Glauben, Verstehen und Gehorchen scheinen hier »der Natur der Sache nach« eng zusammenzugehören.

---

als ihre Tochterdisziplin anerkennen« könne. »Dieser Zusammenhang kann durch definitorische und organisatorische Verselbständigungen der Jurisprudenz«, so fährt er fort, »verdeckt, aber nicht beseitigt werden; er bleibt vielmehr immer beherrschend für den Grundcharakter jeder Form von Jurisprudenz, und daher treten auch die typischen theologischen Systemformen bei der Jurisprudenz wieder auf«; JULIUS KRAFT, Die Unmöglichkeit der Geisteswissenschaft, aaO., S. 50 f.

Sieht man sich aber die Praxis in den beiden Disziplinen näher an, so wird erkennbar, daß es in beiden Fällen Gestaltungsmöglichkeiten für die Experten gibt, die geeignet sind, die Situation als weniger eindeutig erscheinen zu lassen. Sie knüpfen an die Lösung der beiden oben erwähnten Probleme, des Identifikations- und des Interpretationsproblems, an. Es ist nämlich keineswegs immer ohne Schwierigkeiten möglich, die maßgebenden Verlautbarungen der jeweiligen Autoritäten zu identifizieren – also zum Beispiel die »kanonischen« Texte festzustellen –, und es ist andererseits oft nicht ohne weiteres möglich, eine bestimmte Deutung als adäquat auszuzeichnen. Das ergibt einen erheblichen Spielraum für diejenigen sozialen Rollenträger, die über ein Identifikations- und Interpretationsmonopol für die betreffenden »Offenbarungen« verfügen, was um so bedeutsamer ist, als die Instanz, die angeblich hinter ihnen steht, sich bei genauer Betrachtung als fiktiv erweisen kann[11]. So lassen sich die »Dogmen«, von denen diese Experten in ihrer Vermittlungstätigkeit auszugehen haben, in nicht unerheblichem Maße jeweils als ihr eigenes Erzeugnis auffassen. Insoweit ist an die Stelle der Erfassung und Weitergabe dogmatisch vorgegebener fremder Verlautbarungen die Äußerung selbstgeschaffener Dogmen getreten. Das mag zwar erheblich zur Flexibilität und Anpassungsfähigkeit der betreffenden Denkweisen und der mit ihnen verbundenen sozialen Ordnungen beitragen, führt aber andererseits auch zu schwerwiegenden Zweifeln an der Legitimität dieses Denkstils, denn die Autorität der theologischen und juristi-

---

[10] Vgl. dazu etwa: Hans Kelsen, Gott und Staat (1923), abgedruckt in: Hans Kelsen, Aufsätze zur Ideologiekritik, mit einer Einleitung herausgegeben von Ernst Topitsch, Neuwied/Berlin 1964, S. 29 ff., und Carl Schmitt, Politische Theologie. Vier Kapitel zur Lehre von der Souveränität, (1922), 2. Auflage, München und Leipzig 1934, S. 40 ff., wo Kelsen das Verdienst zugeschrieben wird, »seit 1920 mit dem ihm eigenen Akzent auf die methodische Verwandtschaft von Theologie und Jurisprudenz hingewiesen zu haben«, aaO., S. 54.

[11] Daß der überindividuelle Staatswille, der angeblich hinter der Gesetzgebung steht, eine Fiktion ist, war für Olivecrona Anlaß, die sogenannte Imperativtheorie der Rechtsphilosophie zu revidieren und den Begriff des »freistehenden Imperativ,« zu definieren, unter den auch die Gesetze subsumiert werden können, vgl. dazu Carl Olivecrona, Der Imperativ des Gesetzes, Kopenhagen 1942, S. 27 und passim; vgl. auch sein Buch: Gesetz und Staat, Kopenhagen 1940.

schen Experten ist kaum noch ausreichend, wenn der sie stützende Offenbarungsglaube nicht mehr als Garantie für sie herangezogen werden kann. Die Jurisprudenz ist in besonderem Maße mit diesem Problem konfrontiert, sobald sie gezwungen ist, die Fiktion der Geschlossenheit des jeweiligen Rechtssystems aufzugeben und die Existenz von »Rechts-« oder »Gesetzeslücken« zuzugeben, die durch eine angemessene Auslegung zu schließen sind[12].

Wie dem auch sei, es sieht so aus, als wenn die dogmatisch-normative Struktur, die dem juristischen Denken auch von kritischen Vertretern dieser Disziplin zugeschrieben zu werden pflegt, kaum zu ändern sei. Sie scheint mit den Anforderungen zusammenzuhängen, die an den praktischen Juristen gestellt werden. Von ihnen müssen die Vertreter der Jurisprudenz offenbar ausgehen, wenn sie den angehenden Juristen das Wissen vermitteln, das sie in ihrer Rechtspraxis später anzuwenden haben, denn die Jurisprudenz ist schon von ihrem Ursprung her eine in starkem Maße praxisorientierte Wissenschaft, für die eine Wissenschaftslehre, die sich am reinen Erkenntnisinteresse orientiert, offensichtlich kaum von Bedeutung sein kann. Wenn man die Lehrpraxis der juristischen Fakultäten ins Auge faßt, um einen Einblick in die Eigenart dieser Wissenschaft zu gewinnen, dann gewinnt man daher zunächst den Eindruck, daß vor allem eines wichtig ist, nämlich: daß der angehende Praktiker lernt, bestimmte *Texte* – Gesetzestexte, Kommentare, Sammlungen von Gerichtsentscheidungen – *zu benutzen*, um mit ihrer Hilfe zu brauchbaren *Entscheidungen* zu kommen, zu Entscheidungen nämlich, die dem *geltenden Recht* entsprechen. Es kommt also darauf an, die zur geltenden Rechtsordnung gehörigen Normen und ihre Anwendungsmöglichkeiten kennenzulernen, um auf ihrer Grundlage zur Lösung bestimmter praktischer Probleme imstande zu sein. Die *Bindung an das geltende Recht* scheint den gleichzeitig *dogmatischen* und *normativen* Charakter und dar-

---

[12] Vgl. dazu etwa: HERMANN KANTOROWICZ, Die Rechtswissenschaft – eine kurze Zusammenfassung ihrer Methodologie, in: KANTOROWICZ, Rechtswissenschaft und Soziologie. Ausgewählte Schriften zur Wissenschaftslehre, herausgegeben von THOMAS WÜRTENBERGER, Karlsruhe 1962, S. 96 ff., sowie im gleichen Band: Der Kampf um die Rechtswissenschaft S. 13 ff., wo die Bedeutung des Lückenproblems für die Freirechtslehre aufgewiesen wird. Dort auch interessante Ausführungen über die Parallelltät zwischen theologischer und juristischer Denkweise, S. 30 f.

über hinaus – soweit sie sich auf Texte stützen muß – den *hermeneutischen* Charakter dieser Erkenntnisweise zu präjudizieren. Schon von dem ihr zugrundeliegenden *Erkenntnisinteresse* her muß sich daher die Jurisprudenz offenbar von den theoretischen und historischen Realwissenschaften – und damit auch von den Sozialwissenschaften – unterscheiden, für die immerhin mit einer gewissen Plausibilität der Anspruch gemacht werden kann, daß sie nicht dogmatisch gebunden, sondern kritisch orientiert und daß sie darüber hinaus nicht normativ, sondern im Sinne Max Webers wertfrei sein können oder sogar sollen. Wenn sich hier dennoch Bestrebungen zeigen, diese Disziplin dem naturwissenschaftlichen Methodenideal zu unterwerfen, dann pflegt man sie denn auch stets mit dem Hinweis darauf zurückzuweisen, daß in ihnen der eigentliche Charakter dieser Wissenschaft grundsätzlich verkannt werde[13].

III. Zwischen Naturrecht und Soziologie: alternative Deutungen der Jurisprudenz

Dennoch ist es keineswegs so, daß sich die Vertreter der Jurisprudenz in der Deutung ihrer Erkenntnispraxis und in der Abwehr von Einflüssen der im Zusammenhang mit den Realwissenschaften entwickelten Wissenschaftsauffassungen einig wären, ebensowenig, wie etwa ein Konsens bestünde hinsichtlich ihrer Stellungnahme zum Naturrecht und seiner Bedeutung für das positive Recht und die darauf bezogene Rechtswissenschaft. Wenn man die heutige Situation hinsichtlich der rechtswissenschaftlichen Grundlagenproblematik skizzieren will, muß man vielmehr davon ausgehen, daß es sehr unterschiedliche Auffassungen über den Charakter der Rechtswissenschaft bei ihren Vertretern gibt.

Noch immer sind *naturrechtliche* Auffassungen zu finden, die das positive Recht als durch eine Art höheren Rechts, eine normative Wirklichkeit absoluten Charakters, konstituiert und gebunden ansehen[14], eine Wirklichkeit, die von menschlichen Setzungen

---

[13] Vgl. dazu besonders: Hermann Kantorowicz, Rationalistische Bemerkungen über Realismus, in seinem o.a. Buch S. 101 ff.

[14] Vgl. etwa Alfred Verdross, Was ist Recht? Die Krise des Rechtspositi-

unabhängig, aber für sie verbindlich ist und die prinzipiell und mit Gewißheit erkennbar ist. Die Idee einer solchen Wirklichkeit ist im Grunde genommen nur im Rahmen einer soziomorphen Kosmologie[15] haltbar, in der sie auch tatsächlich entstanden ist, einer Kosmologie also, in der der Gesamtzusammenhang der Natur – einschließlich der in sie eingebetteten Welt des Menschen – als ein Sinnzusammenhang gedeutet wird, der von göttlichen Mächten gestiftet wurde. Diese Mächte sind dann als Quelle jener absolut verbindlichen Normen anzusehen, von denen die Wirklichkeit nach dieser Auffassung durchwaltet ist und nach denen sich auch das positive Recht menschlicher Gesellschaften zu richten hat. Ohne die Annahme der Existenz solcher normstiftenden Mächte verliert die für das Naturrecht erforderliche normative Deutung der Wirklichkeit ihre Überzeugungskraft, weil ihr dann jede Grundlage fehlt. Daraus geht hervor, daß das Naturrecht von seinem Ursprung her sakralen Charakter hat und daß seine Verwendung zur Legitimation des positiven Rechts zu dessen *Sakralisierung* führen muß, wie das ja auch tatsächlich geschehen ist[16]. Aus der Abstammung dieser überpositiven Normen ergibt sich die Möglichkeit einer solchen Legitimationsleistung. Das Problem der Rechtserkenntnis besteht dann nur darin, die Offenbarungen der normstiftenden Instanzen zu identifizieren, sie adäquat zu deuten und sie entsprechend anzuwenden. Im naturrechtlichen Denken ist daher noch die *Einheit von Theologie und Jurisprudenz* und nicht nur ihre strukturelle Ähnlichkeit gegeben. Wenn die hier vorherrschende Erkenntnisweise gleichzeitig *dogmatischen, normativen* und *hermeneutischen* Charakter hat, so ist das daher nicht überraschend, denn es kommt ja offenbar darauf an,

---

vismus und das Naturrecht, abgedruckt in: Naturrecht oder Rechtspositivismus?, herausgegeben von WERNER MAIHOFER, Darmstadt 1966, S. 307 ff.; daß offizielle Vertreter des Katholizismus diese Auffassung verfechten, bedarf kaum besonderer Erwähnung, vgl. dazu z.B. ALBERT AUER, Der Mensch und das Recht, im gleichen Band, S. 463 ff.

[15] Vgl. dazu den in Anm. 10 erwähnten Aufsatz von HANS KELSEN, weiter: ERNST TOPITSCH, Vom Ursprung und Ende der Metaphysik. Eine Studie zur Weltanschauungskritik, Wien 1958; sowie mein in Anm. 6 erwähntes Buch, Kap. VII.

[16] Vgl. dazu den naturrechtskritischen Beitrag ADOLF ARNDTS, Die Krise des Rechts, in dem o.a. Band: Naturrecht oder Rechtspositivismus?, S. 116 ff., besonders S. 125 ff., wo die Gefahren dieser Sakralisierung aufgezeigt werden.

den normativen Inhalt dogmatisch vorgegebener Offenbarungen zu verstehen[17].

In dieser Form ist die naturrechtliche Auffassung eine Version jenes absoluten Begründungsdenkens, das heute als überwunden gelten darf[18], eine Version, die überdies belastet ist mit dem hybriden Begriff einer normativen Wirklichkeit und dem dazu komplementären Begriff einer normativen Erkenntnis, mit Begriffen, die nur verschleiern, daß in diesem Denken letzten Endes auf die *bloße Faktizität einer normsetzenden Instanz rekurriert* wird, auf ein metaphysisches Faktum gewissermaßen, das sich zwar normaler Erkenntnis entziehen mag, das aber dadurch keineswegs gegen die Frage nach seiner Legitimation immun wird. Die naturrechtlichen Kritiker des Rechtspositivismus vergessen zu oft, daß ihre Konstruktionen in genau demselben Punkt der Kritik ausgesetzt werden können, in dem sie eine bestimmte Version des Positivismus zu kritisieren pflegen, in dem Punkt nämlich, in dem ein Faktum – wie die Wirksamkeit einer vorliegenden Rechtsordnung – mit Geltung im normativen Sinne ausgestattet wird[19]. Auch auf theologisch-metaphysischer Ebene kann ja ein Schluß von der Faktizität einer Normsetzung auf ihre normative Geltung nicht den Charakter eines Fehlschlusses verlieren. Der Regreß auf das Naturrecht in irgendeiner Form kann also grundsätzlich den Mangel nicht beheben, der hier der positivistischen Auffassung angelastet wird. Dar-

---

[17] In diesem Zusammenhang ist dann auch die Feststellung von Hans Dombois durchaus verständlich, »daß die Struktur des Rechtsproblems sich wesentlich mit der Struktur der Offenbarungstheologie deckt«, vgl. Hans Dombois, Das Problem des Naturrechts. Versuch eines Grundrisses, im o.a. Band: Naturrecht oder Rechtspositivismus?, S. 456.

[18] Vgl. dazu die Hinweise im ersten Abschnitt dieses Aufsatzes.

[19] Alf Ross hat diese Version des Positivismus – am Beispiel der Kelsenschen »Grundnorm« mit Recht als Quasi-Positivismus naturrechtlichen Charakters einer Kritik unterzogen, vgl. dazu seinen Aufsatz: Validity and the Conflict between Legal Positivism and Natural Law, Revista Juridica de Buenos Aires, 1961, IV S. 46 ff., besonders S. 78 ff. Interessanterweise wird das gleiche Beispiel von einem Vertreter des Naturrechts, A. P. d'Entrèves, dazu benutzt, die »Achillesferse des modernen Positivismus« zu enthüllen, um daraus dann positive Konsequenzen für das Naturrecht zu ziehen, vgl. sein Buch: Natural Law. An Introduction to Legal Philosophy, London 1951, S. 106 ff., das im übrigen einen guten Überblick über die verschiedenen Varianten des Naturrechtsdenkens enthält.

über hinaus ist die soziomorphe Kosmologie, ohne die das naturrechtliche Denken sinnlos wird, mit dem der modernen wissenschaftlichen Erkenntnis entsprechenden Weltbild nicht vereinbar, woraus sich ein zusätzlicher Einwand gegen dieses Denken ergibt[20]. Die Illusion, die Rechtswissenschaft bedürfe gerade heute wieder dieser »überpositiven« Variante des dogmatischen Denkens[21], scheint mir auf einer schwerwiegenden Verkennung der grundsätzlichen Einwände dagegen unter dem Einfluß einer Bewertung des Naturrechts zu beruhen, die einer falschen Einschätzung historischer Zusammenhänge entstammt[22]. Demgegenüber ist zu betonen, daß die Sakralisierung des Rechts mit seiner *Humansierung* wenig zu tun hat.

Wer die naturrechtliche Betrachtungsweise aufgibt, hat kaum eine andere Möglichkeit als die, das *positive Recht* als *menschliche Kulturleistung* und damit als *Tatbestand des sozialen Lebens* zu betrachten, genauer gesagt: als ein Phänomen aus dem *Bereich der sozialen Kontrolle,* der Steuerung des gegenseitigen Verhaltens der Mitglieder einer Gesellschaft, einem Bereich, dem auch die Phänomene der Sitte und der Moral zuzurechnen sind. Die Existenz eines solchen positiven Rechts und seine Abgrenzbarkeit gegen diese anderen Phänomene wird ja im allgemeinen von keiner Seite bestritten, auch wenn die genaue Abgrenzung kontrovers ist. Wer den Essentialismus durchschaut hat, der hinter der Frage nach dem »Wesen« des Rechts zu stehen pflegt, weiß, daß das Abgrenzungsproblem eine Frage der Zweckmäßigkeit[23] ist und daher verschieden gelöst werden kann. Am einfachsten scheint es zu sein, zur Lö-

---

[20] Auf das Problem der Verwertung des Erkenntnisfortschritts für die Kritik tradierter Weltauffassungen bin ich in meinem o.a. Buch näher eingegangen. Ich begnüge mich daher hier mit diesem Hinweis.

[21] Zur Kritik eines Versuchs, den Rechtspositivismus als »logisch widersinnig« nachzuweisen, vgl. NORBERT HOERSTER, Zur logischen Möglichkeit des Rechtspositivismus, Archiv für Rechts- und Sozialphilosophie, Vol. LVI, 1970, S. 43 ff.

[22] Zur Kritik dieser Mißverständnisse vgl. ADOLF ARNDT, Die Krise des Rechts, aaO., vgl. auch AUGUST M. KNOLL, Katholische Kirche und scholastisches Naturrecht. Zur Frage der Freiheit, Wien/Frankfurt/Zürich 1962, 2. Auflage, mit einer Einleitung von ERNST TOPITSCH, Neuwied/Berlin 1968.

[23] Vgl. dazu HERMANN KANTOROWICZ, Der Begriff des Rechts, herausgegeben von A. H. CAMPBELL, mit einer Einleitung von A. L. GOODHART, Göttingen, o.J., S. 19 ff.

sung dieses Problems an das anzuknüpfen, was in der modernen Jurisprudenz faktisch behandelt wird. Das sind offenbar ganz bestimmte Arten von Normen, die im allgemeinen von bestimmten dafür qualifizierten Rollenträgern moderner komplexer Gesellschaften – Richtern, Anwälten, Verwaltungsbeamten usw. – zur Interpretation gewisser Situationen verwendet werden und die im wesentlichen in offiziellen Texten zu finden sind. Diese Texte bilden ja die Grundlage dessen, was in der Kerndisziplin der Rechtswissenschaft, der sogenannten »dogmatischen« Jurisprudenz, gelehrt wird.

Dieser Ausgangspunkt führt aber nun keineswegs zu einer eindeutigen Auffassung des Charakters der Jurisprudenz. Es sind vielmehr mindestens zwei Hauptströmungen des juristischen Denkens zu unterscheiden, die von ihm her zu unterschiedlichen Deutungen kommen: eine *realistisch-soziologische* und eine *normativistisch-analytische* Richtung. Nach der ersteren befaßt sich die Jurisprudenz mit *sozialen Tatbeständen* und ist daher als eine *empirische* Wissenschaft aufzufassen, nach der letzteren befaßt sie sich mit *gültigen Regeln* und hat deshalb selbst *nicht* den Charakter einer *empirischen* Wissenschaft, obwohl zwischen diesen Regeln und den von der anderen Richtung angeführten Tatbeständen zugestandenermaßen ein enger Zusammenhang besteht[24]. Sie ist vielmehr eine *normative* Wissenschaft, die darauf abzielt, ein *Sollen* zu erkennen[25]. Hier wird offenbar versucht, unter Abstraktion von naturrechtlichen wie von soziologischen Gesichtspunkten das *positive Recht* als einen *autonomen Kosmos* von *geltenden Normen* aufzufassen, der von einer als nicht-empirische Disziplin aufgefaßten reinen Jurisprudenz *kognitiv erfaßt* werden soll. Diese Auffassung kommt zweifelsohne dem praxisorientierten Selbstverständnis des normalen Juristen in so starkem Maße entgegen, daß sie alle Aussicht hat, sich zu behaupten, denn diese Praxis besteht großenteils darin, solche Normen zur Ableitung oder Legitimierung von Entscheidungen zu verwenden. Sie kommt außerdem der Grund-

---

[24] Für die erste Auffassung vgl. z.B. ALF ROSS, On Law and Justice, London 1958; für die zweite z.B. HERMANN KANTOROWICZ, Der Begriff des Rechts, aaO.

[25] Vgl. dazu etwa: HERMANN KANTOROWICZ, aaO., S. 38 ff.; sowie HANS KELSEN, Kausalität und Zurechnung, Österreichische Zeitschrift für öffentliches Recht, Band VI, 1954, S. 133 ff.

orientierung des analytischen wie des hermeneutischen Denkens entgegen, die hier einen Ansatzpunkt für die von ihnen bevorzugten Erkenntnisweisen finden, denn die anzuwendenden Normen müssen jeweils mit Hilfe einer *Interpretation relevanter Texte* eruiert werden. Die *Methodologie* der reinen Jurisprudenz scheint daher eher auf die in diesen philosophischen Richtungen entwikkelten *analytischen* oder *hermeneutischen* Verfahrensweisen zurückgreifen zu können als auf die Methoden der theoretischen Realwissenschaften. Am plausibelsten klingt die Argumentation der Normativisten gegen den Realismus charakteristischerweise dann, wenn sie etwa auf die Tätigkeit des Richters Bezug nimmt, der ja seine Entscheidungen nicht auf Beschreibungen und Erklärungen sozialer Tatbestände allein stützen kann, sondern auf jeden Fall normativer Regeln bedarf, um sie zu rechtfertigen[26].

Allerdings läßt sich an solche Argumente auch gerade eine kritische Betrachtung knüpfen, die den Ansatzpunkt des Normativismus im juristischen Selbstverständnis in Frage stellt; denn es ist ja *keineswegs selbstverständlich,* daß sich die *Jurisprudenz als Wissenschaft* ohne weiteres *mit dem Richter in einer Entscheidungssituation identifizieren* kann. Ihre Aussagen *über* das Recht sind zunächst einmal von den Normen *des* Rechts und den sie enthaltenden Texten – den Aussagenzusammenhängen juridischer Texte – zu unterscheiden[27]. Auch wenn die Regeln des positiven Rechts selbst normativen Charakter haben, muß das ja keineswegs auch auf die Aussagen der Jurisprudenz *über* diese Regeln zutreffen. Im Gegenteil, wenn man einmal mit dieser Unterscheidung Ernst macht, verschwindet die merkwürdige Idee einer kognitiven Erfassung von Normen, die sich in normativen Aussagen niederschlagen soll, vollkommen. Daß die Aussagen der *Rechtssprache* im allgemeinen normativen oder jedenfalls präskriptiven Charakter haben, wird von keiner Seite bestritten. Die Anwendung *dieser* Aussagen auf juridisch relevante Situationen durch den Richter

---

[26] Vgl. dazu die Argumentation Kantorowicz' gegen den amerikanischen Realismus in seinem Aufsatz: Rationalistische Bemerkungen über Realismus, aaO., S. 110 ff. Wenn sich die Jurisprudenz auf die Voraussage des Richterverhaltens beschränken würde, dann könnte offenbar der Richter selbst in einer Entscheidungssituation nichts mit ihr anfangen, denn er will ja nicht sein eigenes Verhalten voraussagen, sondern eine brauchbare Entscheidung treffen.

[27] Vgl. dazu ALF ROSS, On Law and Justice, aaO., S. 9.

oder andere Rollenträger führt zu Entscheidungen mit entsprechenden sozialen Wirkungen. Die Aussagen der *Jurisprudenz* dagegen *beziehen sich auf* Aussagen der ersten Art und die in ihnen formulierten Regeln und brauchen daher nicht diesen Charakter zu haben. Natürlich lassen sich diese Regeln durchaus so behandeln, *als ob* es sich um jenen autonomen Kosmos geltender Normen handele, von dessen Existenz die normativistisch-analytische Auffassung der Jurisprudenz ausgehen zu können glaubt. Aber diese Fiktion verschwindet sofort, wenn sich die Frage stellt, was hier mit Geltung gemeint sei und auf welchen raum-zeitlichen Bereich sich diese Geltung beziehe. Dann zeigt sich, daß man in irgendeiner Weise der sozialen Wirksamkeit dieser Normen Rechnung tragen muß[28]. Die Frage der Existenz eines solchen Normensystems – des positiven Rechts – ist nicht ohne Bezugnahme auf soziale Fakten zu entscheiden. Berücksichtigt man aber diese Frage nicht, so besteht zwischen dem in einem bestimmten Bereich geltenden positiven Recht und einem imaginären System von Regeln ähnlicher Art kein wesentlicher Unterschied. Eine reine Jurisprudenz, die in solchem Maße von sozialen Tatbeständen abstrahieren würde, würde damit zu einer Formalwissenschaft degenerieren. Von der Verankerung des positiven Rechts in der sozialen Wirklichkeit kann in der Jurisprudenz nicht ohne weiteres abstrahiert werden.

---

[28] Auch H. L. A. Hart, der in starkem Maße den *internen* Aspekt der Rechtsregeln – ihren Befolgungsanspruch den Adressaten gegenüber – und Fragen *interner* Gültigkeit – der Gültigkeit von einzelnen Regeln *innerhalb* eines Regelsystems – betont, ist dennoch gezwungen, für die Beantwortung der Frage nach der *Identifikation* des in einem bestimmten Bereich geltenden Rechtssystems auf eine *faktisch anerkannte* Regel (rule of recognition) zu rekurrieren, vgl. dazu Hart, The Concept of Law, Oxford 1961, S. 97 ff. Diese Regel entspricht in mancher Hinsicht der Kelsenschen Grundnorm, aber das Problem ihrer Existenz und ihres Inhaltes ist jeweils eine Tatsachenfrage; vgl. Hart, aaO., S. 245 f.; vgl. auch Alf Ross' Rezension: The Concept of Law, by H. L. A. Hart, in: Yale Law Journal, Vol. 71, 1962, S. 1185 ff.

IV. Das Recht als Phänomen der sozialen Wirklichkeit und seine Erkenntnis

Die Kenntnis der »geltenden Normen« des positiven Rechts ist ohne Zweifel ein Kernstück des rechtswissenschaftlichen Wissens, das auch von großer Bedeutung ist für die Analyse der sozialen Wirklichkeit und damit für die Rechtssoziologie und andere Sozialwissenschaften, und zwar deshalb, weil diese Normen bis zu einem gewissen Grade *wirksam* sind und daher für die *Erklärung des Verhaltens* der in Frage kommenden Mitglieder der Gesellschaft und damit für die *Erklärung sozialer Wirkungszusammenhänge* herangezogen werden müssen. Das findet man schon in den Arbeiten Max Webers[29] berücksichtigt, und insoweit ist seine *Konzeption der verstehenden Erklärung* durchaus akzeptabel, was immer man zu den Details der Durchführung dieses Ansatzes kritisch sagen mag. Mit Bezug auf die heutige Methodenkontroverse in den Sozialwissenschaften ist in diesem Zusammenhang vor allem zu betonen, daß menschliches Handeln und damit sinnvolles, dem Verstehen zugängliches Verhalten durchaus einer aus der naturwissenschaftlichen Erkenntnispraxis bekannten Weise der Erklärung auf theoretischer Grundlage offensteht[30].

Ausgangspunkt für die Bewältigung solcher Probleme kann die theoretische Idee sein, daß die kognitiven und normativen *Überzeugungen* der handelnden Personen zusammen mit motivationa-

---

[29] Zu diesem Problem vgl. vor allem die Ausführungen Max Webers in seinem Aufsatz: R. Stammlers »Überwindung« der materialistischen Geschichtsauffassung (1907), in seinen: Gesammelten Aufsätzen zur Wissenschaftslehre, 2. Auflage, herausgegeben von Johannes Winckelmann, Tübingen 1951, S. 322 ff., wo seine Konzeption der »verstehenden Erklärung« anhand solcher Probleme besonders überzeugend exemplifiziert wird; vgl. dazu auch: Fritz Loos, Zur Wert- und Rechtslehre Max Webers, Tübingen 1970, S. 93 ff. Zur Problematik des Verhältnisses von Jurisprudenz und Soziologie vergleiche auch die instruktive Analyse alternativer Auffassungen in: Wolfgang Schluchter, Entscheidung für den sozialen Rechtsstaat. Hermann Heller und die staatstheoretische Diskussion in der Weimarer Republik, Köln/Berlin 1968.

[30] Vgl. dazu meinen in Anm. 2 erwähnten Aufsatz, in dem die verschiedenen Aspekte der Verstehensproblematik in Auseinandersetzung mit anderen Auffassungen analysiert werden.

len Faktoren mit Antriebscharakter *konstitutive* Bedeutung haben für ihren Willensbildungsprozeß und damit für ihre *Entscheidungen* und für die Bildung von *Handlungsgewohnheiten.* Sie führen unter anderem jeweils zu einer spezifischen Weise der *Situationswahrnehmung* und – in ihrem Rahmen – zu *Erwartungen* – darunter auch solchen über das Verhalten anderer Personen –, die als entscheidungsrelevant anzusehen sind. Daß in diesem Zusammenhang als gültig angesehene Normen – auch solche des geltenden positiven Rechts – eine erhebliche Rolle spielen können, liegt auf der Hand, und zwar nicht nur als Bestandteile der normativen, sondern auch der kognitiven Komponenten der betreffenden Überzeugungen, denn die Annahme der faktischen Orientierung des Verhaltens anderer Personen an solchen Normen ist mitbestimmend für den Erwartungshorizont der Person, deren Verhalten jeweils erklärt werden soll. Hier wird also das Wissen über die in einer Gesellschaft wirksamen Normen relevant für die Erklärung sozialer Vorgänge. Wenn man sie kennt, so ergeben sich daraus Anhaltspunkte für die Rekonstruktion kognitiver und normativer Komponenten der Überzeugungssysteme handelnder Personen, und zwar kognitiver Komponenten, soweit sie die Befolgung der Normen bei anderen voraussetzen, normativer Komponenten, soweit sie sich selbst nach diesen Normen richten[31]. Unter »Verstehen« scheint Max Weber meist solche *Akte* der *Rekonstruktion* verstanden zu haben, die allerdings nicht mit der Erklärung des betreffenden Verhaltens identisch sind, sondern ihr vorausgehen müssen, da die auf diese Weise rekonstruierten Komponenten offensichtlich stets zu den *Anwendungsbedingungen* der in Frage kommenden nomologischen Aussagen, also in den singulären Teil des Explanandums, gehören.

Damit dürfte die Bedeutung des geltenden Rechts für die Erklärung sozialer Zusammenhänge einigermaßen klar sein. Nehmen wir zum Beispiel an, es gehe darum, eine bestimmte richterliche Entscheidung zu erklären. Hier ist schon die Identifikation dieses Verhaltens als einer sinnhaften Aktivität Angelegenheit eines Verstehens, das eine gewisse Rechtskenntnis voraussetzt. Daß auch die

---

[31] Natürlich kommen dabei auch kognitive Prozesse in Betracht und damit auch z.B. die Regeln der Arithmetik in ihrer normierenden Bedeutung für tatsächliche Kalkulationen.

Erklärung seinen sinnhaften Charakter, seine Eigenart als normgesteuertes Verhalten, nicht ignorieren darf, ist selbstverständlich. Das bedeutet natürlich nicht, daß die betreffenden Normen die einzigen kausalrelevanten Faktoren sind, im Gegenteil: es ist *erklärungsbedürftig*, inwiefern sich die betreffende Person gerade an ihnen orientiert hat, inwiefern sie also steuerungsrelevant wurden. Das mag auf sehr komplexe Wirkungszusammenhänge führen, in denen auch motivationale und situative Faktoren eine erhebliche Rolle spielen, so daß ihre theoretische Durchleuchtung schwierig sein kann. Jedenfalls müssen die betreffenden Theorien offenbar berücksichtigen, daß die Situationswahrnehmung hier durch Normen mitbestimmt ist, das heißt: die *Struktur normregulierten Verhaltens* muß in ihnen ausreichend nomologisch erfaßt sein[32].

Es ist also nicht zu übersehen, welche wichtige Rolle für die *Anwendung* solcher Theorien und damit für die Erklärung des faktischen Verhaltens die Rekonstruktion der entscheidungsrelevanten Überzeugungen der betreffenden Person – hier: des Richters, dessen Urteil zu erklären ist – unter Verwertung des Wissens über das geltende Normsystem – hier also: über das positive Recht – spielt. Man wird sich de facto in den meisten Fällen sogar mit einer *Erklärungsskizze* begnügen müssen, in der die *Interpretation der jeweiligen Situation* – hier also: der Entscheidungssituation des Richters – *mit Hilfe dieses Normensystems durch den Erklärenden* an die Stelle einer expliziten Darstellung der Zusammenhänge nach dem üblichen Erklärungsschema tritt. Es ist daher verständlich, daß die Idee auftauchen konnte, man könne hier auf Erklärung überhaupt verzichten, weil der gesamte Zusammenhang durch Verstehen ausreichend erfaßt werden könne[33], und daß man darüber hinaus dieses Verstehen im Sinne der Hermeneutik auffassen zu können glaubte, obwohl diese adäquaterweise zunächst nur als eine Tech-

---

[32] Ich möchte bezweifeln, ob die heutige Psychologie über mehr verfügt als Ansätze, um solche Erklärungsleistungen zu erreichen; vgl. dazu etwa: George A. Miller/Eugene Galanter/Karl H. Pribram, Plans and the Structure of Behavior, 1960.

[33] Das scheint mir u.a. auch für ökonomische Erklärungsversuche von Bedeutung zu sein; vgl. dazu meinen Aufsatz: Marktsoziologie und Entscheidungslogik, Zeitschrift für die gesamte Staatswissenschaft, 1958 – abgedruckt in meinem Buch mit dem gleichen Titel, Neuwied/Berlin 1957 –, wo in Abschnitt 7 auf die Parallele zur o.a. Problematik eingegangen wird.

nologie der Auslegung von Texten aufzufassen ist[34]. Unter gewissen Normalbedingungen ist eben die Anwendung des relevanten Deutungsschemas aufgrund einer Verwertung der in Betracht kommenden Texte – also z.B. der Gesetze, Kommentare und Entscheidungssammlungen – ein bis zu einem gewissen Grade brauchbares Substitut für eine zureichende explizite Erklärung, die Textinterpretation also das wesentliche heuristische Mittel einer solchen Ersatzlösung des Erklärungsproblems. Das kann sehr leicht zu der kurzschlüssigen Auffassung führen, die Rechtssoziologie wie die sogenannte dogmatische Jurisprudenz seien im Grunde genommen hermeneutische Disziplinen, da beide es im wesentlichen mit der Auslegung und Verwertung von Texten für die Ableitung adäquater Entscheidungen zu tun hätten. Dabei geht es de facto in der Rechtssoziologie um die theoretische Durchleuchtung von Wirkungszusammenhängen, für die das geltende Recht mitkonstituierend ist, und die Textdeutung ist nur ein Hilfsmittel im Rahmen dieser Erkenntnisleistungen, um das zu rekonstruieren, was man in den Sozialwissenschaften den Bezugsrahmen der Situationswahrnehmung oder die Definition der Situation nennt. Wer sich dazu verstehen kann, das geltende Recht als einen Bestandteil des »objektiven Geistes« aufzufassen, hat hier einen Hinweis darauf, wie dieser Geist das tatsächliche Geschehen beeinflußt: durch Mitwirkung bei der Strukturierung der Situationen handelnder Personen[35].

---

[34] Eine Auffassung, der seinerzeit Dilthey zumindest nahegekommen ist und die keineswegs als – etwa durch die Heidegger-Gadamersche universale Hermeneutik – überholt angesehen werden kann; vgl. dazu meinen in Anm. 2 erwähnten Aufsatz.

[35] Die Anwendungsmöglichkeit des oben analysierten Erklärungsansatzes auf ähnliche Tatbestände liegt auf der Hand. Man denke etwa an den Versuch einer Erklärung des Prognoseverhaltens eines Wissenschaftlers, z.B. eines Astronomen, der eine Sonnenfinsternis voraussagt. Hier tritt an die Stelle des geltenden Rechts das betreffende theoretische Gebäude aus der exakten Naturwissenschaft, das verstanden werden muß, damit eine Erklärung möglich wird.

V. Der Charakter der sogenannten Dogmatik

Damit kommen wir noch einmal zurück auf die Kerndisziplin der Rechtswissenschaft, die nicht selten »dogmatische Jurisprudenz« genannt wird. Wir hatten gesehen, daß die These vom normativen Charakter dieser Disziplin, die von vielen für selbstverständlich gehalten wird, äußerst problematisch ist, auch wenn der normative Charakter der juridischen Sprache – bzw. der in ihr abgefaßten juridischen Texte – nicht bestritten wird. Es ist nicht ohne weiteres möglich, vom Charakter dieser Sprache auf den der Jurisprudenz zu schließen, in der *über* Aussagen gesprochen wird, die in dieser Sprache formuliert sind, und über ihren *Sinn,* also die *Regeln,* die in ihnen zum Ausdruck kommen. Soweit das der Fall ist, scheint die Jurisprudenz zwar *keine normative, aber* mindestens *eine hermeneutische Disziplin* zu sein, und was die Bezeichnung »dogmatisch« angeht, so ist nicht recht einzusehen, inwiefern sie eine Berechtigung haben soll[36]. Nun dient das hermeneutische Verfahren hier außerdem offenbar dazu, das »geltende Recht« zu rekonstruieren, und wenn man darunter, wie das meist der Fall ist, die in einem bestimmten Raum-Zeit-Gebiet tatsächlich geltende und damit auch wirksame Rechtsordnung versteht, dann handelt es sich dabei, so sollte man meinen, um Tatbestände der sozialen Wirklichkeit. Von daher wäre es dann auch verständlich, wenn der diese Rechtsordnung beschreibende Vertreter der Jurisprudenz seine Erkenntnisse in Aussagen der folgenden Art formulieren würde: »Die und die Direktive ist gültiges deutsches Recht«[37], wobei solche Aussagen als Tatsachenaussagen aufzufassen wären. Seine Deutungshypothesen für die in Frage kommenden Rechtstexte wären also wieder nur Hilfsmittel für die Aufstellung normaler Hypothesen über soziale Tatbestände in bestimmten soziokulturell abgrenzbaren Raum-Zeit-Gebieten. Damit wären wir bei jener realistisch-soziologischen Auffassung der Jurisprudenz angelangt,

[36] Bei Kantorowicz ergibt sie sich offenbar daraus, daß die von ihr analysierten Regeln von ihm »Dogmen« genannt werden; vgl. HERMANN KANTOROWICZ, Der Begriff des Rechts, Göttingen, o.J., S. 45 ff.; aber auch wenn man diesen Sprachgebrauch akzeptiert, so kann man diese Charakterisierung des Gegenstandes dieser Disziplin doch nicht ohne weiteres auf sie selbst übertragen, wenn man keine Mißverständnisse hervorrufen will.

[37] Vgl. dazu ALF ROSS, On Law and Justice, London 1958, S. 9.

die von den Normativisten als inadäquat abgelehnt zu werden pflegt, weil sie diese Disziplin für die Rechtspraxis unbrauchbar mache. Es ist aber schwer zu sehen, was sich gegen diese Auffassung sagen läßt, wenn sie in einer Form vorgebracht wird, die dem normativen Charakter juridischer Texte gerecht zu werden sucht.

Immerhin scheinen sich einige Schwierigkeiten daraus zu ergeben, daß die relevanten Texte einen mehr oder weniger großen Deutungsspielraum offenzulassen pflegen und daß darüber hinaus die Idee der Lückenlosigkeit der Rechtsordnung sich als unhaltbar erwiesen hat, so daß es notwendig zu sein scheint, das geltende Normensystem durch entsprechende Auslegungspraktiken zu ergänzen. Das bedeutet zunächst nur, daß die Feststellung der tatsächlich geltenden Rechtsordnung nicht so einfach ist, wie man ohne Kenntnis dieser Problematik annehmen könnte. Daß man schon aus diesem Grunde die realistische Auffassung der Jurisprudenz aufgeben müßte, ist nicht einzusehen. Allerdings kann man verstehen, daß eine Jurisprudenz, die ihre Aufgabe nicht als rein theoretisch auffaßt, sondern sie darin sieht, der Rechtspraxis Orientierungshilfen zu geben, an dieser Stelle normative Gesichtspunkte ins Spiel zu bringen sucht. Es taucht hier ja die Frage auf, »wie die Gesetze ausgelegt und ihre Lücken ausgefüllt werden *sollen*«[38], damit die Regelung der betreffenden sozialen Verhältnisse *adäquat* im Sinne des geltenden Rechts ist, eine Frage, deren Beantwortung in der Praxis oft zu dem Vorgang führt, den man »richterliche Rechtsschöpfung« zu nennen pflegt. Durch sie wird offenbar die Rechtsordnung jeweils mitgestaltet, so daß eine einfache Feststellung der geltenden Ordnung für die Lösung der hier in Betracht kommenden Probleme nicht weiterhilft. Wenn man diese Lösung der Rechtspraxis überlassen wollte, hätte die Jurisprudenz als Wissenschaft in einem sehr wichtigen Punkte der Praxis kaum etwas zu bieten. Daraus scheint sich ein schwerwiegender normativistischer Einwand gegen den juristischen Realismus zu ergeben. Muß dieser Standpunkt aufgegeben werden, wenn man der Jurisprudenz die Aufgabe stellen will, die geltende Rechtsordnung

---

[38] So Kantorowicz in seinem Aufsatz: Rechtswissenschaft und Soziologle, in: Rechtswissenschaft und Soziologie. Ausgewählte Schriften zur Wissenschaftslehre, aaO., S. 137, wo es um eine »den Zwecken des Gesetzes« gemäße Regelung des Boykotts geht.

nicht nur festzustellen, sondern sie durch adäquate Deutungsvorschläge mitzugestalten? Muß sie in diesem Falle doch eine *normative* und überdies vielleicht sogar eine im echten Sinne *dogmatische* Wissenschaft werden?

Es ist sehr interessant, daß die Verfechter des Normativismus selbst dazu neigen, in diesem Zusammenhange den *teleologischen* Gesichtspunkt ins Spiel zu bringen, indem sie auf die Zwecke hinweisen, an denen sich die Deutungsvorschläge der Jurisprudenz zu orientieren hätten[39]. Gleichgültig nun, ob man solche Zweck- oder Wertgesichtspunkte dem Gesetz selbst oder anderen Quellen entnehmen zu können glaubt, es ist jedenfalls nicht einzusehen, daß man diese Gesichtspunkte nicht explizit machen sollte, um sie allgemeiner Beurteilung zugänglich zu machen. Das gleiche gilt für die Überlegungen zu den Wirkungszusammenhängen, die für die Formulierung bestimmter Deutungsvorschläge relevant sind, zum Beispiel über die Wirkungen angewandter Normen oder vorzuschlagender Auslegungen auf das soziale Leben, Überlegungen, die zugestandenermaßen eine wichtige Rolle spielen müssen. Solche Überlegungen machen die Verwendung nomologischen Wissens notwendig, denn die Steuerungs*wirkungen* von Gesetzen und Auslegungen sind nicht einfach logische *Konsequenzen* der betreffenden Aussagen. Wenn man sich dazu verstehen kann, das alles explizit zu machen – und eine praxisorientierte Jurisprudenz hat allen Grund dazu, wenn sie der Praxis wirklich helfen will –, dann ergibt sich die Möglichkeit, diese Disziplin als eine *Technologie* aufzufassen, die darauf abzielt, unter bestimmten hypothetisch vorausgesetzten Gesichtspunkten bestimmte Deutungsvorschläge für im geltenden Recht anerkannte Normsätze, aber natürlich auch Vorschläge für die Einführung neuer Rechtsnormen im Wege der Gesetzgebung zu formulieren. Die Übernahme der betreffenden Deutungen oder Normen in den Bestand des geltenden Rechts wäre dann Sache der dazu autorisierten Rollenträger der Rechtspraxis – der Richter und der Gesetzgebungsgremien –, die ihre Entscheidungen im Lichte der von dieser Art praxisorientierter Jurisprudenz gelieferten Erkenntnisse treffen könnten. Diese Juris-

---

[39] Vgl. dazu etwa NORBERTO BOBBIO, Über den Begriff der »Natur der Sache«, aaO., wo gezeigt wird, daß Argumentationen, die von »der Natur der Sache« ausgehen, auf teleologische Interpretationen reduziert werden können.

prudenz wäre praxisorientiert, ohne normativen Charakter zu haben, sie wäre nicht dogmatisch, sondern sie würde mit Hypothesen operieren, Hypothesen, in denen vor allem die relevante sozialwissenschaftliche Erkenntnis verwertet sein würde, und sie wäre nicht hermeneutisch, obwohl sie unter anderem auch hermeneutische Verfahrensweisen benutzen würde.

Es soll also nicht geleugnet werden, daß die Jurisprudenz dogmatisch, normativ und hermeneutisch verfahren *kann* und daß ihre Deutung in diesem Sinne weit verbreitet ist. Aber die Wissenschaftslehre hat ja nicht die Aufgabe, die gegebene Erkenntnispraxis einer Wissenschaft zu rechtfertigen. Sie kann sich vielmehr die Aufgabe stellen, sie kritisch zu durchleuchten[40] und mit Alternativen zu konfrontieren. Von einer kritizistischen Wissenschaftsauffassung her wird jedenfalls die Wahl zwischen einer normativ-hermeneutischen Dogmatik und einer theoretisch fundierten Technologie nicht zweifelhaft sein, auch unter dem Gesichtspunkt der Hilfe für die Praxis.

VI. Sozialphilosophie, Rechtskritik und Rechtspolitik

Die Regelungen der jeweils geltenden Rechtsordnung sind Problemlösungsversuche, deren Ausgestaltung unter dem Einfluß der verschiedensten Interessen und Ideale zustande gekommen ist. Die Gesichtspunkte, die sich dabei ausgewirkt haben, sind, soweit für sie ein Anspruch auf allgemeine Anerkennung erhoben wurde, nicht selten im Gewande der naturrechtlichen Erkenntnis aufgetreten. Daß der spezifische Erkenntnisanspruch, der mit Aussagen naturrechtlichen Charakters verbunden zu sein pflegt, heute nicht mehr aufrechterhalten werden kann, darauf wurde schon eingegangen. Die besondere Art von Erkenntnis, die in diesem Zusammenhänge postuliert wurde – die evidente Einsicht in eine normative Wirklichkeit, die für das positive Recht konstitutiv sei –, kann heute zu Recht als diskreditiert gelten. Mit der Kritik an dieser Erkenntnisweise ist aber die Naturrechtsproblematik keineswegs erledigt. Abgesehen davon, daß sich ein gewisser Minimalgehalt des

---

[40] Vgl. den ersten Abschnitt dieses Aufsatzes sowie das in Anm. 4 erwähnte Buch von Victor Kraft.

Naturrechts herausschälen lassen mag, der im Grunde genommen nichts anderes als rudimentäre soziologische Erkenntnisse hinsichtlich der Überlebensbedingungen menschlicher Gesellschaften umfaßt[41], handelt es sich oft um *Rechtsideale,* deren Wirkung auf die Entwicklung des Rechts nicht geleugnet werden kann, wenn auch ihre Einkleidung als Erkenntnisse ihren wahren Charakter zu verschleiern geeignet war. Es besteht kein Anlaß, die Beurteilung des Inhalts dieser Ideale davon abhängig zu machen, daß man sie im Gewande absoluter Erkenntnisse präsentiert hat. Allgemeine Wertgesichtspunkte von der Art moralisch-politischer Prinzipien – wie etwa die verschiedenen Gerechtigkeits- und Freiheitspostulate – wurden immer wieder mit mehr oder weniger Erfolg zur Kritik der geltenden Rechtsordnung und anderer institutioneller Regulierungen herangezogen und haben dadurch ihre Entwicklung beeinflußt[42]. Allerdings ist es dennoch nicht unwichtig, daß nicht nur die positive Rechtsordnung selbst als Menschenwerk, als konstruktive menschliche Kulturleistung, durchschaut wird, sondern daß darüber hinaus auch die Prinzipien, von denen her eine Bewertung dieser Ordnung ins Werk gesetzt wird, als menschliche Erfindungen, nicht Erkenntnisse, als Konstruktionen der praktischen Vernunft ohne Erkenntnisanspruch erkannt werden, denn die kognitive Maskierung solcher Ideale kann bestenfalls ihre Dogmatisierung zur Folge haben. Wenn Prinzipien dieser Art in der Sozialphilosophie rational diskutiert werden sollen, dann gehört dazu auch, daß man sich keine Illusionen über ihren Charakter macht.

Eine kritische Rechts- und Sozialphilosophie wird sich aber nicht auf die Demaskierung illusionärer Erkenntnisansprüche beschränken. Sie wird vielmehr darüber hinaus versuchen, die Erkenntnisse der Realwissenschaften zur kritischen Durchleuchtung

---

[41] Vgl. dazu H. L. A. Hart, The Concept of Law, aaO., S. 181 ff.

[42] Das Naturrecht hat sich oft, wie Riezler feststellt, »durch siegreiche Durchsetzung des Ideals aus einem bloß gewünschten und wünschenswerten in geltendes Recht umgewandelt. Wichtige Rechtserneuerungen vollziehen sich tatsächlich auf diesem Wege, naturrechtliche Ideen sind in der Geschichte häufig der wichtigste geistige Antrieb für eine Revolutionierung der Rechtsordnung geworden und damit (freilich nicht immer!) zu einer Annäherung an die Gerechtigkeit«, vgl. Erwin Riezler, Der totgesagte Positivismus, in: Naturrecht oder Rechtspositivismus?, aaO., S. 244, wo im übrigen auf die Zeit- und Kulturgebundenheit des Naturrechts hingewiesen wird.

des geltenden Rechts heranzuziehen, um eine Verbesserung der in ihm verkörperten Lösungen sozialer Probleme zu erreichen. Eine solche Kritik wird dadurch ermöglicht, daß in solchen Problemlösungen Ideen über reale Zusammenhänge enthalten zu sein pflegen, die dem heutigen Stande der Erkenntnis nicht mehr entsprechen. Oft handelt es sich um Relikte einer theologisch geprägten Metaphysik, der die Umgestaltung unseres Weltbildes unter dem Einfluß des wissenschaftlichen Erkenntnisfortschrittes längst den Boden entzogen hat, wie etwa die Sühnetheorie der Strafe, die bei uns immer noch Anhänger zu haben scheint[43], oder die in der christlichen Tradition kultivierten Vorstellungen, die zur Diffamierung der Sexualität als sündhaft und zu entsprechenden rechtlichen Regelungen geführt haben[44]. Daß Wertorientierungen und normative Regulierungen, wenn man sie nicht aus dem Zusammenhang mit den kognitiv-sachlichen Komponenten einer Weltauffassung löst, in deren Rahmen sie Geltung beanspruchen, durchaus auf der Basis von Erkenntnissen kritisierbar sind, habe ich an anderer Stelle zu zeigen versucht[45].

Die Lösung von Überbrückungsproblemen, um eine Verwertung der Erkenntnis für die Kritik und Revision von Moral und Recht zu ermöglichen, gehört zu den wesentlichen Aufgaben der Sozialphilosophie. Außer einer an realwissenschaftliche Erkenntnisse anknüpfenden rationalen Rechtskritik wird eine im oben skizzierten Sinne sozialtechnologisch orientierte Jurisprudenz dazu beitragen können, die Probleme des Rechts in einer Weise zu behandeln, die dem Stande der Erkenntnis in den anderen Wissenschaften Rechnung trägt. Auch rechtspolitische Fragen können auf einer solchen Grundlage rationaler Behandlung zugänglich gemacht werden. Eine autonome Jurisprudenz dagegen, die sich als dogmatisch-normative Wissenschaft versteht und sich auf herme-

---

[43] Für eine kritische Diskussion alternativer Auffassungen über den Strafzweck vgl. Norbert Hoerster, Zur Generalprävention als dem Zweck staatlichen Strafens, Goltdammers Archiv für Strafrecht, Jahrgang 1970, S. 272 ff.

[44] Vor allem Bertrand Russell, der sich nie gescheut hat, seine Philosophie kritisch und konstruktiv mit konkreten Problemen der Gesellschaft in Zusammenhang zu bringen, hat solche Fragen immer wieder behandelt, vgl. z.B. sein Buch: Ehe und Moral (1929), Stuttgart 1951.

[45] Vgl. dazu mein Buch: Traktat über kritische Vernunft, aaO., S. 73 ff. und passim.

neutische Verfahrensweisen beschränkt, ist schwerlich in der Lage, die Wirkungszusammenhänge des sozialen Lebens adäquat zu berücksichtigen. Gleichgültig also, ob man den Gesichtspunkt der reinen Erkenntnis oder den einer brauchbaren Orientierung für die Rechtspraxis und die Rechtspolitik in den Vordergrund stellen möchte, in beiden Fällen wird man einer Auffassung der Rechtswissenschaft den Vorzug geben müssen, die deren Sonderstellung im Kosmos der Wissenschaften weniger stark betont, als das bisher meist der Fall gewesen ist.

Rationalität und Wirtschaftsordnung

Grundlagenprobleme einer rationalen Ordnungspolitik

I. Das Rationalitätsproblem in der ordnungspolitischen Debatte

Das Rationalitätsproblem nimmt in der ordnungspolitischen Debatte immer noch einen hervorragenden Platz ein, wenn auch seit einiger Zeit eine Akzentverschiebung zur Freiheitsproblematik hin zu beobachten ist. Im allgemeinen pflegte man es bisher als natürlich anzusehen, daß dieses Problem im wesentlichen als ein Rechtfertigungs- und Konstruktionsproblem behandelt wird: als ein Problem der *rationalen Rechtfertigung* einer sozialen Ordnung des wirtschaftlichen Lebens im Sinne dessen, was ich die *klassische Methodologie* nennen möchte[1], verbunden mit dem Problem der *gedanklichen Konstruktion* einer entsprechenden idealen Ordnung, eines *Ordnungsmodells* nämlich, das den *Anforderungen der Rationalität* entspricht und aus diesem Grunde einer solchen Rechtfertigung zugänglich ist. An diesem Modell glauben die Verfechter einer solchen Auffassung dann die tatsächlich realisierte Ordnung messen zu können, um zu einem definitiven Urteil zu gelangen. Die Lösung eines solchen Konstruktionsproblems scheint darauf hinauslaufen zu müssen, daß man auf irgendeine Weise institutionelle Vorkehrungen konstruiert, die den idealen Ablauf der wirtschaftlichen Prozesse garantieren[2].

---

[1] Damit ist hier eine aus der traditionellen Philosophie überkommene allgemeine methodologische Konzeption gemeint, die sich am *Postulat der zureichenden Begründung* orientiert; siehe dazu den Abschnitt IV dieses Beitrags.

[2] »Rationalität« ist offenbar hier auf zwei Ebenen im Spiel: einmal die immanente Rationalität der wirtschaftlichen Ordnung selbst, die der Ebene der *tatsächlichen Zusammenhänge* anzugehören scheint, zum anderen aber die

Seit langer Zeit pflegt man Bestandteile der ökonomischen Theorie, der reinen Ökonomie, zu verwenden, um diese Probleme zu analysieren und zu lösen. Diese sozialwissenschaftliche Disziplin hat sich scheinbar als für diesen Zweck besonders geeignet erwiesen, was damit zusammenhängt, daß sie von ihrer Entstehung an in erheblichem Ausmaße auf solche Probleme zugeschnitten ist und das soziale Leben aus einer ganz bestimmten daran entwickelten Perspektive betrachtet. Sie faßt den Ablauf der in Frage kommenden sozialen Prozesse nämlich weitgehend *instrumental* auf: als Mittel im Hinblick auf eine letzte dem Theoretiker gegebene natürlich Zielsetzung, die sich nach der heute noch vorherrschenden Betrachtungsweise etwa als Maximierung der Bedürfnisbefriedigung für die Mitglieder der Gesellschaft kennzeichnen oder mit Hilfe einer damit mehr oder weniger äquivalenten Formel umschreiben läßt. Damit wird ein Maßstab fingiert, der zugegebenermaßen zwar nicht unbedingt präzise definiert werden kann, an dem aber idealiter dennoch alle ökonomisch relevanten Tatbestände zu messen sind, wenn eine adäquate Beurteilung zur Diskussion steht.

Auf diese letzten Endes utilitaristische Idee, eine Idee also aus der Sphäre des moralphilosophischen Empirismus, geht ein großer Teils des ökonomischen Denkens überhaupt zurück: von der Klassik bis zu unserer heutigen neoklassisch inspirierten Diskussion um die soziale und ökonomische Wohlfahrt, in der immer noch versucht wird, den Kern dieser Vorstellung auf irgendeine Weise zu retten[3]. Vor allem seit dem Durchbruch des utilitaristischen Denkstils im Marginalismus hat die Idee, die soziale Ord-

---

Rationalität des sich auf diese Realität beziehenden *Aussagenzusammenhanges*, der die Rechtfertigung zu leisten hat. Beides verschmilzt in der ökonomischen Betrachtungsweise miteinander: nur eine rationale Ordnung scheint eine rationale Rechtfertigung möglich zu machen.

[3] Siehe dazu: G. Myrdal, Das politische Element in der nationalökonomischen Doktrinbildung, Berlin 1932, 2. Aufl., Hannover 1963, ein Buch, das die Schwächen dieses Ideengebäudes enthüllt, ohne, wie das in der neueren Diskussion geschehen ist, technische Probleme zweitrangiger Natur so in den Vordergrund zu stellen, daß die grundsätzlichen Mängel dieses Denkstils dadurch mehr verhüllt als klargestellt werden. Zur Kritik der wohlfahrtsökonomischen Argumentation siehe auch meinen Beitrag zur Festschrift für Karl Popper: Social Science and Moral Philosophy, in: A Critical Approach to Science and Philosophy, ed. by Mario Bunge, Glencoe/Illinois 1963.

nung des wirtschaftlichen Lebens und darüber hinaus jede wirtschaftspolitische Maßnahme müsse letzten Endes durch Bezugnahme auf die Bedürfnisbefriedigung der sozialen Gesamtheit gerechtfertigt werden, zu prägnanten Formulierungen und zu einer im Detail ausgearbeiteten Argumentation geführt, in deren Zentrum das *Maximum-Theorem* der statischen Theorie steht: die Behauptung, daß unter gewissen genau angebbaren Bedingungen die Bedürfnisbefriedigung der Gesamtheit, der sozialen Nutzen, die soziale oder die ökonomische Wohlfahrt oder jedenfalls irgendeine normativ relevante Größe dieser Art maximiert werde, so daß sich ein soziales Optimum ergebe. Eine soziale Ordnung, die ein solches Resultat garantiert, hat nach Auffassung vieler Vertreter des neoklassischen Denkens den Vorzug, dem Kriterium der Rationalität zu genügen, und stellt daher eine ideale Ordnung dar, jedenfalls, soweit der *ökonomische Aspekt* des sozialen Lebens in Frage kommt.

Diese Einschränkung allerdings, die von manchen Theoretikern als unwesentlich angesehen, von anderen dagegen stärker akzentuiert wurde, hat sich im Laufe der Diskussion als außerordentlich bedeutsam herausgestellt. Sie hat zu Vorbehalten und Modifikationen geführt, die von der früher für das Maximum-Theorem in Anspruch genommenen Bedeutung so gut wie nichts übriggelassen haben, obwohl die ganze Tragweite der vorliegenden Kritik sich dem uneingeweihten Betrachter infolge einer etwas komplizierten Ausdrucksweise und der Betonung technischer Details nicht immer offenbart. In der wirtschaftspolitischen Tagesdiskussion werden daher interessanterweise immer noch ausgiebig gesamtwirtschaftliche Maximierungs- und Optimalitätsthesen verwendet, denen die kritischen Untersuchungen der letzten Jahrzehnte längst ihre Grundlage genommen haben. Aber auch der ökonomische Theoretiker findet sich nur selten bereit, den Zusammenbruch dieser Art des Denkens in vollem Umfang zuzugeben. Das ist eine zum Teil verständliche Reaktion, die wohl damit zusammenhängt, daß man sonst hinsichtlich politischer Empfehlungen den Boden unter den Füßen zu verlieren glaubt, denn die Idee der Maximalbefriedigung scheint demjenigen, der ökonomisch zu denken gewohnt ist, der Natur der Sache nach letzten Endes doch noch immer unersetzlich zu sein für die Lösung des Problems der Rechtfertigung der sozialen Ordnung und der Wirtschaftspolitik. Sie ist verwurzelt in der ihm selbstverständlichen Denkweise: in der ökonomischen Perspektive.

Die normale Art der Rechtfertigung wirtschaftlicher Tatbestände und Maßnahmen geht nämlich auf das zurück, was der Nationalökonom von seiner Art des Zuganges zur sozialen Realität her gewohnt ist, als den *selbstverständlichen Zweck* alles Wirtschaftens anzuerkennen: die menschliche *Bedürfnisbefriedigung*[4]. Von diesem Zweck her scheint sich das wirtschaftliche Leben als ein Sinnzusammenhang zu ordnen, als die kooperative Veranstaltung der sozialen Gemeinschaft zur Überwindung der natürlichen Knappheit im Dienste dieser Bedürfnisbefriedigung. Alle wesentlichen Tatbestände der wirtschaftlichen Realität bekommen in diesem Zusammenhang eine »Funktion«, die sie erfüllen oder nicht erfüllen können. Im Idealfall führen die Resultate der gesellschaftlichen Kooperation zur optimalen Erfüllung der wirtschaftlichen Aufgabe: zur Maximalbefriedigung. Der *Preismechanismus* spielt dabei quasi die Rolle einer *Induktionsmaschine*, die die Funktion hat, aus den gegebenen individuellen Bedürfnissen die richtige gesellschaftliche Bewertung aller Güter und Leistungen und damit den idealen Gleichgewichtszustand des Gesamtsystems abzuleiten, der sich daraus ergibt, daß sich alle produktiven Handlungen an diesen Bewertungen orientieren. Es existiert gewissermaßen ein durch be-

[4] Für eine Analyse der klassischen Konzeption mit diesem Ergebnis siehe z.B. L. Robbins, The Theory of Economic Policy in English Classical Political Economy, London 1961, S. 7 ff., 176 ff. und passim. Bei den Neoklassikern ist dieser Gesichtspunkt noch deutlicher ausgeprägt. – Man wird kaum einen Vertreter der theoretischen Ökonomie finden, gleichgültig welcher Richtung, der nicht bereit wäre, die Frage nach dem »Zweck der Wirtschaft« auf diese Weise zu beantworten und diese Antwort für theoretisch relevant zu halten. Nur selten findet man die Tendenz, zunächst einmal die Art der Fragestellung kritisch zu analysieren und sie dann als theoretisch irrelevant und in die Irre führend zurückzuweisen, weil es sich um eine schwerlich begründbare und theoretisch bedeutungslose Übertragung der für die Planung menschlicher Handlungen relevanten Zweck-Mittel-Unterscheidung auf den sozialen Gesamtzusammenhang handelt. Ich brauche wohl kaum zu betonen, daß eine Kritik der oben erwähnten These über den Zweck der Wirtschaft nicht nur diese spezielle Antwort trifft, sondern das ganze »ökonomische Sprachspiel«, das eine derartige Antwort erforderlich zu machen scheint. Das bedeutet natürlich nicht, daß Bedürfnisse und ihre Befriedigung theoretisch oder politisch nicht in Betracht kämen.

stimmte institutionelle Vorkehrungen garantierter übergreifender Zurechnungszusammenhang von den Bedürfnissen der Wirtschaftssubjekte her zu allen im System stattfindenden wirtschaftlichen Aktionen, die auf diese Weise koordiniert werden können[5]. Es handelt sich dabei um einen quasi-logischen Zusammenhang ähnlicher Art, wie ihn im Bereich der Erkenntnistheorie der *Induktivismus* für die Theorieproduktion postuliert hat, für die Gewinnung theoretischer Erkenntnisse durch Ableitung auf Grund einzelner Beobachtungen. Ich werde zu zeigen suchen, daß wir hier keineswegs eine belanglose Analogie vor uns haben, sondern vielmehr eine beiden Konzeptionen zugrunde liegende gemeinsame Struktur des Denkens, die mit der Formulierung fundamentaler Probleme zusammenhängt.

II. Die ökonomische Lösung des ordnungspolitischen Problems

Im Zentrum der ordnungspolitischen Debatte stand etwa seit den 20er Jahren dieses Jahrhunderts die Frage nach der *Möglichkeit einer rationalen Planwirtschaft*, die im allgemeinen identifiziert wurde mit der Frage nach der *Möglichkeit einer Wirtschaftsrechnung* in einer derartigen Ordnung. Dabei pflegte man das statische Grundmodell der vollkommenen Konkurrenz, auf das sich das Maximum-Theorem bezog, als Maßstab einer im Sinne richtiger Wirtschaftsrechnung funktionierenden Wirtschaft zu betrachten. Daß dieses Modell auch von Theoretikern mit im übrigen extrem entgegengesetzten Auffassungen als Basis der ordnungspolitischen Diskussion anerkannt wurde, kann als ein Symptom für die Überzeugungskraft neoklassischer Optimalitätsthesen angesehen werden[6]. Es scheint hier im wesentlichen nur darum zu gehen, ob die

---

[5] Die Bedeutung dieser Vorstellung für die politische Verwendung der ökonomischen Theorie habe ich in meiner Schrift: Ökonomische Ideologie und politische Theorie, Göttingen 1954, zu klären versucht.

[6] Selbst CARL LANDAUER vertrat in seinem Buch: Grundprobleme der funktionellen Verteilung des wirtschaftlichen Wertes, Jena 1923, S. 22 f., die Anschauung, daß die Sätze der reinen Ökonomie in einer Wirtschaftsordnung, in der die Regeln der Zurechnung sich nicht automatisch durchsetzen, normative Bedeutung gewinnen, d.h. also, daß sie ganz allgemein angeben, wie ei-

im statischen Ideal der neoklassischen Ökonomik verkörperte Logik der Entscheidung auch in einer mit zentraler Planung arbeitenden Wirtschaftsordnung mit Hilfe geeigneter institutioneller Arrangements durchgesetzt werden kann.

Diese Problematik pflegt man in der ökonomischen Diskussion in zwei Teilprobleme zu zerlegen: das Problem der *logischen Möglichkeit* einer Wirtschaftsrechnung in der Planwirtschaft und das ihrer *praktischen Realisierbarkeit*. Dabei setzt offenbar die Lösung des zweiten der beiden Probleme die des ersten voraus. Das erste Problem scheint man dadurch lösen zu können, daß man den Versuch unternimmt, ein entsprechendes gesamtwirtschaftliches Ordnungsmodell zu konstruieren, das insofern »rational« funktioniert, als in ihm der wirtschaftliche Ablauf in analoger Weise gesteuert wird wie im statischen Grundmodell. Die Lösung derartiger Konstruktionsaufgaben hat sich – man möchte fast sagen: selbstverständlich – als möglich erwiesen, da man sich dabei mit einer mehr oder weniger schematischen Skizze der erforderlichen institutionellen Vorkehrungen begnügen kann und realistische Einschränkungen keine wesentliche Rolle zu spielen brauchen.

---

gentlich gerechnet werden muß, damit »rational« gehandelt werden kann. Und noch Josef Schumpeter, der in seinem Buch: Kapitalismus, Sozialismus und Demokratie, 2. Aufl., München 1950, die klassische Theorie der Demokratie – eine der ökonomischen Ideologie analoge Konzeption (s.u.) – einer scharfen Kritik unterzogen hat und der darin dem Maximum-Theorem der reinen Ökonomie nur noch die Bedeutung einer Trivialität zuzuerkennen bereit war, hat dennoch im gleichen Buch unter dem Titel: Kann der Sozialismus funktionieren? die sozialistische Wirtschaft bei der Behandlung der Frage, ob etwas »an der reinen Logik« dieser Wirtschaft »falsch ist oder nicht« (aaO., S. 275), an neoklassischen Maßstäben messen wollen. Hinsichtlich der Produktion in einer solchen Wirtschaftsform hat er das »eigentliche Problem« in der Frage gesehen, wie diese »rational«, das heißt in einer Weise erfolgen könne, »in der sich eine maximale Befriedigung der Konsumenten ergibt« (aaO., S. 279 f.), wobei er lediglich zu erwägen gab, daß »eine korrektere Ausdrucksweise« eine Menge von Umschreibungen erforderlich machen würde, die für seine Zwecke nicht notwendig seien. Sein Beweis der Möglichkeit rationaler Planung in einer sozialistischen Gesellschaft geht von der Idee eines Zurechnungszusammenhanges von der Bewertung der Konsumgüter durch die Konsumenten zur Bewertung der Produktionsgüter aus. Der rationalen Planwirtschaft scheint dieselbe »Logik der Wahl« zugrunde zu liegen wie der rationalen Marktwirtschaft. Nur in der Lösung des Problems der institutionellen Realisierung scheinen sich beide zu unterscheiden.

Aus diesem Grunde ist aber die Lösung dieses Problems heute für die meisten Theoretiker wenig befriedigend. Die Realisierung einer rationalen Planwirtschaft durch planmäßige Herstellung der im Modell vorgesehenen Institutionen könnte ja immer noch an praktischen Schwierigkeiten scheitern oder mit solchen Opfern verbunden sein, daß man geneigt sein könnte, aus diesem Grunde darauf zu verzichten. Es wird daher zuweilen großer Wert auf den Nachweis gelegt, daß solche Schwierigkeiten nicht auftreten oder jedenfalls relativ leicht überwunden werden können. Hier ist es offenbar notwendig, »realistische« Überlegungen anzustellen, die sich in detaillierter Weise mit dem Funktionieren der betreffenden institutionellen Vorkehrungen befassen und an »Erfahrungen« orientiert sind. In Ermangelung eines entsprechenden nomologischen Wissens kann man sich dabei vor allem auf geschichtliche Beispiele stützen. So wird dieser Teil der ordnungspolitischen Problematik – das Problem der Möglichkeit einer rationalen Planwirtschaft – also gemeinhin durch eine Kombination von *logischer Konstruktion* und *historischer Illustration* gelöst: durch ein *historisch unterbautes Gedankenexperiment*. Einerseits konstruiert man mehr oder weniger reichhaltige Modelle, deren Vereinbarkeit oder Unvereinbarkeit mit dem statischen Ideal mit logischen Mitteln nachgewiesen werden kann. Andererseits belegt man diese Modelle durch Hinweise auf historische Fälle, an denen die eine oder andere Art der sozialen Ordnung des wirtschaftlichen Lebens bis zu einem gewissen Grade exemplifiziert werden kann.

Nun bietet die historische Betrachtung aber nicht nur Beispiele für planwirtschaftlich organisierte Systeme, denen unter dem Gesichtspunkt statischer Rationalität gewisse Schwächen zugeschrieben werden müssen. Man kann vielmehr darauf hinweisen, daß auch in den marktwirtschaftlich organisierten Gesellschaften die im statischen Grundmodell enthaltene Lösung des ökonomischen Problems aus verschiedenen Gründen nicht in dem Maße zum Zuge kommt, wie das von Vertretern des extremen Liberalismus vielfach heute noch unterstellt wird. Bei gemeinsamer Anerkennung des im statischen Grundmodell verkörperten ökonomischen Ideals – bei Orientierung also an einer ganz bestimmten Idee der Rationalität – sind daher durchaus verschiedene ordnungspolitische Auffassungen vertretbar, besonders, wenn man sich zu ihrer Rechtfertigung der oben charakterisierten Methode bedient. Die

Diskussion hat klargemacht, daß die Frage nach der Möglichkeit einer rationalen Marktwirtschaft mit gleicher Berechtigung gestellt werden kann wie die nach der Möglichkeit einer rationalen Planwirtschaft. Bei ähnlicher grundsätzlicher Orientierung findet man heute höchst verschiedenartige Anschauungen über die zu realisierende Wirtschaftsordnung.

Man kann einerseits noch immer als Altliberaler an die wenigstens approximative Selbstrealisierung des statischen Ideals ohne staatliche Eingriffe glauben, wobei offenbleibt, wie stark die Abweichung davon ist, bei deren Überschreitung man seinen Standpunkt aufgeben würde. Man kann als Neuliberaler ordnungspolitische Eingriffe zur Realisierung brauchbarer Rahmenbedingungen sowie mehr oder weniger »marktkonforme« Interventionen im Rahmen eines »funktionierenden« Preismechanismus befürworten, wobei verschiedene Deutungen für diese Marktkonformität möglich sind. Man kann andererseits mit den Neusozialisten hinsichtlich dieser Rahmenbedingungen etwas andere Auffassungen vertreten und darüber hinaus die Art der zulässigen Marktinterventionen offenlassen. Weiter kann man mit den Konkurrenzsozialisten eine Sozialisierung der Produktionssphäre, verbunden mit ihrer Organisation nach dem Konkurrenzprinzip, also mit pretialer Lenkung, oder schließlich mit den Kalkulationssozialisten eine Sozialisierung, verbunden mit bürokratischer Lenkung auf Grund zentraler Kalkulation, fordern. Alles das scheint mit der Annahme der für die Lösung des Allokationsproblems wesentlichen Züge des statischen Grundmodells vereinbar zu sein, bei unterschiedlicher Auffassung allerdings hinsichtlich der Frage der Realisierbarkeit. Offenbar kommt es hier nur darauf an, *wie* man den »Preismechanismus« dieses Modells am besten verwirklichen kann, welche institutionellen Bedingungen sich also am besten dazu eignen, eine approximative Realisierung des betreffenden Gleichgewichtspreissystems und des damit verbundenen ökonomischen Idealzustandes herbeizuführen. *Daß* eine solche Realisierung anzustreben ist, scheint dagegen kaum mehr der Diskussion bedürftig zu sein. Die Grundannahme, von der man auszugehen pflegt, ist die nur selten bestrittene Idee der *immanenten Rationalität* dieses Modells[7]. Vor allem muß man nach dieser Auffassung

[7] Zur Kritik siehe meinen Aufsatz: Die Problematik der ökonomischen

das ökonomische Zentralproblem lösen: das Problem der Allokation der produktiven Kräfte eines Wirtschaftssystems, ihrer Verteilung auf die verschiedenen möglichen Verwendungen. Es gibt nach ihr eine ideale Lösung dieses Problems, nämlich die, die sich im totalen Gleichgewicht des Konkurrenzmodells ergibt. Hier herrscht vollkommene Rationalität, weil der Preismechanismus unter den in diesem Modell gegebenen Bedingungen angeblich wie eine ideale Induktionsmaschine in bezug auf die Bedürfnisse der Konsumenten funktioniert.

III. Kritik der ökonomischen Lösung des Problems

Was zunächst die Kombination von logischer Konstruktion und historischer Illustration angeht, die bei der Lösung ordnungspolitischer Probleme auftritt, so macht sie ohne Zweifel, wenn sie mit einiger Meisterschaft gehandhabt wird, den Eindruck einer realistischen Analyse dieser Problematik. Aber sie hat, abgesehen von der Fragwürdigkeit der ihr zugrunde liegenden Rationalitätsdoktrin, einen fundamentalen Fehler: sie enthält keine theoretisch fundierte Analyse der realen Möglichkeiten, auch wenn die Modellbildung noch so »realistisch« und die historische Exemplifizierung noch so zutreffend ist. Eine Verbindung von logischer und historischer Analyse kann das Realisierbarkeitsproblem deshalb nicht lösen, weil die dazu notwendige nomologische Information nicht zu ersetzen ist[8]. Solange man nicht gehaltvolle sozialwissenschaftliche

---

Perspektive, in: Zeitschrift für die gesamte Staatswissenschaft, 117. Bd., 1961, besonders S. 447 ff. Dieses Denken und die damit verbundene ökonomische Perspektive wird im allgemeinen durch gründliches Studium so gut »gelernt«, daß es später gegen jede Kritik immun bleibt, unberührt z.B. auch von den Resultaten der Diskussion um das Wohlfahrtsproblem und ähnlicher Debatten. Auch wenn man jeweils die Stichhaltigkeit einzelner Einwendungen durchaus zuzugeben bereit ist, ist man doch vielfach nicht in der Lage, diesen Einwendungen dann später, z.B. in der ordnungspolitischen oder überhaupt der wirtschaftspolitischen Diskussion, Rechnung zu tragen.

[8] Das Verfahren führt vermutlich dazu, das für brauchbare Lösungen notwendige nomologische Wissen systematisch zu unterschätzen, da man geneigt ist, das theoretische Fundament der Lösung in der Modell-Konstruktion zu sehen. De facto sagt natürlich die Konstruierbarkeit eines Modells nichts über seine Realisierbarkeit. Historische Beispiele aber bedürfen einer theoretisch

Theorien benutzen kann, ist es nicht möglich, die für das ordnungspolitische Problem kausal wesentlichen Züge der betreffenden historischen Beispiele herauszuarbeiten, d.h. man kann nicht zeigen, welche Bedingungen dafür in Betracht kommen, daß das analysierte System in ganz bestimmter Weise funktioniert. Das System wirtschaftlicher Beziehungen, auf das sich die ökonomische Analyse konzentriert, ist stets in ein Sozial- und Kulturmilieu eingebettet, dessen Relevanz für sein Funktionieren heute kaum noch geleugnet werden kann[9]. Auf Grund bisheriger Untersuchungen gibt es genügend Anhaltspunkte dafür, daß sich bestimmte wirtschaftliche Systeme nicht in Sozialmilieus von im übrigen beliebiger Beschaffenheit realisieren lassen. Andererseits scheint die Frage, welche Züge eines Sozialmilieus in dieser Beziehung bedeutsam sind und welche Bedeutung sie haben, im einzelnen noch schwer beantwortbar zu sein[10]. Die ökonomische Analyse pflegt sich von derartigen Fragestellungen im Wege der Modellbildung zu emanzipieren. Der im Modell aufweisbaren logischen Möglichkeit eines bestimmten Funktionsstils steht aber immer die eines anderen gegenüber, und der historische Nachweis der Realisierbarkeit eines bestimmten Stils in einem raum-zeitlich abgegrenzten Bereich sagt nichts über ihre allgemeinen Bedingungen und über andere reale Möglichkeiten. Die Logik täuscht einen zu großen, die Geschichte

---

fundierten Interpretation, um für diese Fragen relevant zu sein. Was erforderlich wäre, wäre eine Analyse faktischer Wirkungszusammenhänge in alternativen institutionellen Arrangements auf der Basis gehaltvoller Theorien. Eine Kombination von Logik und Geschichte ist kein Ersatz dafür.

[9] Siehe dazu die Forschungen Max Webers und die daran anschließenden neueren soziologischen und sozialpsychologischen Untersuchungen, z.B. R. N. Bellah, Tokugawa Religion. The Values of Pre-Industrial Japan, Glencoe 1957; R. Bendix, Herrschaft und Industriearbeit. Untersuchungen über Liberalismus und Autokratie in der Geschichte der Industrialisierung, (1956) Frankfurt a.M. 1960; D. C. McClelland, The Achieving Society, Princeton/Toronto/London/New York 1961.

[10] Das zeigt sich natürlich besonders deutlich bei der Untersuchung der Entwicklungsproblematik. Gewisse Forschungsergebnisse liegen allerdings schon vor; siehe z.B. G. A. Theodorson, Die Industrialisierung und ihre Folgen für die soziale Struktur nicht-westlicher Gesellschaften; J. C. Abegglen, Kontinuität und Wandel in der japanischen Industrie; und andere Beiträge aus: Soziologie der Entwicklungsländer, hrsg. von Peter Heintz, Köln/Berlin 1962, sowie die in Anm. 9 angegebene Literatur.

einen zu kleinen Spielraum ordnungspolitischer Möglichkeiten vor[11]. Die Kombination beider Verfahrensweisen kann daran prinzipiell nichts ändern, sie kann nur eine Realistik vortäuschen, die eine Lösung der Probleme auch da suggeriert, wo de facto schon die nomologische Information dazu nicht vorhanden ist. In dieser Beziehung besteht übrigens keineswegs ein wesentlicher Unterschied zwischen der Frage nach der Möglichkeit einer rationalen Planwirtschaft und der nach der Möglichkeit einer rationalen Marktwirtschaft. Die tatsächlich realisierten sozialen Ordnungsformen des wirtschaftlichen Lebens kommen dem statischen Ideal im allgemeinen so wenig nahe, daß man nur durch politische Vorliebe dazu gebracht werden kann, dieses Ideal in die Wirklichkeit einer dieser Formen hineinzuprojizieren.

In der Fragwürdigkeit dieses Ideals liegt nun der zweite Ansatzpunkt für eine Kritik an der ökonomischen Lösung ordnungspolitischer Fragen. Die für das ökonomische Denken charakteristische Art, die ordnungspolitische Problematik zu analysieren und zu lösen, ist nicht nur unter theoretischen Gesichtspunkten anfechtbar, sie ist außerdem an eine fundamentale Voraussetzung gebunden, die der Kritik nicht standhält: an die Annahme der Rationalität des Konkurrenzpreissystems und seiner Produktionswirkungen im Hinblick auf die Bedürfnisbefriedigung der Konsumenten. Hinter dieser Annahme steht, wie Myrdal vor einiger Zeit festgestellt hat, die *kommunistische Fiktion* einer einheitlichen gesellschaftlichen Zwecksetzung und einer daran anknüpfenden objektiven Wertskala, von der her alle wirtschaftlichen Vorgänge als Teilhandlungen einer gesellschaftlichen Wirtschaftsführung verstanden und bewertet werden können[12]. Es ist die Fiktion einer Gesellschaft

---

[11] Man könnte daher vermuten, daß die Akzentuierung der Modellkonstruktion radikale Lösungen und die der historischen Exemplifizierung konservative Lösungen begünstigt, wenigstens soweit man sich über den Abstand zwischen Modell und Realität klar ist.

[12] Siehe dazu GUNNAR MYRDAL, aaO., S. 135 ff. Diese Fiktion hat inzwischen zur Formulierung des Problems der Möglichkeit einer allgemeinen sozialen Wohlfahrtsfunktion geführt, wobei die Beschränkungen, die in den bisher bevorzugten Voraussetzungen liegen, fallengelassen wurden; siehe dazu vor allem K. J. ARROW, Social Choice and Individual Values, New York/London 1951. Diese Thematik hat an sich nicht mehr mit der Nationalökonomie zu tun als mit allen anderen Sozialwissenschaften; siehe dazu: J. ROTHENBERG,

ohne wesentliche Konflikte, wie sie vor allem utopischen Sozialkonstruktionen zugrunde zu liegen pflegt[13]. Diese Idee läßt sich im allgemeinen besonders gut mit holistischen Vorstellungen über die Beschaffenheit der sozialen Wirklichkeit und über die soziale Willensbildung verbinden. In diesem Falle aber ist sie mit einem Individualismus verknüpft, der eine Brücke von den individuellen Interessen zur kollektiven Bewertung sozialer Tatbestände notwendig macht. Diese Brücke wird mit Hilfe der induktivistischen Fiktion hergestellt, die dafür sorgt, daß das Funktionieren des Preismechanismus unter bestimmten Bedingungen zurechnungstheoretisch unterbaut werden kann und dadurch im Sinne sozialer Rationalität als gerechtfertigt erscheint. So wird die kommunisti-

---

The Measurement of Social Welfare, Englewood Cliffs 1961. Die Abstammung dieses Problems aus dem ökonomischen Denken zeigt sich aber dennoch in der Art, wie man es behandelt, und in der Bedeutung unter normativen Gesichtspunkten, die man seiner Lösung beimißt. An sich wäre es ja durchaus möglich, formale Probleme dieser Art im Rahmen der Analyse institutionell realisierbarer Entscheidungsregeln zu behandeln. In diese Richtung zielt wohl teilweise auch GÉRARD GÄFGEN in seinem Aufsatz: Zur Theorie kollektiver Entscheidungen in der Wirtschaft. Eine Neuinterpretation der Welfare Economics, Jahrbücher für Nationalökonomie und Statistik, Bd. 173, 1961, S. 1 ff. Fragwürdig ist heute vor allem die ideologische Interpretation solcher Probleme, ihre unmittelbare Verschmelzung mit der sozialen Rechtfertigungsproblematik.

[13] Im ökonomischen Denken findet man diese Idee schon seit der Klassik. Im soziologischen Denken sind teilweise analoge Ideen zu finden. Für eine kritische Untersuchung in diesem Bereich siehe RALF DAHRENDORF, Pfade aus Utopia. Zu einer Neuorientierung der soziologischen Analyse, in seinem Buch: Gesellschaft und Freiheit, München 1961. Dort wird u.a. auf die für manche Theorien charakteristische Abstraktion von strukturell bedingten sozialen Konflikten hingewiesen. Auch die klassische Theorie der Demokratie setzt eine derartige kommunistische Fiktion voraus. Sie wurde aus diesem Grunde vor allem von JOSEF SCHUMPETER kritisiert; siehe dazu die letzten Kapitel seines Buches: Kapitalismus, Sozialismus und Demokratie, 2. Aufl., München 1950. Der Marxismus verlegt diese Utopie in die Zukunft, an das Ziel der geschichtlichen Entwicklung und gewinnt damit Raum für die Zulassung struktureller Konflikte in der Gegenwartsgesellschaft. KARL POPPER zeigt in seinem Werk, The Open Society and its Enemies (1944, Princeton 1950, 4. Aufl.: London 1962, den Zusammenhang zwischen holistischer Sozialphilosophie, utopischer Sozialtechnologie und geschlossener Gesellschaft. Es ist nicht uninteressant, daß das an sich individualistische Denken der Klassik und Neoklassik dennoch einen Rest derartiger Vorstellungen enthält.

sche Fiktion mit der Vorstellung vereinbar gemacht, daß die einzelnen Mitglieder der Gesellschaft letzte Träger von Interessen sind und daß die eigentlichen Entscheidungen in der betreffenden Wirtschaftsordnung unten getroffen werden, nämlich von den Konsumenten, denen die Resultate der Produktion zugute kommen. *Konsumentensouveränität, induktivistische* und *kommunistische Fiktion* führen so zu einer einheitlichen Konzeption, die sowohl die *Erklärung* des wirtschaftlichen Geschehens als auch seine *Rechtfertigung* im Sinne der Rationalität zu leisten hat.

In ähnlicher Weise verfährt die klassische Theorie der Demokratie im politischen Bereich: Sie enthält die kommunistische Fiktion des Gemeinwohls, die die tatsächlichen Interessenkonflikte überdeckt, und konstruiert einen übergreifenden Zustimmungszusammenhang induktivistischer Natur von den Interessen und Entscheidungen der einzelnen Wähler zu den Resultaten der sozialen Willensbildung und der Politik. Auch hier werden die eigentlichen Entscheidungen unten getroffen, nämlich von den Wählern. Ebenso wie in der Marktwirtschaft die Unternehmer lediglich den Konsumentenwillen vertreten, setzen die Volksvertreter in der Demokratie nur den Wählerwillen durch[14]. *Wählersouveränität, induktivistische* und *kommunistische Fiktion* führen hier zu einer analogen Konzeption für die *Erklärung* und *Rechtfertigung* des politischen Geschehens, wie sie die neoklassische Ideologie für den Wirtschaftsablauf bietet.

In beiden Fällen bilden die Interessen des einzelnen, von denen angenommen wird, daß sie ihm selbst unmittelbar einsichtig sind, letzte Gegebenheiten, aus denen sich die adäquate Bewertung des Gesamtgeschehens und, unter der Voraussetzung der Existenz einer rationalen Sozialordnung, auch die tatsächliche Gestaltung dieses Geschehens herleiten läßt. Sie sind gleichzeitig Quelle und Geltungsgrund aller relevanten Entscheidungen[15]. Sie spielen die-

---

[14] Der Theorie der vikarischen Funktion der Unternehmer, die Josef Schumpeter seinerzeit explicite entwickelt hat (siehe dazu seinen Aufsatz: Das Grundprinzip der Verteilungstheorie, Archiv für Sozialwissenschaft und Sozialpolitik, Bd. 42, 1916/17, S. 42) entspricht daher im politischen Bereich die Theorie von der vikarischen Funktion der Regierung, die Repräsentationsfiktion, die der gleiche Schumpeter später in seinem o.a. Buch mit guten Gründen kritisiert und erledigt hat.

[15] Die Betonung des »Datencharakters« der Bedürfnisse im neoklassischen

selbe Rolle, die in der empiristischen Variante der klassischen Erkenntnistheorie den einzelnen Sinneswahrnehmungen zugeschrieben wird[16], die als das Fundament der Erkenntnis betrachtet werden und die Basis für das quasi-logische Ableitungsverfahren der Induktion abgeben sollen. Dabei ist die reine Wahrnehmung als absolute Gegebenheit ebenso problematisch wie das reine und unverfälschte Interesse als Datum des sozialen Geschehens[17], die quasi-logische Induktion ebenso fragwürdig wie die analoge quasi-logische Zurechnung. Die Idee eines sicheren Fundaments der Erkenntnis und der Bewertung, an die ein jeweils sicheres Ableitungsverfahren dieser Art anknüpfen kann, ist in beiden Fällen einer statischen Konzeption entsprungen, die die Rolle von Widersprüchen oder Konflikten, die Rolle der Ungewißheit und des Risikos unterschätzte und im Zusammenhang damit die Notwendigkeit der positiven Rechtfertigung in den Vordergrund stellte.

Denken scheint mir vor allem mit dieser normativen Auszeichnung zusammenzuhängen. Das kommt sehr schön z.B. in dem Buch von BERNARD LAVERGNE, L'Hégémonie du Consommateur, Paris 1958, zum Ausdruck, in dem eine auf der Konsumentensouveränität fußende Theorie in Reinkultur entwikkelt wird.

[16] Diese Analogie scheint nicht zufällig zu sein, sondern einer gemeinsamen Denkstruktur zu entspringen; siehe dazu: J. W. N. WATKINS, Epistemology and Politics, Aristotelian Society 1957. Watkins, der hier vor allem die Zusammenhänge zwischen Empirismus und Theorie der Demokratie analysiert, weist u.a. auf die analoge Struktur des Empirismus und des Utilitarismus hin.

[17] Für eine Diskussion der Sinnesdaten und der sie angeblich nur registrierenden Wahrnehmungsaussagen, die mitunter als unanzweifelbar hingestellt werden, siehe: PAUL K. FEYERABEND, Das Problem der Existenz theoretischer Entitäten, in: Probleme der Wissenschaftstheorie. Festschrift für Victor Kraft, herausgegeben von Ernst Topitsch, Wien 1960. Feyerabend weist u.a. auf den interessanten Tatbestand hin, daß derartige Aussagen Widersprüche enthalten können. Sie involvieren, wie alle anderen Aussagen, immer schon eine Interpretation, worauf schon Karl Popper in seiner oben erwähnten »Logik der Forschung« hingewiesen hat. – Was die Bedürfnisse (Interessen) als Daten des ökonomischen Denkens angeht, so sind sie in der Form, in der sie auftreten, immer schon Ergebnisse sozialer Prozesse und Deutungen.

IV. Vom Prinzip der zureichenden Begründung zum Prinzip der kritischen Prüfung: Die Überwindung der klassischen Methodologie

Damit sind wir bei der fundamentalen Struktur der Fragestellung angelangt, die man in epistemologischen und moralphilosophischen Untersuchungen ebenso finden kann wie in Untersuchungen, die sich auf das soziale Leben, auf den wirtschaftlichen und den politischen Bereich beziehen. Diese Struktur ist nämlich von einer Idee bestimmt, die letzten Endes hinter all diesen Begründungsversuchen für soziale Tatbestände steht: von der Idee der positiven Rechtfertigung. Diese allgemeine philosophische Idee, die sich auf keinen Spezialbereich beschränken läßt, sondern vielmehr in ganz verschiedenen Bereichen die Richtung der Fragestellung beeinflußt, kommt vermutlich am besten in einem Prinzip zum Ausdruck, das seinerzeit von Leibniz explizit formuliert und als ein grundlegendes Prinzip des Vernunftgebrauches herausgestellt wurde: im Prinzip des zureichenden Grundes[18]. In einer von seiner etwas abweichenden Formulierung, nämlich als *Prinzip der zureichenden Begründung*, kann dieser Satz als ein allgemeines *Postulat der klassischen Methodologie* des rationalen Denkens aufgefaßt werden, das den intellektualistischen wie den empiristischen Versionen der klassischen Erkenntnistheorie, der Moralphilosophie und anderer, z.B. sozialphilosophisch orientierter Disziplinen (Nationalökonomie, politische Theorie) gemeinsam ist: Alles, was ausgesagt wird, bedarf nach diesem Prinzip einer zureichenden Begründung, einer Rechtfertigung durch Zurückführung auf positive Gründe, die im allgemeinen mit Hilfe eines logischen oder quasilogischen Ableitungsverfahrens zu geschehen hat. Auf diese Weise sind nicht nur Aussagen und Systeme, sondern darüber hinaus soziale Zustände und Ordnungen aller Art einer letzten Rechtfertigung zugänglich. Was nicht auf diese Weise gerechtfertigt werden

---

[18] Siehe dazu GOTTFRIED WILHELM LEIBNIZ, Monadologie, § 32; außerdem: ARTHUR SCHOPENHAUER, Über die vierfache Wurzel des Satzes vom zureichenden Grunde (1813), Hamburg 1957, wo die verschiedenen Deutungen des Prinzips herausgearbeitet werden. KASIMIERZ AJDUKIEWICZ hat in seinem: Abriß der Logik, Berlin 1958, S. 72 ff., darauf hingewiesen, daß der Satz als Postulat formulierbar ist.

kann, bleibt problematisch und damit unverbindlich oder verfällt der Ablehnung, so daß durch diese Forderung die Neigung zu Schein-Begründungen aller Art stark begünstigt wird. Das ganze Verfahren hat den Zweck, das zu Begründende dadurch zu legitimieren, daß man seine Geltung auf letzte Quellen zurückführt, die ihrer Natur nach Autorität für sich in Anspruch nehmen können und daher in der Lage sind, diese ihre Autorität im Wege des betreffenden logischen oder quasi-logischen Verfahrens zu übertragen. Dabei können sehr verschiedene Instanzen die Rolle der letzten Autorität übernehmen: bei der intellektualistischen Variante kommen dafür vor allem Vernunft, intellektuelle Intuition und Wesensschau, bei der empiristischen Sinneswahrnehmungen, Beobachtungen und letzte Interessen oder Bedürfnisse in Frage[19].

Dieser methodische Ansatz des Denkens weist eine *autoritär-dogmatische Struktur* auf, auch da, wo er im übrigen de facto mit einer durchaus kritischen Einstellung verbunden ist[20], denn jede Rechtfertigung der erörterten Art rekurriert letzten Endes auf eine unanzweifelbare Quelle, deren Autorität transferierbar ist, setzt also eine dogmatische Grundlage voraus. Das ist jedenfalls die einzige Möglichkeit, den sonst drohenden infiniten Regreß zu ver-

---

[19] Die Analyse dieser gemeinsamen Züge der klassischen Erkenntnistheorie und anderer philosophischer Disziplinen verdanken wir KARL POPPER; siehe vor allem seinen Aufsatz: On the Sources of Knowledge and of Ignorance, Proceedings of the British Academy, Vol. XLVI, London 1960, wiederabgedruckt als Einleitungskapitel seines Aufsatzbandes: Conjectures and Refutations, London 1963. Aus seiner Analyse ergibt sich, daß sich in diesen Zügen eine auf ältere Ursprünge zurückweisende quasi-theologische Manifestationstheorie der Wahrheit erhalten hat, von der sich die Philosophie erst heute allmählich emanzipiert. Die dogmatische Fixierung an eine mündlich oder schriftlich überlieferte Tradition unterscheidet sich davon prinzipiell nur durch die mehr oder weniger starre Koppelung von Erkenntnisquelle und Inhalt, die dazu führt, daß die wesentlichen Probleme exegetischer Natur sind, wodurch der Revisionsspielraum sich stark verengen kann. Von dieser starren Bindung hat sich die klassische Erkenntnistheorie schon befreit, wenn sie auch die Idee der absoluten Rechtfertigung und der Wahrheitsgarantie übernahm.

[20] Das hat im Anschluß an die Popperschen Untersuchungen WILLIAM WARREN BARTLEY gezeigt, siehe dazu seinen Beitrag: Rationality versus the Theory of Rationality, in: A Critical Approach to Science and Philosophy, aaO., sowie sein Buch: The Retreat to Commitment, New York 1962. Die folgende Kritik schließt an diese Arbeiten an.

meiden[21], wenn man das Postulat der zureichenden Begründung beibehalten will. Die Dogmatisierung gewisser als fundamental angesehener Gegebenheiten hat wiederum die Konsequenz, wesentliche Bestandteile des betreffenden Rechtfertigungszusammenhanges gegen mögliche Kritik zu immunisieren und damit der Revision zu entziehen. Auch für kritische Analysen glaubte man bisher im allgemeinen stets eine sichere Grundlage voraussetzen zu müssen, denn eine Position zu kritisieren, schien den Vertretern der klassischen Methodologie bedeuten zu müssen: zu zeigen, daß sie sich nicht von der betreffenden Grundlage ableiten läßt oder daß sie gar mit ihr unvereinbar ist[22]. Kritik und Rechtfertigung schienen also notwendig miteinander verbunden zu sein. Das Rationalitätsproblem wurde mit einer gewissen Selbstverständlichkeit, wie sie oft gerade fundamentalen Ansätzen zuerkannt wird, als ein Rechtfertigungsproblem im Sinne des Postulats der zureichenden Begründung interpretiert. – Wie Bartley mit Recht bemerkt, ist die Philosophie Poppers die erste in der Geschichte des philosophischen Denkens, die den Kritizismus nicht mit der Idee der positiven Rechtfertigung verschmolzen hat. In ihr tritt an die Stelle des Prinzips der zureichenden Begründung das *Prinzip der kritischen Prüfung*, an die Stelle eines im Grunde dogmatisch-apologetischen Programms das Programm der freien und unabhängigen Kritik, einer Kritik ohne Rekurs auf eine Autorität und daher ohne die Annahme einer Wahrheitsgarantie[23].

---

[21] Das wurde zum Beispiel schon ganz klar von einem hervorragenden Vertreter der klassischen Methodologie gesehen, von BLAISE PASCAL, siehe dazu seine kleine Schrift: Vom Geiste der Geometrie (etwa 1658), Darmstadt 1948 (vor allem: S. 23), die im übrigen vieles heute noch Gültige enthält. Pascal empfiehlt als Ausweg einen Rekurs auf das Klare und das Bekannte. Für eine Analyse dieses Dilemmas (bzw. Trilemmas, wenn man den Friesschen Psychologismus als Sonderfall von anderen Formen des Dogmatismus unterscheidet) siehe K. POPPER, Logik der Forschung, aaO., Absch. 25.

[22] Siehe dazu: BARTLEY, Rationality vs. the Theory of Rationality, aaO., S. 52, sowie zu diesem Problemkomplex das neue Addendum: Fact, Standards, and Truth: A further Criticism of Relativism, des zweiten Bandes der vierten Auflage von POPPERS: The Open Society and its Enemies.

[23] Die Rolle der Logik ist für diese Auffassung demzufolge nicht die eines *Instruments der positiven Begründung*, sondern vielmehr die eines *Organons der rationalen Kritik* (Popper). – Wir haben hier eine kritische Interpretation der Rationalität vor uns, ein Prinzip einer allgemeinen Methodologie des ra-

Dieser Kritizismus geht davon aus, daß die Analyse und Diskussion bestimmter Probleme niemals in einem geistigen und sozialen Vakuum vor sich geht. In allen Bereichen des Denkens wird man vielmehr stets mit bestimmten überkommenen Denkweisen, mit Positionen und Traditionen konfrontiert, in denen sich früher vorgeschlagene und akzeptierte Problemlösungen niedergeschlagen haben, gleichgültig, ob es sich dabei um philosophische, wissenschaftliche, moralische, soziale oder andere Probleme handelt. Neue Probleme pflegen dann zu entstehen, wenn irgendwelche Widersprüche oder Schwierigkeiten auftauchen, die einen Teil des tradierten Bestandes an Überzeugungen fragwürdig machen und ihn damit aus dem Hintergrund des bisher Bewährten hervorheben, z.B. weil unsere in bisherigen Denkweisen wurzelnden Erwartungen durch das tatsächliche Geschehen enttäuscht[24] oder unsere Interessen durch bestimmte Handlungen und Vorgänge verletzt werden. Zur Lösung derartiger Probleme bedarf es dann im allgemeinen, wenn sie wirklich neuartig sind, neuer Einfälle, von denen von vornherein nicht feststeht, ob sie sich bewähren werden oder nicht. Vielfach tauchen mehrere rivalisierende Lösungsvorschläge auf, deren komparative Schwächen und Vorzüge kritischer Beurteilung unterliegen. Die Diskussion dieser Vorschläge im Lichte überlieferter und relativ bewährter Konzeptionen kann dann zu einer Revision des tradierten Bestandes an Lösungen führen, wobei die so modifizierten Auffassungen, Verfahrensweisen und Institutionen nicht als endgültig begründet und einwandsimmun gelten können, sondern auch in Zukunft stets weiterer Kritik unterliegen und mit dem Risiko des Scheiterns belastet sind[25].

---

tionalen Denkens, das, wie Bartley gezeigt hat, zum erstenmal einen wirklich widerspruchsfreien umfassend kritischen Rationalismus möglich macht. Für die Schwierigkeiten früherer Lösungen des Rationalitätsproblems siehe das 24. Kapitel von: The Open Society and its Enemies, sowie das o.a. Buch Bartleys; siehe auch meinen Aufsatz: Ethik und Meta-Ethik. Das Dilemma der analytischen Moralphilosophie, Archiv für Philosophie, Bd. 11, 1961, S. 28 ff., wo ich die analytische Moralphilosophie mit den Gesichtspunkten des Kritizismus konfrontiert habe.

[24] Siehe zum Beispiel die Darstellung Karl Poppers in: Naturgesetze und theoretische Systeme, in: Gesetz und Wirklichkeit, hrsg. von Simon Moser, Innsbruck/Wien 1949, und in: Theorie und Realität. Ausgewählte Aufsätze zur Logik der Sozialwissenschaften.

[25] Dieser Fallibilismus gilt nicht nur für realwissenschaftliche Theorien,

V. Normativer oder kritischer Rationalismus im ordnungspolitischen Denken

1. Die Idee der positiven Rechtfertigung in der ordnungspolitischen Analyse

Damit kommen wir zu unserem speziellen Problem zurück, zum Problem der Rationalität in der ordnungspolitischen Diskussion. Wie unsere bisherige Analyse gezeigt hat, ist die übliche Argumentation hinsichtlich dieses Problems am Modell der positiven Rechtfertigung orientiert[26]. Die für sie grundlegende Konzeption,

---

für die er sich in der methodischen Praxis schon weitgehend durchgesetzt hat, sondern auch für mathematische Grundlagenfragen, für deren Lösung man bisher größere Sicherheit erwartet; siehe dazu I. LAKATOS, Infinite Regress and Foundations of Mathematics, in: The Aristotelian Society, Suppl. Vol. XXXVI, 1962; in mancher Hinsicht zu ähnlichen Ergebnissen kommt ALEXANDER ISRAEL WITTENBERG in seinem Buch: Vom Denken in Begriffen. Mathematik als Experiment des reinen Denkens, Basel und Stuttgart 1957. Diese methodische Auffassung läßt sich auf andere Bereiche übertragen, vor allem auch: auf das soziale Leben, auf Wirtschaft und Politik, wo die Idee der positiven Rechtfertigung fest verwurzelt ist. Diese ist meines Erachtens das entscheidende methodische Fundament des ideologischen Denkens.

[26] In meiner oben erwähnten Ideologieschrift habe ich seinerzeit die für das ökonomische Denken charakteristische Behandlung dieses Problems einer Kritik unterworfen, die in diese Richtung geht, ohne jedoch die allgemeine Bedeutung dieses Rechtfertigungsmodells zu erkennen, die durch die oben erwähnten Arbeiten zum erstenmal ins rechte Licht gerückt wurden. Damit hängt vermutlich auch die von Ernst Topitsch immer wieder kritisch beleuchtete Strategie des Leerformelgebrauchs zusammen, die den dogmatischen Abschluß des Regresses der Rechtfertigung einwandsimmun und plausibel zu machen geeignet ist. Siehe zu dieser Problematik: E. TOPITSCH, Vom Ursprung und Ende der Metaphysik, Wien 1958, sowie die in seinem Aufsatzband: Sozialphilosophie zwischen Ideologie und Wissenschaft, Neuwied 1961, abgedruckten Arbeiten und das von ihm eingeleitete und kommentierte Buch von T. D. WELDON, Kritik der politischen Sprache, Neuwied 1962; siehe außerdem H. KELSEN, The Natural-Law Doctrine before the Tribunal of Science, in: Natural Law and World Law, Tokyo 1954, und ALF ROSS, On Law and Justice, London 1958, bes. Kap. 12, sowie Gunnar Myrdals oben erwähntes Buch. Leere, mit positiven Wertakzenten versehene Formeln wie »Jedem das Seine«, »Jedem nach seinen Bedürfnissen«, »Maximale Bedürfnisbefriedigung aller Mitglieder der Gesellschaft« oder »Seinsgerechte Gestaltung der Wirtschaft im Sinne des Einklangs von Bedarf und Deckung« sind hervorragend geeignet,

in der die Idee der Konsumentensouveränität mit der induktivistischen und der kommunistischen Fiktion verschmolzen ist, ist das Musterbeispiel eines positiven Rechtfertigungsschemas im Sinne der klassischen Methodologie. Die tatsächlichen Bedürfnisse, Wertungen oder Entscheidungen der Konsumenten werden dabei als das gegebene und ohne jede Kritik hinzunehmende Fundament der Rechtfertigung behandelt, so daß die Idee der Maximalbefriedigung oder des maximalen sozialen Nutzens als selbstverständlich und daher akzeptabel erscheint. Alle institutionellen Vorkehrungen haben offenbar nur die Aufgabe zu erfüllen, einen Preismechanismus oder ein funktionelles Substitut in einer Weise zu installieren, die dafür sorgt, daß sich die individuellen Wertungen im Zurechnungszusammenhang durchsetzen, so daß der ganze Ablauf des wirtschaftlichen Lebens sich dem objektiven Wertmaßstab der Gesellschaft entsprechend vollzieht. Eine Wirtschaftsordnung, die das leistet, ist insofern »rational« und »vom ökonomischen Gesichtspunkt her« gerechtfertigt. Abweichungen von diesem de facto weitgehenden leeren Funktionsideal sind, soweit sie durch eine spezielle Deutungstechnik konstatierbar sind, ohne weiteres als ökonomische Mängel zu bewerten. Wie die Sinneswahrnehmungen nach klassisch-empiristischer Auffassung wahre Theorien induzieren, so induzieren die Bedürfnisse der Konsumenten nach utilitaristischer oder besser: nach neoklassisch-ökonomischer Auffassung die ideale Produktion. Läßt man sie dagegen infolge von »Funktionsstörungen« des Preismechanismus nicht voll zum Zuge kommen, so weicht auch das Ergebnis der wirtschaftlichen Tätigkeit von diesem Ideal ab.

Diese Argumentation hat auch im wirtschaftlichen Alltagsdenken tiefe Wurzeln geschlagen. Sie ist in der Diskussion um die Problematik der sozialen Wohlfahrt eigentlich ad absurdum geführt worden, allerdings teilweise in einer Form, die die Bereitschaft, im

---

den Denkprozeß an einer Stelle zu suspendieren, wo weiteres Fragen ins Leere stoßen müßte. Sie bilden daher das »natürliche« dogmatische Scheinfundament für die ideologische Rechtfertigung. Die Interpretation solcher Formeln zur Ableitung spezieller Zielsetzungen ist dann allerdings Angelegenheit einer logisch gesehen etwas merkwürdigen Strategie, die de facto auf Selbst- oder Fremdtäuschung abstellt. Siehe dazu die oben genannten Arbeiten, außerdem auch die interessante kritische Analyse von A. M. Knoll, Katholische Kirche und scholastisches Naturrecht, Wien/Frankfurt/Zürich 1962.

ökonomischen Denken die Konsequenzen daraus zu ziehen, nicht unbedingt fördert. Die Kritik an früheren Vorstellungen über die Rolle eines im Sinne vollständiger Konkurrenz funktionierenden Preismechanismus bei der Lösung des Wohlfahrtsproblems hat zu einschränkenden Behauptungen verschiedenster Art geführt, die aber meist im Sinne einer konventionalistischen Strategie zur Rettung der damit völlig entleerten Kernthese verwertet werden[27]. Ein letzter Rest utilitaristischen Rechtfertigungsdenkens ist bei fast allen Teilnehmern der Debatte zu finden. Auch wer die Bedeutung eines »ideal« funktionierenden Preismechanismus für die Maximalbefriedigung bezweifelt, hält doch vielfach noch die Art der Fragestellung, den Gesichtspunkt der Rechtfertigung wirtschaftlicher Vorgänge, Maßnahmen und Eingriffe durch Rekurs auf eine hypothetische Maximalbefriedigung der Gesellschaft, für akzeptabel[28]. Auch scharfe Kritiker der Wohlfahrtsökonomik pflegen die Idee einer sozialen Nutzenfunktion mitunter für unproblematisch zu halten, oder sie doch jedenfalls selbst implicite vorauszusetzen[29]. Schwierigkeiten bei der praktischen Verwendung dieser Idee

---

[27] Siehe dazu meine Kritik im IV. Abschnitt des oben erwähnten Beitrages zur Popper-Festschrift: Social Science and Moral Philosophy. Es handelt sich dabei vor allem um folgende Einschränkungen: die Unterscheidung zwischen allgemeiner und ökonomischer Wohlfahrt, die Trennung der Produktions- von der Verteilungssphäre, die Deutung des Problems der idealen Produktion als eines rein ökonomischen Effizienzproblems, der Rückzug auf das Pareto-Kriterium, die Annahme der Gegebenheit der individuellen Bedürfnisse und des technologischen Wissens, die Nichtberücksichtigung des Verbrauchs an Kollektivgütern und schließlich die Abstraktion von allen externen Wirkungen in der Konsum- und Produktionssphäre.

[28] Das führt dann zu solchen Problemen wie dem der Konstruierbarkeit einer sozialen Wohlfahrtsfunktion, die bestimmten intuitiv einleuchtenden Adäquatheitsbedingungen genügt. Die Frage ist hier, warum man für institutionelle Entscheidungsmechanismen die von Arrow behandelte Art der Rationalität erwarten sollte. Zur Kritik siehe z.B. J. M. BUCHANAN, Social Choice, Democracy, and Free Markets, The Journal of Political Economy, Vol. LXII, 1954, S. 114 ff.

[29] Das trifft allerdings nicht für Gunnar Myrdal zu, dessen Kritik zwar technische Details vernachlässigt, aber dafür die prinzipiellen Gesichtspunkte deutlicher herausstellt als andere Arbeiten. In K. WILLIAM KAPPS interessanten Buch: The Social Costs of Private Enterprise, Cambridge, Mass., 1950, das man heute in Deutschland sehr diskutiert, findet man die Myrdalsche Kritik größtenteils berücksichtigt, allerdings mit einer ziemlich entscheidenden Aus-

werden vielfach als solche mehr »technischen« Charakters beurteilt. Sie scheinen nur die Frage zu betreffen, *wie* man eine solche Funktion adäquat konstruieren kann, so daß sie zu konkreter Anwendung geeignet ist. *Daß* ihre Konstruktion zu den Desiderata des sozialwissenschaftlichen Denkens gehört, scheint sich dagegen aus der ökonomischen Perspektive zu ergeben[30].

Wir haben aber keinerlei Anlaß anzunehmen, daß das Prinzip der zureichenden Begründung, das hinter derartigen Konstruktionsversuchen steht, in diesem Bereich besser funktioniert als im Bereich der Erkenntnistheorie. Die Ideen der klassischen Methodologie sind vielmehr hier ebenso zum Scheitern verurteilt wie in anderen Bereichen. Die Tendenzen zur Konservierung wohlfahrtsökonomischer Verfahrensweisen, die heute zu beobachten sind, entspringen vermutlich zum nicht geringen Teil der Vorstellung, daß es keine Alternative geben kann – der Auffassung, daß wir normativer Systeme zur Rechtfertigung politischer Maßnahmen und sozialer Zustände bedürfen und daß ein Verzicht auf sie gleichzeitig einen Verzicht auf Rationalität im sozialen Leben bedeuten müsse. Das trifft aber hier ebensowenig zu wie in anderen Bereichen.

Was das letzte Fundament der ökonomischen Rechtfertigung angeht, die Bedürfnisse der Mitglieder der Gesellschaft, so steht es um sie ähnlich wie um andere letzte »Gegebenheiten«. Sie sind durch den Sozialprozeß selbst geformt und unterliegen seinem dauernden Einfluß, wobei auch die wirtschaftlichen Vorgänge eine bedeutende Rolle spielen. Ihre Entwicklung, Kanalisierung und Orientierung unter der Einwirkung sozialer Wertungen und anderer Faktoren ist so in die sozialen Geschehnisse verwoben, daß ihre

---

nahme: Kapp hält im Grunde genommen an der Idee einer sozialen Nutzenrechnung fest, ohne die seine Argumentation nicht in dieser Weise möglich wäre. Er bleibt also im Bannkreis der klassischen Methodologie.

30 Die Idee einer explizit normativen Sozialwissenschaft, die sich von einigen früheren Beschränkungen freimacht und ihre fundamentalen Werturteile offen herausstellt, ist also dem modernen wohlfahrtsökonomischen Denken keineswegs fremd; siehe dazu das o.a. Buch von J. Rothenberg, The Measurement of Social Welfare. Sie geht wie auch andere Vorstellungen von einer solchen Disziplin auf das Prinzip der zureichenden Begründung zurück. Zur Kritik der Auffassung, daß solche Systeme für die praktische Anwendung der Sozialwissenschaft notwendig sind, siehe meinen Beitrag: Wertfreiheit als methodisches Prinzip, Schriften des Vereins für Socialpolitik, Bd. 29, 1963.

Herauslösung, um sie zu letzten Gegebenheiten einer Strategie der Rechtfertigung zu machen, nur auf ein illusionäres Gedankenexperiment hinauslaufen kann. Zudem ist die Vorstellung, gegebene Bedürfniskonstellationen und Interessenlagen seien prinzipiell sakrosankt und daher der Kritik entzogen, nichts als ein Dogma, das solange eine gewisse Plausibilität für sich in Anspruch nehmen zu können scheint, als man den Datencharakter der Bedürfnisse mit der Freiheitsidee koppelt. Aber die Immunisierung der tatsächlich sich äußernden Bedürfnisse und Interessen gegen kritische Untersuchungen ist keineswegs eine Vorbedingung freiheitlicher Gestaltung der sozialen Ordnung[31].

Außerdem bedarf jede Konstellation von Bedürfnissen oder Interessen in einer Gesellschaft vorheriger Interpretation, wenn sie zur Grundlage sozialer Wertungen gemacht werden soll[32]. Die Schwierigkeiten der Wohlfahrtsökonomik beruhen zum Teil gerade darauf, daß hier eine solche Interpretation mit Hilfe des üblichen ökonomischen Instrumentariums der Neoklassik versucht wird, was zu höchst fragwürdigen Einschränkungen führt, die aus der spezifischen Selektivität dieses Begriffsapparats entspringen.

---

[31] Eine sozialpsychologische Analyse zeigt, daß die Mitglieder sozialer Gebilde durch deren strukturelle Eigenschaften sehr oft dazu gebracht werden können, ihre eigenen Bedürfnisse und Befriedigungschancen sehr vordergründig zu beurteilen und sich entsprechend zu verhalten, was zu kollektiven Frustrationen führen kann, deren Ursachen keineswegs offen zutage liegen; siehe dazu das interessante Buch von A. MITSCHERLICH, Auf dem Weg zur vaterlosen Gesellschaft. Ideen zur Sozialpsychologie, München 1963. Hier haben Sozialkritik und Aufklärung ein weites Feld. Es kommt darauf an, die Wirkungszusammenhänge *hinter* solchen Bedürfniskonstellationen zu erforschen, nicht ihre Gegebenheit zu postulieren und normativ zu überhöhen. Vielleicht darf man sagen, daß der Rekurs Weissers auf »wohlverstandene« Interessen im Sinne Leonard Nelsons wenigstens der Intention nach weniger fragwürdig ist.

[32] Darauf hat schon ALF ROSS in seiner Kritik der Leonard Nelsonschen Moralphilosophie aufmerksam gemacht; siehe dazu sein Buch: Kritik der sogenannten praktischen Erkenntnis. Zugleich Prolegomena zu einer Kritik der Rechtswissenschaft, Kopenhagen/Leipzig 1933, S. 364 ff. Zu den Schwierigkeiten, die bei der Rekonstruktion des sozialen Interessenfeldes auftauchen, siehe auch das letzte Kapitel des oben erwähnte Myrdalschen Buches, aaO., S. 185 ff. – Auch hier besteht eine Analogie zur epistemologischen Problematik, wo die Notwendigkeit der Interpretation von Wahrnehmungen gegeben ist.

Die Problematik dieser Selektion scheint vielen Vertretern der Wohlfahrtsökonomik einzuleuchten, so daß sie die Neigung haben, den darin liegenden Begrenzungen irgendwie Rechnung zu tragen. Das hat einerseits die Benutzung entsprechender einschränkender Formeln, die die praktische Relevanz dieser Disziplin in Frage stellen, andererseits aber die Verallgemeinerung der Fragestellung gefördert, die den gleichen Effekt haben muß. In beiden Fällen wird verkannt, daß eine zur Ableitung adäquater sozialer Wertungen brauchbare Interpretation der gesamten Bedürfnis- oder Interessenkonstellation ein utopisches Unterfangen ist, ein Unterfangen, das außerdem nur im Rahmen einer entsprechend utopischen Auffassung von den Möglichkeiten der Sozialtechnologie und der darauf aufbauenden Politik sinnvoll sein kann[33]. Zweierlei ist für eine solche Konzeption charakteristisch: die Überschätzung des für die Beeinflussung des sozialen Geschehens zur Verfügung stehenden Wissens und die Unterschätzung der Bedeutung sozialer Konflikte für die historische Entwicklung. Die Interpretation der sozialen Rationalität, die hier zum Ausdruck kommt, arbeitet daher mehr oder weniger explizit mit der Vorstellung, daß den Entscheidungsträgern hinsichtlich der relevanten Tatbestände *vollständige Information* verfügbar ist und daß es in der Gesellschaft *keine wesentlichen Interessenkonflikte* gibt, die eine geistige Vorwegnahme harmonischer Lösungen unter Verwendung einer objektiven Wertskala unmöglich machen könnten. Ungewißheit, Risiko, Irrtum, Konflikt und Widerspruch werden hier also ebenso bagatellisiert wie in anderen Bereichen, die mit den Mitteln der klassischen Methodologie behandelt werden[34]. Die

---

[33] Der Kritik an solchen utopischen Auffassungen, in denen außerdem die Informationsgrundlage der Politik, das vorhandene Wissen, systematisch überschätzt zu werden pflegt, ist POPPERS Buch: The Poverty of Historicism, London 1957, gewidmet, auf das hier verwiesen sei. – Nur in einem solchen Rahmen scheint mir übrigens auch die Idee einer umfassenden normativen Sozialwissenschaft verständlich zu sein.

[34] Für eine Analyse des Zusammenhangs zwischen utopischem Denken und der Vernachlässigung von Konflikten siehe R. DAHRENDORF, Pfade aus Utopia, in seinem o.a. Aufsatzband: Gesellschaft und Freiheit. Die tatsächliche Bedeutung des Konflikts für den sozialen Wandel zeigen seine Untersuchungen in seinem Buch: Class and Class Conflict in Industrial Society, Stanford/London 1961; siehe auch LEWIS A. COSER, Social Conflict and the

Bagatellisierung von Konflikten im utopischen Denken führt aber nicht selten zu ihrer faktischen Unterdrückung, zu einer Sozialordnung, die die postulierte Interessenharmonie durch Gewaltanwendung herstellt[35]. Es scheint zwar merkwürdig zu sein, wenn man diese Konsequenz ausgerechnet im Zusammenhang mit einer Konzeption erwähnt, die genetisch sehr eng mit der liberalen Minimalstaatsdoktrin verbunden ist. Aber dieser genetische Zusammenhang darf nicht über den, möglicherweise nicht sehr auffälligen, utopischen Rest in den abstraktesten Konstruktionen der Wohlfahrtsökonomik hinwegtäuschen. Der normative Modell-Platonismus dieser Konstruktionen macht sie für eine realistische Analyse der ordnungspolitischen Probleme unbrauchbar, erweckt aber den Eindruck, es gäbe eine ideale Lösung dieser Probleme, die allen Bedürfnissen und Interessen gerecht werde.

Abgesehen von der Frage der Gegebenheit des Fundamentes der Rechtfertigung, der Konstellation der Bedürfnisse oder Interessen, ist auch der Induktivismus, der in der Zurechnungsidee zum Ausdruck kommt, fiktiv, und zwar hinsichtlich seiner normativen und seiner explikativen Komponente. Weder der Idee der eindeutigen Ableitbarkeit eines sozialen Optimums noch der Annahme, es gebe einen idealen institutionellen Mechanismus, der die Realisierung eines solchen Zustandes verbürge, kommt außerhalb einer utopischen Vorstellungswelt irgendwelche Bedeutung zu. Da der statische Charakter des in diesem Problembereich vorherrschenden ökonomischen Denkens dafür sorgt, daß von wesentlichen Eigenschaften einer in dauernder Entwicklung begriffenen Gesellschaft abstrahiert wird, kommen viele Schwächen dieses Ansatzes erst zum Vorschein, wenn solche Eigenschaften berücksichtigt werden. Die Idee eines Kriteriums einer idealen sozialen Ordnung, einer »guten Gesellschaft«, ist auch in ihrer utilitaristischen Fassung unbrauchbar, was allerdings nicht bedeutet, daß die Beurteilung der tatsächlichen sozialen Zustände auf Bedürfnisse und ihre Befriedigung keine Rücksicht zu nehmen brauche. Es kann kaum

---

Theory of Social Change, The British Journal of Sociology, Vol. VIII, 1957, wo unter anderem die Bedeutung des Konflikts für Innovation und Kreativität betont wird.

[35] Siehe dazu K. Popper, Utopia and Violence, in: Conjectures and Refutations, aaO., S. 335 ff., sowie die in Anm. 34 genannten Arbeiten.

einen Zweifel darüber geben, daß das Postulat der zureichenden Begründung auch bei seiner Anwendung auf die soziale Ordnung des wirtschaftlichen Lebens gescheitert ist[36].

2. Die Idee der kritischen Prüfung in der ordnungspolitischen Analyse

Es ist daher nun zu fragen, welche Konsequenzen wir daraus zu ziehen haben, daß die klassische Deutung des Rationalitätsproblems nicht akzeptiert werden kann. Zunächst einmal ist festzustellen, daß sich daraus keineswegs die Notwendigkeit ergibt, den ordnungspolitischen Problemkomplex dem Irrationalismus zu überlassen. Wir haben vielmehr Anlaß, zu untersuchen, ob sich das Prinzip der kritischen Prüfung nicht auch auf die ordnungspolitische Fragestellung und überhaupt auf die Probleme des sozialen Bereichs übertragen läßt.

Um diese Frage zu beantworten, kann man davon ausgehen, daß alle Probleme, mit denen wir es zu tun haben, gleichgültig, ob es sich um wissenschaftliche oder zum Beispiel politische Probleme handelt, in einem bestimmten historischen Zusammenhang auftauchen: der jeweils vorliegenden Problemsituation. Das gilt auch für die ordnungspolitische Problematik, die also ebensowenig in einem Vakuum diskutiert werden muß wie irgendein Problem der Wissenschaft. Wir haben immer ein »Apriori« im historischen Sinne vor uns: eine bestimmte Situation, an die wir anknüpfen und die wir nur auf Kosten der Realistik und Brauchbarkeit unserer Ergebnisse vernachlässigen können[37]. Eine ordnungspolitische Diskussion, in der von einem abstrakten Ideal her argumentiert und die je-

---

[36] Dabei ist nicht zu vergessen, daß die mit den Mitteln des ökonomischen Denkens angestellten Versuche sozialer Rechtfertigung zu den bisher am meisten durchgearbeiteten Konstruktionen dieser Art für das soziale Leben geführt haben. Um so bedeutsamer scheint mir dieses Ergebnis zu sein.

[37] Siehe dazu K. POPPER, Towards a Rational Theory of Tradition (1948), abgedruckt in seinem Aufsatzband: Conjectures and Refutations, aaO., S. 120 ff., sowie: Utopia and Violence, aaO., S. 355 f.; siehe auch meine o.a. Schrift: Ökonomische Ideologie und politische Theorie, S. 137, wo ich auf das institutionelle Apriori für die Lösung ordnungspolitischer Probleme hinweise.

weils vorliegende Problemsituation nicht berücksichtigt wird, ist daher vom Ansatz her fragwürdig. Der normative Modell-Platonismus, der dann zum Vorschein kommt, pflegt die Konstruierbarkeit von Modellen in ganz analoger Weise für praktisch ohne weiteres bedeutsam zu halten, wie sie der kognitive Modell-Platonismus als erkenntnisrelevant hinstellt[38]. Ein solches Vorgehen läßt sich von der Vorstellung her verstehen, man müsse das Gegebene an einem absolut guten Zustand messen, einem Idealzustand, der Vision einer guten Gesellschaft, wie sie sich aus einer ohne Rücksicht auf Realisierbarkeit vollzogenen moralisch-politischen Spekulation ergeben könne, und dann versuchen, durch praktische Politik die Abweichungen der gegebenen Verhältnisse von diesem Zustand mit den zur Verfügung stehenden Mitteln zu eliminieren, um den Idealzustand herbeizuführen. Dieser absolut gute Zustand liegt aber de facto immer jenseits dessen, was wir auf Grund unseres beschränkten Wissens und der beschränkten Macht realisieren können. Der Wille, mit einem solchen Ideal Ernst zu machen, wird allerdings gerade deshalb zunächst zu der Tendenz führen können, Wissen und Macht, Informations- und Entscheidungsmöglichkeiten bei den Verfechtern solcher Ideale zu konzentrieren, woraus sich dann reale Konsequenzen zu ergeben pflegen, die die Realisierung der ursprünglichen Vision verhindern. Will man diese Gefahr vermeiden, dann wird man sich dazu entschließen müssen, auf die Realisierung der absolut guten Gesellschaft zu verzichten.

Wer die Methodologie der kritischen Prüfung akzeptiert, wird nicht nur auf die Realisierung solcher abstrakter Ideale, sondern darüber hinaus auf die damit zusammenhängende absolute Beurteilung ordnungspolitischer Fragen verzichten müssen. Wir haben ja nicht zwischen logisch möglichen utopischen Zuständen zu entscheiden, sondern zwischen praktikablen Alternativen[39]. Zu einer

---

[38] Andreas Predöhls Gedanken zu einer pragmatischen Ordnungs- und Wirtschaftspolitik in seinem Buch: Verkehrspolitik, Göttingen 1958, S. 264 ff., richten sich, soweit ich sehe, vor allem auch gegen diese Art dogmatisch-normativen Denkens.

[39] Die sogenannte »Theorie des Zweitbesten« ist ein etwas kurioser Versuch, dieser Situation Rechnung zu tragen, ohne die Grundidee der Methodologie der zureichenden Begründung aufzugeben. Ich bin nicht in der Lage zu erkennen, inwiefern darin eine Rettung des wohlfahrtsökonomischen Denkens zu sehen ist.

historischen Situation gehören realisierbare Möglichkeiten, die den Spielraum des praktischen Verhaltens jeweils einschränken. Von dieser konkreten Situation kann bei der Erörterung ordnungspolitischer Probleme ausgegangen werden. Das bedeutet zunächst eine Relativierung der ordnungspolitischen Problematik auf einen bestimmten konkreten Sozialkörper, der sich von anderen solchen Gebilden im allgemeinen so unterscheiden wird, daß eine einfache Übertragung von Problemlösungen nicht ohne weiteres praktiziert werden kann. Es bedeutet also keineswegs eine unzulässige Historisierung derartiger Probleme. Auch wer die Anwendung allgemeiner Theorien bei der Lösung sozialer Probleme für möglich hält, wird zu berücksichtigen haben, daß verschiedenartige Anwendungssituationen zu verschiedenartigen Konsequenzen führen können[40]. Wenn man von der klassischen Praxis abgeht, die Existenz eines allgemeinen Modells der guten Gesellschaft vorauszusetzen, dann muß man angesichts der verschiedenartigen historischen Prägung der verschiedenen Sozialkörper darüber hinaus die Konsequenz ziehen, daß es gar keine einheitliche ordnungspolitische Problematik gibt. Verschiedene historische Situationen, verschiedene Traditionen und Institutionen führen zu verschiedenen Problemen[41]. Diese Probleme entstehen daraus, daß unsere bisherigen Lösungen sozialer und im besonderen: ordnungspolitischer Fragen zu bestimmten Schwierigkeiten, Widerständen und Konflikten führen, die die Kritik stimulieren. Das wiederum kann zur Erfindung und Erörterung praktikabler Alternativen beitragen, die, je nach dem Stande der Information, der allgemeinen Interessenkonstellation und den Machtverhältnissen, in der Lage sind, politisches Gewicht zu erwerben und den Gang der Ereignisse zu beeinflussen.

---

[40] Insofern geht in die konkrete *Anwendung* allgemeiner Theorien immer ein *historisches* Element ein, auch wenn diese Theorien selbst im strengen Sinne universell sind, d.h. ohne essentielle Einschränkung auf bestimmte Raum-Zeit-Gebiete. Dieses historische Element kommt in der Beschreibung der jeweiligen Anwendungssituation zum Ausdruck.

[41] Auch wenn man z.B. für die bisherige Entwicklung im östlichen Bereich keine besondere Sympathie aufbringen kann, so muß man dennoch zugeben, daß die nun einmal dort vorliegende Situation mit ihren institutionellen Gegebenheiten neue Probleme erzeugt hat, die nicht unbedingt mit denselben Methoden zu lösen sind wie die unseren; siehe dazu z.B. K. W. Rothschild, A Note on the Rationality Controversy, Soviet Studies, Vol. IX, 1957, S. 48 ff.

Wenn man die Methode der kritischen Prüfung akzeptiert, kann man dieser Problemlage dadurch Rechnung tragen, daß man auch hier das in der Wissenschaft bewährte Verfahren von Versuch und Irrtum anwendet. Es kommt dann nicht darauf an, ein abstraktes Ideal zu realisieren, sondern von der konkreten Situation her zu argumentieren, d.h. zum Beispiel: tatsächlich vorliegende Schwächen unseres sozial-institutionellen Gefüges, unserer Traditionen, Institutionen, Denkweisen und Methoden zu lokalisieren und einer Kritik im Lichte des vorhandenen sozialen Wissens zu unterwerfen. Es ist ein Irrtum anzunehmen, daß man sich zur Aufdekkung konkreter sozialer Übelstände an einem abstrakten Ideal einer vollkommenen Gesellschaft orientieren müsse[42]. Auch im sozialen Leben treten zunächst die Probleme auf, ohne daß man gleich ihre adäquate Lösung kennt. Probleme entstehen gerade daraus, daß unsere bisherigen Lösungen an irgendwelchen Umständen sich als inadäquat erweisen und mehr oder weniger scheitern. Die Fiktion, man brauche dann nur auf ein in abstracto entworfenes Ideal zurückgreifen, ist einer tatsächlichen Lösung nicht sehr förderlich. Es kommt vielmehr darauf an, unter Verwendung unseres sachlichen Wissens Lösungen zu erfinden und sie praktisch auszuprobieren[43], Lösungen, von denen wir durchaus anneh-

---

[42] Dieser Irrtum ist analog zu dem im Bereich der Erkenntnistheorie, daß man, um Irrtümer aufzudecken, die volle Wahrheit bzw. ein Kriterium der Wahrheit haben müsse. De facto ist man dagegen im Bereich der Wissenschaft genötigt, sich ohne ein solches Kriterium durch Versuch und Irrtum an die Wahrheit heranzutasten, ohne sie jemals genau zu kennen. Die Methodologie der Realwissenschaften kennt daher nur eine relative Bewährung von Theorien, die prinzipiell immer provisorisch ist.

[43] Die soziale Erfindung und die institutionelle Innovation spielten in der sozialen Entwicklung eine ähnliche, wenn auch nicht so auffällige, Rolle wie die technische Erfindung und die technische Neuerung, die uns das soziale Phänomen des technischen Fortschritts beschert hat. Aber unser heutiges soziales Leben ist ohne eine Fülle uns selbstverständlicher Arrangements, die einst den Charakter solcher Erfindungen und Innovationen hatten, vom Geld und von der Aktie bis zu Abstimmungsverfahren und Konfliktlösungs- und -regulierungsmethoden aller Art, wie z.B. der parlamentarischen Regierungsform, nicht zu begreifen. Siehe zu diesen Problemen das letzte Kapitel: The Institutional and the Subinstitutional, des interessanten mikrosoziologischen Buches von George Caspar Homans, Social Behavior. Its Elementary Forms, New York 1961.

men dürfen, daß sie auch bei vorläufiger Bewährung sich später einmal als revisionsbedürftig erweisen können.

Ein solches Verfahren entspricht unseren tatsächlichen Möglichkeiten eher als der utopische Ansatz des normativen Modell-Platonismus. Vor allem sind wir in der Lage, unser tatsächliches theoretisches und historisches Wissen über den sozialen Bereich dabei zu verwerten. Es treten dabei Sachprobleme auf, deren Behandlung im Rahmen der sozialwissenschaftlichen Forschung grundsätzlich möglich ist[44]. Theorien, mit deren Hilfe wir imstande sind, soziale Phänomene irgendwelcher Art, also auch solche, die unter gewissen Gesichtspunkten als Übelstände erscheinen, zu *erklären*, setzen uns nämlich prinzipiell in die Lage, *Ansatzpunkte* für deren *Beseitigung* zu erkennen, gleichzeitig aber auch zu sehen, welche *Nebenwirkungen* sich dabei nicht vermeiden lassen. Derartige Theorien können daher als brauchbare technologische Grundlage einer rationalen Politik angesehen werden. Sie bieten uns die Möglichkeit, konkrete Probleme im Lichte realisierbarer Alternativen zu behandeln.

Diese Methode der Lösung ordnungspolitischer Probleme kombiniert also eine theoretisch und historisch fundierte *Sozialkritik* mit einer *Sozialtechnologie* auf eben derselben Grundlage. Eine normative Sozialwissenschaft im Sinne der Wohlfahrtsökonomik oder ähnlicher Systeme, die einen Idealzustand postulieren oder ein allgemeines Kriterium einer guten Gesellschaft formulieren, wird dagegen hier nicht benötigt. Eine solche Disziplin würde den Anforderungen der klassischen Methode entsprechen. Dabei braucht keineswegs geleugnet zu werden, daß die hier auftretenden

---

[44] Tatsächlich kann man den Einfluß von utopischen Vorstellungen und ideologischen Denkweisen auf das sozialwissenschaftliche Denken selbst nicht leugnen. Auch in der Geschichte der Naturwissenschaften spielen ja mythologische Elemente eine gewisse Rolle. Der Erkenntnisfortschritt in beiden Bereichen war aber stets davon abhängig, daß man solche Ideen mit kritischen Methoden behandelte und sie dadurch in konkrete Problemlösungen umsetzte, in Lösungen für Probleme, die sich oftmals gerade aus sozialen Übelständen ergaben, z.B. derArmut, der Unfreiheit, der Ungleichheit und der Ausbeutung, der Rassendiskriminierung und anderer Formen der Unterdrükkung. Hier ist eine gemeinsame Wurzel von Sozialwissenschaft und Sozialkritik vorhanden: das Auftreten gewisser *Sachprobleme*, die unter bestimmten *Wertgesichtspunkten* als äußerst dringlich erschienen.

Relevanzprobleme teilweise von bestimmten *Wertgesichtspunkten* her entschieden weren müssen[45], wie das auch sonst in den Wissenschaften der Fall ist. Wenn diese Wertgesichtspunkte in der Sozialkritik stärker hervortreten als in der Sozialwissenschaft in ihrer reinen oder technologischen Form, dann hängt das teilweise damit zusammen, daß die Sozialkritik selbst ein Teilphänomen des *sozialen Konflikts* ist, der die historische Entwicklung vorantreibt[46]. Die Bedeutung von Wertgesichtspunkten für die Sozialkritik macht diese aber keineswegs notwendig zu einem ideologischen Unternehmen. Gerade der für das ideologische Denken charakteristische Aspekt der normativen Rechtfertigung, der positiven Begründung sozialer Maßnahmen und Zustände mit Hilfe einer absoluten Wertbasis, fehlt in einer Sozialkritik, die am Postulat der kritischen Prüfung orientiert ist. Für sie gibt es bestenfalls eine relative Bewährung sozialer Phänomene, institutioneller Vorkehrungen und politischer Maßnahmen im Lichte bestimmter Problemstellungen, nicht aber ihre absolute Beurteilung auf Grund einer irgendwie garantierten Wahrheit[47]. Für diese Form des Rationalismus kommt es nicht darauf an, eine rationale Sozialordnung zu postulieren, die als Maßstab der Politik dienen könnte, sondern vielmehr darauf, das ordnungspolitische Problem rational zu behandeln. Die Idee der immanenten Rationalität eines bestimmten Modells ist ein ökonomisches Dogma, die kritisch-rationale Methode der Behandlung von Problemen aber ist eine Methode, die sich in vielen Bereichen bewährt hat.

---

[45] Siehe dazu meinen o.a. Beitrag zur Homburger Tagung des Vereins für Socialpolitik: Wertfreiheit als methodisches Prinzip.

[46] Dabei gehört zur Sozialkritik auch die Kritik der Ideologien, die das soziale Leben beeinflussen, ein Bereich also, in dem Sozialwissenschaft, Sozialphilosophie und soziale Praxis eng miteinander verbunden sind. Die Ideologiekritik trifft Aussagensysteme, die gleichzeitig als in einem besonderen Maße politisch relevante soziale Tatbestände gelten können.

[47] Wir können also zwischen einer radikalen utopisch orientierten Sozialkritik und einer pragmatisch-empirischen sozialwissenschaftlich fundierten Sozialkritik unterscheiden, wobei die Grenzen zwischen diesen beiden Arten nicht immer leicht zu bestimmen sind; sie verlaufen mitunter innerhalb bestimmter Richtungen des sozialkritischen Denkens, wie man am Beispiel des Marxismus feststellen kann.

VI. Zur heutigen ordnungspolitischen Problematik

Man kann sich nun fragen, was das alles für die Behandlung der heute vorliegenden ordnungspolitischen Probleme bedeutet. Der Zusammenhang zwischen der oben analysierten sehr allgemeinen methodischen Alternative und der jeweils zur Diskussion stehenden konkreten Problematik mag nicht ohne weiteres durchschaubar sein. Trotzdem ist er vorhanden, auch dort, wo er von den Verfechtern verschiedener Lösungen selbst nicht erkannt wird[48]. – Zunächst haben wir die Konsequenzen daraus zu ziehen, daß es nicht darauf ankommen kann, irgendeinen bestehenden oder anzustrebenden Zustand auf irgendeine Weise absolut zu rechtfertigen und daraus politische Maßnahmen abzuleiten. Zum Beispiel ist die statische Rechtfertigung der Marktwirtschaft gleichgültig, ob wir uns heute dem darin postulierten Idealzustand näher oder ferner glauben, unbrauchbar – es sei denn: als ideologische Maskerade –, aber: es besteht keinerlei Anlaß, sie durch etwas Ähnliches zu ersetzen oder gar aus dieser Unbrauchbarkeit die Notwendigkeit der Einführung einer Form der Planwirtschaft abzuleiten. Der Ruf nach einer neuen Ideologie, den man sehr oft hört – und die damit zusammenhängende Forderung nach einer neuen Definition des Optimalzustandes –, ist der Idee der Rechtfertigung entsprungen und daher eine Fehlleitung politischer Ambitionen, denn: es gibt keine solche Rechtfertigung und wir bedürfen ihrer auch nicht. Was wir dagegen ohne die Basis einer solchen Ideologie haben können und als Voraussetzung einer Weiterentwicklung unserer sozialen Ordnung brauchen, ist die kritische Durchleuchtung unserer Zustände im Lichte möglicher Alternativen, d.h. relevante Sozialkritik, die die Bewährung institutionel-

[48] Wer einem sauber abgrenzenden Ressortdenken huldigt, wird sich nicht leicht damit abfinden können, daß philosophischen Ideen ein solcher Einfluß nicht nur auf das wissenschaftliche Denken, sondern darüber hinaus auf so alltägliche Dinge wie die politische Diskussion und das soziale Geschehen eingeräumt werden soll. Wer die Geschichte kennt, wird aber feststellen müssen, daß ein derartiger Einfluß stets vorhanden war. Er wird sich auch in Zukunft kaum vermeiden lassen, denn es dürfte schwer sein, die Philosophie auf ein für andere Bereiche folgenloses Universitätsfach zu reduzieren.

ler Arrangements und anderer sozialer Tatbestände unter bestimmten Gesichtspunkten analysiert[49].

Da eine solche Kritik an die jeweils vorliegende Situation anknüpft, muß sie, wie ich schon erwähnt habe, für verschiedene Sozialkörper verschieden ausfallen. Die Alternative von Marktwirtschaft und Planwirtschaft wird sich dabei vermutlich in kaum einem Fall in dieser Form stellen[50]. Wenn man den sozialen Anreiz- und Steuerungsmechanismus eines Preissystems nicht mehr im Lichte der ökonomischen Rationalitätsdoktrin sieht, sondern ihn als ein institutionelles Arrangement betrachtet, das je nach seiner sozialen Einbettung ganz verschieden funktionieren kann, das aber in keinem Falle die Realisierung eines optimalen Zustandes garantiert, dann wird seine Beurteilung und die Beurteilung möglicher Eingriffe in jedem einzelnen Fall von der soziologischen Erforschung seiner Wirkungsweise unter den vorliegenden und entsprechend variierten sozialkulturellen Bedingungen abhängen[51]. Man wird dabei unter Umständen zwischen den motivationalen und institutionellen Faktoren und im Zusammenhang damit zwischen Antriebs- und Lenkungswirkungen solcher sozialer Mechanismen unterscheiden müssen. Das ökonomische Denken hat sich lange

---

[49] Hier können die Bedürfnisse der Mitglieder der Gesellschaft eine wesentliche Rolle spielen, ohne daß ein Rekurs auf die Idee der Maximalbefriedigung notwendig wäre. Allerdings muß dabei die soziale Kanalisierung der Bedürfnisse und ihrer Befriedigungsmöglichkeiten in Rechnung gestellt werden, wie das z.B. in Alexander Mitscherlichs oben erwähntem Buch: Auf dem Weg zur vaterlosen Gesellschaft, geschieht.

[50] Siehe dazu die kritischen Bemerkungen ANDREAS PREDÖHLS in seinem Buche: Verkehrspolitik, Göttingen 1958, S. 265 ff., die sich gegen eine ideologische Dogmatisierung wenden.

[51] Das bedeutet z.B. in concreto, daß es nicht mehr ohne weiteres möglich ist, Änderungen der Unternehmensverfassung, wie sie sich z.B. aus der Einführung der Mitbestimmung ergeben, auf Grund der oben erwähnten Idee der vikarischen Funktion der Unternehmer zu beurteilen, nach der bei vollständiger Konkurrenz die Unternehmer automatisch ideale Marktentscheidungen im Sinne der Bedürfnisse der Mitglieder der Gesellschaft treffen. Weiter ist es danach ebenso fragwürdig, Änderungen der Steuergesetzgebung und der Sozialversicherungsgesetzgebung an derartigen Fiktionen aus dem Arsenal der ökonomischen Ideologie zu orientieren, wie das ebenfalls schon geschehen ist. – Man sieht, daß die von mir herausgestellte methodische Alternative einige Bedeutung für die politische Alltagsdiskussion haben dürfte.

Zeit mit einer relativ einfachen Vorstellung von solchen Wirkungszusammenhängen begnügt[52]. Man hat im wesentlichen die Wirksamkeit finanzieller Sanktionen und das Vorhandensein ausreichender Information unterstellt, außerdem die Existenz institutioneller Vorkehrungen, die für eine Kanalisierung der in Frage kommenden Verhaltensweisen sorgen, wobei von der internen Struktur der Träger von Marktbeziehungen meist abstrahiert wurde. Hinsichtlich der faktischen Bedeutung aller dieser Faktoren und daher auch der Brauchbarkeit bisheriger Problemlösungen sind wir heute zu einigen Zweifeln berechtigt. Die Bedeutung finanzieller Sanktionen für die Verhaltensmotivation scheint eine komplexere Grundlage zu haben, als im allgemeinen angenommen wird[53]. Sie ist so beschaffen, daß bei gewissen Änderungen des sozialkulturellen Milieus mit anderen Reaktionsweisen gerechnet werden muß[54]. Was die Annahme ausreichender Information an-

---

[52] Das soll nicht etwa heißen, daß es keine komplizierten Modelle der Preisbildung gegeben hat, sondern daß die Methode der Modellbildung es erlaubte, gewisse die Kausalzusammenhänge betreffende Fragen von ziemlicher Bedeutung auszuklammern. – Siehe dazu auch meine Kritik in der oben erwähnten Schrift: Ökonomische Ideologie und politische Theorie, aaO., S. 101 ff.

[53] Nach vorliegenden Untersuchungen ist die Eigenart der Reaktion auf das Vorhandensein bzw. die Abwesenheit finanzieller Anreize u.a. von relativ stabilen Komponenten des Motivationsgeschehens, wie zum Beispiel vom Niveau der Leistungsmotivation, abhängig, das selbst wieder, durch Erziehung usw., soziokultureller Prägung unterliegt, die heute im allgemeinen schichtspezifische Unterschiede aufweist. Siehe dazu z.B. B. ROSEN, The Achievement Syndrome: A Psychocultural Dimension of Social Stratification, American Sociological Review, 21, 1956; E. DOUVAN, Social Status and Success Strivings, The Journal of Abnormal and Social Psychology, 52, 1956, beides abgedruckt in: Motives in Fantasy, Action and Society, ed. by John W. Atkinson, Princeton/Toronto/London/New York 1958; siehe auch: A. DAVIS, The Motivation of the Underprivileged Worker, aus: Industry and Society, ed. by William F. White, 1946.

[54] Auf derartige Phänomene hat schon Max Weber aufmerksam gemacht, siehe dazu seine Abhandlung: Die protestantische Ethik und der Geist des Kapitalismus, in: M. WEBER, Gesammelte Aufsätze zur Religionssoziologie, 4. Aufl., Tübingen 1947, z.B. S. 47 f. Siehe auch die auf Webers Problemstellung zurückgehende großangelegte Untersuchung von D. C. MCCLELLAND, The Achieving Society, Princeton/Toronto/London/New York 1961, sowie MARIAN R. WINTERBOTTOMS Untersuchung über die Bildung der Leistungsmotivation: The Relation of Need for Achievement to Learning Experiences

geht, so darf man wohl sagen, daß ihre Problematik erst seit der Arbeit Morgensterns zu dieser Frage deutlich geworden ist[55], das aber bisher noch keine überzeugende Lösung gefunden zu sein scheint[56]. Daß die interne Struktur der Unternehmungen für den Marktablauf eine gewisse Bedeutung erlangen kann, ist eine zumindest der Erwägung werte Auffassung[57], denn eine Änderung der Herrschaftsstruktur (z.B. durch Trennung von Eigentum und Kontrolle) und zunehmende Bürokratisierung werden vermutlich nicht ohne Einfluß auf die Gestaltung der Willensbildung sein[58]. Ähnliches gilt für institutionelle Änderungen im kommerziellen oder im übrigen sozialen Milieu wirtschaftlicher Gebilde.

Solche Probleme mögen sich aus der Perspektive der Neoklassik teilweise als nicht ganz »ökonomisch« ausnehmen, aber eine solche Sicht der Dinge kann nur durchgehalten werden, wenn man die Analyse faktischer Wirkungszusammenhänge auszuklammern bereit ist. Das tatsächliche Funktionieren eines Preismechanismus kann von motivationalen und institutionellen Anreiz- und Steuerungsvorgängen nicht unabhängig sein. Ihre Vernachlässigung ist also keineswegs a priori zu begründen, etwa damit, daß der ökonomische Begriffsapparat darauf nicht zugeschnitten sei. Wir haben

---

in Independence and Mastery, in dem in Anm. 53 angegebenen von Atkinson edierten Band.

[55] Siehe dazu O. Morgenstern, Vollkommene Voraussicht und wirtschaftliches Gleichgewicht, Zeitschrift für Nationalökonomie, Bd. VI, 1935, weiter: T. W. Hutchison, The Significance and Basic Postulates of Economic Theory, London 1938, 2. Aufl. New York 1960, bes. S. 84 ff., siehe außerdem: A. A. Alchian, Uncertainty, Evolution, and Economic Theory, The Journal of Political Economy, LVIII, 1950, wo versucht wird, das Problem in sehr interessanter Weise zu beseitigen.

[56] Eine Untersuchung zur Motivation des Verhaltens bei Ungewißheit findet man bei J. W. Atkinson, Motivational Determinants of Risk-Taking Behavior, Psychological Review, 64, 1957, abgedruckt im o.a. Atkinson-Band.

[57] Siehe dazu W. J. Baumol, Business Behavior, Value and Growth, New York 1959, S. 28 ff., 45 ff. und passim, weiter: J. P. Nettl, A Note on Entrepreneurial Behaviour, The Review of Economic Studies, Vol. XXIV, 1957–1957; R. A. Gordon, Business Leadership in a Large Corporation, (1945) Berkeley and Los Angeles 1961.

[58] Andererseits beeinflussen bestimmte Milieuänderungen die interne Struktur, z.B. über die Lösung der Rekrutierungsprobleme, siehe dazu E. O. Smigel, The Impact of Recruitment on the Organization of the Large Law Firm, American Sociological Review, Vol. 25, 1960.

allen Anlaß anzunehmen, daß der in der neoklassischen Ökonomie schematisierte und seiner dynamischen Züge entkleidete Preismechanismus in verschiedenen sozialkulturellen Milieus auf verschiedene Weise funktioniert. Das kann auch für die ordnungspolitische Fragestellung nicht gleichgültig sein. Derartige soziale Mechanismen pflegen auf einem Unterbau sozialer Einstellungen und Orientierungen aufzuruhen, von dem bei Untersuchung der Wirkungszusammenhänge nicht abstrahiert werden kann, ohne daß man zu fragwürdigen Verallgemeinerungen gelangt, zur Generalisierung von Quasi-Theorien. Institutionelle Änderungen, wie z.B. der Einbau von Elementen der Planung in weitgehend kommerziell organisierte Gesellschaften oder umgekehrt der Einbau von Marktelementen in Gesellschaften mit überwiegend administrativer Regulierung wirtschaftlicher Vorgänge[59], sind nicht zu beurteilen, ohne daß man auf solche Wirkungszusammenhänge eingeht, vor allem nicht auf Grund eines schematischen Bildes vom idealen Ablauf sozialer Prozesse, über dessen reale Bedingungen wenig bekannt ist. Das gleiche gilt für das Problem der Übertragbarkeit institutioneller Arrangements zur Steuerung wirtschaftlicher Prozesse auf Sozialkörper, die sich gerade anschicken, in die Frühphase der Industrialisierung einzutreten. Hier treten stets schwierige Fragen der realen Kompatibilität sozialstruktureller Tatbestände auf, die noch relativ wenig erforscht sind[60].

---

[59] ROBERT L. HEILBRONER schreibt in seinem Buch: The Making of Economic Society, Englewood Cliffs 1962, S. 230, daß Planung in den fortgeschrittenen Marktgesellschaften entsteht, um deren inhärenten Zielsetzungsschwächen zu steuern, ebenso wie der Marktmechanismus in fortgeschrittenen Befehlsgesellschaften entsteht, um deren inhärenten Motivationsschwächen zu begegnen. Diese Formulierung mag zu einfach sein, sie hat aber wenigstens den Vorzug, keines der Steuerungssysteme zu idealisieren. Siehe zu dieser Problematik auch die auf die sowjetischen Verhältnisse bezogene Analyse ERIK BOETTCHERS in seinem Buch: Die sowjetische Wirtschaftspolitik am Scheideweg, Tübingen 1959, S. 174 ff. und 278 ff.

[60] Siehe dazu z.B. G. A. THEODORSON, Die Industrialisierung und ihre Folgen für die soziale Struktur nicht-westlicher Gesellschaften, in: Soziologie der Entwicklungsländer, hrsg. von Peter Heintz, Köln/Berlin 1962; dort auch andere Arbeiten zu solchen Problemen, z.B.: J. C. ABEGGLEN, Kontinuität und Wandel in der japanischen Industrie, und M. NASH, Maya-Indianer im Zeitalter der Maschine. Siehe dazu auch: H.-D. ORTLIEB, Entwicklungshilfe für

Das logische Problem der Konstruktion eines in einem bestimmten Sinne funktionierenden Modells ist scharf zu unterscheiden von der soziologischen Frage der Realisierbarkeit der darin postulierten Verlaufsmuster in einem stimmten sozialkulturellen Milieu, einer Frage, deren Beantwortung außer nomologischem Wissen eine Analyse der faktischen Situation, der historischen Grundlage der Anwendung dieses Wissens, voraussetzt. Man wird nicht erwarten, daß sich in solchen Fragen die vor allem im neoklassischen Denken kultivierte Trennung des rein Ökonomischen von den anderen Tatbeständen des sozialen Lebens durchhalten läßt, auch nicht in der moderneren Form, die sich weiter an der prinzipiellen Rationalität des Konkurrenzpreissystems orientiert, aber den Problemen des Ordnungsrahmens größere Bedeutung einräumt, als das früher geschah. Auch bei dieser Form des ordnungspolitischen Denkens ist die Idee der Realisierung eines zeitlosen abstrakten Ideals noch nicht überwunden. Auch sie ist noch als eine Anwendung der klassischen Methodologie in diesem Bereich zu betrachten. Sie wird erst überwunden sein, wenn an die Stelle der positiven Rechtfertigung die kritische Prüfung und an die Stelle der Realisierung abstrakter Ideale die versuchsweise Reform sozialer Vorrichtungen und Institutionen getreten ist, die den historischen Wandel und das damit verbundene Auftreten neuer sozialer Probleme als auch für eine rationale Betrachtung wesentliche Erscheinungen ernstnimmt. Nur bei einer solchen Interpretation der Rationalität läßt sich jener Rekurs auf dogmatische Positionen vermeiden, der die rational analysierbaren Probleme dem Kampf der Ideologien ausliefern muß.

VII. Zusammenfassung

Unsere Argumentation zur ordnungspolitischen Problematik läßt sich im wesentlichen folgendermaßen zusammenfassen:

1. So verschieden die Lösungen sind, die für diese Problematik angeboten werden, so haben sie, soweit sie das Rationalitätsproblem akzentuieren und daher die typischen Gesichtspunkte der

---

Afrika, Hamburger Jahrbuch für Wirtschafts- und Gesellschaftspolitik, 6. Jg., 1961.

reinen Ökonomie zum Tragen bringen, eines gemeinsam: *die allgemeine Struktur der Problemstellung*, die an der *klassischen Methodologie des rationalen Denkens* orientiert ist.

2. Diese Methode läßt sich vor allem durch das *Prinzip der zureichenden Begründung* charakterisieren, das die Rechtfertigung von Tatbeständen aller Art durch Rekurs auf *letzte der Kritik enthobene Gegebenheiten* fundamentalen Charakters mit Hilfe eines *logischen oder quasi-logischen Ableitungsverfahrens* (Deduktion, Induktion, Zurechnung) postuliert und daher zu einem *apologetisch-dogmatischen Programm* im sozialen Bereich: zu Versuchen der *ideologischen Legitimierung* sozialer Tatbestände, führt.

3. An die Stelle dieses Prinzips setzt die *moderne Methodologie* das *Prinzip der kritischen Prüfung*, das es ermöglicht, ohne Rekurs auf ein sicheres Fundament alle Tatbestände der *Kritik im Lichte alternativer Möglichkeiten und verschiedener Gesichtspunkte* auszusetzen und daher zu einem nicht-autoritären *Programm der freien und unabhängigen Kritik* führt.

4. Im ordnungspolitischen Denken hat sich die klassische Methodologie in ideologischen Konzeptionen ausgewirkt, die die *Idee der Souveränität des Wählers oder des Konsumenten* mit der *induktivistischen* und der *kommunistischen Fiktion* verschmelzen, um gleichzeitig eine *Erklärung* und eine *Rechtfertigung* politischer oder wirtschaftlicher Tatbestände zu erreichen, Konzeptionen, die der kritischen Prüfung unter modernen Gesichtspunkten nicht standhalten können.

5. Auch in diesem Bereich kann *an die Stelle des Prinzips der zureichenden Begründung*, das zur Dogmatisierung führen muß, *das Prinzip der kritischen Prüfung* treten, der Prüfung sozialer Tatbestände, institutioneller Vorkehrungen und sozialer Ordnungen *im Lichte realisierbarer Alternativen* und *unter Verwendung verschiedener Gesichtspunkte*, von denen her sie sich mehr oder weniger *bewähren* bzw. *modifiziert* oder *revidiert* werden können.

6. Eine so verstandene theoretisch und historisch fundierte *Sozialkritik* kann in Verbindung mit einer ebenso fundierten *Sozialtechnologie* als *Grundlage einer rationalen Politik*, speziell: *einer rationalen Ordnungspolitik*, aufgefaßt werden, einer Politik, die die Orientierung an einem utopischen Ideal der Rationalität vermeiden kann, ohne sich auf irrationale Gesichtspunkte ideologischer Natur stützen zu müssen.

7. Der *Preismechanismus* tritt bei einer solchen Auffassung der ordnungspolitischen Problematik *nicht* im Zusammenhang eines *Idealmodells* des rationalen Wirtschaftsablaufs in Erscheinung, sondern als ein *komplexer sozialer Tatbestand*, dessen Beschaffenheit unter alternativen institutionellen und motivationalen Bedingungen soziologischer Forschung zugänglich ist. *An die Stelle* der *ökonomischen Idee der immanenten Rationalität* tritt die *Untersuchung von sozialen Wirkungszusammenhängen* und die kritische *Verwendung* ihrer *Resultate* bei der Analyse *ordnungspolitischer Möglichkeiten.*

8. Eine solche Interpretation der Rationalität im Sinne einer Methodologie der kritischen Prüfung gibt die *Möglichkeit*, die *ordnungspolitische Diskussion von ideologischen Rechtfertigungsversuchen freizuhalten.*

Die Verfassung der Freiheit

Bedingungen der Möglichkeit sozialer Ordnung

1. Zwischen Despotie und Anarchie: Historische Tatsachen und utopische Ideen

Wenn man die Geschichte der Menschheit seit der Entstehung der Hochkulturen betrachtet, dann stellt man fest, daß Armut und Elend, Unterdrückung und Ausbeutung für die Lebenssituation der Massen charakteristisch sind und daß für diese Tatsache die organisierte Gewalt von großer Bedeutung ist. Das soziale Gebilde, das als Träger der organisierten Gewalt am deutlichsten in Erscheinung tritt, ist aber der Staat. Der Staat ist – auf sozialem Gebiet – eine der wichtigsten Erfindungen der Menschheitsgeschichte. Und die Despotie scheint die Normalform des Staates zu sein. Sie ist, wie Andreski feststellt, »die natürlichste Form der Regierung großer sozialer Aggregate[1]«. Für die Beziehungen zwischen den Staaten war der Krieg stets eine normale Form der Auseinandersetzung. Der Krieg war überdies »die einzige Art kollektiver Aktion wirklich großen Maßstabs«, und »die Kunst der Organisation und Lenkung großer Menschenmassen« wurde »in den Armeen und Flotten entwickelt[2]«. Charakteristisch für diese Organisation war aber die Steuerung durch Befehl und Gehorsam. Da für eine erfolgreiche Kriegsführung außerdem Bewaffnung und Ausrüstung wichtig sind, haben sich die Staaten stets der verfügbaren technischen Errungenschaften bedient und sich technische Neue-

---

[1] S. Andreski, Oriental Despotism and Agrarian Bureaucracy, in: S. Andreski, The Uses of Comparative Sociology, Berkeley/Los Angeles 1969, S. 169.

[2] S. Andreski, Ferocity and Conventions, in: S. Andreski, The Uses of Comparative Sociology, op. cit., S. 116.

rungen zunutze gemacht, was erheblich zur Verbreitung solcher Neuerungen beigetragen hat. Und da, wie Clausewitz sagt, die Überlegenheit der Zahl »das allgemeinste Prinzip des Sieges« ist[3], haben zahlenmäßig überlegene Heere und damit größere Staaten meist militärische Vorteile gehabt, so daß eine Tendenz zur Expansion und zur Bildung von Imperien bestand, soweit geographische Bedingungen das zugelassen haben. Imperiale Gebilde despotischen Charakters sind daher keine Seltenheit in der Geschichte.

Dagegen ist die Anarchie – die Herrschaftslosigkeit – der große Traum der Revolutionäre, wobei Anarchie allerdings Frieden involviert und der Friede darauf beruhen soll, daß es keine wesentlichen Konflikte gibt. Dieser Traum ist aber utopisch, weil er einen der wichtigsten Tatbestände des menschlichen Lebens nicht berücksichtigt: nämlich die Knappheit der Mittel zur Lebensfristung und die sozialen Konflikte, die sich daraus ergeben. Es wird nicht gesehen, daß es notwendig ist, diese Konflikte auszufechten oder zumindest zu regeln und daß dabei die Gewalt eine Rolle spielen muß, und sei es auch nur deshalb, weil der Friede nur realisierbar ist, wenn Gewaltanwendung glaubhaft angedroht werden kann, und zwar: nach innen und nach außen. Die Anarchie ist, soweit sie tatsächlich zustande kommt, daher keineswegs ein gewaltloser Zustand. Wir haben das heute täglich vor Augen. Der Staat, der mit Erfolg das Monopol legitimer Gewaltanwendung für sich in Anspruch nimmt, scheint also nicht nur ein wesentliches Element in der Geschichte des Krieges, sondern auch eine notwendige Bedingung des Friedens zu sein.

Die Gewaltandrohung, die der staatlichen Ordnung zugrunde liegt, ist allerdings – zumindest nach innen – teilweise substituierbar durch Überzeugung, nämlich: durch den Glauben, daß gewisse Handlungen legitim und daher erlaubt oder sogar geboten, andere dagegen illegitim und daher verboten sind. Hier kommt die zweite große soziale Erfindung der Menschheitsgeschichte ins Spiel, nämlich: die Religion oder – allgemeiner und moderner ausgedrückt – die Ideologie, die den Glauben an die Legitimität sozialer Ordnungen zu stärken oder auch zu schwächen und dadurch das Verhalten der Mitglieder einer Gesellschaft zu bestimmen in der Lage ist. Je stärker der Legitimitätsglaube in einer Bevölkerung verankert ist,

---

[3] C. v. CLAUSEWITZ, Vom Kriege, 16. Auflage, Bonn 1952, S. 271.

desto weniger ist der betreffende Herrschaftsverband auf Gewaltandrohung angewiesen und desto geringer sind die Kosten der Aufrechterhaltung der sozialen Ordnung. Da für militärische Erfolge bekanntlich außer Anzahl, Bewaffnung, Ausrüstung und Führung eines Heeres die Kampfmoral von ausschlaggebender Bedeutung ist, kommt eine entsprechende religiöse – oder: ideologische – Stützung auch der Kriegführung zugute. Daher haben die Vertreter der Staatsgewalt ein natürliches Interesse an der ideologischen Beeinflussung der Mitglieder der Gesellschaft. Sie streben daher nicht selten ein Deutungsmonopol an, das ihnen konkurrierende Auffassungen vom Leibe hält. Moderne totalitäre Systeme waren darin bekanntlich teilweise sehr erfolgreich, aber auch frühere Versuche dieser Art – auf religiöser Basis – haben beachtliche Erfolge erzielt. Und neuerdings zeigt sich wieder, daß die Religion es in dieser Beziehung durchaus mit säkularen Ideologien aufnehmen kann.

An sich ist die Normierung von Handlungen – und damit die Steuerung sozialer Prozesse – durch Sitte und Brauch älter als der Staat. Wenn die Staatsgewalt versucht, neue Normierungen durchzusetzen, dann ist sie stets darauf angewiesen, an bestehende Normen anzuknüpfen und die herrschenden Überzeugungen zu berücksichtigen. Je mehr sie aber über wirksame Mittel ideologischer Beeinflussung verfügt, desto größer pflegen ihre Möglichkeiten zu sein, neue Normen durchzusetzen. Politische Unterwerfungsversuche sind daher meist erfolgreicher, wenn sie Hand in Hand gehen mit Versuchen religiöser Bekehrungen oder ideologischer Umerziehung.

Daß Anarchie kein gewaltloser Zustand ist, zeigt unter anderem auch die Betrachtung der internationalen Szene. Im internationalen Rahmen sind Anarchie und Despotie durchaus miteinander vereinbar. Wir haben ja seit jeher eine internationale Anarchie miteinander konkurrierender und in mehr oder weniger gewaltsame Konflikte verwickelter Staaten, die, was ihre Staatsform angeht, vielfach despotische Systeme darstellen. Es ist ein im Ganzen herrschaftsloser Zustand mit einer Vielfalt von Herrschaftsbereichen, in denen sich bereichsbeschränkte Gewaltmonopole etabliert haben. Diese seit dem Beginn der Staatenbildung bestehende Anarchie führt uns deutlich vor Augen, worin der Unterschied zwischen dem anarchistischen Traum und der Realität anarchistischer

Zustände besteht, nämlich darin, daß der gewaltsam ausgetragene Konflikt unter solchen Umständen eine normale Erscheinung ist. Der Krieg gehört, wie ich schon erwähnt habe, zu den normalen Formen der Auseinandersetzung im internationalen Geschehen, und der Bürgerkrieg ist ebenso normal, wenn das gebietsbeschränkte Gewaltmonopol zusammengebrochen ist. Es gibt wohl immer wieder Gebiete, die unter Einsatz gewaltsamer Mittel für längere Zeit »befriedet« wurden – wie die Pax Romana –, aber an den Grenzen solcher Gebiete gab es stets gewaltsame Auseinandersetzungen, die sich auch auf den inneren Zustand des befriedeten Gebiets auswirkten.

Jeder politische Verband ist darauf angewiesen, in seinem Herrschaftsbereich allgemeine Regeln durchzusetzen, die das Verhalten seiner Mitglieder so beeinflussen, daß es bis zu einem gewissen Grade vorhersehbar ist. Auch despotische Machthaber, die sich selbst an keine Regeln binden, sich also die Möglichkeit willkürlicher Eingriffe offen halten, pflegen ihre Untertanen im eigenen Interesse zur Einhaltung solcher Regeln zu zwingen. Die Etablierung eines rudimentären Rechts liegt also im Interesse der Machthaber. Auch ein solches Recht ist oft mit einem solchen Maß von Unfreiheit, von Unterdrückung und Ausbeutung, verbunden, daß Historiker, die solche Systeme an europäischen Maßstäben messen, von der »endemischen Rechtlosigkeit« dieser Systeme sprechen[4]. Die Inhaber der Gewalt sind vielfach eine von den übrigen Mitgliedern des Verbandes völlig getrennte Gruppe, die diese gewissermaßen von außen kontrolliert und von ihrer Arbeit lebt. Bei den Unterworfenen ist Unfreiheit oft mit äußerster Armut verbunden. Die Geschichte der Hochkulturen ist also durch die Verbindung von Despotie und Massenarmut charakterisiert. Vor der neolithischen Revolution scheinen gänzlich andere Zustände geherrscht zu haben. Nach manchen Berichten war das Leben der Jäger und Sammler, die in der Altsteinzeit in kleinen Gruppen durch die Welt streften, durch eine relativ geringe Arbeitszeit bei ausreichender Ernährung und durch geringes Bevölkerungswachstum gekennzeichnet[5]. Sie lösten das Problem der Knappheit demnach durch

---

[4] Vgl. R. Pipes, Rußland vor der Revolution. Staat und Gesellschaft im Zarenreich, München, 1977, S. 60.

[5] Vgl. M. Sahlins, Stone Age Economics, London 1974, S. 1 ff. und passim.

Einschränkung ihrer Bedürfnisse und Beschränkung der Bevölkerungszahl bei großer sozialer Kohäsion und großer Mobilität. Zumindest seit der neolithischen Revolution vor etwa 10 000 Jahren ist die Menschheit jedenfalls mit der Tatsache konfrontiert, die Robert Malthus zu Ende des 18. Jahrhunderts dazu inspiriert hat, sein Bevölkerungsgesetz zu formulieren, nämlich damit, daß die ständig wachsende Bevölkerung dazu tendiert, den Nahrungsspielraum zu überschreiten, so daß nur Hungerkatastrophen, Epidemien und Kriege zu einem Ausgleich führen. Die Zähmung der Natur durch den Fortschritt der Technik hat zwar seitdem eine außerordentliche Vielfalt an Gütern und eine erhebliche Steigerung der Güterproduktion hervorgerufen, aber die Resultate dieser Entwicklung sind in den meisten Hochkulturgebieten der Erde nur einem geringen Teil der Bevölkerung zugute gekommen.

2. Der europäische Sonderweg zur offenen Gesellschaft

Es ist seit langer Zeit bekannt, daß die europäische Entwicklung in höchst interessanter Weise von der Entwicklung in den anderen Hochkulturbereichen der Erde abweicht. Max Weber hat diese Abweichung zum Ausgangspunkt seiner vergleichenden soziologischen Untersuchungen gemacht. Seitdem gibt es eine Fülle von Arbeiten, die den »europäischen Sonderweg« (Jan Romein) oder das »europäische Wunder« (E. L. Jones) auf dem Hintergrund komparativer historischer Analysen herauszuarbeiten versucht haben. Diese europäische Sonderentwicklung, die unter anderem zur zweiten ökonomischen Revolution der Weltgeschichte – zur industriellen Revolution – geführt hat und zur Entstehung einer Weltzivilisation, die durch europäische Ideen geprägt ist, ist nach allem, was wir heute wissen, auf eine einzigartige Konstellation von Bedingungen zurückzuführen.

Zunächst ist zu betonen, daß diese Entwicklung in einem natürlichen Milieu stattgefunden hat, das außerordentlich günstige Vorbedingungen für sie mit sich brachte[6]. Aber darüber hinaus lassen

---

[6] Vgl. dazu E. L. Jones, The European Miracle. Environments, Economies, and Geopolitics in the History of Europe and Asia, Cambridge 1981, S. VII,

sich soziokulturelle Bedingungen angeben, die für sie ausschlaggebend waren. Das Europa des Hochmittelalters, in dem – etwa im 11. Jahrhundert – die Entwicklung einsetzte, die zur Moderne geführt hat, war bekanntlich insofern eine kulturelle Einheit, als das Christentum, in dem sich das Erbe der griechisch-römischen Antike und des antiken Judentums verkörperte, alle europäischen Völker geprägt hatte. Diese kulturelle Einheit war mit einer politischen Vielfalt verbunden, die für die ganze europäische Geschichte charakteristisch wurde. In ihrem Rahmen bildete sich nämlich ein System miteinander konkurrierender Staaten heraus, die so stark waren, daß es keinem gelang, eine dauerhafte Vormachtstellung zu erreichen[7]. Alle Versuche, ein europäisches Imperium zu schaffen, sind bekanntlich gescheitert, und der Versuch der Päpste, ein solches Imperium unter geistlicher Herrschaft zu errichten[8], führte zur ersten Gewaltenteilung, der Teilung von weltlicher und geistlicher Gewalt, die einen Freiheitsspielraum für autonome politische Kräfte schuf[9]. Der Pluralismus der politischen Gewalten, der dadurch möglich wurde, war eine der Grundvoraussetzungen für die besondere europäische Entwicklung. Er führte in Europa zur Zähmung der Herrschaft und damit zur Verhinderung der Herausbildung despotischer Gewalten, wie sie für andere Teile der Welt charakteristisch war. Dabei spielte die Entwicklung der europäischen Städte seit dem 11. Jahrhundert eine besondere Rolle[10]. Die euro-

---

3 ff. und passim; Europa war weniger von Naturkatastrophen heimgesucht als asiatische Länder, hatte günstigere Boden- und Witterungsverhältnisse, eine reichere Gliederung und andere geographische Vorteile.

[7] Vgl. dazu E. L. Jones, op. cit; und W. McNeill, Krieg und Macht. Militär, Wirtschaft und Gesellschaft vom Altertum bis heute, München 1984; und J. A. Hall, Powers and Liberties. The Causes and Consequences of the Rise of the West, Berkeley 1985, S. 111 ff. und passim.

[8] Ein Versuch, dessen Mißlingen nach Jones von entscheidender Bedeutung für die europäische Geschichte war, weil Europa damit der Gefahr entgangen ist, durch eine einheitliche politisch-religiöse Ordnung in seiner Entwicklung behindert zu werden, wie das zum Beispiel in China durch den Staats-Konfuzianismus geschehen ist, vgl. E. L. Jones, op. cit., S. 110 ff.

[9] Vgl. S. Andreski, Oriental Despositism and Agrarian Bureaucracy, op. cit., S. 171; vgl. auch H. J. Berman, Law and Revolution. The Formation of the Western Legal Tradition, Cambridge/Mass./London 1983, S. 85 ff. und passim.

[10] Vgl. dazu O. Brunner, Neue Wege der Sozialgeschichte, Göttingen 1956, S. 13 ff. und passim; sowie Harold J. Berman; op. cit., S. 357 ff.

päischen Städte waren, wie schon Max Weber gesehen hat, Sozialgebilde besonderer Art, die sich von den orientalischen, aber auch von den antiken Städten stark unterschieden. Sie waren als Kaufmanns- und Handwerkergemeinden autonome Bezirke, in denen nicht nur ein besonderes Recht galt, sondern die sich darüber hinaus in unterschiedlichem Maße selbst regierten.

Überhaupt ist die europäische Rechtsentwicklung seit der sogenannten Revolution des 11. und 12. Jahrhunderts[11] offenbar von einer Art, wie wir sie sonst nirgends in der Geschichte finden. Sie knüpft an das römische Recht an, geht aber in einigen wesentlichen Punkten, was das Rechtsdenken und die dadurch bestimmten Institutionen angeht, über das hinaus, was dort zu finden war[12]. Das Recht als ein autonomer, sich unter dem Einfluß bestimmter Ideale entwickelnder Bereiche des sozialen Lebens, der durch die Konkurrenz verschiedener Systeme und Gerichtsbarkeiten, durch professionelle Verwaltung, wissenschaftliche Bearbeitung und den Vorrang vor politischen Autoritäten gekennzeichnet ist und der schließlich zum modernen Konstitutionalismus geführt hat, ist offenbar ohne Beispiel in anderen Kulturen[13]. Die im 11. Jahrhundert beginnende Rechtsrevolution, bei der zentrale politische Autoritäten mit professionellen Juristen zusammenwirkten, hat das moderne westliche Rechtssystem geschaffen und die abendländische Rechtskultur geprägt, die einen wesentlichen Aspekt der Gesellschaften des westlichen Kulturkreises darstellt. Sie hat damit eine Entwicklung eingeleitet, die der Entstehung des Rechts- und Verfassungsstaates der Neuzeit zugrunde liegt[14]. Die Jurisprudenz, die diese Entwicklung mitbestimmt hat, hatte als Teil der gemeinsa-

---

[11] Vgl. dazu H. J. Berman, op. cit., S. 85 ff.

[12] Vgl. dazu H. J. Berman, op. cit., S. 7 ff. Berman gibt zehn Merkmale der westlichen Rechtstradition an, von denen nur die ersten vier auch dem römischen Recht zukommen, das sich damit wieder vom Recht nichtwestlicher Kulturen unterscheidet.

[13] Hinter der europäischen Rechtsentwicklung steht nach Berman die auf der jüdischen Vision der Geschichte basierende christliche Eschatologie, die im 11. Jahrhundert zum ersten Mal in Reformbemühungen für eine weltliche Gesellschaft umgesetzt wurde, vgl. H. J. Berman, op. cit., S. 26 ff.

[14] Im Gegensatz zu evolutionistischen Auffassungen hat dabei übrigens die Gesetzgebung eine wesentliche Rolle gespielt, eine Gesetzgebung, die durch bestimmte Rechtsideale und durch sie inspirierte Gesetzgebungsprogramme geleitet wurde, vgl. dazu H. J. Berman, op. cit., S. 83 und passim.

men europäischen Rechtskultur transnationalen Charakter. Es ist nicht uninteressant, daß diese Jurisprudenz als eine Art Sozialtechnologie der Konfliktlösung aufgefaßt werden kann, die auf der Basis einer durch die maßgebenden Texte bestimmten Traditionen Logik und Erfahrung verwendete, um bisherige Problemlösungen zu verbessern[15].

Was das Problem der politischen Ordnung angeht, so kann diese Rechtsentwicklung auf einen gemeinsamen Nenner gebracht werden, in dem der wesentliche Unterschied zur Entwicklung in anderen Kulturen zum Ausdruck kommt. Er besteht in der Schaffung autonomer Bereiche, die rechtlich so abgegrenzt und abgesichert sind, daß die betreffenden sozialen Gebilde und ihre Mitglieder in diesem Rahmen in der Lage waren, nach selbstgesetzten Regeln zu leben und selbständige Entscheidungen zu treffen, ohne von anderen Instanzen daran gehindert werden zu können. Die betreffenden Regelungen sorgten also für die Zähmung der Herrschaft auf der Grundlage eines Rechts, das Freiheitsspielräume etablierte.

Besonders interessant war in dieser Beziehung das städtische Recht[16]. Die Städte waren nach Berman die ersten westlichen Staaten Europas. Sie waren meist durch einen Rechtsakt begründet, der die Grundfreiheiten und darunter beträchtliche Rechte der Selbstregierung etablierte, so daß man davon sprechen kann, daß in ihnen der moderne Konstitutionalismus entstanden ist[17]. Die Umgestaltung der Territorialstaaten in Rechts- und Verfassungsstaaten, die in den späteren Revolutionen durchgesetzt wurde, die städtischen Freiheiten waren das Muster für die bürgerliche und politische Freiheit, die in diesen Staaten zustande kam. Das städtische Bürgertum hat also die Daseinsformen der europäischen Neuzeit teil-

---

[15] Vgl. dazu H. J. Berman, op. cit., S. 151 ff., 154; vgl. dazu meine sozialtechnologische Deutung der Jurisprudenz in meinem Buch: Traktat über rationale Praxis, Tübingen 1978, Kap. III, S. 75 ff.

[16] Vgl. dazu H. J. Berman, op. cit., S. 357 ff.

[17] Vgl. H. J. Berman, op. cit., S. 361, 393; folgende Punkte sind dabei anzuführen (nach Berman); (1) geschriebene Verfassungen, die die Regierungsorganisation und die bürgerlichen Rechte und Freiheiten festlegten, (2) ein System der Regierungsorganisation, ähnlich wie bei heutigen Staaten, (3) bürgerliche Rechte für Rechtsverfahren, gegen willkürliche Verhaftung ... (4) bürgerliche Freiheiten, Freiheit von feudalen Diensten und anderen Beschränkungen, (5) Rechte der Beteiligung an der Regierung und an den Gerichten.

weise vorweggenommen. Die europäische Entwicklung, die mit dem freien Bürgertum der Städte einsetzte, endete schließlich beim freien Staatsbürger, der einerseits durch sein Eigentum einen Bereich autonomer Entscheidung, und andererseits in allen anderen Bereichen einen Anteil an der Herrschaft hat. Man kann daher mit Recht sagen, daß die Emanzipation der handel- und gewerbetreibenden Klassen im Rahmen der städtischen Gemeinden eines der größten Ereignisse der Geschichte war[18]. Das institutionelle Milieu, das sich im europäischen Kulturbereich dadurch herausbildete, bot hinreichende Anreize für Verhaltensweisen, die dafür sorgten, daß Europa auch in seiner Wohlstandsentwicklung alle anderen Kulturbereiche hinter sich ließ und daß es auf Grund militärischer Überlegenheit politisch so expandieren konnte, daß die europäischen Mächte nahezu alle anderen Erdteile ihrem Herrschaftsbereich einzuverleiben in der Lage waren.

Dabei ist es sehr interessant, daß sich in China seit dem 11. Jahrhundert Veränderungen angebahnt hatten, die in technischer und ökonomischer Hinsicht die europäischen Leistungen um Jahrhunderte vorwegnahmen[19]. Die Kommerzialisierung der chinesischen Gesellschaft, der technische Fortschritt und eine beginnende Industrialisierung, die zur Entstehung von Großbetrieben für die Produktion von Eisen und Stahl führte, hätten Anlaß zu der Vermutung gegeben, daß sich in diesem Kulturbereich eine kapitalistische Entwicklung anbahnte, die der späteren europäischen Entwicklung zumindest gleichkommen würde. Aber das war keineswegs der Fall, und zwar vermutlich deshalb, weil es im chinesischen Bereich keine entsprechende Rechtsentwicklung gab, die zur Entstehung autonomer politischer Gebilde hätte beitragen können, weil sich hier kein System konkurrierender Staaten herausbilden konnte und weil das konfuzianisch gebildete Beamtentum, das sowohl gegen professionalisierte Gewalt als auch gegen professionelles Gewinnstreben eingestellt war, keinen Sinn für wirtschaftliches Wachstum und für militärische Expansion zeigte. Im Gegensatz

---

[18] Vgl. S. ANDRESKI, Parasitism and Technical Stagnation, in: S. ANDRESKI, op. cit., S. 234, wo Boissonade in diesem Sinne zitiert wird.

[19] Vgl. dazu W. MCNEILL, Krieg und Macht, op. cit., S. 33 ff.; und E. L. JONES, The European Miracle, op. cit., S. 160 ff., 202 ff.; sowie J. A. HALL, Powers and Liberties, op. cit., S. 33 ff.

zur europäischen Entwicklung entstand im chinesischen Kulturbereich also keine Konstellation institutioneller Vorkehrungen, die hinreichende Anreize zur politischen, militärischen und ökonomischen Expansion enthalten hätte.

In Europa dagegen sorgte die Konkurrenz und der Konflikt der Staaten, die genötigt waren, sich mit Waffen, Werkzeugen und Wissen zu versorgen, dafür, daß sich der Markt als Steuerungssystem – mit entsprechenden Anreizwirkungen – durchsetzte. Die Staaten waren gezwungen, auf dem internationalen Markt um Rüstungsgüter und um qualifizierte Arbeitskräfte zu konkurrieren, sie mußten Rahmenbedingungen für wirtschaftliches Wachstum schaffen, durch Bereitstellung von kollektiven Diensten und Gütern. Diese Abhängigkeit vom internationalen europäischen Markt schränkte den Spielraum der politischen und religiösen Gewalten ein und schuf ein günstiges Klima für Investition und wirtschaftliches Wachstum und für den Erkenntnisfortschritt der modernen Wissenschaften. Ein wichtiges Resultat dieser Entwicklung war die Erosion traditioneller Sozialformen, Wissensformen und Glaubenshaltungen, die dann schließlich – in der Aufklärung – die christliche Grundlage der europäischen Kultur und Gesellschaft und damit auch den aus ihr hervorgegangenen religiös fundierten Legitimitätsglauben in Frage stellte. Kurz gesagt: Der europäische Sonderweg hat zu dem geführt, was man mit Popper heute eine offene Gesellschaft nennt, eine Gesellschaft relativer Offenheit, wenn man sie mit den Sozialformen vergleicht, die in anderen Hochkulturbereichen der Erde dominant waren, womit nicht geleugnet werden soll, daß diese Entwicklung viele Aspekte hatte – vor allem hinsichtlich der politischen und militärischen Expansion der europäischen Herrschaft und auch des gewaltsamen Stils der Auseinandersetzungen innerhalb Europas –, die mit dem Idealbild einer solchen Gesellschaft wenig zu tun haben. Die Zähmung der Herrschaft ist auch im europäischen Kulturbereich nur unvollkommen gelungen.

3. Bedingungen der Möglichkeit sozialer Ordnung: Die ordnungspolitische Problematik

Die Problematik der sozialen Ordnung ist seit jeher ein Thema des philosophischen Denkens, wobei allerdings die philosophische Analyse sich stets an historischen Beispielen orientiert hat. Seit dem 11. Jahrhundert hat in Europa dabei das Recht eine besondere Rolle gespielt[20]. Der Konstitutionalismus, das Rechts- und Verfassungsdenken, das sich seit dieser Zeit in der europäischen Jurisprudenz herausgebildet hat, hat dann auch innerhalb der europäischen Sozialphilosophie zentrale Bedeutung gewonnen. Das gilt auch für die mit dieser Rechtstradition verbundenen Ideale, die für die europäische Idee der Freiheit und für eine Auffassung von der Gerechtigkeit konstitutiv sind, in der diese Idee der Freiheit enthalten ist.

Diese Sozialphilosophie hat stets einen normativen Akzent gehabt, denn es kam ihr vor allem darauf an, die gute Ordnung des sozialen Lebens, die legitime Herrschaft, den gerechten Staat, zu charakterisieren und damit bestimmte Formen des Zusammenlebens zu rechtfertigen. Insoweit die betreffenden Gedanken im sozialen Leben wirksam geworden sind, hat die Philosophie gleichzeitig ideologische Funktionen übernommen. Sie hat Einfluß auf den Legitimitätsglauben der Mitglieder der betreffenden sozialen Verbände gehabt und damit auf die soziale Verankerung der betreffenden politischen Ordnungen, und zwar in konstruktiver und kritischer Weise. Sie hat stabilisierend, aber auch destabilisierend gewirkt und zu Reformbestrebungen und revolutionären Veränderungen beigetragen.

Bis tief in die Neuzeit war die europäische Sozialphilosophie in die aus der Antike überkommene Kosmosmetaphysik eingebettet, die seit der Konstantinischen Wende eine enge Verbindung mit der maßgebenden Religion – dem seit dieser Wende im römischen Reich zur Herrschaft gekommenen Christentum – eingegangen war. Dabei wurde die eschatologische Komponente des christlichen Glaubens zunächst politisch nicht wirksam, weil sie nur in Jenseitshoffnungen umgesetzt wurde, während in der jüdischen Tradition, auf die dieses Denken zurückging, noch die göttliche Verheißung eines Reiches des Friedens, der Gerechtigkeit und des

---

[20] Vgl. H. J. Berman, op. cit., S. 275.

Glücks im Diesseits zentrale Bedeutung gehabt hatte. Aber seit dem 11. Jahrhundert gewann diese jüdische Vision eines vollkommenen Zustandes in dieser Welt auch im christlichen Denken wieder Einfluß und wurde zu einem wesentlichen Element der europäischen Rechtstradition und der mit ihr verbundenen Sozialphilosophie, das auch durch die spätere Säkularisierung nicht verloren gehen sollte.

Die Errosion der theologisch geprägten Kosmosmetaphysik unter dem Einfluß der modernen Naturwissenschaften hat dann seit Hobbes auch zur Emanzipation des sozialphilosophischen und des politischen Denkens von den religiösen Bindungen beigetragen, die für dieses Denken vorher maßgeblich gewesen waren. Unter dem Einfluß des Naturalismus, der sich durch die offensichtlichen Erfolge dieser Wissenschaften empfahl, wurde nicht nur die theologische Prägung der bisher herrschenden Weltauffassung in Frage gestellt. Sie wurden auch in methodischer Hinsicht zum Vorbild für das Denken über soziale und politische Zusammenhänge. Der Versuch, den Naturalismus auch auf das sozialphilosophische Denken zu übertragen, führte – vor allem bei den schottischen Moralphilosophen – zur Entstehung der modernen Sozialwissenschaften – der Soziologie, der Psychologie und der politischen Ökonomie –, in denen Moral, Recht, Politik und Wirtschaft als natürliche Phänomene betrachtet, das heißt mit der Natur des Menschen in Zusammenhang gebracht und dadurch erklärt wurden, als menschliche Kulturleistungen natürlichen Ursprungs, ohne daß man auf eine transzendente Verankerung zurückzugreifen genötigt war. Dabei wurden teilweise Erklärungen angestrebt, wie sie Newton in der Naturphilosophie – der theoretischen Physik – erreicht hatte.

Im sozialphilosophischen Denken blieb aber die normative Fragestellung und damit die Suche nach der guten Ordnung erhalten. Sie war auch innerhalb der neu entstehenden Sozialwissenschaft als normativer Hintergrund der Erklärungsversuche, die dort angestellt wurden, deutlich zu erkennen. Auch die aus der Antike stammende Idee, man könnte sichere Begründungen erreichen, blieb hier – ebenso wie in der gleichzeitigen Erkenntnistheorie – teilweise erhalten: in der Suche nach absoluten Rechtfertigungen für bestimmte Ordnungen. Damit bin ich bei der in methodischer Hinsicht zentralen Frage angelangt, deren Beantwortung für die Art, wie man heute an sozialphilosophische Probleme herangehen kann, entscheidend ist. Auch heute noch ist das sozialphilosophische Denken weitgehend durch den klassischen Rationalismus geprägt, mitunter in einer Form, die den Anspruch macht, die transzendentale Fragestellung zu erneuern. Die angestrebte Begründung soll mit der Antwort auf die Frage nach den Bedingungen der Möglichkeit der Kommunikation erreicht werden. Ich möchte hier nicht mehr auf diese Versuche eingehen[21].

Inzwischen dürfte sich gezeigt haben, daß es derartige Begründungen weder im Bereich der Erkenntnis noch in anderen Bereichen geben kann[22]. Aber das braucht uns natürlich nicht davon abzuhalten, praktische Fragestellungen, die uns als normative Probleme begegnen, ernst zu nehmen, auch wenn sie unter Umständen in einer für den klassischen Rationalismus typischen Formulierung auftreten. Wir tun gut daran, ihre verschiedenen Komponenten zu unterscheiden, wie das schon Max Weber versucht hat, und zu eruieren, inwieweit wir mit den Mitteln der Erkenntnis zu ihrer Lösung beitragen können. Das können wir sogar tun, wenn wir das Max Webersche Wertfreiheitsprinzip akzeptieren, und zwar nicht nur für die Wissenschaften, sondern für den ganzen Bereich der Erkenntnis, was allerdings voraussetzt, daß wir den Wertplatonismus in allen seinen Formen zurückweisen[23].

---

[21] Vgl. dazu mein Buch: Transzendentale Träumereien, Hamburg 1975, und: Münchhausen oder der Zauber der Reflexion, in diesem Buch; sowie meinen Aufsatz: Die angebliche Paradoxie des konsequenten Fallibilismus und die Ansprüche der Transzendentalpragmatik, in: Zeitschrift für philosophische Forschung, Bd. 41 (1987), S. 421. Angesichts des Fehlschlags dieser Versuche zeugt die Vorstellung, man könne den grundlegenden Mangel dadurch heilen, daß man nur den mit ihnen verbundenen Anspruch auf Letztbegründung aufgibt, von einer gewissen Naivität, die allerdings durch philosophische Imponierprosa verschleiert werden kann.

[22] Vgl. dazu K. R. Popper, The Open Society and Its Enemies, Vol. II, London 1966, Ch. 24 und I. Addenda, Facts, Standards and Truth: A Further Criticism of Relativism; W. W. Bartley, Flucht ins Engagement, Tübingen 1987; und H. Albert, Traktat über kritische Vernunft, Tübingen 1980.

[23] Vgl. dazu V. Kraft, Die Grundlagen einer wissenschaftlichen Wertlehre, Wien 1951; J. L. Mackie, Ethik. Auf der Suche nach dem Richtigen und Falschen, Stuttgart 1981.

An die Stelle einer Begründung oder Rechtfertigung im klassischen Sinne tritt hier die komparative Analyse alternativer Vorschläge für die Lösung der betreffenden Probleme auf der Grundlage regulativer Ideen, das heißt: bestimmter Wertgesichtspunkte, die der Entscheidung – das heißt: der Selektion der im Sinne dieser Ideen besten Lösung – zugrunde gelegt werden können. Das ordnungspolitische Problem – die Frage nach der Beschaffenheit einer adäquaten Sozialordnung – läßt sich unter diesen Voraussetzungen in ein sozialtechnologisches Problem verwandeln, wobei die betreffenden Wertgesichtspunkte für diese Formulierung hypothetisch vorausgesetzt werden,, wie das ja auch bei der Analyse der Erkenntnispraxis geschehen kann[24]. Es läßt sich nämlich formulieren als Frage nach der Möglichkeit einer sozialen Ordnung, die bestimmten Anforderungen genügt, wobei diese Anforderungen in den Kriterien (Leistungsmerkmalen) zum Ausdruck kommen, an denen sich die vergleichende Untersuchung orientiert. Da es bei solchen Vergleichen nicht um logische, sondern um reale Möglichkeiten geht, müssen die in Betracht kommenden Gesetzmäßigkeiten berücksichtigt werden. Und da es im konkreten Fall um die jeweils historischen Möglichkeiten geht, das heißt um die Realisierbarkeit in einem bestimmten Raum-Zeit-Gebiet, müssen die in diesem Gebiet vorliegenden tatsächlichen Bedingungen in die Analyse einbezogen werden[25].

Es ist selbstverständlich, daß auch die Anforderungen, die an eine adäquate Sozialordnung zu stellen sind, und die ihnen zugrundeliegenden Wertgesichtspunkte keineswegs der Diskussion

---

[24] Vgl. dazu H. Albert, Traktat über rationale Praxis, Tübingen 1978; und H. Albert, Kritik der reinen Erkenntnislehre, Tübingen 1987.

[25] Wenn hier von »Sozialtechnologie« die Rede ist, dann in dem Sinne, in dem Karl Popper diesen Ausdruck gebraucht – vgl. K. R. Popper, Das Elend des Historizismus, Tübingen 1979, S. 48 f. und passim; und wie es auch der Weberschen Auffassung der Lehre von der Wirtschaftspolitik entspricht, vgl. M. Weber, Der Sinn der »Wertfreiheit« der ökonomischen und soziologischen Wissenschaften, in: M. Weber, Gesammelte Aufsätze zu Wissenschaftslehre, Tübingen 1951, S. 6, 523 f. und passim. Manche Vertreter des neuen theoretischen Institutionalismus im ökonomischen Denken scheinen eine gewisse Antipathie gegen diesen Begriff zu haben, weil sie Assoziationen mit »technokratischen« Vorstellungen scheuen, die aber keineswegs notwendig sind. Wer wirksame Gesetzgebung anstrebt, muß jedenfalls »sozial-technologisch« im oben erwähnten Sinne denken.

zu entziehen sind[26]. Aber auch eine Diskussion über solche Themen kann nicht zu Begründungen im klassischen Sinne führen. Ich habe aber den Eindruck, daß die ordnungspolitische Diskussion vor allem Einsichten in die tatsächlichen Zusammenhänge erforderlich macht, die für die Analyse der Möglichkeit einer adäquaten Sozialordnung in Frage kommen, so daß der normative Modell-Platonismus vermieden wird, der die wohlfahrtstheoretische Debatte lange Zeit beherrscht hat. Zu diesen Einsichten gehört unter anderem eine angemessene Auffassung von der Natur des Menschen, von den menschlichen Möglichkeiten, Fähigkeiten, Bedürfnissen und Neigungen, wie sie schon seinerzeit die schottischen Moralphilosophen für ihre Untersuchung verwertet haben, und wie sie uns heute in reicherem Maße zur Verfügung stehen, z.B. in Form von Resultaten der biologischen, anthropologischen und psychologischen Forschung. Die Schwierigkeiten der ordnungspolitischen Diskussionen entspringen meines Erachtens in größerem Maße dem Problem der Erfassung relevanter Wirkungszusammenhänge als der Frage nach den Wertgesichtspunkten, die man der Analyse zugrunde zu legen hat.

Durch Anwendung der methodologischen Gesichtspunkte, die für eine rationale Erkenntnispraxis heute in Frage kommen, auf das Problem einer adäquaten sozialen Ordnung sind wir zu einem Verfahren gekommen, wie es im Ansatz schon Adam Smith vor etwa 200 Jahren praktiziert hat. Es ging auch damals schon um einen Vergleich realisierbarer institutioneller Vorkehrungen unter bestimmten Wertgesichtspunkten, das heißt um die Frage, wie diese institutionellen Alternativen hinsichtlich ihres Funktionierens in Bezug auf bestimmte Leistungsmerkmale einzuschätzen sind. Da wir es dabei mit dem Vergleich von Wirkungssystemen zu tun haben, muß für die Analyse dieser Systeme das zur Verfügung stehende Wissen über Kausalzusammenhänge verwertet werden. Wir benötigen also Theorien, die sich auf die betreffenden Bedingungen anwenden lassen und die uns Auskunft geben können über diejenigen Aspekte der Wirkungsweise der in Frage kommenden Institutionen, die unter den betreffenden Wertgesichtspunkten interessant sind. Da die betreffenden Systeme im wesentlichen aus

[26] Auch diese Diskussion kann übrigens ohne weiteres ohne Benutzung von Werturteilen geführt werden.

mehr oder weniger komplexen Verkettungen menschlicher Handlungen bestehen, benötigen wir theoretische Einsichten in die Struktur menschlicher Handlungen und ihrer Wechselwirkungen. Es geht also um eine Art der Analyse, wie sie in der Tradition des ökonomischen Denkens üblich ist. In den theoretischen Modellen, die hier zu konstruieren sind, werden die betreffenden Theorien auf jeweils unterschiedliche Konstellationen von Bedingungen angewendet. Zu diesen Bedingungen zählen vor allem auch die historisch variablen institutionellen Vorkehrungen, auf deren Wirkungsweise es in der ordnungspolitischen Analyse ankommt[27].

Natürlich ist die Zahl der Modelle, die auf diese Weise konstruiert werden können, unbegrenzt, wenn das Problem der Realisierbarkeit nicht beachtet wird. Es kann auch durchaus interessant sein, dieses Problem zunächst zu vernachlässigen und mit idealtypischen Bedingungen zu arbeiten, die von den historisch vorfindbaren Bedingungen weit entfernt sind, um das prinzipielle Funktionieren alternativer institutioneller Arrangements zu eruieren, die sich in typischer Weise voneinander unterscheiden. Dabei können historische Beispiele sozialer Ordnungen als Anhaltspunkte für die Konstruktion der betreffenden Modell dienen. Auch mögliche institutionelle Neuerungen können in solchen Modellen berücksichtigt werden.

Wenn es aber darum geht, sozialtechnologische Grundlagen für eine rationale Politik bereitzustellen, muß man damit rechnen, was ich das »institutionelle Apriori« einer gegebenen Gesellschaft nennen möchte, das heißt, mit derjenigen Konstellation institutioneller Vorkehrungen, die in dem Raum-Zeit-Gebiet vorliegt, auf die sich die betreffende Analyse bezieht. Eine praktisch verwertbare sozialtechnologische Analyse muß die Beschaffenheit der Ausgangssituation für politisches Handeln, zum Beispiel für die ins

---

[27] F. A. v. Hayek hat mit Recht darauf hingewiesen, daß man im ökonomischen Denken im allgemeinen nur »Erklärungen im Prinzip« erreichen, also das prinzipielle Funktionieren bestimmter Arrangements deutlich machen kann, vgl. F. A. v. Hayek, Degrees of Explanation, in: F. A. v. Hayek, Studies in Philosophy, Politics and Economics, London 1967, S. 10 ff. Auch die ordnungspolitische Analyse kann daher nur auf Aussagen über das »prinzipielle Funktionieren« – die allgemeine Wirkungsweise – bestimmter Institutionen zurückgreifen. Auf solche Aussagen ist sie allerdings auch dringend angewiesen.

Auge gefaßte Gesetzgebung, berücksichtigen. Und sie muß dabei auch der Tatsache Rechnung tragen, daß eine solche Gesetzgebung nur bestimmte – meist sehr eng umschriebene – Bestandteile der institutionellen Konstellation in einer Weise ändern kann, die voraussehbare Auswirkungen in der erwünschten Richtung hat. Praktisch brauchbare Modelle müssen also das »institutionelle Apriori« der betreffenden sozialen Gebilde und die realisierbaren Änderungen der gegebenen Konstellation mit hinreichender Approximation erfassen, um die unter den angenommenen Gesichtspunkten relevanten Wirkungen eruierbar zu machen. Die für die Untersuchung des Funktionierens der betreffenden Ordnungen interessanten Wirkungen sind dadurch zu erfassen, daß diese institutionellen Vorkehrungen als Anreizkonstellationen für das Verhalten der Individuen und ihrer Gruppierungen aufgefaßt werden, wie das in der modernen ökonomischen Analyse – besonders unter dem Einfluß des eigentumsrechtlichen Ansatzes und des ökonomischen Konstitutionalismus – teilweise geschieht. Sie beeinflussen die Erwartungen der Individuen und führen je nach Motivlage zu verschiedenen Verhaltensweisen und damit zu verschiedenen Mustern des Funktionierens, die für die betreffende soziale Ordnung charakteristisch sind[28].

Wenn nun der Versuch gemacht wird, im Wege der Gesetzgebung bestimmte normative Regulierungen – Normen – durchzusetzen, dann bedeutet das also zunächst nur, daß bestimmte zusätzliche Bedingungen für das Verhalten der in Frage kommenden Individuen geschaffen werden, die die bestehende Anreizkonstellation ändern können. Ob und wie sich deren Verhalten ändert, hängt darüber hinaus von weiteren Bedingungen – darunter vor allem vom Informationsstand und der Motivlage dieser Individuen – ab. Ein Gesetz kann also durchaus im Sinne der vorausgesetzten Zielsetzungen kontraproduktive Steuerungswirkungen haben. Das ist trivial und eines der ältesten Themen der Sozialwissenschaften, aber dennoch immer noch aktuell. Man braucht nur an die Maßnahmen der europäischen Gemeinschaft zur Beeinflussung des Agrarmarktes zu denken. Auch wenn die unmittelbaren

---

[28] Hinsichtlich der Erfassung der Motivlagen möchte ich betonen, daß mir das psychologische Defizit des ökonomischen Denkens noch nicht überwunden zu sein scheint.

Wirkungen der Einführung bestimmter Gesetze den ihnen zugrundeliegenden Absichten entsprechen, so können doch mittelbare Wirkungen zustandekommen, die diese Absichten zunichte machen. Die ökonomische Literatur ist voll von derartigen Beispielen. Man kann eben durch politische Maßnahmen stets nur bestimmte Elemente des sozialen Wirkungszusammenhangs ändern, deren kausale Bedeutung sich oft schwer einschätzen läßt. Ihre richtige Einschätzung wirft nicht selten schwierige theoretische Probleme auf.

Bei der Verfassung eines sozialen Gebildes handelt es sich um die grundlegenden Normen eines solchen Systems, die den allgemeinen Rahmen bilden, innerhalb dessen sich alle sozialen Vorgänge einschließlich der übrigen Gesetzgebung bewegen sollen. Natürlich ist die kausale Relevanz solcher Regeln für das Funktionieren des Systems unter ordnungspolitischen Gesichtspunkten von fundamentaler Bedeutung, denn aus ihr ergibt sich die sogenannte Verfassungswirklichkeit, die sich bekanntlich von den in irgendwelchen Dokumenten enthaltenen Formulierungen stark unterscheiden kann. Aber auch wenn sich die Befolgung der betreffenden Regeln durchsetzen läßt, können sich weitere Wirkungen einstellen, die nicht vorhersehbar waren. Soweit die Verfassung ein Gesetzgebungsprogramm enthält, gibt es wieder Alternativen für die Erfüllung dieses Programms, die sich hinsichtlich ihrer spezifischen Wirkungen erheblich unterscheiden können. Man denke nur an die verschiedenen Möglichkeiten einer Sozialgesetzgebung in modernen Wohlfahrtsstaaten.

Das alles sind bekannte Tatbestände. Sie sollen hier nur dazu dienen, die Bedeutung des Realisierbarkeitsproblems und damit auch die der Eruierung von Wirkungszusammenhängen herauszustellen, die bei der Behandlung ordnungspolitischer Probleme nicht selten zu kurz kommt. Vielfach wird hier nämlich von einer rein normativen Fragestellung ausgegangen und das Problem der Rechtfertigung in den Vordergrund gestellt, so als ob soziale Wirkungszusammenhänge überhaupt unwesentlich wären oder nur in zweiter Linie in Betracht kämen, oder als ob die betreffenden Kausalprobleme trivialer Natur und auf jeden Fall schon gelöst wären. Aber die Muster des Funktionierens, die eine soziale Ordnung ausmachen, ergeben sich keineswegs als logische Konsequenzen aus den Normen, die in irgendwelchen Gesetzestexten formuliert sind, sondern sie sind bestenfalls auf Grund entsprechender nomologischer Aussagen zu ermitteln, und zwar mit Hilfe von Modellen, in denen darüber hinaus alle möglichen anderen Bedingungen angenommen werden. Um Probleme dieser Art zu lösen, genügt es also nicht, die betreffenden Texte zu verstehen.

Natürlich soll damit nicht geleugnet werden, daß auch die Wertgesichtspunkte, die mit einer solchen Analyse verbunden sind, große Bedeutung haben. In ihnen kommen ja die Anforderungen zum Ausdruck, die an die Sozialordnung zu stellen sind. Damit sind sie für die Auswahl der Aspekte der betreffenden sozialen Wirkungszusammenhänge maßgebend, die der vergleichenden Beurteilung zugänglich gemacht werden sollen. Wie ich schon erwähnt habe, kann man solche Gesichtspunkte hypothetisch einführen. Ich brauche kaum zu betonen, daß das Urteil darüber, inwieweit die miteinander zu vergleichenden sozialen Ordnungen bestimmte Anforderungen mehr oder weniger erfüllen, nur Sachaussagen erforderlich machen und keine Werturteile[29]. Dabei können die betreffenden regulativen Ideen unter Umständen zu unterschiedlichen Beurteilungen führen. Wer eine vergleichende Bewertung anstrebt, muß dann eine Entscheidung darüber treffen, wie die verschiedenen Leistungsmerkmale zu gewichten sind. Damit kommen wir zu den inhaltlichen Aspekten der Frage nach einer adäquaten Sozialordnung, die für die heutige Situation von Interesse sind.

4. Die Verfassung der Freiheit als Ordnungsidee der Offenen Gesellschaft

Während die Verbindung von Despotie und Massenarmut charakteristisch ist für die Geschichte der meisten Hochkulturen, hat der europäische Sonderweg zu sozialen Systemen geführt, in denen eine relativ große Freiheit mit relativem Wohlstand für die Mitglieder der Gesellschaft verbunden ist. Diese Entwicklung ist aber zustandegekommen durch die besonderen Bedingungen, die in Europa zur Konkurrenz und zum Konflikt autonomer sozialer Gebilde und Gewalten – zur Konkurrenz und zum Konflikt der europäi-

[29] Vgl. mein Buch: Kritik der reinen Erkenntnislehre, op. cit., S. 160 ff.

schen Staaten und der politischen Kräfte innerhalb dieser Staaten und zur Konkurrenz privater Gruppen und Organisationen in allen sozialen Bereichen – beigetragen haben. Diese Konkurrenz war, um mit Schumpeter zu sprechen, stets ein Prozeß »schöpferischer Zerstörung«. Sie trug nicht nur zur Verbesserung der Lebenssituation von Individuen und Gruppen, sondern oft auch zu ihrer Verschlechterung bei. Nicht selten hatte sie den Niedergang und den Ruin bestimmter Gruppen zur Folge. Und der Konflikt der politischen Gewalten hatte teilweise gewaltsame und grausame Züge. Die Opfer, die die europäische Sonderentwicklung gekostet hat, und die bedeutende Rolle organisierter Gewaltanwendung nach innen und außen, sind nicht zu übersehen.

Aber in diesem Prozeß haben sich doch Ideen als wirksam erwiesen, die den europäischen Stil der Lösung sozialer Probleme auch in anderen Kulturbereichen attraktiv erscheinen lassen, und zwar eben deshalb, weil er aus Zuständen herausführen zu können scheint, die zwar als normal gelten dürfen, aber für die meisten Mitglieder der betreffenden Gesellschaft unattraktiv sind, das heißt, weil er zur Lösung der beiden wichtigsten Probleme der Menschheitsgeschichte beitragen kann: zur Zähmung der Herrschaft und zur Beseitigung der Armut. Allerdings scheint das »System der natürlichen Freiheit« (Adam Smith) – ein System, das zu einer Gesellschaft freier und wohlhabender Menschen führen sollte und teilweise schon dahin geführt hat, – de facto kein »natürliches« System zu sein, sondern ein System, das eines künstlichen Schutzes bedarf und das in dauernder Gefahr ist, unter der Einwirkung natürlicher Kräfte denaturiert zu werden.

Wenn man die Grundidee dieses Systems erläutern soll, dann kann man davon ausgehen, was wir heute über die Methode rationalen Problemlösungsverhaltens zu wissen glauben. Wir haben keinen Grund mehr anzunehmen, daß wir in der Lage sind, in irgendeinem Bereich der menschlichen Praxis vollkommene Lösungen zu finden. Wir können bestenfalls damit rechnen, daß es uns gelingt, unsere Problemlösungen immer wieder zu verbessern und dadurch bestmögliche Lösungen zu approximieren. Daher ist die Suche nach Fehlern und die Suche nach alternativen Lösungen, in denen solche Fehler vermieden werden, ein Desiderat der rationalen Methode, nicht nur im Erkenntisbereich, sondern auch in anderen Bereichen der Praxis.

Wenn man dies Methode nachhaltig sozial verankern will, dann läuft das hinaus auf eine Institutionalisierung von Konkurrenz und Kritik. Dadurch kann ein sozialer Mechanismus etabliert werden, der die Ausarbeitung neuer Problemlösungen und die Selektion und Verbreitung der – im Sinne bestimmter Kriterien – vergleichsweise besten Lösungen fördert[30]. Das bedeutet unter anderem, daß durch bestimmte institutionelle Vorkehrungen ein soziales Milieu für die beteiligten Individuen und Gruppen geschaffen wird, das entsprechende Anreize für die Entwicklung und Verbreitung adäquater Problemlösungen enthält. Um die Möglichkeit gewaltsamer Auseinandersetzungen einzuschränken und die Konkurrenz in friedliche Bahnen zu lenken, ist darüber hinaus die Institutionalisierung von entsprechenden Mechanismen friedlicher Konfliktregelung nötig, wie sie innerhalb der Staaten des europäischen Systems weitgehend verwirklicht wurde.

Die europäische Rechtsentwicklung seit dem 11. Jahrhundert hat offenbar erheblich dazu beigetragen ,daß in Europa institutionelle Regulierungen entstanden sind, die sich in der skizzierten Richtung ausgewirkt haben, wenn auch die Einschränkung gewaltsamer Auseinandersetzungen im internationalen Maßstab bisher nicht gelungen ist. Dabei hat die regulative Idee der Freiheit eine besondere Rolle gespielt. Sie hat sich in der rechtlichen Sicherung autonomer Bereiche ausgewirkt, innerhalb deren die Individuen in freiwilliger Kooperation mit anderen nach eigenen Regeln ihr Leben gestalten und ihre Probleme lösen können. Das bedeutet einerseits die Garantie individueller Selbstbestimmung durch die Sicherung entsprechender privater Verfügungsrechte und andererseits die Garantie der Mitbestimmung der beteiligten und betroffenen Individuen bei der Gestaltung gemeinsamer Projekte, auch bei der Wahl der Regeln, die für alle Mitglieder eines sozialen Gebildes gelten sollen.

Auch wer die Wertgesichtspunkte, die für die europäische Tradition kennzeichnend sind, grundsätzlich nicht in Frage stellt, sieht sich mit schwierigen Problemen konfrontiert, wenn es um die konkrete Gestaltung einer adäquaten sozialen Ordnung geht. Viele dieser Probleme haben sich aus der sozialistischen Herausforde-

---

[30] Vgl. dazu meinen Aufsatz: Europa und die Zähmung der Herrschaft, in meiner Schrift: Freiheit und Ordnung, Tübingen 1986, S. 40 ff., 49 ff.

rung ergeben, die seit dem vorigen Jahrhundert wirksam geworden ist. Durch sie sind die drei Sozialformen einer grundsätzlichen Kritik unterworfen worden, die sich als Resultate des europäischen Weges zur modernen Zivilisation herausgebildet haben: die liberale Demokratie, die freie Marktwirtschaft und schließlich sogar die moderne Wissenschaft als dominante Wissensform der industriellen Gesellschaft.

Die Diskussion um die Bedeutung dieser Herausforderung wurde zunächst durch die These von der Unmöglichkeit des Sozialismus geprägt, die Ludwig von Mises zu Beginn der 20er Jahre dieses Jahrhunderts aufgestellt und verteidigt hat[31]. Das zentrale Argument war die Unmöglichkeit einer adäquaten Wirtschaftsrechnung in der Planwirtschaft, das die ordnungspolitische Diskussion in der Ökonomie mehr als zwei Jahrzehnte beherrscht hat. Tatsächlich hat sich herausgestellt, daß die beiden Grenzfälle, die hier konstruiert werden können, die reine Planwirtschaft und die reine Marktwirtschaft, realistischerweise nicht in Betracht kommen[32] und daß das Effizienzproblem, das de facto ein Problem der Steuerungswirkungen alternativer institutioneller Vorkehrungen ist, nicht so einfach zu lösen ist, wie das von fast allen Teilnehmern der Diskussion vorausgestzt wurde. Allerdings hat sich auch gezeigt, daß die Thesen der Kritiker der Planwirtschaft hinsichtlich der Konsequenzen dieses Systems für die Versorgung der Bevölkerung einen wunden Punkt der sozialistischen Argumentation getroffen hatten, der sich dann in den Ländern des real existierenden Sozialismus drastisch dokumentieren ließ[33].

Seit einiger Zeit hat sich nun der Schwerpunkt der Diskussion insofern verschoben, als auf Grund der Erfahrungen mit sozialistischen Systemen das Freiheitsproblem in den Vordergrund getreten

---

[31] Vgl. L. v. Mises, Die Gemeinwirtschaft. Untersuchungen über den Sozialismus (1922), Nachdruck der zweiten, umgearbeiteten Auflage (1932), München 1981, S. 197 und passim; es ging dabei um ein soziales System, in dem »alle Produktionsmittel Eigentum des Gemeinwesens« sind und dadurch die »Einheit der Willensbildung« und die »Einheitlichkeit der Lenkung« der wirtschaftlichen Prozesse sichergestellt ist.

[32] Vgl. meinen Aufsatz: Ist der Sozialismus unvermeidbar? in meiner Schrift: Freiheit und Ordnung, op. cit., S. 74 ff.

[33] Vgl. dazu ibid., S. 80 ff.

ist[34]. Eines der auffallendsten Merkmale aller bisher entstandenen sozialistischen Systeme ist offensichtlich der Mangel an Freiheit – an Freiheiten der verschiedensten Art –, der sie kennzeichnet: ihr totalitärer Charakter. Dabei handelt es sich um zweierlei: um mangelnde Selbstbestimmung und mangelnde Mitbestimmung. Zwischen beiden Aspekten besteht vermutlich ein enger Zusammenhang. Ohne ein bestimmtes Maß an Freiheit im ersten Sinne scheint die Aufrechterhaltung der Freiheit im zweiten Sinne kaum möglich zu sein[35]. Nach allem, was wir wissen, ist die Annahme illusionär, daß sich in Systemen, die einer reinen Planwirtschaft nahekommen, eine funktionierende Demokratie bilden kann, denn der gesellschaftliche Pluralismus, der für deren Funktionen erforderlich ist, kann sich dort offenbar nicht entfalten. Das würde bedeuten, daß sich in einem kapitalistischen Milieu Demokratie herausbilden kann, aber nicht muß, und daß ein sozialistisches Milieu politische Systeme mit autoritären oder gar despotischen Zügen hervorbringt. Weder hinsichtlich der in ihnen realisierbaren Freiheit, noch in Bezug auf den in ihnen erreichbaren Wohlstand, noch auch in Bezug auf den inneren und äußeren Frieden scheinen sozialistische Systeme die Vorzüge zu besitzen, die man früher von ihnen erwartet hatte. Das bedeutet natürlich nicht, daß diejenigen Länder, in denen Kapitalismus, Rechtsstaat und Demokratie eine relativ stabile Verbindung eingegangen sind, nicht mit schwerwiegenden Problemen konfrontiert sind, die die Stabilität dieser Verbindung betreffen.

Was die Wertgesichtspunkte angeht, von denen bei der Beurteilung der sozialen Ordnung auszugehen ist, so besteht bei den verschiedenen Diskussionspartnern weitgehend Einigkeit darüber, daß der Staat mit den Mitteln des Rechts den institutionellen Rahmen für den sozialen Verkehr zu schaffen und daß er damit nach Möglichkeit Frieden, Freiheit und die Grundlagen des Wohlstandes der Mitglieder der Gesellschaft zu sichern hat. Aber wie diese Ziele im Detail zu bestimmen und mit welchen Mitteln sie zu errei-

---

[34] Vor allem die Arbeiten Friedrich August von Hayeks haben dazu den Anstoß gegeben, vgl. dazu F. A. v. Hayek, The Road to Serfdom, Chicago 1944; und F. A. v. Hayek, Die Verfassung der Freiheit, Tübingen 1971.

[35] Vgl. dazu D. Usher, The Economic Prerequisites to Democracy, Oxford 1981.

chen sind, darüber gibt es keine Einigkeit. Das scheint mir in größerem Maß auf die unterschiedliche Beurteilung von Wirkungszusammenhängen zurückzugehen als auf verschiedene Wertungen und die unterschiedliche Gewichtung von Kriterien.

Die individuelle Freiheit, die in der ordnungspolitischen Diskussion eine zentrale Rolle spielt, wird im Anschluß an Hayek meist durch das Vorhandensein eines rechtlich geschützten Bereichs bestimmt, innerhalb dessen jeder seine Mittel und sein Wissen für eigene Zwecke verwenden kann[36]. Was die rechtliche Sicherung dieses Bereichs angeht, so ist zur Abgrenzung der individuellen Handlungsmöglichkeiten offenbar ein »kompossibles« System von Rechten erforderlich[37], das heißt eine Menge von Rechten, die so geartet sind, daß es »logisch unmöglich ist, daß die Ausübung von Rechten, die in dieser Menge enthalten sind, durch ein Individuum eine Störung der Ausübung von Rechten derselben Menge durch ein anderes Individuum konstituiert«. Durch die »Kompossibilität einer Menge von Rechten« sollen »Handlungskonflikte verhindert« und soll auf diese Weise die »friedliche Koexistenz der Menschen« sichergestellt werden[38].

Nun ist ein derartiges System von Rechten, durch das individuelle Handlungsbereiche gegeneinander abgegrenzt sind, offensichtlich, wie Schmidtchen mit Recht feststellt, nur eine notwendige, aber keine hinreichende Bedingung für ein Regime der Freiheit[39]. Von einem solchen System kann man bestenfalls sagen, daß es den Frieden sichert, aber damit keineswegs schon die Freiheit. Offenbar läßt sich die hier zugrunde gelegte Freiheitsidee nur durch Bezugnahme auf den Umfang des rechtlich abgesicherten Bereichs von Handlungsmöglichkeiten explizieren, so daß man etwa im Anschluß an v. Kempski sagen kann, daß eine Rechtsordnung mit größtmöglicher Freiheit für alle ihr Unterworfenen einen

---

[36] Vgl. dazu F. A. v. Hayek, Law, Legislation and Liberty. A new statement of the liberal principles of justice and political economy, Vol. I, London 1973, S. 55 ff.

[37] So Schmidtchen im Anschluß an Steiner; vgl. dazu D. Schmidtchen, Hayek on Liberty and the Rule of Law: The Road to Serfdom – Revisited, in: S. Pejovich, Hrsg., Socialism: Institutional, Philosophical and Economic Issues, Dordrecht/Boston/Lancaster 1987, S. 115 ff., 122 ff.

[38] Vgl. D. Schmidtchen, op. cit., S. 122.

[39] Vgl. D. Schmidtchen, op. cit., S. 124.

Zustand herbeiführt, in dem die unter den jeweils gegebenen Bedingungen größtmögliche Menge miteinander verträglicher Handlungen zugelassen ist[40]. Nun ist aber eine Rechtsordnung dieser Art ohne weiteres mit einer tatsächlichen Verteilung von Verfügungsrechten vereinbar, die den dieser Ordnung Unterworfenen den Wert der ihnen zukommenden Freiheit ganz unterschiedlich groß erscheinen lassen muß. Im Grenzfall kann sogar mangels konkreter Verfügungsrechte der rechtlich geschützte Bereich eines Individuums leer oder nahezu leer sein[41]. Die tatsächlichen Handlungsmöglichkeiten können minimal sein und damit unter Umständen auch die Lebenschancen der betreffenden Individuen, die etwa in Ermangelung entsprechender konkreter Verfügungsrechte verhungern, obwohl an sich in dem betreffenden Bereich genügend Nahrungsmittel vorhanden sind[42]. Nun kann man zwar ohne weiteres sagen, daß in solchen Fällen zwar die Macht – in einem sehr allgemeinen Sinne – oder der Wohlstand der betreffenden Personen in fataler Weise beeinträchtigt war, daß aber ihre Freiheit – im Sinne der oben angeführten Definition – davon nicht berührt wurde. Das würde aber nur bedeuten, daß der Interessenlage dieser Individuen nicht hinreichend Rechnung getragen werden kann, wenn man sich darauf beschränkt, nur den Freiheitsaspekt der betreffenden sozialen Ordnung in Betracht zu ziehen. Für die tatsächlichen Möglichkeiten der Selbstbestimmung kommt es offenbar auf die jeweilige konkrete Ausgestaltung der rechtlich geschützten Bereiche an. Eine ordnungspolitische Konzeption, die diesen Aspekt sozialer Zustände vernachlässigt, kann unter Bedin-

---

40 Vgl. dazu J. v. Kempski, Naturrecht und Völkerrecht, in: J. v. Kempski, Recht und Politik. Studien zur Einheit der Sozialwissenschaft, Stuttgart 1965, S. 10; Ders., Gedanken zu einer Strukturtheorie des Rechts, ibid., S. 37 f.; und Ders., Bemerkungen zum Begriff der Gerechtigkeit, ibid., S. 50 ff.; vgl. auch mein Buch: Traktat über rationale Praxis, op. cit., S. 13, wo ich auf v. Kempski eingehe.

41 Vgl. D. Schmidtchen, op. cit., S. 124 ff.; vgl. auch mein Buch: Traktat über rationale Praxis, op. cit., S. 157 f.

42 Vgl. dazu A. Sen, The Moral Standing of the Market, in: E. F. Paul/F. D. Miller/J. Paul, Hrsg., Ethics and Economics, Oxford 1985, S. 5; vgl. dazu auch R. Dahrendorf, Theorie und Praxis, in: R. Dahrendorf; Fragmente eines neuen Liberalismus, Stuttgart 1987, S. 25 ff.

gungen, die unbestreitbar aktuell sind, für große Teile der Bevölkerung völlig unattraktiv sein[43].

Man darf zwar annehmen, daß eine Rechtsordnung, die in hinreichendem Maße freiheitliche Züge aufweist, schon dadurch zum Wohlstand der betreffenden Bevölkerung beiträgt, aber die Möglichkeit der relativen Verelendung bestimmter Teile dieser Bevölkerung ist keineswegs auszuschließen. Dem versuchen ja die modernen Gesellschaften durch den Ausbau des sozialen Netzes Rechnung zu tragen. Und dieser Ausbau ist offenbar in erheblichem Ausmaß mit einer Umverteilung des Einkommens in den betreffenden sozialen Systemen verbunden, die durch politische Maßnahmen erzwungen wird. Nun wird eine Staatsgewalt, die Umverteilungsmaßnahmen irgendwelcher Art durchführt – ein redistributiver Staat – bekanntlich von manchen Theoretikern als illegitim zurückgewiesen[44], aber dies Zurückweisung beruht auf einer naturrechtlichen Argumentation, die davon ausgeht, daß Rechte irgendwelcher Art »an sich« existieren, also unabhängig von jeder sozialen Konstellation. Es ist meines Erachtens aussichtslos, heute noch mit naturrechtlichen Argumenten die Legitimität redistributiver Besteuerung zu bestreiten, ebensowenig wie etwa die der Besteuerung überhaupt, und zwar deshalb, weil Argumente dieser Art im Rahmen der modernen Weltauffassung, die mit dem theologisch geprägten Weltbild des Mittelalters unvereinbar ist, haltlos sind. Es ist überdies ebenso aussichtslos, die Einkommensverteilung, wie sie unter marktwirtschaftlichen Bedingungen zustande kommt, mit dem Hinweis auf ökonomische Gesichtspunkte als sakrosankt hinzustellen, etwa deshalb, weil sie unter idealen Bedingungen leistungsgerecht sei[45]. Da die Einkommensverteilung in einer modernen Gesellschaft stets vom gesamten soziokulturellen Kontext abhängig ist, ist es sinnlos, den Versuch einer moralisch relevanten Zurechnung unter dem Gesichtspunkt der Leistungsgerechtigkeit auf einzelne Personen zu

---

[43] Vgl. dazu meinen Aufsatz: Ist der Sozialismus unvermeidbar? op. cit., S. 97 ff.

[44] Vgl. dazu R. Nozick, Anarchie-Staat-Utopia, München 1976, Teil 2, S. 141 ff.

[45] Vgl. dazu mein Buch: Traktat über rationale Praxis, op. cit., Abschnitt 22: Die Idee der Gerechtigkeit und das Verteilungsproblem, S. 145 ff.

unternehmen. Auch läßt sich nicht ohne weiteres eine politische Korrektur der durch Marktprozesse zustandegekommenen Verteilung schon deshalb zurückweisen, weil die Idee der distributiven Gerechtigkeit die kommunistische Fiktion einer gemeinsamen Zielsetzung der gesamten Gesellschaft voraussetze. Man braucht nämlich keineswegs eine solche Voraussetzung zu machen, wenn man die regulative Idee der Sicherung des Wohlstandes, die man bei der vergleichenden Beurteilung sozialer Ordnungen voraussetzt, so bestimmt, daß auch die distributiven Steuerungswirkungen der betreffenden institutionellen Arrangements dabei berücksichtigt werden. Es ist ein altes Dilemma der wohlfahrtsökonomischen Diskussion, daß man zwar allokative und distributive Aspekte der ökonomischen Gleichgewichtszustände relativ gut unterscheiden kann, daß aber tatsächliche Eingriffe in das Marktgeschehen stets gleichzeitig Wirkungen in beiden Hinsichten zu haben pflegen. Man kann also weder versuchen, allokative Effizienz herzustellen, ohne dabei bestimmte distributive Wirkungen in Kauf nehmen zu müssen, noch kann man sich mit Erfolg bemühen, eine als gerecht angesehene Verteilung zu erreichen, ohne daß sich dabei allokative Auswirkungen ergeben, die man vielleicht nicht gewünscht hätte. Das schließt aber nicht aus, daß man die Wohlstandswirkungen sozialer Systeme auch hinsichtlich ihrer Verteilungsaspekte in die vergleichende Beurteilung sozialer Ordnungen einbezieht. Es dürfte allerdings sinnvoll sein, jede Umverteilung an allgemeine Gesetze zu binden und solche Gesetze sogar unter Umständen durch Aufnahme in die Verfassung gegen die Schwankungen des tagespolitischen Machtkampfes abzuschirmen, die den Einfluß der Interessengruppen widerspiegeln[46]. Daß man solche Maßnahmen durch Hinweis auf die Notwendigkeit, das Eigentum zu schützen, a limine zurückweisen könnte, ist nicht einzusehen. Die Abgrenzung der Verfügungsrechte der einer Rechtsordnung Unterworfenen ist keine Frage der »Wesenserkenntnis« –

[46] Auf diese Weise könnte zum Beispiel die von Milton Friedman vorgeschlagene negative Einkommenssteuer oder auch ein garantiertes Mindesteinkommen rechtlich abgesichert werden, wie es Ralf Dahrendorf ins Auge faßt, vgl. R. Dahrendorf, Ideen ohne Realität, Realität ohne Ideen: das Schicksal der (britischen) Linken, in: R. Dahrendorf, op. cit., S. 98 ff.; eine solche Garantie würde ein Minimum für die rechtlich geschützten Bereiche der Individuen festlegen und damit einen minimalen Wert ihrer Freiheit garantieren.

eine Frage also, die durch Analyse des Wesens des Eigentums beantwortet werden könnte –, sondern sie muß unter Verwendung der regulativen Ideen, die der Rechtsordnung zugrunde liegen, festgelegt und gegebenenfalls veränderten Umstände angepaßt werden, zum Beispiel den neuen Bedingungen, die sich auf Grund der technischen und sozialen Entwicklung ergeben.

Wir hatten zwei Aspekte der Freiheitsproblematik unterschieden, die man als Selbstbestimmung und Mitbestimmung charakterisieren kann. Im einen Fall handelt es sich um die Abgrenzung autonomer Bereiche, innerhalb deren Individuen und Gruppen nach eigenen Regeln ihr Leben bestimmen und ihre Entscheidungen treffen können, und im zweiten um ihre Mitwirkung bei kollektiven Entscheidungen, auch solchen über die Regeln, die innerhalb sozialer Verbände Geltung haben sollen, und das bedeutet: Beteiligung an der Herrschaft. Nun gibt es ohne Zweifel nicht nur öffentliche, sondern auch private Herrschaftsverbände, nämlich zum Beispiel die Unternehmungen, die sich, vielfach auf Grund von Effizienzvorteilen, im freien Marktverkehr auf Grund vertraglicher Vereinbarungen gebildet haben, und andere Organisationen, die auf der Basis solcher Verträge zustande gekommen sind. Eine an der Freiheitsidee orientierte ordnungspolitische Konzeption kann natürlich von Herrschaftsgebilden dieser Art nicht schon deshalb abstrahieren, weil die in ihnen existierenden Beziehungen der Unterordnung auf vertraglichen Vereinbarungen der Beteiligten beruhen[47]. Sie kann die Formulierung allgemeiner Schutzbestimmungen für die Mitglieder solcher Organisationen vorsehen und darüber hinaus eine Gesetzgebung, die allgemeine Regeln für ihren Aufbau festlegt, um die Beteiligung dieser Mitglieder an ihrer Willensbildung sicherzustellen. Eine Gesetzgebung, die einer solchen Konzeption entspricht, kann versuchen, Unternehmensformen zu begünstigen, in denen die im Sinne der Freiheitsidee negativen Aspekt der Herrschaft gemildert sind, und zwar durch Einfluß auf das Marktmilieu der Unternehmungen – zum Beispiel in Richtung auf Erhöhung des Konkurrenzdrucks durch Verhinderung konkurrenzbeschränkender Maßnahmen – und durch Regelungen, die

[47] Auch ein Söldnerheer beruht auf vertraglichen Beziehungen – ebenso wie das aktive Offizierskorps einer Wehrpflichtarmee –, aber das ist natürlich kein Grund, den Herrschaftscharakter solcher Gebilde zu leugnen.

unmittelbar für die Verfassungen von Unternehmen gelten[48]. Auch normative Regulierungen dieser Art können nicht einfach durch Argumente abgewehrt werden, die aus dem Wesen des Eigentums hergeleitet werden und solche Bestimmungen als Beeinträchtigung des Eigentums zurückweisen, denn das Eigentum ist, wie schon erwähnt, keine unabhängig von rechtlichen Regelungen bestehende Wesenheit. Vielmehr ist die Gesamtheit der in einer Gesellschaft geltenden rechtlichen Regelungen hinsichtlich der Leistungsmerkmale zu beurteilen, deren Relevanz sich aus den jeweils akzeptierten Wertgesichtspunkten – den regulativen Ideen – ergibt; und zwar sind sie zu beurteilen auf Grund ihrer Auswirkungen auf die gesamte soziale Ordnung.

5. Legitimitätsglaube und soziale Ordnung: Zum Problem der sozialen Verankerung

Im Rahmen soziokosmischer Anschauungen, wie sie für das Weltbild der meisten Hochkulturen charakteristisch sind, ist die Rechtfertigung sozialer Ordnungen ein religiöses Problem, ein Problem der politischen Theologie in einem weiten Sinne dieses Wortes. Der Glaube an die Legitimität der jeweils bestehenden Ordnung ist in einer Wirklichkeitsauffassung verankert, in der numinose Wesenheiten eine zentrale Rolle spielen. Das galt auch für die abendländische Geschichte seit der Antike und damit für die christlich geprägte europäische Kultur, aus der die Rechtstradition hervorgegangen ist, die sich seit dem 11. Jahrhundert dort gebildet hat. Mehr oder weniger despotische Systeme sind auf diese Weise gerechtfertigt worden, auf der Grundlage religiöser Auffassungen, deren Gottesvorstellungen selbst despotische Züge trugen. Allerdings hat sich, wie ich anfangs erwähnt habe, seit dem 11. Jahrhundert in Europa noch im Rahmen der damals herrschenden religiösen Metaphysik die Idee einer Herrschaft des Rechts entwickelt, derzufolge auch die Träger der Herrschaft selbst an das Recht ge-

[48] Vgl. meinen Beitrag: Zum Problem der Unternehmensverfassung – Sozialtechnologische Aspekte des Verfassungsproblems, in: W. Dorow, Hrsg., Die Unternehmung in der demokratischen Gesellschaft, Günther Dlugos zum 65. Geburtstag gewidmet, Berlin/New York 1987, S. 7 ff.

bunden und dem Recht unterworfen seien, eine Idee, die dann im Rechts- und Verfassungsstaat der Neuzeit voll zum Durchbruch gekommen ist.

Nun hat aber der Erkenntnisfortschritt in den modernen Wissenschaften seit dem 16. Jahrhundert die metaphysischen Vorstellungen unterminiert, in denen der alte Legitimitätsglaube verankert war. Zwar haben sich Residuen dieser Vorstellungen in bestimmten Bereichen der modernen Gesellschaften halten können, und die religiösen Anschauungen, die sich im Rahmen antiker und mittelalterlicher Kosmosvorstellungen herausgebildet haben, werden nun ohne Verbindung mit der durch die modernen Wissenschaften geprägten Wirklichkeitsauffassung auf Grund ihrer institutionellen Stützung durch die christlichen Kirchen und Sekten teilweise weiter aufrechterhalten. Aber sie haben ihre frühere Wirksamkeit weitgehend verloren, vor allem auch, was ihre Bedeutung für die Rechtfertigung sozialer Ordnungen angeht. Nachdem der Supranaturalismus der christlichen Metaphysik in weiten Bereichen durch einen Naturalismus abgelöst wurde, der für die Formulierung einer angemessenen Wirklichkeitsauffassung der Verarbeitung von Resultaten der modernen Realwissenschaften den Vorrang gibt, ist die Verankerung des Legitimitätsglaubens in religiösen Auffassungen obsolet geworden. Teilweise sind an die Stelle dieser Auffassung die großen Sozialreligionen getreten – der Sozialismus und der Nationalismus – die auf transzendente Begründungen verzichten zu können meinen.

Nun wird vielfach die Anschauung vertreten, daß eine Gesellschaft unbedingt auf die religiöse Verwurzelung des auf die geltende Ordnung bezogenen Legitimitätsglaubens angewiesen ist, weil andere ideologische Systeme nicht in der Lage seien, hinreichende Legitimitätsleistungen zu erbringen, und ohne einen solchen Legitimitätsglauben keine stabile Ordnung möglich sei. Wenn das so wäre, dann hätte eine Gesellschaft, in der religiöse Auffassungen keinen Einfluß mehr haben, auch keine Aussicht, eine solche Ordnung zu entwickeln oder aufrechtzuerhalten. Die Träger der Staatsgewalt müßten daher ein gewisses Interesse daran haben, Überzeugungen dieser Art zu fördern und Religionskritik zu unterbinden, wie das ja tatsächlich bis in die Neuzeit der Brauch war. Auch philosophische Versuche, die Autonomie der Moral nachzuweisen, hätten dann keinen Einfluß auf diese Situation. Sie wären bestenfalls für die wenigen von Bedeutung, die sich für Literatur dieser Art interessieren.

Ich möchte hier nicht im Detail auf Religionsauffassungen eingehen, die Religion auf Rituale der sogenannten Kontingenzbewältigung oder auf Legitimationsfunktionen zu reduzieren suchen und die eine Religionskritik, die auch die kognitiven Gehalte religiöser Auffassungen und damit das Wahrheitsproblem ernst zu nehmen sucht, als überholt deklariert, so als ob diejenigen Philosophen, die sich nicht auf solche defizienten Versionen eines Pragmatismus einlassen wollen, den Kern der Sache verfehlt hätten. Schon die heilstechnologische Seite der Religion kann nicht einfach unter die Kontingenzbewältigungspraxis subsumiert werden, das heißt: die Seite, die für die noch immer weit verbreitete naive Auffassung auch heute noch charakteristisch ist. Diese Seite hängt offenbar mit kognitiven Annahmen bestimmter Art – über Eigenschaften und Wirkungsmöglichkeiten göttlicher Mächte – zusammen, deren Aufrechterhaltung allerdings auch die sogenannte Kontingenzbewältigung erleichtern dürfte. Ob es sich bei solchen Annahmen um illusionäre Überzeugungen handelt, ist ein wichtiges Thema der Religionskritik.

Auch die These, Moral sei nur in religiöser Lebensorientierung lebbar[49], scheint mir entweder falsch zu sein, weil es in hinreichendem Maße Gegenbeispiele dazu gibt, die auch von Vertretern derartiger Thesen nicht ohne weiters zurückgewiesen werden können, man denke nur an Freud, Einstein oder Russell, oder aber analytisch, wenn man sie dadurch rettet, daß man den betreffenden Personen einfach eine religiöse Lebensorientierung zuschreibt, weil ihnen Moral nicht abgesprochen werden kann, auch wenn sie selbst sich zu einer anderen Auffassung bekannt haben. Daß eine solche Lebensorientierung vor Unmoral schütze, wird damit übrigens ohnehin nicht behauptet. Das wäre allerdings auch eine groteske Behauptung, denn, wie die Geschichte zeigt, ist eine religiöse Orientierung mit jeder Art von Verbrechen und Unmenschlichkeit vereinbar. Religion mit Humanität zu identifizieren, das wäre

---

[49] Vgl. dazu H. Lübbe, Religion nach der Aufklärung, Graz/Wien/Köln 1986, S. 217 und passim; vgl. dazu: H. Albert, Zur Kritik der reinen Religion, in diesem Band.

wohl philosophisch und historisch von höchster Naivität[50]. Wer die Religion als Gesamterscheinung ernst nehmen möchte, kommt nicht daran vorbei, Feststellungen zu machen, die für gläubige Ohren äußerst unangenehm klingen.

Wie dem auch sei, wir haben Anlaß, die Frage zu stellen, wie sich Moral und wie sich der für die Aufrechterhaltung sozialer Ordnungen vermutlich erforderliche Legitimitätsglaube auch ohne Verankerung in religiöser Metaphysik aufrechterhalten läßt. Es geht also um die natürlichen Wurzeln der Moral, wie sie in naturalistischen Auffassungen analysiert zu werden pflegen. Um diese natürlichen Wurzeln ist es, wie wir heute sagen können, keineswegs so schlecht bestellt, wie die Verfechter religiöser Auffassungen uns glauben machen wollen. Die Tatsache, daß sich Moral nicht, wie man früher glaubte, sicher begründen läßt, und zwar weder auf übernatürliche noch auf natürliche Zusammenhänge, bedeutet weder für die Befolgung moralischer Regeln, noch für den Glauben an die Legitimität sozialer Ordnungen ein echtes Hindernis. Wir dürfen, wie das schon Hume getan hat, annehmen, daß es eine natürliche Grundlage für die Moral gibt, eine Grundlage in der menschlichen Natur[51], ebenso wie es eine solche Grundlage gibt für die Erkenntnis, daß die Moral also eine Kulturleistung ist, die in natürlichen Dispositionen, Bedürfnissen und Gefühlen verwurzelt ist. Und was den Legitimitätsglauben angeht, auf den soziale Ordnungen für ihre Stabilität angewiesen zu sein scheinen, so gilt das gleiche. Die Legitimität solcher Ordnungen im faktischen Sinne – ihre Anerkennung durch die Betroffenen – beruht letzten Endes auf ihrer Attraktivität unter Gesichtspunkten, die dem natürlichen Streben der Menschen nach Verbesserung ihrer Lebenssituation und ihrer Lebenschancen entstammen. Die regulativen Ideen der Sicherung des Friedens, der Freiheit und des Wohlstandes, von denen ich für die komparative Beurteilung sozialer Ordnungen ausgegangen bin, scheinen mir in dieser Beziehung hinreichend interessant zu sein. Eine soziale Ordnung, die unter diesen

---

[50] Schon eine Lektüre des Alten Testaments ohne religiöse Scheuklappen müßte genügen, um derartigen Naivitäten den Garaus zu machen. Aber auch das Studium der Geschichte des christlichen Mittelalters müßte da ausreichen.

[51] Vgl. dazu etwa J. L. Mackie, Ethik. Auf der Suche nach dem Richtigen und Falschen, Stuttgart 1981; und M. Ruse, Taking Darwin Seriously. A Naturalistic Approach to Philosophy, Oxford 1986, S. 207 ff.

Gesichtspunkten allen anderen vorzuziehen ist, wird vermutlich den meisten Menschen hinreichend attraktiv erscheinen, um ihr eine gewisse Legitimität zuzusprechen, eine Legitimität, die auf ihrer Leistung für die Mitglieder der Gesellschaft beruht. Die Verbreitung solcher Ordnungen in der Welt würde jedenfalls die beiden Übel beseitigen, von denen die Welt seit Beginn der Entstehung der Hochkulturen heimgesucht wird: nämlich Despotie und Massenarmut und sie würde vermutlich damit auch eine der wesentlichen Ursachen der Kriege beseitigen, die das dritte große soziale Übel darstellen[52]. Nur soweit die Beseitigung dieser drei Übel gelingt, läßt sich das nach Kant *»größte Problem für die Menschengattung«* lösen, nämlich: *»die Erreichung einer allgemein das Recht verwaltenden bürgerlichen Gesellschaft«*, die die ganze Menschheit umfaßt[53]. Das heißt, die Lösung dieses Problems scheint mir mit der Beseitigung dieser drei Übel identisch zu sein.

---

[52] Vgl. dazu S. Andreski, Ferocity and Conventions, in: S. Andreski, The Uses of Comparative Sociology, op. cit., S. 127 f.

[53] Vgl. I. Kant, Idee zu einer allgemeinen Geschichte in weltbürgerlicher Absicht, in: I. Kant, Kleinere Schriften zur Geschichtsphilosophie, Ethik und Politik, Hamburg 1950, S. 10.

Zur Kritik der reinen Religion

Über die Möglichkeit der Religionskritik nach der Aufklärung

I. Schleiermacher und die Idee der reinen Religion: Die romantische Reaktion auf die Aufklärung

Das Zeitalter der Aufklärung zeichnet sich bekanntlich durch eine besonders intensive, großenteils kritische Beschäftigung mit den intellektuellen, moralischen und politischen Aspekten der herrschenden Religion, des Christentums, aus, an der Philosophen aus verschiedenen Lagern beteiligt waren. Alles daran, was den Maßstäben der Vernunft nicht zu genügen schien, wurde einer mehr oder weniger radikalen Kritik unterzogen. Was übrig blieb, war bestenfalls eine »Religion innerhalb der Grenzen der Vernunft«, wie sie im deutschen Sprachbereich von Kant im Rahmen seiner Kritik des menschlichen Vernunftsvermögens als möglich charakterisiert wurde[1]. Daß der religiöse Glaube in der Lage sei, Erkenntnisse oder moralische Prinzipien zu vermitteln, die jenseits der Zuständigkeit kritischer Vernunft Verbindlichkeit in Anspruch nehmen können, schien ausgeschlossen zu sein.

Die für die Entwicklung des religiösen Denkens in den beiden folgenden Jahrhunderten wohl bedeutsamste Reaktion auf die Religionskritik der Aufklärung war die des deutschen Theologen Schleiermacher. Sie bestand in dem Versuch, der *Religion* ihre *Autonomie* dadurch zurückzugewinnen, daß ihr ein eigener Bereich *jenseits von Metaphysik und Moral* zugewiesen wurde, in dem sie unberührt von allem, was in diesen Bereichen an Denkresultaten

---

[1] Vgl. I. Kant, Die Religion innerhalb der Grenzen der bloßen Vernunft (1793), 2. vermehrte Aufl., Königsberg 1794.

zutagegefördert wurde – unberührt auch von den Ergebnissen der Wissenschaften – dem religiösen Bedürfnis gerecht werden konnte. Die religiöse Dimension der Wirklichkeit, die auf diese Weise aufgewiesen werden sollte, war nach Schleiermacher nur einem mit *Anschauung* verbundenen *Gefühl* zugänglich[2]. Die Religion, so meinte er, erscheine zwar in religiösen Urkunden und Schriften nie *»rein«*, sondern immer vermischt mit allen möglichen ihr fremden Bestandteilen (27). Aber es sei an der Zeit, sie von allem zu befreien, was ihrem Wesen nicht entspreche. Ihr Wesen aber sei »weder Denken noch Handeln, sondern Anschauung und Gefühl« (29). So behaupte sie, wie er später sagt, »ihr eigenes Gebiet und ihren eigenen Charakter nur dadurch, daß sie aus dem der Spekulation sowohl als auch aus dem der Praxis gänzlich herausgeht, und indem sie sich neben beide hinstellt, wird erst das gemeinschaftliche Feld vollkommen ausgefüllt und die menschliche Natur von dieser Seite vollendet«. Und weiter: »Sie zeigt sich Euch als das notwendige und unentbehrliche Dritte zu jenen beiden, als ihr natürliches Gegenstück, nicht geringer an Würde und Herrlichkeit, als welches von ihnen Ihr wollt« (29 f.). Es sei daher, so meint er, »verwegener Übermut« und »freche Feindschaft gegen die Götter«, »Spekulation und Praxis zu haben ohne Religion« (30). Und schließlich: Praxis sei Kunst, Spekulation sei Wissenschaft, Religion aber sei »Sinn und Geschmack fürs Unendliche«, und sie sei unentbehrlich für beide (30).

Damit hat Schleiermacher geschaffen, was ich den *Begriff der reinen Religion* nennen möchte, einer Religion, die immun gegen jede mögliche Kritik von außerhalb sei, gegen metaphysische, wissenschaftliche oder moralische Einwände, und er hat gleichzeitig die These aufgestellt, diese Religion sei *unentbehrlich* für die Vollendung der menschlichen Natur, oder, wie man heute wohl sagen würde, sie erfülle eine kulturell *notwendige Funktion.* In der von ihm bevorzugten Form – mit der Akzentierung des *Gefühls für das Unendliche* und später des *Gefühls der schlechthinnigen Abhängigkeit* – war das eine *romantische Version* der Idee der reinen Religion. Daß Gefühle aller Art im religiösen Leben eine erhebliche Rolle spielen, wird wohl niemand bestreiten wollen. Aber sie pfle-

---

[2] Vgl. F. SCHLEIERMACHER, Über die Religion. Reden an die Gebildeten unter ihren Verächtern (1799), Meiner-Ausgabe, Hamburg 1958.

gen meist mit *Annahmen kognitiven Charakters* eng verbunden zu sein, von denen man sie kaum loslösen kann, wenn man ihrer Eigenart gerecht werden will. Und die Art, in der Schleiermacher selbst solche Gefühle charakterisiert, zeigt, daß sie jeweils fest mit kognitiven Bestandteilen des Glaubens verknüpft sind[3]. Das Gefühl der schlechthinnigen Abhängigkeit involviert offensichtlich den Bezug auf einen Gegenstand, dessen Eigenart bei einer sinnvollen Analyse nicht außer Betracht bleiben kann. Das bedeutet aber gleichzeitig, daß die Annahme der Kritikimmunität des religiösen Erfahrungsbereichs problematisch ist, da er gegen die Metaphysik offenbar nicht in der Weise abgrenzbar ist, wie Schleiermacher angenommen hat.

Was die *Art* seiner Bestimmung der religiösen Dimension und des Wesens der Religion angeht, so hat sie sich in der späteren Entwicklung des religiösen Denkens keineswegs durchsetzen können. Aber dennoch hat die *Idee einer reinen Religion,* wie sie von Schleiermacher zum ersten Male formuliert wurde, großen Einfluß auf dieses Denken gehabt. Sie hat vor allem die protestantische Theologie bis heute geprägt, zum Ärger einiger berühmter Theologen, die in dieser Reduktion der Religion auf eine Kulturnotwendigkeit und damit auf menschliche Bedürfnisse geradezu blasphemische Züge erblickt haben. So sagte etwa Emil Brunner, einer der Hauptvertreter der dialektischen Theologie, in seinem Habilitationsvortrag von 1922[4], es sei die Fragestellung der Religionsphilosophie seit Kant gewesen, »welche Stellung der Religion innerhalb der Humanität zukomme«. »Daß Kants eigene Antwort, die die Religion zu einem Appendix der Moral macht, für beide Teile, insbesondere aber für die Religion unbefriedigend sei«, sei »schon zu Kants Lebzeiten erkannt und von niemandem schärfer ausgesprochen worden als von Schleiermacher«. Er habe versucht, »sie aus dieser unwürdigen Abhängigkeit zu befreien« und ihr »ihre eigene Provinz zuzuweisen ... das fromme Gefühl«. Dagegen habe aber schon Hegel mit Recht eingewandt, daß die Religion, wenn sie

---

[3] Zur Kritik an den Auffassungen Schleiermachers und ähnlichen Konzeptionen der religiösen Erfahrung vgl. W. PROUDFOOT, Religious Experience, Berkeley/Los Angeles/London 1984, S. 9 ff. und passim.

[4] Vgl. E. BRUNNER, Die Grenzen der Humanität, in: J. MOLTMANN (Hrsg.): Anfänge der dialektischen Theologie, Teil 1, München 1966, S. 259–279.

»Anteil haben« solle »am Geist«, dann auch Anteil haben müsse »an seiner Objektivität, seiner Gesetzmäßigkeit und Allgemeingültigkeit«. »Der Protest Hegels gegen diese Entgleisung und Entmannung des Christentums« sei »nur zu gerechtfertigt« und könne »nicht genug wiederholt werden, um endlich den zur Tradition gewordenen Unfug abzustellen, daß Schleiermacher stets aufs Neue als der Erneuerer der reformatorischen Frömmigkeit gefeiert« werde[5].

Aber dann wird natürlich auch Hegel angegriffen, weil er die Religion als den »zu sich selbst gekommene(n) Geist, die Selbstanschauung des absoluten Geistes im Menschengeist« charakterisiert und damit eine Philosophie der Immanenz vertreten habe, die dann bei Ludwig Feuerbach ihr Gesicht völlig unverhüllt zeigen sollte, in seiner Enthüllung der Religionsphilosophie als Anthropologie. Dem Vertreter der dialektischen Theologie geht es natürlich darum, daß die Religion ihren transzendenten Inhalt verloren hat und wie bei Schleiermacher auch hier in den Grenzen der Humanität verbleibt[6]. Der moderne Subjektivismus in der Theologie, wie ihn Schleiermacher inauguriert hat, hat nach seiner Diagnose eine zweifache Wurzel: »erstens das apologetische Interesse ..., zweitens die Angst vor dem Intellektualismus«[7]. Apologetisch sei »das Bedürfnis nach Auseinandersetzung mit der Kultur und dem Kulturpositivismus aller Schattierungen, das Suchen eines Gottesbeweises in irgendeiner Form, die Verankerung des Religiösen im Vernunftnotwendigen«. Die Angst vor dem Intellektualismus andererseits sei »durch die Geschichte der Theologie im Zeitalter des Rationalismus und der Orthodoxie nur allzubegründet(e)« gewesen. Aber Schleiermacher habe aus der »richtigen Erkenntnis, daß bloßer Dogmenglaube, bloß intellektuelles Wahrhalten von Lehrsätzen kein Glaube sei ... den unheilvollen Schluß« gezogen, »das Wesentliche der Religion könne also nicht in der Beziehung auf Wahrheit, nicht in der objektiven Gerichtetheit auf ein Anderes

[5] »Eine Religion, die bloß Gefühl, bloß leiblich oder wehmütig das Leben begleitende Musik« sei, sei »jedenfalls nicht die Frömmigkeit der Jesajas, Paulus und Luther«; vgl. ebd., S. 262 f. Dem kann man wohl ohne weiteres zustimmen.

[6] Um den Sinn der Religion zu erfassen, so lautet seine Gegenthese, müsse man einen »Standort jenseits der Humanität« gewinnen; Vgl. ebd., S. 269.

[7] Vgl. ebd., S. 257 ff.

bestehen, sondern nur in der Subjektivität, im Gefühl«. Damit habe er dann das »große Dogma der neuzeitlichen Theologie formuliert«. Nun seien wir soweit gekommen, daß »kaum einer zu finden« sei, der »nicht nach einem besonderen ›religiösen Apriori‹« suche.

Diese Attacke auf Schleiermachers Idee der reinen Religion kommt aus einer Richtung, deren eigene Problematik hier nicht zur Debatte steht. Daß ich mich keineswegs mit der theologischen Position der protestantischen Neoorthodoxie identifizieren möchte, brauche ich wohl kaum zu betonen. Aber man wird sicherlich anerkennen können, daß hier mit Recht auf die Bedeutung der Wahrheitsfrage im religiösen Denken hingewiesen wird, einer Frage, die im Gefolge der Schleiermacherschen Wendung zum Subjektivismus weitgehend in Vergessenheit geraten war. Wenn Brunner an anderer Stelle gesagt hat[8], daß das Programm Schleiermachers und damit das Programm der modernen Theologie – »auf einen kolossalen Selbstbetrug hinausläuft«, dann kann man sich diesem Urteil auch dann anschließen, wenn man die theologischen Voraussetzungen dieses Kritikers in keiner Weise teilt. Die *Idee der reinen Religion,* gleichgültig, ob sie, wie bei Schleiermacher, im Gewande der *Romantik* auftritt, oder wie dann später im Gewande des *Existenzdenkens* oder der *Pragmatik,* läuft in der Tat auf einen – mehr oder weniger frommen – Selbstbetrug hinaus. Wer der Religionskritik dadurch entgehen will, daß er sich eine »Religion nach der Aufklärung« zurechtschneidert, in der der Wahrheitsanspruch nicht ernst genommen wird, der mit den unvermeidlichen kognitiven Bestandteilen der Religion verbunden ist, gerät in die wenig beneidenswerte Situation eines Verteidigers der Religion, der weder von echten Gläubigen noch von Religionskritikern Verständnis erwarten kann. Dem Gläubigen bietet er Steine statt Brot, und dem Kritiker zeigt er sich als ein Denker, der, um der Kritik den Wind aus den Segeln zu nehmen, den Kern der verteidigten Position von vorne herein preisgibt. Schleiermachers romantische Reaktion auf die Religionskritik der Aufklärung ist wie viele spätere Versuche mit ähnlicher Zielsetzung, ein *hermeneutisches Unternehmen in apologetischer Absicht,* das, wie diese anderen, sein Ziel

---

[8] Vgl. E. BRUNNER, Die Mystik und das Wort, in: J. MOLTMANN (Hrsg.), aaO., S. 288.

nicht erreicht hat[9]. Eine Religionskritik die auf zentrale Annahmen des religiösen Glaubens gerichtet ist, läßt sich auf solche Weise sicherlich nicht als obsolet erweisen.

Nun hat die Aufklärung nicht nur zur Kritik religiöser Vorstellungen beigetragen, sondern darüber hinaus auch das Programm einer *natürlichen Erklärung der Religion* erneuert. Schon bei David Hume findet man interessante Ansätze in dieser Richtung[10] und im 19. Jahrhundert weitere Versuche dieser Art von Ludwig Feuerbach, Karl Marx, Friedrich Nietzsche und Sigmund Freud, denen sich dann in unserem Jahrhundert vor allem auch die gleichgerichteten Untersuchungen von Ernst Topitsch anschließen[11]. Religionskritik und Religionserklärung gehen oft Hand in Hand, obwohl die beiden Programme zunächst unterschiedliche Zielsetzungen haben, Wer sich nicht dazu entschließen kann anzunehmen, daß die Religion auf göttlicher Offenbarung oder ähnlichen Einwirkungen transzendenter Wesenheiten beruht, hat ein wesentliches Motiv, nach einer natürlichen Erklärung der Religion als menschlicher Kulturerscheinung zu suchen, das anderenfalls fehlen mag[12]. Die Suche nach natürlichen und kulturellen Ursachen oder Bedingungen der Entstehung und des geschichtlichen Wandels religiöser Glaubensbestände und der mit ihnen verbundenen Praxis mag unter bestimmten Voraussetzungen als irrelevant oder sogar blasphemisch erscheinen. Heute ist sie jedenfalls zu einem wesentlichen Thema der Kulturwissenschaften geworden. Da man ein solches Unternehmen weitgehend als »neutrale« wissenschaftliche Beschäftigung betreiben kann, pflegen sich an ihm Anhänger religiöser Glaubensrichtungen und religiös Ungebundene in gleicher Weise zu beteiligen und oft auch zu gemeinsam anerkannten

---

9 Zu moderneren Versuchen dieser Art vgl. mein Buch: Traktat über kritische Vernunft, 4. Aufl., Tübingen 1980, Kap. V. Glaube und Wissen.

10 Vgl. dazu E. Topitsch/G. Streminger, Hume, Darmstadt 1981, S. 140 ff.

11 Vgl. vor allem E. Topitsch, Vom Ursprung und Ende der Metaphysik. Eine Studie zur Weltanschauungskritik, Wien 1958; Ders., Mythos – Philosophie – Politik. Zur Naturgeschichte der Illusion, Freiburg 1969; Ders., Erkenntnis und Illusion. Grundstrukturen unserer Weltauffassung (1979), 2. überarb. und erweiterte Aufl., Tübingen 1988.

12 Vgl. dazu mein Buch: Das Elend der Theologie. Kritische Auseinandersetzung mit Hans Küng, Hamburg 1979, S. 182 f.

Ergebnissen zu gelangen. Allerdings scheint es mir gerade in diesem Falle Problemsituationen zu geben, die eine »neutrale« Behandlung der Tatsachen außerordentlich erschweren. Das ist zum Beispiel dann der Fall, wenn es um die Erklärung von Erlebnissen geht, die nach religiöser Auffassung Offenbarungscharakter haben, oder um die Deutung von Ereignissen, die der religiös Gebundene nur durch Bezugnahme auf transzendente Wesenheiten interpretieren zu können meint, wie etwa die Osterereignisse im christlichen Glauben. Gerade bei einer Religion, in der historischen Ereignissen Heilscharakter zugesprochen wird, besteht meines Erachtens diese Schwierigkeit. Bekanntlich hat die Behandlung solcher Ereignisse im Rahmen der protestantischen Leben-Jesu-Forschung zu Ergebnissen geführt, die geeignet waren, bestimmte Glaubensannahmen zu erschüttern[13]. Auch hier zeigt sich jedenfalls, daß mit der Idee einer reinen Religion, deren zentrale Annahmen gegen Resultate aus anderen Bereichen des Denkens immun sind, nicht weiter zu kommen ist. Die kognitiven Bestandteile einer Wirklichkeitsauffassung, ohne die eine Religion nicht möglich ist, können nur unter Schwierigkeiten gegen externe Denkresultate immunisiert werden, jedenfalls dann, wenn das intellektuelle Gewissen des Forschers nicht korrumpiert werden soll[14].

---

[13] Für eine zusammenfassende Analyse und Würdigung vgl. jetzt das gründliche Buch von H. Groos, Christlicher Glaube und intellektuelles Gewissen. Christentumskritik am Ende des zweiten Jahrtausends, Tübingen 1987, Zweiter Teil: Der christliche Glaube erneut auf dem Prüfstand.

[14] Das in Anm. 13 erwähnte Buch von Helmut Groos enthält in seinem Titel nicht umsonst den Hinweis auf das intellektuelle Gewissen, das in diesem Bereich eine besondere Rolle spielt, wo es um die Bedeutung des kritischen Denkens für die Beurteilung von Glaubensannahmen geht. Schon Albert Schweitzer hat die Bedeutung des kritischen Denkens für die Beurteilung religiöser Auffassungen besonders hervorgehoben, und er hat dann in der Tat aus seinen Forschungsresultaten glaubenskritische Konsequenzen gezogen. Für eine umfassende Untersuchung und kritische Würdigung seines Werkes vgl. H. Groos, Albert Schweitzer, Größe und Grenzen, München/Basel 1974.

II. Lübbe und die Idee der Religion als Kontingenzbewältigung: Die pragmatische Reaktion auf die Aufklärung

1. Religion als Kultur des Umgangs mit der Daseinskontingenz

Es gibt im philosophischen Denken der neuesten Zeit – der Zeit etwa nach dem zweiten Weltkrieg – eine bemerkenswerte Tendenz, sich religiösen Auffassungen gegenüber zurückzuhalten, die ganz im Gegensatz zur Haltung früherer Philosophen steht. Religionskritik gilt als unfein oder überholt, nachdem die christliche Religion sich mit der Aufklärung weitgehend arrangiert zu haben scheint und ihre Theologen die Religionskritik von Feuerbach, Marx, Nietzsche und Freud vielfach sogar wohlwollend zur Kenntnis genommen und auf ihre Weise verarbeitet haben. Diese Zurückhaltung scheint mir vor allem auch damit zusammenzuhängen, daß sich im philosophischen Denken selbst Entwicklungen vollzogen haben – und zwar sowohl im hermeneutischen Denken im Gefolge der Philosophie Martin Heideggers, als auch im analytischen Denken im Anschluß an die Philosophie Ludwig Wittgensteins, – die der Rehabilitierung religiöser Anschauungen förderlich sind. Der Kritizismus, der zu Anfang des Jahrhunderts dominierte, ist seit dem Ende des zweiten Weltkrieges immer mehr der Skepsis gewichen und hat schließlich jener Art des Relativismus Platz gemacht, die Karl Popper treffend mit dem Ausdruck »Mythos des Rahmens« charakterisiert hat. Ob man nun Sprachspiele, Paradigmen, Diskurse oder Traditionen kultiviert, die wegen ihrer angeblichen Inkommensurabilität bestenfalls interner Kritik unterliegen, die Tendenz scheint jedenfalls dahin zu gehen, der Kritik unüberschreitbare Schranken zu setzen. Es braucht kaum betont zu werden, daß auch die Idee einer reinen Religion unter diesen Umständen bessere Chancen hat, unangefochten zu bleiben. Es ist daher nicht erstaunlich, daß einer der erfolgreichsten religiösen Schriftsteller unserer Zeit, der Theologe Hans Küng, zu der Auffassung kommen konnte, die geistige Großwetterlage habe sich in der letzten Zeit völlig verändert, und zwar zugunsten der Religion. Insofern scheint mir das Buch von Hermann Lübbe »Religion nach der

Aufklärung«[15] ein durchaus zeitgemäßes Buch zu sein. Dabei ist sein Titel, wie Lübbe ausdrücklich feststellt, keineswegs in dem Sinne zu verstehen, daß das Erbe der Aufklärung »für erledigt oder doch für überwindungsbedürftig« erklärt werden soll, wie ihm Habermas unterstellt hatte (9). Lübbe geht vielmehr davon aus, daß die Aufklärung sich durchgesetzt habe, so daß von der erfolgreichen, nicht von der gescheiterten Aufklärung die Rede sein müsse. Erfolgreich sei die Aufklärung vor allem in vier Hinsichten gewesen, nämlich im Hinblick darauf, daß in den von ihr betroffenen Gesellschaften »die Wissenschaftspraxis keinerlei religiös bestimmter Weltbildkontrolle mehr« unterliege (10), daß in ihnen »religiöses Bekenntnis und Bürgerrecht« entkoppelt und damit Freiheit der Religion verfassungsrechtlich garantiert sei (11), daß weitere Säkularisierungsprozesse freigesetzt seien, die dafür sorgten, daß »die Bedeutung religiöser Institutionen als Instanzen sozialer Kontrolle« schwinde und überhaupt die Alltagskultur sich entsprechend verändere und schließlich daß die »Kultur nach der Aufklärung eine sich selbst uneingeschränkt historisierende Kultur« sei (12). Dabei sei die »Perspektive des historischen Bewußtseins ... längst zur Binnenperspektive religiöser Kultur selber geworden«.

Die Religion ist aber offenbar nicht, wie manche ihrer Kritiker vorhergesagt hatten, infolge von Aufklärungsprozessen verschwunden. Sie macht, wie Lübbe feststellt, im Gegenteil »gar keine Anstalten ... abzusterben«, obwohl nicht geleugnet werden könne, daß ihre Geltung »im Lebenszusammenhang moderner Zivilisationen« sich fortschreitend abgeschwächt habe (14). Er stellt daher die Frage, – wieso »die entsprechenden Erwartungen bis heute stets enttäuscht« wurden – eine durchaus verständliche Frage. Liege es daran, daß »die Aufklärung noch unvollendet« sei oder umgekehrt daran, »daß die Religion«, wie er es formuliert, »Funktionen von fortschrittsindifferenter Nötigkeit« erfülle. Lübbe hält die zweite Antwort für die weitaus plausiblere und sieht sich damit im Einklang mit der religionswissenschaftlichen Forschung. Seine Auffassung über diese Frage kommt in aller Kürze in der These zum Ausdruck, die den Tenor des ganzen Buches deutlich macht: »Nicht die Religion hat sich als Illusion er-

---

[15] H. LÜBBE, Religion nach der Aufklärung, Graz/Wien/Köln 1986.

wiesen, sondern die Religionstheorie, die sie als solche behandelte« (14). Damit scheint die ganze Religionskritik von Feuerbach, über Marx, Nietzsche und Freud bis zu Topitsch erledigt zu sein.

Die These Lübbes ist von frappierender Einfachheit, aber sie hat keine Aussicht, ohne weiteres akzeptiert zu werden, vor allem nicht von denjenigen Religionskritikern, die kein allzu großes Gewicht auf historische Prognosen legen und die vor allem auch keinen übertriebenen Optimismus hinsichtlich der Wirkung von Aufklärungsbemühungen hegen. Ein erheblicher Teil der Religionskritik scheint mir nämlich gänzlich unberührt davon zu sein, ob solche Prognosen sich bisher bewahrheitet haben. Angesichts der von Lübbe beschriebenen Situation könnten manche Kritiker zu der Vermutung kommen, daß viele Menschen nicht in der Lage sind, ohne illusionäre Vorstellungen religiösen Charakters zu leben, daß also die Religion eine für sie lebensnotwendige Illusion ist. Zumindest mit der Religionskritik Nietzsches und seiner Nachfolger scheint mir eine solche These nicht unvereinbar zu sein.

Aber sehen wir uns zunächst an, worin denn die betreffenden Funktionen der Religion bestehen sollen und was denn überhaupt in diesem Zusammenhang mit »Religion« gemeint ist. Es gibt, wie Lübbe feststellt, für jeden Menschen *unausweichliche Kontingenzerfahrungen,* und zwar deshalb, weil wir unter anderem stets *von Umständen abhängig* sind, an denen wir *nichts ändern können,* die wir also zu akzeptieren gezwungen sind. In solchen Erfahrungen erschließe sich, wie Pannenberg festgestellt habe, »die religiöse Dimension der menschlichen Lebenswirklichkeit« (15). Religion ist daher nach Lübbe als »Kultur der Anerkennung unverfügbarer Daseinskontingenz« zu charakterisieren (16). Sie erfüllt, wie er meint, »eine Lebensfunktion von anthropologischer Universalität« (17).

Nun wird jeder Kenner des soziologischen Funktionalismus sofort die Frage nach möglichen funktionalen Äquivalenzen aufwerfen, danach also, inwieweit die Möglichkeit besteht, diese Funktion auf andere Weise zu erfüllen als durch eine religiöse Einstellung. Es ist ja in der Tat kaum zu leugnen, daß es viele Menschen gibt, die mit den unabänderlichen Bedingungen ihres Lebens fertig werden, ohne daß man ihnen eine religiöse Einstellung unterstellen kann, es sei denn, man definiert die Religion so, daß eine solche Möglichkeit ex definitione ausgeschlossen ist. Überraschenderweise wartet Lübbe gleich zu Anfang tatsächlich mit einer solchen Definition auf. Er sagt ausdrücklich, daß technisch gesprochen »die gegebene Charakteristik der Religion einen definitorischen Sinn« habe, »so daß alles, was die fragliche Funktion erfüllt, von vornherein unter ihren Begriff« falle (17). Damit wäre eine zunächst interessant erscheinende These auf eine bloße Definition reduziert worden und man könnte die Diskussion als beendet erklären, abgesehen von der Frage natürlich, inwiefern es zweckmäßig sein kann, so zu definieren, das heißt: die Religion *per definitionem* auf diese Funktion zu reduzieren und dadurch einer ansonsten interessanten *inhaltlichen* Kontroverse gewissermaßen durch einen terminologischen Trick vorzubeugen.

Tatsächlich behandelt Lübbe seine Problematik aber dann zumindest teilweise so, daß man Anlaß hat, seine Definition nicht ernst zu nehmen. Er diskutiert nämlich explizit die Frage, ob die Religion für die Erfüllung der erwähnten Lebensfunktion »gegen andere Elemente unserer Kultur austauschbar wäre«[16]. Allerdings tut er es in einer Weise, die mir angesichts der uns bekannten Tatsachen unbefriedigend zu sein scheint. Im Zusammenhang mit einer Schilderung der Rolle des Gottesdienstes kommt er zum Beispiel zu der dezidierten Behauptung, es sei »ersichtlich unsinnig, die sich so erfüllende Funktion religiöser Kultur, uns in vernünftige, das heißt wirklichkeitsangemessene Übereinstimmung mit der Unverfügbarkeit unseres Lebens zu bringen, für eine Funktion zu halten, die durch irgend etwas anderes als das, was wir »Religion« nennen, erfüllt werden könnte« (234). Das wäre aber wiederum nur unsinnig, wenn wir die Lübbesche Definition unterstellen wollten, die denn auch kurz danach wiederum präsentiert wird. Es ist aber ersichtlich fragwürdig, Problemlösungen durch Definitionen zu ersetzen. Ich hatte schon darauf hingewiesen, daß es viele Menschen gibt, die ohne Rückgriff auf das, was wir üblicherweise »Religion« nennen, mit den unabänderlichen Umständen ihres Lebens fertig werden, und zwar, ohne daß man ihnen »Unvernunft« attestieren dürfte. Dabei braucht man keineswegs nur an bedeutende Denker wie Sigmund Freud, Albert Einstein, Bertrand Russell

---

[16] Vgl. ebd., S. 17. Er widmet dieser Frage sogar ein ganzes Kapitel seines Buches; vgl. ebd., S. 219–255, Kapitel 4: Funktion statt Wahrheit? Zum Status funktionaler Religionstheorie.

oder aber Max Weber zu denken, der sich selbst charakteristischerweise als »religiös unmusikalisch« bezeichnet hat. Wenn Lübbe allerdings dann die Schopenhauersche Metaphysik »eine religionsäquivalente, sogar gruppenbildend wirkende Lebensphilosophie kirchenferner bürgerlicher Oberschichten« nennt und sie daher ebenso wie bestimmte Verse von Wilhelm Busch als »hausschatzfähig gemachte Schopenhauersche Metaphysik« (158 f.) unter seinen Religionsbegriff subsumieren möchte, bekommt man Zweifel daran, wo die Grenze für solche Versuche liegt, den Anwendungsbereich für den Religionsbegriff so zu erweitern, wie das durch seine Definition suggeriert wird[17]. Die Charakterisierung der Religion als Kultur des Umgangs mit unverfügbarer Daseinskontingenz ist also als *Definition* ebenso problematisch wie als inhaltliche *Hypothese,* und Lübbes Diskussion dieser These leidet erheblich darunter, daß er sich offenbar nicht zwischen den beiden Deutungen entscheiden kann.

2. Das Problem der kognitiven Voraussetzungen der religiösen Daseinspragmatik

Aber die Lübbesche Religionsauffassung hat noch einen weiteren Aspekt, der sie problematisch erscheinen läßt, nämlich einen Aspekt, der enger mit der Frage nach dem *illusorischen Charakter* der Religion oder der sie als illusionär enthüllenden Religionskritik zusammenhängt. Von der Frage, ob Religion im *funktionalen* Sinne notwendig ist, ist nämlich die Frage nach ihrer *Wahrheit* zunächst scharf zu unterscheiden, und damit auch die Frage nach ihrer *Glaubwürdigkeit* als *kognitives* Unternehmen. Es handelt sich dabei übrigens um eine Frage, die im allgemeinen sowohl von Religionskritikern als auch von manchen Vertretern religiöser Anschauungen ziemlich wichtig genommen wird[18]. Meines Erachtens

---

[17] Warum er gewissen Ideologien diesen Charakter absprechen möchte, ist allerdings dann kaum einzusehen. Auch die marxistische Ideologie hat ohne Zweifel tatsächlich vielen Anhängern zu einer Kultur des Umgangs mit unabänderlichen Gegebenheiten ihres Lebens verholfen, auch mit der Aussicht auf den unvermeidlichen Tod.

[18] Vgl. dazu die oben angeführte Brunnersche Kritik an Schleiermacher und der durch ihn geprägten protestantischen Theologie.

ist es daher erstaunlich, wie Lübbe als Philosoph mit dieser Frage umgeht. Es mag ihm ja in erster Linie um ein kulturanthropologisches, nicht um ein erkenntnistheoretisches Problem gehen, aber er geht in seiner Untersuchung doch immer wieder auf Fragen ein, die in den zweiten Problembereich gehören, um sie dann allerdings in ihrer Bedeutung herunterzuspielen. Ein echtes Interesse an der Wahrheitsfrage ist bei ihm jedenfalls nicht zu erkennen, obwohl er die Religionskritik als illusionär hinstellt.

Seine Auffassung scheint im wesentlichen die zu sein, daß die Religion, *wenn man sie richtig auffaßt,* mit dem wissenschaftlichen Weltbild nicht in Konflikt geraten *kann.* Wie viele heutige Theologen hält er jedenfalls die *moderne Form* der christlichen Religion für *kritikimmun,* zumindest in dieser Hinsicht. Vertreter der Religionskritik pflegen diese Auffassung offensichtlich nicht zu teilen. Das wäre ein Grund gewesen, explizit auf diesen Unterschied in den Auffassungen einzugehen. Aber für die erkenntnistheoretische Seite der Religionskritik fehlt ihm, so darf man wohl sagen, jedes Verständnis. Der Schlüssel zu diesem Aspekt seiner Untersuchung ist vermutlich darin zu sehen, daß man sie der durch Schleiermacher inaugurierten Tradition des religionsphilosophischen Denkens zurechnen kann, die, wie schon erwähnt, für die Geschichte der protestantischen Theologie seit fast zweihundert Jahren ausschlaggebende Bedeutung hatte. Es ist die Tradition, der wir die *Idee der reinen Religion* verdanken. In der Tat weist Lübbe nachdrücklich darauf hin, daß Schleiermacher »an Funktionen der Religion erinnert« habe, »die von der radikalen aufgeklärten Religionskritik gar nicht berührt werden«[19]. Von seiner Religionsauffassung unterscheidet sich die Lübbesche vor allem durch eine Akzentverschiebung, die der philosophischen Grundorientierung dieses Philosophen zu entsprechen scheint. Statt des *Gefühls* der schlechthinnigen Abhängigkeit betont er die Kultur des *Umgangs* mit dieser Abhängigkeit. An die Stelle der *romantischen* Version

[19] Vgl. H. LÜBBE, aaO., S. 209 ff. zu Schleiermacher. Obwohl er die Formulierung Schleiermachers nicht »historisch ungebrochen« übernehmen möchte, legt er Wert auf die Feststellung, daß in Schleiermachers negativer Charakterisierung der Religion – sie sei »weder Denken noch Handeln« – »sich immerhin die bisherigen Analysen der Funktion, in deren Erfüllung religiöse Kultur aufklärungsresistent und alle radikale Religionskritik falsifizierend überdauert« habe, »wiedererkennen« lasse, ebd., S. 210.

der Idee reiner Religion bei Schleiermacher ist bei Lübbe die *pragmatische* Version dieser Idee getreten. Die Vorstellung, die Religion sei *unentbehrlich* und sie sei gleichzeitig auch *kritikimmun* ist in beiden Versionen zu finden. Gerade Schleiermacher gehört auch zu denen, die das protestantische Denken – soweit es sich nicht um historische Forschung handelte, also in systematischen Fragen – dazu verleitet haben, das *Wahrheitsproblem* und damit zusammenhängende Probleme *beiseitezuschieben.*

Ganz unabhängig von der Frage der natürlichen Erklärbarkeit religiöser Auffassungen und Verhaltensweisen hat sich die moderne Religionskritik vor allem auch kritisch mit den kognitiven und ethischen Aspekten der Religion, insbesondere des Christentums, befaßt[20]. Eine Auseinandersetzung damit ist, wie schon erwähnt, in Lübbes Buch nicht zu finden, aber viele Bemerkungen in diesem Buch deuten darauf hin, daß er die Sache für obsolet hält. Das Theodizeeproblem wird zum Beispiel von ihm als ein *Seminarproblem* abgetan[21]. Nun ist dieses Problem aber für jeden, der es mit bestimmten religiösen Inhalten ernst meint, sicherlich *auch* ein *Lebensproblem,* und zwar gerade deshalb, weil er ja die *Kultur seines Umgangs mit der Daseinskontingenz nicht auf Illusionen* gründen möchte, obwohl diese Möglichkeit ohne Zweifel der bequemere Weg wäre. Es ist, wie dieses Beispiel zeigt, auf das ich nochmal zurückkommen werde, äußerst interessant, die Art und Weise zu betrachten, in der Lübbe auf die kognitive Seite der Religionsproblematik eingeht, soweit er sie überhaupt in Betracht zieht.

Eine seiner Grundthesen in dieser Hinsicht lautet, daß sich »mit dem Fortschritt der Wissenschaften ... zugleich die Einsicht in die religiöse Indifferenz dieses Fortschritts kulturell ausgebreitet« habe. (27) Da das »religiöse Interesse nicht mehr auf wissenschaftliche Weltbilder bezogen« sei, hätten »auch die revolutionären Veränderungen, denen diese Weltbilder unterliegen, ihren provokatorischen Charakter eingebüßt« (27). Das gehöre, so meint Lübbe, »zu den kulturellen Kernbeständen vollendeter Aufklärung«. Was das bedeutet, könne ein »Rekurs auf wissenschafts-kulturhistorische Episoden des europäischen Aufklärungsprozesses« deutlich

---

[20] Vgl. dazu das in Anm. 13 erwähnte Buch von H. Groos, Christlicher Glaube und intellektuelles Gewissen.

[21] Vgl. H. Lübbe, aaO., S. 197.

machen (28). Mit Bezug auf die Darwinsche Lehre – deren Rezeption ein Beispiel für eine solche Episode darstellt – spricht er dann von einem »vermeintlichen Konflikt zwischen Erkenntnisfortschritt und Glaubensüberzeugung«, wobei es dem Glauben überlassen blieb, »sich um eine Klärung der Situation mit den Mitteln der Hermeneutik zu bemühen, das heißt den Versuch zu machen, sich durch Reinterpretation seiner zentralen Gehalte von der Gegenstandslosigkeit jenes Konflikts zu überzeugen« (29). Offenbar hat Lübbe keinerlei Bedenken gegen eine »Hermeneutik«, deren Leistung darin besteht, entsprechende Deutungsverfahren zu liefern[22]. Die »Entmythologisierung«, die Bultmann zum Programm erhoben hat, war als Anpassungsbewegung der protestantischen Theologie an die Moderne schon seit Schleiermacher im Gange. Man kann sie durchaus als einen Erfolg der Aufklärung darstellen, wie das Lübbe hier offenbar als selbstverständlich ansieht. Aber die andere Seite der Sache war offenbar die, daß den Gläubigen durch die betreffenden Umdeutungsbemühungen suggeriert wurde, die Religion könne in ihrem Kern durch den Erkenntnisfortschritt nicht tangiert werden, sie sei in ihrem wesentlichen Gehalt natürlicherweise kritikimmun, weil dieser Gehalt in eine Dimension gehöre, die durch von außen kommende Erkenntnisbemühungen nicht erreichbar sei. Es kann kaum zweifelhaft sein, daß die Lübbesche Version der »Religion nach der Aufklärung« diese Tradition fortsetzt, und zwar unter Verwertung des soziologischen Funktionalismus, der sich hier als hilfreich erweist.

Im Gegensatz zu bestimmten Ideologien, die sich als Religionsersatz andienen, kenne das »Christentum in seiner nachaufgeklärten mehrheitskulturellen Verfassung« keine »kanonisierten Weltbilder« mehr und damit auch keine »ideologiepolitischen Weltbildkontrollen einschließlich der sich daraus ergebenden Verketzerungspraktiken«, meint Lübbe in seiner Analyse der »ideolo-

---

[22] Das neuere hermeneutische Denken in der Nachfolge Heideggers hat bekanntlich mit der Idee gebrochen, daß es bei der Deutung von Texten darauf ankomme, ihren ursprünglichen Sinn zu erfassen. Ihr radikaler Historismus, der das Wahrheitsproblem in diesem Bereich beiseite schiebt, ist geeignet, genau den Umgang mit Texten zu ermöglichen, der erforderlich ist für Umdeutungen der von Lübbe angeführten Art. Zur Kritik vgl. E. D. Hirsch jr.: Validity in Interpretation, New Haven/London 1967; vor allem Appendix II. Gadamer's Theory of Interpretation, S. 245–264.

gisierten Gegenaufklärung als Anti-Religion« (61). Was die kanonisierten Weltbilder angeht, so ist in der Tat die oben erwähnte Anpassungsbewegung seit langem im Gange, so daß es vielfach schwer ist zu sagen, welche Annahmen über die Beschaffenheit wirklicher Zusammenhänge in den verschiedenen Konfessionen noch als verbindlich angesehen werden. Allerdings scheint mir im katholischen Bereich die Situation immer noch etwas eindeutiger zu sein als im Bereich der Spielarten des Protestantismus. Auch gibt es hier, wie wir wissen, immer noch so etwas wie »Ämter für Chefideologen als Wächter der reinen Lehre«[23].

Wie dem auch sei, in epistemologischer Hinsicht ist auch hier vor allem die Frage wichtig, inwieweit die betreffenden Varianten dieser Religion *ohne metaphysische und historische Annahmen* bestimmter Art *auskommen können,* wenn sie den in ihrem Einflußbereich praktizierten »Umgang mit der Daseinskontingenz«, um den es Lübbe vor allem geht, als *sinnvoll* hinzustellen wünschen, um *glaubwürdig* bleiben zu können. Woran sich die weitere Frage anschließt, *inwieweit* solche *Annahmen* sich mit der *Wirklichkeitsauffassung* vereinbaren lassen, die uns durch die Resultate des Erkenntnisfortschritts in den Wissenschaften glaubhaft gemacht wird. Daß die neuere Hermeneutik es erlaubt, Gott als das »Woher meines Umgetriebenseins« zu definieren und von Jesus zu behaupten, er sei »in die Verkündigung auferstanden«, ist eine hinreichend bekannte Tatsache[24]. Inwiefern ein solches Ergebnis hermeneutischer Bemühungen aber mit der Funktion der Bewältigung der Daseinskontingenz eher vereinbar sein soll als irgendeine Form eines offenen Atheismus, wie man ihn etwa im klassischen Marxis-

---

[23] Vgl. H. Lübbe, aaO., S. 62, der solche Ämter nur noch im Bereich der »Hochideologien« identifizieren möchte. Noch in den 50er Jahren konnte P. Blanshard in seinem interessanten Buch: Communism, Democracy, and Catholic Power, London 1952; eine vergleichende Analyse der Methoden der Gedankenkontrolle, des »Wahrheitsmanagements« und der Penetration sozialer Bereiche durch Vatikan und Kreml liefern, die ein erhebliches Maß struktureller Gemeinsamkeiten aufdeckte. Inzwischen hat sich in *beiden* Bereichen einiges geändert, aber manches ist wohl geblieben.

[24] Vgl. dazu mein Buch: Traktat über kritische Vernunft, Kap. V: Glaube und Wissen, sowie meine Antwort an G. Ebeling in meinem Buch: Theologische Holzwege, Tübingen 1973.

mus finden kann, ist nicht recht einzusehen[25]. Wenn das Programm der Entmythologisierung, mit dem ja offenbar auch die Absicht verbunden ist, das Christentum dem modernen Weltbild anzupassen, konsequent durchgeführt wird, dann gehen dabei offenbar auch jene Annahmen metaphysischen Charakters verloren, die die für die christliche Kultur des »Umgangs mit dem Unverfügbaren« charakteristischen religiösen Rituale sinnvoll erscheinen lassen.

Auch wer sich mit der Lübbeschen Definition der Religion zufrieden geben wollte, müßte also zumindest die Frage stellen, inwieweit die Rituale der Kontingenzbewältigung, die uns in seinem Buche immer wieder eindrucksvoll vorgeführt werden – Bitt- und Dankgottesdienste und andere Veranstaltungen – an Annahmen kognitiven Charakters gebunden zu sein pflegen, ohne die sie für den Gläubigen selbst ihren Sinn verlieren würden. Das Ritual ist an den Glauben gebunden, und der Glaube selbst involviert üblicherweise Annahmen über die Existenz numinoser Wesenheiten und ihrer Wirkungsmöglichkeiten, die nicht schon deshalb als »realitätsgerecht« angesehen werden können, weil sie die Kontingenzbewältigung durch die betreffenden Rituale ermöglichen. Nur wer eine instrumentalistische Deutung solcher Annahmen vertreten wollte, könnte sich allenfalls mit einer solchen These einverstanden erklären, wobei allerdings Realitätsadäquanz als *Effizienz* zu deuten wäre[26]. Aber gerade der Gläubige kann eine solche Deutung nicht anerkennen. Für ihn ist das Für-Wahr-Halten der betreffenden Annahmen eine notwendige Bedingung für die Angemessenheit der betreffenden Rituale. Wenn er zu der Überzeugung kommen würde, daß nach unserem Stande der Erkenntnis schwerwiegende Einwände gegen diese Annahmen zu erheben sind, dann würde sich für ihn etwas Wesentliches ändern, und zwar gerade auch im Hinblick auf die Kultur des Umgangs mit dem Unverfügbaren, die ihm früher als selbstverständlich erschienen war[27].

---

[25] Nota bene, soweit man darauf bauen kann, daß solche Formulierungen durchschaut werden.

[26] Ob Lübbe mit seiner pragmatischen Deutung der Religion so weit gehen möchte, kann ich nicht eruieren. Manche Passagen seines Buches lassen sich meines Erachtens so verstehen.

[27] Auf S. 243 seines Buches behandelt Lübbe religiöse Redensarten wie »Gottseidank« und äußert sich in diesem Zusammenhang über »Freigeister«, die »als Relikte längst erledigter Kulturkämpfe der Frühaufklärung über-

In diesem Zusammenhang ist auf Lübbes Äußerungen zum Theodizeeproblem zurückzukommen, die ebenfalls zeigen, wie er kognitive Probleme, die im Rahmen der Diskussion religiöser Auffassungen auftauchen, behandelt wissen will. Dieses Problem sei, so meint er, »nicht ein Problem des religiösen Lebens«. Es sei – wie ich oben schon erwähnt habe – ausschließlich »ein Seminarproblem, ein Problem nämlich der Vereinbarkeit gewisser Prädikatoren in der Gottesbegriffsbildung«. Und »die einzige Frage, die sich hierbei im philosophischen Seminar ebenso wie lebenspraktisch außerhalb desselben« stelle, sei »die Frage, wie man zur tatsächlichen Beschaffenheit dieser Welt sich verhalten soll: religiös oder moralisch?« (197). Daß sich hier für den Philosophen auch die Frage ergeben könnte, wie eine für bestimmte Religionen wichtige metaphysische Annahme zu beurteilen sei und ob sich in diesem Zusammenhang nicht eine Kritik an dieser Annahme ergeben könnte, die sich nicht darauf beschränkt, den bisher verwendeten Gottesbegriff ein wenig abzuändern, diese Möglichkeit scheint von Lübbe nicht in Betracht gezogen zu werden. Es ist nicht zu erkennen, ob er die kritische Analyse metaphysischer Annahmen, gleichgültig ob sie innerhalb oder außerhalb religiöser Anschauungen auftreten, für außerhalb der Möglichkeiten des philosophischen Denkens liegend oder nur für uninteressant hält. Jedenfalls scheint er der Auffassung zu sein, daß die Anhänger einer Religion sich von den Resultaten solcher Analysen nicht beeindrucken zu

---

dauert haben« und die sich nicht in der Lage sehen, »auch nach wohlüberstandenen riskanten alpinen Abenteuern« irgendeine »kognitive Legitimation für einen Gottesdank zu erkennen, solange die Existenz Gottes nicht intellektuell genugtuend bewiesen sei«. »Ihnen wäre«, wie Lübbe meint, »entgegenzuhalten, sie hätten damit aber dann den Gebrauch, der sowohl in den beiläufig religiös anklingenden Redensarten wie auch in expliziten Gebeten vom Wort ›Gott‹ gemacht wird, wortgebrauchsanalytisch mißverstanden«. Sein Hinweis auf das Buch D. Z. PHILIPPS, The Concept of Prayer; in diesem Zusammenhang zur Korrektur dieses Mißverständnisses läßt wohl die Vermutung zu, daß Lübbe sich hier das Ergebnis einer Sprachanalyse in der Tradition des späten Wittgenstein zu eigen machen möchte, die darauf hinausläuft, »Sprachspiele« dieser Art als autonome Gegebenheiten zu bestimmen, die keiner externen Kritik zugänglich sind. Um die theologische Bagatellisierung des Wahrheitsproblems zu untermauern, kann man sich ebensogut der Analytik in der Nachfolge Wittgensteins bedienen wie der Hermeneutik Heideggerscher Provenienz.

lassen brauchen. Es genügt offenbar, wenn sich die betreffenden Annahmen als für die Kultur des Umgangs mit der Daseinskontingenz brauchbar erweisen. Religion ist für ihn primär eine Angelegenheit der Daseinspragmatik.

3. Zur heilstechnologischen Seite der Religion

Aber was nun diese Daseinspragmatik selbst angeht, so scheint mir auch die Einschränkung auf *Kontingenzbewältigung* in einer wesentlichen Hinsicht zu kurz zu greifen. Es geht nämlich in der religiösen Alltagspraxis auch heute gar nicht immer um die Anerkennung *unabänderlicher* Gegebenheiten, sondern vielmehr nicht selten um den Versuch, *wichtige Lebensbedingungen* durch Einflußnahme auf das Verhalten numinoser Wesenheiten im Sinne der eigenen Bedürfnisse zu *ändern.* Insofern ist der von ihm erörterte Einwand des naiven Frommen, in einem bestimmten Liede im Gesangbuch werde »Christus als ›der rechte Weg zum Himmel‹ bekannt« nicht unbedingt so konfus, wie Lübbe ihn darstellt (174). Es geht dem Gläubigen in der Tat sehr oft darum, »in den Himmel zu kommen«, und er hat auf Grund der *kognitiven Annahmen,* die für seinen Glauben *zentrale Bedeutung* haben, die Berechtigung zu erwarten, daß seine religiöse Praxis ihm die *Möglichkeit* verschafft, dieses Ziel auch zu erreichen. Der Religionstheoretiker mag darin, wenn er *diese Illusion nicht teilt,* eine bloße Kontingenzbewältigungspraxis sehen, aber für den Gläubigen hat diese Praxis einen *heilstechnologischen Aspekt,* der darüber hinausgeht und dem der Theoretiker zumindest in seiner Analyse der Religion Rechnung tragen müßte. Die erfolgreiche Bewältigung »unabänderlicher« Umstände scheint in diesem Falle wie auch sonst vielfach davon abzuhängen, daß sie vom Gläubigen selbst für veränderbar gehalten und so behandelt werden[28]. Ich bin mir nicht klar darüber, ob Lübbe im Rahmen seiner »Religion nach der Aufklärung« solche Vorstellungen eines »naiven Frommen« nicht in Betracht ziehen

[28] Die Annahme der Möglichkeit einer Auferstehung und einer weiteren Existenz läuft ja de facto auf eine Negation der Unabänderlichkeit des Todes hinaus. Der Religionskritiker würde darin eine illusionäre Stützung einer Daseinspragmatik sehen, die in einem gewissen Sinne durchaus »effizient« ist.

möchte. Es wäre aber dann die Frage zu stellen, an welcher Stelle die Naivität im religiösen Denken beginnt. Für Bultmann scheint ja zum Beispiel der ursprüngliche Osterglaube naiv gewesen zu sein, möglicherweise auch der Glaube an die Existenz des Teufels, obwohl beide Glaubensinhalte ohne Zweifel »daseinspragmatisch« von erheblicher Bedeutung sind.

Jedenfalls zeigt sich hier, daß die Frage, was überhaupt als *»unabänderlich«* gelten kann, selbst eine Frage der Wirklichkeitsauffassung ist, die innerhalb religiöser Anschauungen meist *anders* beantwortet wird als in Anschauungen, in denen religiöse Annahmen keine Rolle spielen. Religiöse und nicht-religiöse Anschauungen pflegen *alternative Wirklichkeitsauffassungen* zu involvieren, die einander zwar in vielen Bereichen überschneiden mögen, aber dennoch im Ganzen *unvereinbar* miteinander sind. Auch über die *Art und Weise,* in der menschliche Lebensbedingungen sich *ändern* lassen, enthalten sie teilweise sehr unterschiedliche Ansichten. Religiöse Auffassungen pflegen eine *Heilstechnologie* zu involvieren, ohne die die verschiedenen Formen religiöser Praxis unverständlich wären. Und diese Heilstechnologie läßt sich keineswegs auf den Umgang mit unabänderlichen Gegebenheiten reduzieren. Opfer, Gebete, sakramentale Handlungen und andere Bestandteile des religiösen Rituals repräsentieren eine *Technik,* an die sich alle Arten von *Erwartungen* im Hinblick auf die Befriedigung menschlicher *Bedürfnisse* knüpfen, wobei die Bedürfnisse nach Nahrung und nach Schutz gegen Gefahren aller Art für Gesundheit und Leben eine erhebliche Rolle spielen können. Das Wort »Heil« in dem von mir verwendeten Ausdruck »Heilstechnologie« muß also in einem sehr weiten Sinn verstanden werden. Es kann sich um materielles und seelisches, individuelles und kollektives, diesseitiges und jenseitiges Heil handeln[29]. Insofern kann man die Religion durchaus auf »Daseinspragmatik« beziehen, aber es geht dabei pri-

---

[29] Wie Max Weber festgestellt hat, war zum Beispiel Jahwe »ein Gott der *Erlösung* und *Verheißung*«, aber beides bezog sich im antiken Judentum zunächst auf das *kollektive diesseitige Heil.* Es ging um die »Erlösung von der Knechtschaft der Ägypter«, und die »Verheißung der Herrschaft über Kanaan ... und ein glückliches Dasein dort«; vgl. M. Weber, Das antike Judentum, in: Ders., Gesammelte Aufsätze zur Religionssoziologie, II. Band, 3. Aufl., Tübingen 1963, S. 261 f. Mit diesem Gott wurde ein Bund geschlossen, der dieses Heil zum Gegenstande hatte.

mär nicht um die *Anerkennung* von *Unabänderlichkeiten,* sondern um eine *Beeinflussung des Geschehens* im Sinne eigener Bedürfnisse[30]. Durch den Einfluß der Aufklärung mögen viele Hoffnungen dieser Art eliminiert worden sein, aber keineswegs alle. Solange aber die Glaubensannahmen des Christentums dem Einfluß der Aufklärung standhalten, bleiben auch solche Hoffnungen erhalten, und es wäre mißlich, mit einem Religionsbegriff zu operieren, der die religiöse Heilstechnologie auf die Lübbesche Daseinspragmatik reduziert.

Wie dem auch sei, die von Lübbe präsentierte Version der Idee der reinen Religion, die pragmatische Version der von Schleiermacher vertretenen Auffassung, leidet an den gleichen Schwächen, die schon bei Schleiermacher zu finden sind. Indem sie die zentralen kognitiven Annahmen religiöser Auffassungen in ihrer Bedeutung herunterspielt und nur von ihrer pragmatischen Leistung her beurteilt – wobei diese Leistung dazu noch auf den Umgang mit dem Unverfügbaren reduziert wird – kann sie weder dem religiösen Anspruch gerecht werden, der mit ihnen verbunden ist, noch einer Religionskritik, die die Wahrheitsfrage ernst nimmt.

III. Die Idee der reinen Religion und die religiöse Weltauffassung

Die »*domestizierte Religion*«, die den »Gerichtshof der Kultur als höchsten anerkennt«, ist für religiöse Denker, die sich nach der Zeit vor der Aufklärung zurücksehnen, »ein *steriles, uninteressantes, verkümmertes Gebilde*«[31]. Diese Denker mögen selbst religiöse Auffassungen vertreten, die unter Gesichtspunkten einer kritischen Philosophie höchst problematisch sind, aber sie kommen doch in ihrer Akzentuierung der zentralen Bedeutung der Religion und der in ihr enthaltenen kognitiven Komponenten für das Leben der Menschen, die in religiös geprägten Kulturen leben, den Tatsa-

---

[30] Vgl. dazu Abschnitt 34 meines Buches: Kritik der reinen Erkenntnislehre, Tübingen 1987, S. 148–152.

[31] Vgl. dazu E. Brunner, Die Grenzen der Humanität in: J. Moltmann (Hrsg.) aaO., S. 261. Schleiermacher ist für Brunner ein »theologischer Paganini«, der »größte theologische Begriffsvirtuose des Jahrhunderts«, ebd., S. 217.

chen näher als die Vertreter der Idee der reinen Religion, die der Versuchung unterlegen sind, das *Wesen der Religion* auf der Basis einer Reduktion auf eine fiktive religiöse Dimension zu bestimmen, die nur plausibel gemacht werden kann, wenn man sie künstlich zu isolieren versucht.

Für eine brauchbare Charakteristik der Religion greift man besser auf die Darstellung eines Religionskritikers zurück, der sich nicht an dem Resultat der kulturellen Zähmung orientiert, das seit Schleiermacher das religiöse Denken im protestantischen Bereich beherrscht. »Will man sich vom großartigen Wesen der Religion Rechenschaft geben«, so sagt Freud in einer seiner Vorlesungen, »so muß man sich vorhalten, was sie den Menschen zu leisten unternimmt. Sie gibt ihnen Aufschluß über Herkunft und Entstehung der Welt, sie versichert ihnen Schutz und endliches Glück in den Wechselfällen des Lebens und sie lenkt ihre Gesinnungen und Handlungen durch Vorschriften, die sie mit ihrer ganzen Autorität vertritt«[32]. Die religiöse Weltauffassung, die in allen Hochkulturen dominierte, bis sie in der abendländischen Kultur unter dem Einfluß des Erkenntnisfortschritts in immer größere Bedrängnis geriet, verdankte ihre Stabilität wohl vor allem auch der Tatsache, daß sie in der Lage war, eine Vielfalt von Bedürfnissen gleichzeitig zu befriedigen, Bedürfnisse, die man unter die Kategorien: *Erklärung, Steuerung* – oder Handlungsorientierung – und *Sicherung* zusammenfassen könnte. Diese drei Leistungen hängen aber eng miteinander zusammen, und zwar dadurch, daß die religiöse Weltauffassung einen Sinnzusammenhang für das gesamte Weltgeschehen liefert, in den auch das menschliche Leben eingebettet ist. Um das zu erreichen, postuliert sie die Existenz numinoser Wesenheiten, die den Ablauf dieses Geschehens durch ihren Willen bestimmen und deren Wille auch für das menschliche Leben maßgebend ist. Durch das *Wirken* dieser Mächte wird das Geschehen *erklärt,* die Erforschung ihres *Willens* dient der Lenkung menschlicher Handlungen und der *Prägung* menschlicher Gesinnungen und Haltungen, und die *Ergründung der Zusagen* – der Verheißungen und Drohungen –, die sich an die Erfüllung oder Nicht-Erfüllung ihrer Forderungen knüpfen, verschafft den Menschen die Mög-

---

[32] Vgl. S. FREUD, Über eine Weltanschauung, in: DERS., Neue Folge der Vorlesungen zur Einführung in die Psychoanalyse, Frankfurt 1978, S. 130.

lichkeit, sich das ersehnte *Heil* zu sichern, das heißt, die Befriedigung der Wünsche, die im jeweiligen Heilsbegriff zum Ausdruck kommen. Der *Glaube an die Existenz numinoser Wesenheiten* bestimmter Art und an ihre Wirkungsmöglichkeiten und ihre Beziehungen zu den Menschen ist also derjenige Bestandteil dieser Art der Weltauffassung, der die *Verbindung* dieser drei für das menschliche Leben so wichtigen Leistungen *sichert.*

Die »Zähmung der Religion«, wie sie im Abendland stattgefunden hat, die zur Säkularisierung des kulturellen Lebens in unseren Gesellschaften geführt hat, ist ein weltgeschichtlich einzigartiges Phänomen, das den »europäischen Sonderweg« kennzeichnet[33]. Er hat vom polytheistischen Weltbild der griechisch-römischen Antike über den vom Judentum ererbten radikalen Monotheismus der christlich geprägten mittelalterlichen Kosmosmetaphysik zum Atheismus der modernen Wirklichkeitsauffassung geführt, die sich dem Erkenntnisfortschritt der Wissenschaften seit der kopernikanischen Revolution verdankt. Die *Idee der reinen Religion,* die als Reaktion auf die Kritik der Aufklärung an der religiösen Weltauffassung aufgekommen ist, entstammt dem Versuch, in der modernen, durch die Wissenschaften geprägten Kultur eine *Nische für das religiöse Bewußtsein* zu schaffen, das alle früheren Wirklichkeitsauffassungen entscheidend bestimmt hatte, ohne die Erkenntnisse in Frage zu stellen, die der modernen Auffassung zugrunde liegen. Das Problematische dieses Versuchs liegt darin, daß die *Funktionen,* die dem religiösen Bewußtsein und der mit ihm verbundenen Praxis in solchen Versuchen zugeschrieben werden, nur dann wirklich erfüllt werden können, wenn bestimmte *kognitive Annahmen* als *glaubwürdig* angesehen werden können, die im früheren religiösen Weltbild verankert waren und die in der modernen Weltauffassung keinen natürlichen Platz mehr finden können. Es bedarf daher fragwürdiger hermeneutischer Kunstgriffe, um solche Annahmen in einer Weise zu drapieren, die geeignet ist, ihre Plausibilität aufrechtzuerhalten, und damit die notwendigen Voraussetzungen der religiösen Praxis sicherzustellen. Die Hermeneutik, die in solchen Bemühungen beansprucht wird, hat mit der klas-

---

[33] Vgl. dazu meinen Aufsatz: Europa und die Zähmung der Herrschaft; in meiner Schrift: Freiheit und Ordnung. Tübingen 1986.

[34] Vgl. dazu Anm. 22, oben und das darin erwähnte Buch von E. D. Hirsch.

sischen Hermeneutik, die darauf gerichtet war, den *authentischen Sinn* überlieferter Texte zu *eruieren,* allerdings nichts mehr zu tun. Sie ist eine Hermeneutik mehr oder weniger raffinierter *Umdeutungen,* die darauf abzielen, bestimmte Bestandteile der religiösen Überlieferung dadurch zu retten, daß man ihren *Sinn* dem modernen Weltbild *anpaßt*[34]. Nach den Maßstäben einer der Wahrheitssuche verpflichteten kritischen Vernunft ist es, so könnte man sagen, eine *korrupte Hermeneutik*[35].

---

[35] Um Mißverständnisse zu vermeiden, sei hier darauf hingewiesen, daß Schleiermacher in seinen hermeneutischen Arbeiten die klassische Zielsetzung vertreten hat. Die Korrumpierung des hermeneutischen Denkens verdanken wir dem Einfluß Martin Heideggers auf die deutsche Philosophie,

Sylvester-Faselei

»Alle Schätze der Logik zeugen aber dasselbe: Nämlich Nichts. Wie steht es aber um dieses Nichts? Das Nichts nichtet«.

IGOR ZEHRFASEL, Die Suche nach dem Sinn von Sein

Lieber Paul,

vor kurzem wurde ich dazu aufgefordert, einen kleinen Beitrag zu diesem Band zu schreiben, etwa einen Aufsatz zu einem Problem, mit dem Du Dich beschäftigt hast. Leider bin ich bisher nicht dazu gekommen, das zu tun. Und nun ist der letzte Tag herangekommen, den ich dafür zur Verfügung habe. Der Herausgeber ist, wie mir scheint, in dieser Beziehung unerbittlich. Nun, ich denke, daß in diesem Falle ohnehin ein Brief angemessener ist, zumal wir uns – angesichts der Tatsache, daß man Dich äußerst selten in dieser Gegend sieht –, bisher schon sehr oft brieflich unterhalten haben, und zwar ganz ausgezeichnet, wenn ich mich recht erinnere. Ich schreibe Dir also einen Sylvesterbrief.

Es trifft sich übrigens gut, daß ich soeben einen Brief von Igor Zehrfasel erhalten habe, dem auch Dir nicht unbekannten Dölle-Schüler aus Saragossa, der es sich angelegen sein läßt, die beiden heute wohl einflußreichsten Denker der westlichen Hemisphäre – wenn man einmal von Marx absieht, dessen Ansehen, vor allem wegen der fatalen politischen Wirkungen seines Denkens, im Schwinden begriffen ist –, nämlich Heidegger und Wittgenstein, zur Synthese zu bringen. Was den Einfluß der beiden erwähnten Denker angeht, so kann man sicherlich anderer Meinung sein, aber es gibt doch zu denken, daß selbst der westliche Marxismus, der keinen amtlichen Einschränkungen unterliegt, es sich heute zur

Ehre anrechnet, Fragmente ihrer Auffassungen zu verwerten, um damit einige offensichtliche Mängel zu kompensieren. Wie dem auch sei, ich habe jedenfalls den Eindruck gewonnen, daß Zehrfasel allmählich zur Schlüsselfigur des westlichen Denkens wird, ohne daß man ihn und seine Arbeiten bisher genügend zur Kenntnis genommen hätte. Er verkörpert in seinem Werk die herrschenden Tendenzen des modernen Geistes. Die Hermeneutik in beiderlei Gestalt, die, wie viele glauben, als Sieger aus dem »Positivismusstreit« hervorgegangen ist – aus der kontinentalen wie aus der angelsächsischen Kontroverse –, ist jedenfalls im Vordringen begriffen. Und unser Kollege Zehrfasel empfindet naturgemäß Freude über diese Entwicklung, während ich, wie Du Dir denken kannst, anders darüber denke, etwa so, wie Andreski über gewisse Tendenzen in der modernen Sozialwissenschaft (vgl. sein Buch: *Hexenmeister der Sozialwissenschaften*, das ich Dir als mehr oder weniger heitere Bettlektüre sehr empfehlen kann). Aber was hat das mit Dir zu tun?

Nun, in dem Brief, den ich von ihm bekommen habe, geht der Verfasser des oben angegebenen Buches über die Suche nach dem Sinn von Sein (vgl. dazu auch die von Theo W. Herrmann herausgegebene Dölle-Gedächtnis-Schrift: *Dichotomie und Duplizität*, Bern 1974), auch auf Deine Auffassungen ein. Bei der Lektüre Deiner neueren Arbeiten hat er, wie er mir mitteilt, den Eindruck gewonnen, daß Du Dich in ihnen der weltweiten Bewegung zur transzendentalen Hermeneutik hin beträchtlich genähert hast. Endlich, so meint er, seist Du davon abgekommen, den sterilen Vernunftaberglauben Popperscher Prägung, mit dem Du früher immer wieder kokettiert habest, mit Deinen Argumenten zu stützen und ihm auf diese Weise Munition gegen die hermeneutische Bewegung zu liefern. Dein offenes, wenn auch vorerst noch zaghaftes, Bekenntnis zum Irrationalismus, zum Dogmatismus und neuerdings auch zum Idealismus sei an der Zeit gewesen. Er bezieht sich dabei vor allem auf die Nachträge und Anmerkungen in Deinem Aufsatzband *Der wissenschaftstheoretische Realismus und die Autorität der Wissenschaften*, Braunschweig 1978, und ist froh darüber, daß Du Dich darin ausdrücklich von Vielem distanzierst, was in diesem Bande enthalten ist. Mit Recht weist Du dort, wie er feststellt, auf das schwindende Ansehen des sogenannten kritischen Rationalismus hin, der Religion einer kleinen

Gruppe von Intellektuellen, die weder die Bedeutung Wittgensteins noch die Heideggers für die Geistesgeschichte zu würdigen wissen. – Nebenbei gesagt, beruht die Zeitungsmeldung, sie sei inzwischen zur Alpbacher Dorfreligion geworden, auf einer Fehlinformation durch einen Teilnehmer des »Europäischen Forums Alpbach«, der einen Seminarleiter mit dem Dorfpfarrer verwechselt hatte. Der Präsident, Professor Otto Molden, den Du noch aus den fünfziger Jahren kennst, hat diese Meldung seinerzeit sofort richtiggestellt.

Um auf Zehrfasels Brief zurückzukommen: Leider kann ich Dir nicht verhehlen, daß unser gemeinsamer Bekannter in bezug auf einen gewissen Aspekt Deiner Anschauungen einige Schwierigkeiten hat. Es handelt sich um Deine Vorliebe für John Stuart Mill – diesen, wie er meint, typisch angelsächsischen und daher oberflächlichen Denker, der die Tiefe Hegels nie erreicht habe – und um Deine politische Konzeption, die ihn in fataler Weise an die liberale Gesellschaftsphilosophie erinnert. Er hat Dich in Verdacht, der liberalen Minimalstaatsdoktrin verfallen zu sein, zumal Deine Auffassung in dieser Hinsicht auffällig der ebenfalls sehr extremen Lehre Robert Nozicks ähnele (vgl. Nozick, *Anarchie, Staat, Utopia,* München o.J. [19741). Auch Nozick propagiert ja einen Staat, der als bloße Schutzstruktur für seine Mitglieder funktionieren soll, und sucht zu zeigen, daß sich im Rahmen einer solchen Ordnung die verschiedensten Traditionen aufrechterhalten lassen, soweit sich Leute finden, die bereit sind, sie in freiwilliger Gemeinschaft zu pflegen. Daß Nozick als naturrechtlich orientierter Liberaler so argumentiert, ist nicht verwunderlich. Was unseren Freund Zehrfasel aber stört, ist die Tatsache, daß gerade Du hier eine sehr spezielle europäische Tradition zur herrschenden machen willst – eine Tradition, die, wie er meint, noch beschränkter als der von Dir attackierte Rationalismus und überdies mit ihm eng verbunden sei. Zunächst scheint das ja auf einen Widerspruch hinauszulaufen, was auch ihm nicht entgangen ist, denn diese liberale Tradition, die Du gewissermaßen als Meta-Tradition offerierst, ist offenbar mit vielen anderen Traditionen unvereinbar, zumindest mit denen, die vom Inhalt ihrer Lehre her den Anspruch auf ausschließliche Herrschaft machen und die im Liberalismus verankerten Werte wie Freiheit, Toleranz und Gleichheit der Rechte – als bürgerliche Vorurteile oder Illusionen des areligiösen Denkens ablehnen. Man lese dazu nur den von Zehrfasel hochgeschätzten Juan Donoso Cortes, den vor allem Carl Schmitt bei uns bekannt gemacht hat.

Unserem Freund aus Saragossa geht es natürlich keineswegs um solche ihm lächerlich erscheinenden Forderungen rationalistischer Provenienz wie die nach Widerspruchsfreiheit, sondern um Tieferes, nämlich um die Überwindung jener typisch modernen Denkweisen, die wir vor allem der Aufklärung verdanken. Die Residuen des Aufklärungsdenkens, die trotz Deiner Bemühungen um die Rehabilitierung des Mythos, des Hexenglaubens und der Astrologie auch in Deinen Arbeiten noch zu finden sind, machen ihm Sorgen. Sie scheinen ihm ein Hindernis dafür zu sein, daß Du Dich in die wachsende Bewegung einreihst, die sich dem Seinsgeschick verbunden weiß, weil sie aus Leuten besteht, die nicht länger gewillt sind, die aus Heideggers dunklen Satzwolken zuckenden Blitze einfach zu ignorieren, wo doch Wittgensteins Sprachspiele, wie heute schon zu erkennen ist, letzten Endes in dieselbe Richtung weisen. Das dünne Band, das Dich mit den historischen Analphabeten der London School of Economics – der langjährigen Wirkungsstätte Sir Karl Poppers – verbindet, solltest Du, so meint unser Freund, endlich zerreißen. Es gebe ja ohne Zweifel Ansätze in Deinen Arbeiten, die das ermöglichen.

Du kannst Dir denken, daß ich Dir diese Botschaft Zehrfasels nur ungern übermittele, zumal der gute Mann, der meist unter Pseudonym schreibt und sich in Saragossa versteckt, doch unmittelbar an Dich hätte herantreten können, wo Du doch der Dölle-Gesellschaft nahestehst, wie mir Aiga Stapf berichtete. Andererseits bin ich ihm freundschaftlich verbunden, und zwar aus der Zeit unseres Studiums in Köln in den fünfziger Jahren, wo wir gemeinsam Heidegger und Wittgenstein lasen und vergeblich nach einer Synthese suchten. Allerdings hatte ich von ihm lange nichts mehr gehört, wenn ich mich recht erinnere seit der Zeit unserer gemeinsamen Mitwirkung an der Produktion der Dölle-Gedächtnisschrift. Was uns heute noch sachlich verbindet, ist nur noch die Überzeugung, daß ohne Dölle manches schlimmer wäre in dieser Welt.

Noch einen wichtigen Punkt habe ich übrigens vergessen. Es stört unseren Seinsdenker ein wenig, daß Du Dich immer noch bemühst, mit Hilfe von Argumenten auf andere Leute einzuwirken, obwohl Du doch inzwischen längst die geringe Bedeutung eines solchen Verfahrens eingesehen hast und obwohl Du weißt, daß es sich kaum lohnt, mit Leuten zu reden, die auf Argumente etwas geben. In diesem Punkte erklärte er sich übrigens mit Adorno einverstanden und verwies auf die von ihm besonders geschätzte Stelle aus dessen Hegel-Studien: »Hegel mißtraut dem Argument tief und mit Recht. Primär weiß der Dialektiker, was später Simmel wiederentdeckt hat: daß, was argumentativ bleibt, dadurch stets der Widerlegung sich exponiert« (vgl. *Skoteinos oder wie zu lesen sei,* in: *Drei Studien zu Hegel,* Frankfurt 1963, S. 158) – und das, so meint Zehrfasel, sei das Ende jeden sinnvollen Denkens, eines Denkens also, das nicht auf bloßes Rechnen hinauslaufe. Vielleicht sei es bloße Lust am Argument, was Dich zu dem von ihm monierten Verhalten treibe. Aber wie leicht komme man durch eine solche Praxis in eine Haltung hinein, die einen dann das Argumentieren doch wieder ernst nehmen lasse, und falle damit in den Rationalismus zurück, den man überwinden wolle. Er erinnert in diesem Zusammenhang an den wichtigen Hinweis Pascals zur Frage, wie man sich dazu bringen könne zu glauben, wenn man sich nicht dazu in der Lage sehe: durch Gewöhnung, durch unermüdliches Handeln im Sinne des Glaubens – man müsse Weihwasser nehmen, Messen lesen lassen und dergleichen mehr. Das könne einen »auf natürliche Weise zum Glauben bringen und ... dumm machen«, wie er wörtlich formuliert (vgl. Blaise Pascal, *Gedanken,* Birsfelden/Basel o.J., S. 45; dazu die Anm. Romano Guardinis auf der gleichen Seite). Jedenfalls: die Praxis prägt den Menschen – Du hast selbst mitunter darauf hingewiesen –, auch die Praxis des Argumentierens muß ihn natürlich prägen. Schließlich vertraut man selbst dem Argument und wird – um mit Pascal zu sprechen – »dumm«.

Auch Dein Bestreben, in höherem Maße als bisher rhetorische Effekte ins Spiel zu bringen, genüge da nicht, so meint unser Freund. Du scheinst – das ist übrigens auch mein Eindruck – den Rationalismus immer noch in den Knochen zu haben, was Zehrfasel mit Besorgnis erfüllt. Mitunter habe man, so stellt er fest, den Eindruck, Du habest nur die Absicht, auf eine sehr umwegige – man könnte fast sagen »dialektische« – Weise eine neue Version des Rationalismus zu lancieren, während sich ein Mann wie etwa Hans Küng ehrlich und angestrengt, aber doch vergeblich bemühe, seinem Glauben ein Reis kritischer Rationalität aufzupfropfen und sich dabei noch völlig unnötigerweise in Schwierigkeiten mit seiner selbstgewählten Obrigkeit bringe, statt zum Protestantismus überzutreten, einer Kirche, in der heute doch so gut wie jeder Glaube erlaubt sei.

Nun also, wie schon gesagt, Du kannst Dir denken, daß es mir schwerfällt, diese Zehrfaselsche Botschaft zu übermitteln, zumal mich Deine Anspielungen auf Lessing und auf Mill immer äußerst sympathisch berühren, wenn ich sie mir auch nicht mit manchem anderen zusammenreimen kann. Schließlich hatte auch ich zeitweilig den Eindruck, daß Du im Sinne der Zehrfaselschen Beobachtung ein Maskenspiel treibst und Dich dabei ins Fäustchen lachst, weil Deine Diskussionspartner nicht dahinter kommen, was Du eigentlich denkst, während andere Leute meist Wert darauf legen, richtig verstanden zu werden. So bin ich gewissermaßen guter Hoffnung, nicht etwa, daß Du zum kritischen Rationalismus zurückkehrst, damit wir nicht so einsam bleiben und frieren müssen – wie Du das so schön in Deinem oben erwähnten Aufsatzband ausdrückst –, sondern daß Du Dich von Zehrfasels Sirenengesängen nicht allzu sehr beeindrucken läßt. Schon die Aussicht, dann wieder einer »Schule« anzugehören – und zwar einer größeren als je zuvor – müßte Dich ohnehin genügend abschrecken, da Du ja ein Einzelgänger sein willst, wenn ich recht sehe – übrigens wie viele andere, die man dennoch zu »Schulen« rechnet, denn solche Zurechnungen sind, wie Du weißt, fast immer möglich. Ich erinnere mich gern daran, wie Du in Deinen frühen Tagen in Alpbach – auf den alljährlich dort im Sommer stattfindenden Hochschulwochen, auf die Du in Deinem Buche eingehst – gewissermaßen als »Stechfliege Gottes« in Aktion tratest, als Kritiker vieler feierlich formulierter Ansichten und aller großen Worte, die vom Podium mitunter auf uns Hörer herabträufelten. Nun kommst Du möglicherweise nicht selten trotz heftiger Gegenwehr in die Verlegenheit, daß man sich ebenso feierlich auf Deine Worte beruft, weil sie für Vieles repräsentativ sind, was heute als modern gilt, auch wenn Dir eine solche Einordnung widerstreben mag. Es ist mitunter schwer, ein Einzelgänger zu bleiben, ohne seine Auffassungen laufend zu revidieren. Wie dem auch sei, wir beide – Zehrfasel und ich – senden Dir die besten Wünsche, aber unsere Hoffnungen gehen durchaus in verschiedene Richtung.

Dein Hans

Liste der Publikationen

Bücher und Schriften

1. *Ökonomische Ideologie und politische Theorie*. Das ökonomische Argument in der ordnungspolitischen Debatte, Monographien zur Politik, Heft 4, Göttingen 1954, Schwartz und Co. Verlag, 2. Auflage 1972.
2. *Marktsoziologie und Entscheidungslogik*. Ökonomische Probleme in soziologischer Perspektive, Soziologische Texte, Band 36, Neuwied/Berlin 1967, Luchterhand Verlag, 2. stark veränderte Auflage: *Marktsoziologie und Entscheidungslogik*. Zur Kritik der reinen Ökonomie, Tübingen 1998, Mohr Siebeck Verlag.
3. *Traktat über kritische Vernunft*, Tübingen 1968, Mohr Siebeck Verlag, 2. Auflage 1969, 3. erw. Auflage 1975, 4. verbesserte Auflage 1980, 5. verb. und erw. Auflage, 1991.

   spanisch: Tratado sobre la razón critíca, Editorial SUR, Buenos Aires 1973.

   italienisch: Per un razionalismo critico, Il Mulino, Bologna 1974.

   portugiesisch: Tratado da razao critica, Tempo brasileiro, Rio de Janeiro 1976.

   amerikanisch: Treatise on Critical Reason, Princeton University Press, Princeton 1985.

   japanisch: Hihahteki Risei Ronko, Ochanomizu-Verlag, Tokio 1985.

4. *Plädoyer für kritischen Rationalismus*, Piper Verlag, München 1971, 2. Auflage 1971, 3. Auflage 1973, 4. Auflage 1975.
   italienisch: Difesa del Razionalismo Critico, Roma 1975, Armando Editore.

   japanisch: Tokyo 1974.

5. *Konstruktion und Kritik*. Aufsätze zur Philosophie des kritischen Rationalismus, Hoffmann und Campe Verlag, Hamburg 1972, 2. Auflage 1975.
6. *Theologische Holzwege*. Gerhard Ebeling und der rechte Gebrauch der Vernunft, Mohr Siebeck Verlag, Tübingen 1973.

italienisch: in: G. Ebeling/H. Albert, Razionalismo critico e teologia, Jaca Book, Milano 1975.

7. *Transzendentale Träumereien*. Karl-Otto Apels Sprachspiele und sein hermeneutischer Gott, Hoffmann und Campe Verlag, Hamburg 1975.
8. *Aufklärung und Steuerung*. Aufsätze zur Sozialphilosophie und zur Wissenschaftslehre der Sozialwissenschaften, Hoffmann und Campe Verlag, Hamburg 1976.
9. *Theorie en kritiek*. Opstellen over theorievorming, hermeneutiek en waardenvrijheit in de sociale wetenschappen, Boom Meppel, Amsterdam 1976.
10. *Rationaliteit in wetenschap en samenleving*, Opstellen over wetenschap, ideologie en politiek, geredigeerd en ingeleid door Friso D. Heyt, Samson Uitgeverij, Alphen aan den Rijn 1976.
11. *Kritische Vernunft und menschliche Praxis* (mit autobiographischer Einleitung), Philipp Reclam jun. Verlag, Stuttgart 1977, Universalbibliothek N. 9874 (2), 2. Ausgabe, durchgesehen und ergänzt 1984.
12. *Etica y Metaetica*. El dilema de la filosofia moral analytica. Introduccion de Jesus Rodriguez Marin, Cuadernos Teorema, Valencia 1978 (übersetzt von Aufsatz 14).
13. *Traktat über rationale Praxis*, Mohr Siebeck Verlag, Tübingen 1978.
14. *Das Elend der Theologie*. Kritische Auseinandersetzung mit Hans Küng, Hoffmann und Campe Verlag, Hamburg 1979.

    spanisch: La miseria de la teologia. Polemica critica con Hans Küng. Editorial Alfa S. A., Barcelona 1982.

    italienisch: La miseria de la teologia. Discussione critica con Hans Küng, Edizione Borla, Roma 1985.

15. *Die Wissenschaft und die Fehlbarkeit der Vernunft*, Mohr Siebeck Verlag, Tübingen 1982.
16. *Scienza e ragione critica*, Reihe: Interventi. Collana diretta da Antonio Villani, Guida editori. Napoli 1982 (italienische Übersetzung von Aufsätzen 81 und 102).
17. mit Adorno/Dahrendorf/Habermas/Pilot/Popper, *Der Positivismusstreit in der deutschen Soziologie*, Luchterhand Verlag, Neuwied/Berlin 1969, 2. Auflage 1970, 3. Auflage 1971, 4. Auflage 1974, Sonderausgabe: Sammlung Luchterhand 1972, 6. Auflage 1978, 8. Auflage 1980, 13. Auflage 1989, DTV Ausgabe München 1993.

    italienisch: Dialettica e positivismo in sociologia. Dieci interveni nella discussione, Einaudi, Torino 1972.

    spanisch: La Disputa del Positivismo en la Sociologia Alemania, Ediciones Grijalbo, Barcelona/Mexico DF, 1973.

    englisch: The Positivist Dispute in German Sociology, Heinemann, London 1976, Harper Torchbook 1976.

amerikanisch: Harper Torchbook 1976.

ungarisch: Teny Ertek, Ideologia. A pozitivismus vita a ngugatne szociologiaban, Gondolat, Budapest 1976.

französisch: De Vienne a Frankfort. La querelle allemande des sciences sociales, Editions Complexe, Brüssel 1979.

japanisch: Tokyo 1979.

18. *Freiheit und Ordnung*. Zwei Abhandlungen zum Problem einer offenen Gesellschaft. Walter Eucken Institut. Vorträge und Aufsätze 109, Mohr Siebeck Verlag, Tübingen 1986.
    polnisch: erste Abhandlung: *Europa i Okielznanie Wladzu*. Szczegolna droga Europy do spoleczenstwa otwartego, Zaklad Wydawniczy »Nomos«, Krakow 1998.
19. *Kritik der reinen Erkenntnislehre*. Das Erkenntnisproblem in realistischer Perspektive, Mohr Siebeck Verlag, Tübingen 1987.
20. *La Sociologie critique en question*, Presses Universitaires de France, Paris 1987.
21. *Rechtswissenschaft als Realwissenschaft*. Das Recht als soziale Tatsache und die Aufgabe der Jurisprudenz. Würzburger Vorträge zur Rechtsphilosophie, Rechtstheorie und Rechtssoziologie, herausgegeben von Hasso Hoffmann, Edgar Michael Wenz und Dietmar Willoweit, Heft 15, Nomos Verlagsgesellschaft, Baden-Baden 1993.
22. *Kritik der reinen Hermeneutik*. Der Antirealismus und das Problem des Verstehens, Mohr Siebeck Verlag, Tübingen 1994.
23. *Das Ideal der Freiheit und das Problem der sozialen Ordnung*. Friedrich A. von Hayek-Vorlesung 1994, Rudolf Haufe-Verlag, Freiburg im Breisgau 1994, auch in: Viktor Vanberg (Hg.), Freiheit, Wettbewerb und Wirtschaftsordnung. Hommage zum 100. Geburtstag von Friedrich A. von Hayek, Haufe Verlagsgruppe, Freiburg/Berlin/München 1999, S. 97–134.
24. *Die Idee rationaler Praxis und die ökonomische Tradition.* Walter Adolf Jöhr-Vorlesung 1995, Forschungsgemeinschaft für Nationalökonomie, St. Gallen 1995.
25. *Bemerkungen zur Wertproblematik.* Von der Bewertung des Sozialprodukts zur Analyse der sozialen Ordnung, Lectiones Jenenses. Schriftenreihe des Max-Planck-Instituts zur Erforschung von Wirtschaftssystemen, Jena 1998.
26. *Between Social Science, Religion and Politics.* Essays in Critical Rationalism, Band XIII der Schriftenreihe zur Philosophie Karl R. Poppers und des kritischen Rationalismus, herausgegeben von Kurt Salamun, Rodopi Verlag, Amsterdam/Atlanta 1999.
27. *Kritischer Rationalismus.* Vier Kapitel zur Kritik illusionären Denkens, UTB 2138, Mohr Siebeck Verlag, Tübingen 2000.

28. *Paul Feyerabend-Hans Albert. Briefwechsel,* herausgegeben von Wilhelm Baum, Fischer Taschenbuch Verlag, Frankfurt 1997.
29. *Einführung in den kritischen Rationalismus,* Vorlesung, Cassettenedition (9 Tonbandkassetten mit einer Begleitschrift von H. G. Ruß), Carl Auer, Heidelberg, 1994.
30. *Geschichtswissenschaft als hypothetisch-deduktive Disziplin. Zur Kritik des methodologischen Historismus,* Mannheimer Vorträge 3, Mannheimer Zentrum für Europäische Sozialforschung, Mannheim 2000.

Aufsätze

1953

(1) Der Trugschluß in der Lehre vom Gütermaximum, Zeitschrift für Nationalökonomie, Band XIV, Wien 1953.

1954

(2) Tautologisches und Ideologisches. Bemerkungen zu einem Aufsatz von Erich Preiser, Schweizerische Zeitschrift für Volkswirtschaft und Statistik, 90. Jahrgang.

1955

(3) Macht und Zurechnung. Von der funktionellen zur institutionellen Verteilungstheorie, Schmollers Jahrbuch, 75. Jahrgang, Berlin.

(4) Logische Analyse und ökonomische Theorie. Eine Antwort und ein Programm, Schweizerische Zeitschrift für Volkswirtschaft und Statistik, 91. Jahrgang.

(5) Theodor Geigers »Wertnihilismus«, Kritische Bemerkungen zu Rehfeldts Kritik, Kölner Zeitschrift für Soziologie und Sozialpsychologie, 7. Jahrgang.

(6) Werturteil und Sachwissen. Replik, Konjunkturpolitik, 5. Heft, Berlin 1954/55.

(6a) Begriffliche und ordnungspolitische Bemerkungen, Archiv für öffentliche und freigemeinwirtschaftliche Unternehmungen, Band 2, S. 103–105.

1956

(7) Entmythologisierung der Sozialwissenschaften. Die Bedeutung der analytischen Philosophie für die soziologische Erkenntnis, Kölner Zeitschrift für Soziologie und Sozialpsychologie, 8. Jahrgang.

(8) Das Werturteilsproblem im Lichte der logischen Analyse, Zeitschrift für die gesamte Staatswissenschaft, 112. Band, auch in: G. Gäfgen (Hg.), Grundlagen der Wirtschaftspolitik, Köln/Berlin 1966.

1957

(9) Theorie und Prognose in den Sozialwissenschaften, Schweizerische Zeitschrift für Volkswirtschaft und Statistik, 93. Jahrgang, auch in: E. Topitsch (Hg.), Logik der Sozialwissenschaften, Köln/Berlin 1965, und in: Dieter Ulich (Hg.), Theorie und Methode der Erziehungswissenschaften, Weinheim/Basel 1972.

(10) Zum Normenproblem in den Sozialwissenschaften, Soziale Welt, Jahrgang 8.

(11) Ideologische Elemente im ökonomischen Denken. Logische und soziologische Aspekte der Ideologiekritik, Kyklos, Vol. 10.

(12) Wachstumswandel und Realität. Bemerkungen zu Roses Kritik der Wachstumstheorie, Jahrbücher für Nationalökonomie und Statistik, Band 169.

1958

(13) Das Ende der Wohlfahrtsökonomik. Die Überwindung des Ökonomismus durch logische Analyse der ökonomischen Sprache, Gewerkschaftliche Monatshefte, 9. Jahrgang.

(14) Marktsoziologie und Entscheidungslogik. Objektbereich und Problemstellung der theoretischen Nationalökonomie. Zeitschrift für die gesamte Staatswissenschaft, 114. Band.

(15) Politische Ökonomie und Sozialpolitik. Probleme der politischen Verwendung ökonomischer Theorien, Recht der Arbeit, 11. Jahrgang.

(16) Soziologie und empirische Sozialforschung. Bemerkungen zu Hans-Joachim Liebers Kritik der empirischen Sozialforschung, Archiv für Rechts- und Sozialphilosophie, XLIV. Jahrgang.

(17) Das Wertproblem in den Sozialwissenschaften. Bemerkungen zu Myrdals neuem Buch, Schweizerische Zeitschrift für Volkswirtschaft und Statistik, 94. Jahrgang.

(17a) Soziale Sicherheit – Begriff und Probleme, Die Fortbildung. Studien- und Mitteilungsblatt der deutschen Verwaltungs- und Wirtschafts-Akademien, Heft 3, Sept. 1958, S. 42–44.

1959

(18) Der logische Charakter der theoretischen Nationalökonomie. Zur Diskussion um die exakte Wirtschaftstheorie, Jahrbücher für Nationalökonomie und Statistik, Band 171.

(19) Ein Weg zur Wirtschaftsgestaltung? Zeitschrift für Nationalökonomie, Band XIX.

1960

(20) Nationalökonomie als Soziologie. Zur sozialwissenschaftlichen Integrationsproblematik, Kyklos, Vol. XIII.

(21) Wissenschaft und Politik. Zum Problem der Anwendbarkeit einer wertfreien Sozialwissenschaft, in: E. Topitsch (Hg.), Probleme der Wissenschaftstheorie, Festschrift für Victor Kraft, Wien.

(22) Der kritische Rationalismus Karl Raimund Poppers, Archiv für Rechts- und Sozialphilosophie, XLVI. Jahrgang, Berlin/Neuwied. japanisch, mit Einleitung von Junichi Aomi, in: Kokka-Gakkai-Zasshi, Vol. 26, 3/4, Tokio 1962.

(23) Zur Lage der deutschen Wirtschaftswissenschaft. Der Arbeitgeber, 12. Jahrgang, Heft 15/16.

1961

(24) Die Problematik der ökonomischen Perspektive, Zeitschrift für die gesamte Staatswissenschaft, 117. Band.

(25) Ethik und Meta-Ethik. Das Dilemma der analytischen Moralphilosophie, Archiv für Philosophie, Band 11, auch in: Albert/Topitsch (Hg.), Der Werturteilsstreit, Darmstadt 1971. polnisch (teilweise) in: Etyka 11, Warszawa 19. spanisch, als Buch: Etica y Metaetica, Valencia 1978. japanisch, in: Akihiro Takeichi (ed.), Sammelband 1985.

(26) Probleme der Wissenschaftslehre in der Sozialforschung, in: René König (Hg.), Handbuch der empirischen Sozialforschung, Stuttgart, 2. Auflage, 1967.

(27) Allgemeine Wertproblematik, in: »Wert«. HWSW, zusammen mit W. Weber und G. Kade, 39. Lieferung.

(28) Eine Theorie des Marktverhaltens großer Unternehmungen. Bemerkungen zu Baumols neuem Buch, Jahrbücher für Nationalökonomie und Statistik, Band 173.

(29) Der moderne Methodenstreit und die Grenzen des Methodenpluralismus, Jahrbuch für Sozialwissenschaft, Band 13, S. 143–169, auch in: R. Jochimsen/H. Knobel (Hg.), Gegenstand und Methoden der Nationalökonomie, Köln 1971.

1962

(30) Zur Frage der wissenschaftlichen Fundierung wirtschaftspolitischer Maßnahmen. Bemerkungen zu Reimut Jochimsens Buch »Ansatzpunkte der Wohlstandsökonomik«, Zeitschrift für Nationalökonomie, Band XXI.

(31) Rationalität und Wirtschaftsordnung, Diskussionsbeitrag, Volkswirt, 16. Jahrgang, Heft 4, 27. Januar 1962.

1963

(32) Modellplatonismus. Der neoklassische Stil des ökonomischen Denkens in kritischer Beleuchtung, in: F. Karrenberg/H. Albert, Sozialwissenschaft und Gesellschaftsgestaltung. Festschrift für Gerhard Weisser, Berlin 1963, auch in: E. Topitsch (Hg.), Logik der Sozialwissenschaften, Köln/Berlin 1965.

(33) Wertfreiheit als methodisches Prinzip. Zur Frage der Notwendigkeit einer normativen Sozialwissenschaft, in: E. v. Beckerath/H. Giersch (Hg.), Probleme der normativen Ökonomik und der wirtschaftspolitischen Beratung, Schriften des Vereins für Sozialpolitik, NF, Band 20, Berlin, auch in: E. Topitsch (Hg.), Logik der Sozialwissenschaften, Köln/Berlin 1965.

(34) Die Idee der kritischen Vernunft. Zur Problematik der rationalen Begründung und des Dogmatismus, Jahrbuch für kritische Aufklärung: Club Voltaire, Band I, München, auch in: K. Salamun (Hg.), Was ist Philosophie?, Tübingen 1980; und in: Aufklärung und Kritik. Zeitschrift für freies Denken und humanistische Philosophie, 1. Jahrgang, Nr. 2, Nürnberg 1994, S. 16–29; italienisch: La ragione critica, in: R. Campa (ed.), L'autoritarismo e la society contemporanea, Rom 1969.

(35) Las Decisiones de Inversion y su Problematica, Boletin de Estudios Economicos, Vol. XVIII, No. 60, Bilbao.

(36) Empirische Verhaltensforschung und ökonomische Theorie. Bemerkungen zu einem Buch von Herbert Wölker, Zeitschrift für Nationalökonomie, Band XXII.

(37) Der Blickwinkel wird weiter. Anmerkungen zu neuen Büchern, in: Der Volkswirt, 31. 5. 1963, Nr. 22.

1964

(38) Rationalität und Wirtschaftsordnung. Grundlagenprobleme einer rationalen Ordnungspolitik, in: Gestaltungsprobleme der Weltwirtschaft. Festschrift für Andreas Predöhl, Göttingen.

(39) Probleme der Theoriebildung. Entwicklung, Struktur und Anwendung sozialwissenschaftlicher Theorien, in: H. Albert (Hg.), Theorie und Realität, Tübingen 1964, auch (gekürzt und verändert), in: L. Czayka (Hg.), Erkenntnisprobleme der Ökonometrie, Meisenheim am Glan 1978.

(40) Der Mythos der totalen Vernunft. Dialektische Ansprüche im Lichte undialektischer Kritik, Kölner Zeitschrift für Soziologie und Sozialpsychologie, 16. Jahrgang. Auch englisch, in: Anthony Giddens

(ed.), Positivism and Sociology, Heinemann, London 1974. polnisch, in: Dariusz Aleksandrowicz (Hg.), Faktiteosia, Wroclow 1986.

(41) Der Marktmechanismus im sozialen Kräftefeld. Zur soziologischen Problematik pretialer Steuerungssysteme, in: Kloten/Krelle/Müller/Neumark (Hg.), Systeme und Methoden in den Wirtschaftswissenschaften. Erwin v. Beckerath zum 75. Geburtstag, Tübingen, auch in: Simon-Schäfer/Zimmerli (Hg.), Wissenschaftstheorie der Geisteswissenschaften, Hamburg 1975 (Markt und Organisation).

(42) Social Science and Moral Philosophy. A Critical Approach to the Value Problem in the Social Sciences, in: Mario Bunge (Hg.), The Critical Approach to Science and Philosopy. Essays in Honor of Karl Popper, Glencoe/Illinois.

(43) Zur Logik der Sozialwissenschaften: Die These der Seinsgebundenheit und die Methode der kritischen Prüfung, Europäisches Archiv für Soziologie, Band V, No. 2.

1965

(44) Tradition und Kritik, Jahrbuch für kritische Aufklärung: Club Voltaire, Band II, München, gekürzt auch in: St. Galler Tageblatt, Nr. 274, Sonntag, 15. 6. 1969.

(45) Sinn und Möglichkeiten der Prognose in den Sozialwissenschaften, in: Heinz Müller/Peter Schneider (Hg.), Sinn und Möglichkeiten wissenschaftlicher Prognose. Mainzer Universitätsgespräche, Wi-Sem. 1963, Mainz 1965.

(46) Zur Theorie der Konsum-Nachfrage. Die neoklassische Lösung marktsoziologischer Probleme im Lichte des ökonomischen Erkenntnisprogramms, Jahrbuch für Sozialwissenschaft, Band 16, auch in: Eberlein/Kroeber-Riel/Leinfellner (Hg.), Forschungslogik der Sozialwissenschaften, Düsseldorf 1974.

(47) Im Rücken des Positivismus? Dialektische Umwege in kritischer Beleuchtung, Kölner Zeitschrift für Soziologie und Sozialpsychologie, 17. Jahrgang.

(48) Diskussionsbeitrag, zu: Talcott Parsons »Wertfreiheit und Objektivität«, in: Otto Stammer (Hg.), Max Weber und die Soziologie heute, Tübingen (Verh. d. 15. Deutschen Soziologentages).

(49) In memoriam Andrzej Malewski, Kölner Zeitschrift für Soziologie und Sozialpsychologie, Jahrgang 17.

1967

(50) Theorie und Praxis. Max Weber und das Problem der Wertfreiheit und der Rationalität, in: Oldemeyer (Hg.), Die Philosophie und die Wissenschaften. Simon Moser zum 65. Geburtstag, Meisenheim am Glan, auch in: Albert/Topitsch (Hg.), Der Werturteilsstreit, Darmstadt 1971.

(51) Politische Ökonomie und rationale Politik. Vom wohlfahrtsökonomischen Formalismus zur politischen Soziologie, in: Hans Besters (Hg.), Theoretische und institutionelle Grundlage der Wirtschaftspolitik. Theodor Wessels zum 65. Geburtstag, Berlin.

(52) Nationalökonomie und sozialwissenschaftliche Integration. Bemerkungen zu Gerd Fleischmanns gleichnamigem Buch, Zeitschrift für Nationalökonomie, Band XXVII.

(53) Zur Interpretation des ökonomischen Modelldenkens. Eine Antikritik, Jahrbücher für Nationalökonomie und Statistik, Band 180.

(54) Soziologie als politische Wissenschaft. Georg Weipperts hermeneutische Wissenschaftslehre, Soziale Welt, Jahrgang 18.

1968

(55) Erwerbsprinzip und Sozialstruktur. Zur Kritik der neoklassischen Marktsoziologie, Jahrbuch für Sozialwissenschaft Band 19.

(56) Sozialwissenschaft und politische Praxis. Bemerkungen zu Lompes Analyse des Problems der wissenschaftlichen Beratung der Politik, Archiv für Rechts- und Sozialphilosophie, Vol. LIV.

(57) Programm der neuen Kritik: Rationalität bzw. Engagement (Radio-Vortrag: Rationalität und Politik), Neues Forum, XV. Jahr, Heft 179/180, Wien 1968 (Nov. – Dez.), und XVI. Jahr, Heft 182/I, Wien 1969.

1969

(58) Artikel »Definiton«, »Empirismus«, »Historismus«, »Holismus«, »Prognose«, »Verstehen«, »Wertfreiheit«, in: Wilhelm Bernstorf (Hg.), Wörterbuch der Soziologie, 2. Auflage, Stuttgart.

(59) Plädoyer für kritischen Rationalismus, in: C. Grossner/A. Oetker/H. H. Münchmeyer/C. Chr. v. Weizsäcker (Hg.), Das 198. Jahrzehnt. Eine Team-Prognose für 1970 bis 1980, Hamburg, auch in: Die Zeit, Nr. 49, Fr. 5. 12. 1969, S. 63 ff.

(60) Normative Sozialwissenschaft und politische Rationalität. Zur Kontroverse über den Weisserschen Ansatz, Archiv für Rechts- und Sozialphilosophie, Vol. LIV.

1970

(61) Theorie, Verstehen und Geschichte. Zur Kritik des methodologischen Autonomieanspruchs in den sogenannten Geisteswissenschaften, Zeitschrift für allgemeine Wissenschaftstheorie, Band I, Heft 1.

(62) Aspekte eines Modernen Kritizismus, in: W. Hochkeppel (Hg.), Soziologie zwischen Theorie und Empirie. Soziologisches Grundprobleme, Sammlung Dialog 39, Nymphenburger Verl. Buchhandlung München (Radiovortrag).

(63) Politische Theologie im Gewande der Wissenschaft. Zur Kritik der neuen deutschen Ideologie, Club Voltaire, IV. Jahrbuch für kritische Aufklärung, Reinbek bei Hamburg, auch in: Vorgänge 1970.

(64) Wissenschaft und Verantwortung. Max Webers Idee rationaler Praxis und die totale Vernunft der politischen Theologie. Mens en Maatschappij, 45. Jahrgang, teilweise in: AIAS. Angewandte Sozialforschung, 5/6, 1970, Marcuse über Weber, eine Fehldeutung.

1971

(65) Hermeneutik und Realwissenschaft. Die Sinnproblematik und die Frage der theoretischen Erkenntnis, in: Albert (Hg.), Sozialtheorie und soziale Praxis. Eduard Baumgarten zum 70. Geburtstag, Meisenheim am Glan.

(66) Wissenschaft, Technologie und Politik. Zur Problematik des Verhältnisses von Erkenntnis und Handeln, in: Wissenschaftliche und gesellschaftliche Auswirkungen des technischen Fortschritts, Düsseldorf 1971, auch in: Spreer u. a. (Hg.), Kritischer Rationalismus und Sozialdemokratie, Berlin/Bonn 1975. spanisch in: Garcia Echevarria (ed.), Politica Economia de la Empresa, Madrid 1975. itaienisch in: Razionalismo critico e socialdemocrazia, Milano 1981, S. 387 – 408.

(67) Rationalität und Gesellschaft. Wissenschaft und Politik in der Sicht des kritischen Rationalismus. Mannheimer Berichte. Aus Forschung und Lehre der Universität Mannheim, 3. Nov. 1971. finnisch: Rationaalismus ja yhteiskunta, in: Krittisen Rationalism Julkaisusarja, 1/74.

(68) Konstruktivismus oder Realismus? Bemerkungen zu Holzkamps dialektischer Überwindung der modernen Wissenschaftslehre, Zeitschrift für Sozialpsychologie, Band II., Heft 1.

(69) Kritizismus und Naturalismus. Die Überwindung des klassischen Rationalitätsmodells und das Überbrückungsproblem, in: Hans Lenk (Hg.), Neue Aspekte der Wissenschaftstheorie, Braunschweig.

1972

(70) Aufklärung und Steuerung. Gesellschaft, Wissenschaft und Politik in der Sicht des kritischen Rationalismus, Hamburger Jahrbuch für Wirtschafts- und Gesellschaftspolitik, 17. Jahr auch in: Mitteilungen der Gesellschaft der Freunde der Universität Mannheim e. V., Jahrgang 22, 1. 4. 1973. italienisch in: Razionalism critico e sozialdemocrazia, Milano 1981, S. 127–155. französisch: Rationalité Scientifique et Contro le Politique, in: Cahiers S. T. S.: Science-Technologie-Societê: Karl Popper, Paris 1985, Ed du Centre National de la Recherche Scientifoque.

(71) Erkenntnis und Recht. Die Jurisprudenz im Lichte des Kritizismus, in: Albert/Luhmann/Maihofer/Weinberger (Hg.), Rechtstheorie. Grundlagenwis-senschaft der Rechtswissenschaft, Jahrbuch für Rechtssoziologie und Rechtstheorie, Band 2, Düsseldorf. Abgedruckt in: Gerd Roellecke (Hg.), Rechtsphilosophie oder Rechtstheorie? Darmstadt 1988, S. 289–314.

(72) Theorien in den Sozialwissenschaften, in: Albert (Hg.), Theorie und Realität, 2. Auflage, Tübingen.

(73) Normativismus oder Sozialtechnologie? Bemerkungen zu Eike von Savignys Kritik, in: Albert/Luhmann/Maihofer/Weinberger (Hg.), Rechtstheorie. Grundlagenwissenschaft der Rechtswissenschaft, Jahrbuch für Rechtssoziologie und Rechtstheorie, Band 2, Düsseldorf.

(74) Der Anti-Illusionist. Karl Popper zum 70. Geburtstag, Frankfurter Allgemeine Zeitung, Sa. 29. 7. 1972, Nr. 173.

1973

(75) Ideologie und Wahrheit. Theodor Geiger und das Problem der sozialen Verankerung des Denkens, in: Albrecht/Daheim/Sack (Hg.), Soziologie. Sprache. Bezug zur Praxis. Verhältnis zu anderen Wissenschaften. René König zum 65. Geburtstag, Opladen.

(76) Der Gesetzesbegriff im ökonomischen Denken, Schriften des Vereins für Socialpolitik, NF, Band 74/I: Macht und ökonomisches Gesetz, Berlin.

(77) Vom Instrumentalismus zur Hermeneutik des Gesamtsubjekts. Holzkamps Übergang vom verstehenden Marxismus im Lichte realistischer Kritik, in: Albert/Keuth (Hg.), Kritik der kritischen Psychologie, Hamburg.

1974

(78) Die ökonomische Tradition im soziologischen Denken, aus MS und EL, in: B. S. Frey/W. Meißner (Hg.), Zwei Ansätze der politischen

Ökonomie. Marxismus und ökonomische Theorie der Politik, Frankfurt.

(79) Die Möglichkeiten der Wissenschaft und das Elend der Prophetie, Mitteilungen der Gesellschaft der Freunde der Universität Mannheim, Oktober 1974, auch in: K. Acham (Hg.), Methodologische Probleme der Sozialwissenschaften, Darmstadt 1978.

(80) »Positivismus – Kritischer Rationalismus«, in: Christoph Wulf (Hg.), Wörterbuch der Erziehung, München/Zürich.

1975

(81) Ordnung ohne Dogma. Wissenschaftliche Erkenntnis und ordnungspolitische Entscheidung, in: E. Arndt/W. Michalski/B. Molitor (Hg.), Wirtschaft und Gesellschaft. Ordnung ohne Dogma. H. D. Ortlieb zum 65. Geburtstag, Tübingen. englisch in: Law and State, Vol. 13, Tübingen 1976. italienisch: Popper. Il metodo e la politica. In: Scienza e Tagione Critica, 1982.

(82) Der Kritizismus und seine Kritiker, Nachwort zur 3. Auflage von: Traktat über kritische Vernunft, Tübingen.

1976

(83) Erkenntnis, Sprache und Wirklichkeit. Der kritische Realismus und das Problem der Erkenntnis, in: Bernulf Kanitscheider (Hg.), Sprache und Erkenntnis. Festschrift für Gerhard Frey zum 60. Geburtstag, Innsbruck.

(84) Wissenschaftstheorie, in: E. Grochla/W. Wittmann (Hg.), Handwörterbuch der Betriebswirtschaft, 4. Auflage, Stuttgart.

(85) Die Idee der Wahrheit und der Primat der Politik. Über die Konsequenzen der deutschen Ideologie für die Entwicklung der Wissenschaft, in: K. Hübner/N. Lobkowicz/H. Lübbe/G. Radnitzky (Hg.), Die politische Herausforderung der Wissenschaft. Gegen eine ideologisch verplante Forschung, Hamburg.

1977

(86) Individuelles Handeln und soziale Steuerung. Die ökonomische Tradition und ihr Erkenntnisprogramm, in: Hans Lenk (Hg.), Handlungstheorien – interdisziplinär, Band 4, München 1977, S. 177–225.

(87) Die Idee der politischen Ökonomie und das Problem der rationalen Politik, Vits-Preis-Rede vom 30. 11. 1976, Münster 1977.

(88) Die ökonomische Tradition und das Problem der Modernisierung, in W. Zapf (Hg.), Probleme der Modernisierungspolitik, Meisenheim.

(89) Hülasa auf der Kanonenkugel, Studia Philosophica, 37, S. 235 – 242.

1978

(90) Die Einheit der Sozialwissenschaften, in: Franz-Josef Kaiser (Hg.), Die Stellung der Ökonomie im Spannungsfeld sozialwissenschaftlicher Disziplinen, Bad Heilbrunn (Obb.), auch in: Topitsch (Hg.), Logik der Sozialwissenschaften, 10. Auflage, München 1980. jugoslawisch in: Preglad, Sarajewo, LXVIII/4. April 1978.

(91) Nationalökonomie als sozialwissenschaftliches Erkenntnisprogramm in: Albert/Kemp/Krelle/Menges/Meyer, Ökonometrische Modelle und sozialwissenschaftliche Erkenntnisprogramme. Beiträge zu einem Symposium aus Anlaß des 90. Geburtstages von W. G. Waffenschmidt, Band I von: Gesellschaft/Recht/Wirtschaft, Mannheim/Wien/Zürich.

(92) Science and the Search for Truth. Critical Rationalism and the Methodology of Science, in: G. Radnitzky/G. Andersson (eds.), Progress and Rationality in Science, Dordrecht/Holland 1978, Boston Studies in the Philosophy of Science, R. S. Cohen/M. Wartofsky (Hg.), Vol LVIII.

1979

(93) Geschichte und Gesetz. Zur Kritik des methodologischen Historismus, in: Kurt Salamun (Hg.), Sozialphilosophie als Aufklärung. Festschrift für Ernst Topitsch, Tübingen 1979. italienisch: Storia e legge, in: Rivista di Filosofia, 10. Febraio 1978, S. 1 – 25. deutsch auch in: Mitteilungen der Gesellschaft der Freunde der Universität Mannheim e. V., 28/1. April 1979; koreanisch in: Jae-Nyeon Chol (ed.) … S. 305–336.

(94) Theologie als Wissenschaft. Die Verankerung des Gottesglaubens in der Weltauffassung, in: Simon Moser/Eckart Pilick (Hg.), Gottesbilder heute. Zur Gottesproblematik in der säkularisierten Gesellschaft der Gegenwart, Königstein 1979, S. 55–68.

(95) The Economic Tradition. Economics as a Research Programme for Theoretical Social Science, in: Karl Brunner (ed.), Economics and Social Institutions. Insights from the Conferences on Analysis and Ideology, Boston/The Hague/London 1979.

(96) Zur Glaubensproblematik bei Pascal, James and Kierkegaard, in: Norbert Hoerster (Hg.), Glaube und Vernunft. Texte zur Religionsphilosophie, DTV 4338, München 1979, S. 267–274.

(97) Zur Kritik der reinen Ökonomie. Die Neoklassik und die Methodenkontroverse, in: K. Laski/E. Matzner/E. Nowotny (Hg.), Beiträge zur Diskussion und Kritik der neoklassischen Ökonomie. Festschrift für Kurt W. Rothschild und Josef Steindl, Berlin/Heidelberg 1979, S. 11–28.

(98) Realität und Wahrheit. Zu Herbert Keuths Kritik am kritischen Rationalismus, Zeitschrift für Philosophische Forschung, Band 33, Heft 4, 1979, S. 567–587.

1980

(99) Geplante Wissenschaft? Die Soziale Verankerung der Wissenschaft und die Steuerung des Erkenntnisgeschehens, in: Liberalismus – nach wie vor. Grundgedanken und Zukunftsfragen Hg. von Willy Linder, Hanno Helbling, Hugo Bühler, NZZ-Jubiläumsband (200-jähriges Jubiläum der »Neuen Zürcher Zeitung«), Zürich 1980.

(100) Die Wissenschaft und die Suche nach Wahrheit. Der kritische Realismus und seine Konsequenzen für die Methodologie (umgearbeitete Fassung von (92)), in: G. Radnitzky/G. Andersson (Hg.), Fortschritt und Rationalität der Wissenschaft, Tübingen 1980, und in: Die Wissenschaft und die Fehlbarkeit der Vernunft, Tübingen 1982.

(101) Gesetze, Modelle und institutionelle Alternativen. Zu Willi Meyers Charakterisierung des ökonomischen Denkens, (Korreferat), in: Erich Streißler/Christian Watrin (Hg.), Zur Theorie marktwirtschaftlicher Ordnungen, Tübingen.

1981

(102) Scienza e ragione critica, Rivista di Filosofia, 20. Juni 1981. (auch in 16.) deutsch: Wissenschaft und kritische Vernunft, in: Rektorat der Universität Mannheim (Hg.), Gesellschaft und Universität, Festschrift, 1982.

1982

(103) Transzendentaler Realismus und rationale Heuristik. Zum heuristischen Charakter der wissenschaftlichen Methode, in: Die Wissenschaft und die Fehlbarkeit der Vernunft, Tübingen. englisch: Transcendental Realism and Rational Heuristics: Critical Rationalism and the Problem of Method, in Gunnar Anderson (ed.), Rationality in Science and Politics, Dordrecht 1984.

(104) Münchhausen oder der Zauber der Reflexion. Die Ansprüche der Transzendentalpragmatik im Lichte des konsequenten Fallibilismus, in: Die Wissenschaft und die Fehlbarkeit der Vernunft, Tübingen.

(105) Theologie und Weltauffassung. Die Ansprüche des theologischen Denkens und das moderne Weltbild, in: Die Wissenschaft und die Fehlbarkeit der Vernunft, Tübingen.

(106) Kritische Vernunft und religiöser Glaube. Zur Analyse der kulturellen Problemsituation der Gegenwart, in: Die Wissenschaft und die Fehlbarkeit der Vernunft, Tübingen.
(107) Karl Poppers kritischer Rationalismus, Das jüdische Echo. Zeitschrift für Kultur und Politik, I/Vol. XXXI, Wien Sept. 1982, S. 103–105.

1983

(108) Religiöser Glaube und kritische Vernunft, Kurzfassung des Grazer Vortrags vom 3. März 1983, in: Sterz, Unabh. Zeitschrift für Literatur, Kunst und Kulturpolitik, Nr. 26, Religion, Mystik, Aberglaube, Graz, Oktober 1983.

1984

(109) Ist eine philosophische Letztbegründung moralischer Normen möglich? Streitgespräch mit Karl-Otto Apel, in: Karl-Otto Apel, Dietrich Böhler, Gerd Kadelbach (Hg.), Funkkolleg: Praktische Philosophie/Ethik: Dialoge, Band 2, Frankfurt 1984, S. 82–122.
(110) Modell-Denken und historische Wirklichkeit. Zur Frage des logischen Charakters der theoretischen Ökonomie, in: Hans Albert (Hg.), Ökonomisches Denken und soziale Ordnung. Festschrift für Erik Boettcher, Tübingen 1984, S. 39–61.
(111) Der Sinn des Lebens ohne Gott, in: Norbert Hoerster (Hg.), Religionskritik, Stuttgart 1984, Reclam, Universalbibliothek Nr. 9584 (2).
(112) Rückkehr zum Mythos? Sinnbedürfnis und Erkenntnisstreben im Widerstreit, unter dem Titel: Alte und neue Mythen, in: Radius 29. Jg. 1984, 3, S. 6–13.
(113) Europa, die Ausnahme, (gekürzte Fassung des Alpbach-Vortrages 1984), in: Wirtschaftswoche Nr. 39 v. 21. 9. 1984, S. 156–167.

1985

(114) Grundprobleme rationaler Ordnungspolitik. Vom wohlfahrtsökonomischen Kalkül zur Analyse institutioneller Alternativen, in: Helmut Milde/Hans G. Monissen (Hg.), Rationale Wirtschaftspolitik in komplexen Gesellschaften. Gerhard Gäfgen zum 60. Geburtstag, Stuttgart 1985.
(115) Der Beitrag Europas. Erbe und Auftrag, in: Otto Molden (Hg.), Der Beitrag Europas. Erbe und Auftrag. Europäisches Forum Alpbach 1984, Verlag Österreichisches College, Wien 1985, S. 43–84.
(116) On Using Leibniz in Economics. Comment on Peter Koslowski, in: Peter Koslowski (ed.), Economics in Philosophy, Tübingen 1985, S. 68–78.

(117) Mißverständnisse eines Kommentators. Zu Norbert Elias, Das Credo eines Metaphysikers. Kommentare zu Poppers »Logik der Forschung«, in: Zeitschrift für Soziologie, Jg. 14, Heft 4, Aug. 1985, S. 265–267.
(118) Erfahrungen mit der Nation, in: Marieluise Janssen-Jurreit (Hg.), Lieben Sie Deutschland? Gefühle zur Lage der Nation, München/Zürich 1985, S. 225–232.
(119) La Disputa del Positivisme i el Problema de la Unitat de les Sciènces Socials, in: Enrahonar. Quaderns de Filosofia 11, Barcelona 1985.
(120) Münchhausen in transzendentaler Maskerade. Über einen neuen Versuch der Letztbegründung praktischer Sätze. Zeitschrift für Allgemeine Wissenschaftstheorie, XVI/2, 1985, S. 341–356.
(121) Rudolf Haller und das Münchhausen-Trilemma. Bemerkungen zur neuesten Version der Hallerschen Kritik, Conceptus, Jg. XIX, Nr. 48, 1985, S. 101–102.
(122) Anmerkungen zum ökonomischen Denken, in: Konstanzer Blätter für Hochschulfragen, Jg. XXIII, Heft 1, 86, Dez. 1985, S. 6–17.

1986

(123) Freiheit und Ordnung. Der europäische Beitrag zur Lösung des ordnungspolitischen Problems, in: Max Kaase (Hg.), Politische Wissenschaft und politische Ordnung. Analysen zur Theorie und Empirie demokratischer Regierungsweise. Festschrift zum 65. Geburtstag von Rudolf Wildenmann, Opladen 1986, S. 61–69.
(124) Regole metodologiche e regole democratiche, Biblioteca della Liberta, 92, Torino 1986.
(125) Law as an Instrument of Rational Practice, in: Terence Daintith/Günther Teubner (eds.), Contract and Organization. Legal Analysis in the Light of Economic and Social Theory, Berlin/New York 1986, S. 25–51.
(126) Erkenntnis und Gestaltung der Wirklichkeit, in: Kurt-Friedrich Bohrer (Hg.), Wirtschaft und Kultur. Festschrift für Walter Mönch zum 80. Geburtstag, Heidelberg 1986, S. 17–32.
(127) Philosophie als Engagement für kritische Vernunft, in: Salamun, Kurt (Hg.), Was ist Philosophie? Tübingen 1986, S. 237–251.
(128) Erkenntnisfortschritt und Kulturentwicklung, in: Wirtschaft und Wissenschaft im Wandel. Festschrift für Dr. Carl Zimmerer zum 60. Geburtstag, gewidmet von seinen Freunden, Frankfurt am Main 1986.

1987

(129) Zum Problem der Unternehmensverfassung – Sozialtechnologische Aspekte des Verfassungsproblems, in: Wolfgang Dorow (Hg.), Die Unternehmung in der demokratischen Gesellschaft. Günter Dlugos zum 65. Geburtstag gewidmet, Berlin/New York 1987, S. 3–11.

(130) Is Socialism inevitable? Historical prophecy and the possibilities of reason in: Svetozar Pejovich (ed.), Socialism: institutional, philosophical and economical issues, Dordrecht, Boston, Lancaster 1987.

(131) Die angebliche Paradoxie des konsequenten Fallibilismus und die Ansprüche der Transzendentalpragmatik, Zeitschrift für Philosophische Forschung, Bd. 41, Heft 3, 1987, S. 421–428.

1988

(132) Die Suche nach dem Fundament der Erkenntnis: Husserl, Heidegger und die Erlanger Schule, Il Cannocchiale, 3, 1986, S. 3–10.

(133) Die ökonomische Tradition und ihr Erkenntnisprogramm in: Günther Schanz/Saburo Kojima (Hg.), Wirtschaftswissenschaft und kritischer Rationalismus. Wissenschaftliche Austauschung zwischen Deutschland und Japan (japanisch), Tokio 1988.

(134) Critical Rationalism: The Problem of Method in Social Sciences and Law, Ratio Juris, Volume 1, Number 1, March 1988, S. 1–19.

(135) Realismo Critico e Concezione »Impura« della Conoscenza, Clinamen, I, 1, settembre – dicembre 1988, S. 17–26.

(136) Hermeneutics and Economics. A Criticism of Hermeneutical Thinking in the Social Sciences, Kyklos, Volume 41, Fasc. 4, 1988, S. 573–602.

1989

(137) Ritorno al Mito? Una tendenza connessa alla sfiducia verso il pensiero scientifico, in: Prometeo, Anno 7, Numero 25, Marzo 1989, S. 115–120.

(138) Die Möglichkeit der Erkenntnis. Zur Kritik der reinen Erkenntnislehre im Lichte des kritischen Rationalismus, in: Kurt Salamun (Hg.), Karl R. Popper und die Philosophie des kritischen Rationalismus, zum 85. Geburtstag von Karl R. Popper, Amsterdam/Atlanta 1989, S. 3–18.

(139) Georg Simmel und das Begründungsproblem. Ein Versuch der Überwindung des Münchhausen-Trilemmas, in: Wolfgang L. Gombocz, Heiner Rutte, Werner Sauer (Hg.), Traditionen und Perspektiven der analytischen Philosophie. Festschrift für Rudolf Haller, Wien 1989, S. 258–264.

(140) Hösles Sprung in den objektiven Idealismus. Über die Verwirrungen eines ganz gewöhnlichen Genies, Zeitschrift für allgemeine Wissenschaftslehre, XX/1, 1989, S. 124–131.
(141) Hermeneutik als Heilmittel? Der ökonomische Ansatz und das Problem des Verstehens, Analyse und Kritik. Zeitschrift für Sozialwissenschaften, 11/1, 1989, S. 1–22.
(142) Kritischer Rationalismus, in: Helmut Seiffert/Gerard Radnitzky (Hg.), Handlexikon zur Wissenschaftstheorie, München 1989, S. 177–182.
(143) Zur Kritik der reinen Religion. Über die Möglichkeit der Religionskritik nach der Aufklärung, in: Salamun, Kurt (Hg.), Aufklärungsperspektiven. Weltanschauungsanalyse und Ideologiekritik, Tübingen 1989, S. 99–115.

1990

(144) Methodologischer Individualismus und historische Analyse, in: Karl Acham/Winfried Schulze (Hg.), Teil und Ganzes. Zum Verhältnis von Einzel- und Gesamtanalyse in Geschichts- und Sozialwissenschaften, Beiträge zur Historik, Band 6, München 1990, S. 219–239.
(145) Der Mythos des Rahmens am Pranger. Anderssons Antwort auf die wissenschaftsgeschichtliche Herausforderung, Zeitschrift für philosophische Forschung, Band 44 (1990), 1, S. 85–97.
(146) Die Verfassung der Freiheit. Bedingungen der Möglichkeit sozialer Ordnung, in: Odo Marquard (Hg.), Einheit und Vielheit. XIV. Deutscher Kongreß für Philosophie (1987), Hamburg 1990, S. 253–276.
(147) Abschied vom illusionären Denken, in: Karlheinz Deschner (Hg.), Woran ich glaube, Gütersloh 1990, S. 14–22.

1991

(148) Le Rationalism Critique, la Controverse Positiviste et le Probleme de l'Unite des Sciences Sociales, in: Renee Bouveresse/Herve Barreau (eds.), Karl Popper, Science et Philosophie, Librairie Philosophique J. Vrin, Paris 1991, S. 283–301.
(149) Heidegger, la scienza e il linguaggio, Rivista di Filosofia, Vol. LXXXIII (1991), 2, S. 163–192.
(150) Erkenntnis, Recht und soziale Ordnung. Zur Rechts- und Sozialphilosophie des kritischen Rationalismus, in: Robert Alexy, Ralf Dreier, Ulfrid Neumann (Hg.), Rechts- und Sozialphilosophie in Deutschland heute. Beiträge zur Standortbestimmung, Stuttgart 1991, S. 16–29.

(151) Erkenntnis und soziale Ordnung. Zur Sozialphilosophie des kritischen Rationalismus, in: Norbert Leser/Josef Seifert/Klaus Plitzner (Hg.), Die Gedankenwelt Sir Karl Poppers. Kritischer Rationalismus im Dialog, Heidelberg 1991, S. 204–224.
(152) Der Wiener Kreis und die Problematik der Rationalität, in: Paul Kruntorad (Hg), Jour Fixe der Vernunft. Der Wiener Kreis und die Folgen, Wien 1991, S. 56–68.

1992

(153) Zur Kritik der reinen Jurisprudenz. Recht und Rechtswissenschaft in der Sicht des kritischen Rationalismus, Internationales Jahrbuch für Rechtsphilosophie und Gesetzgebung, S. 343–357.
(154) Zur Frage einer rationalen Dogmatik. Bemerkungen zu Robert Walters Kritik, Internationales Jahrbuch für Rechtsphilosophie und Gesetzgebung, S. 363–364.
(155) Die Wertfreiheitsproblematik und der normative Hintergrund der Wissenschaften, in: Hans Lenk/Matthias Maring (Hg), Wirtschaft und Ethik, Stuttgart, S. 82–100, und in: Volker Gadenne/Aldo Visintin (Hg.), Wissenschaftsphilosophie, Freiburg/München, 1999, S. 167–182.
(156) Wissenschaftliche Erkenntnis und religiöse Weltauffassung, in: Jürgen Audretsch (Hg), Die andere Hälfte der Wahrheit. Naturwissenschaft. Philosophie, Religion, München, S. 113–133.
(157) Ragioni per non credere, in: Biblioteca della liberta, 116, S. 21–38.

1993

(158) Zum Problem der Wahrheit ethischer Überzeugungen (polnisch), in: Prawda Moralna Dobro Moralne. Ksiega Jubileuszowa dedykowana Pani Profesor Iji Lazari-Pawlowskiej, Lodz 1993, S. 14–15.
(159) Some remarks on reasons in explaining human action, International Studies in the Philosophy of Science, Vol. 7. No. 1, 1993, S. 25–27.
(160) Limiti del neo-tomismo, Biblioteca della liberta, 122, S. 85–88.
(161) Das Gewißheitsbedürfnis und die Suche nach Wahrheit. Ideologisches Denken zwischen Fundamentalismus und Pragmatismus, in: Friedrich Schneider/Rudolf Strasser/Karl Vodrazka (Hg.), Pragmatismus versus Fundamentalismus, Wien 1993, S. 11–30.
(162) Dialektische Denkwege. Jürgen Habermas und der kritische Rationalismus, in: Hans Albert/Kurt Salamun (Hg.), Mensch und Gesellschaft aus der Sicht des kritischen Rationalismus, Amsterdam/Atlanta 1993, S. 11–40.
(163) Formen des religiösen Pragmatismus, in: Edgar Dahl (Hg.), Die Lehre des Unheils. Fundamentalkritik am Christentum, Hamburg 1993, S. 108–119.

(164) Ein hermeneutischer Rückfall. Jürgen Habermas und der kritische Rationalismus, Logos, Band 1, 1993/94, S. 3–34. (verbesserte Fassung von (162)).

1994

(165) Epistemologia delle scienze sociali, in: Enciclopedia delle scienze sociali, Vol. III, Roma, S. 592–6o5.

1995

(166) Religion, Science, and the Myth of the Framework, in: I. C. Jarvie/N. Laor (eds), Critical Rationalism, Metaphysics and Science. Essays for Joseph Agassi, Vol. I, S. 41–58.
(167) Rationale Ethik als kognitives Projekt? Zu Hans Jürgen Wendels Analyse des Problems, Logos, Band 2, 1995, S. 95–101.
(168) Commentary on Bernholz, in: Gerard Radnitzky/Hardy Bouillon (eds), Values and the Social Order, Vol. I: Values and society, S. 251–254, Aldershot/Brookfield USA/Hong Kong/Singapore/Sidney.
(169) The Ideal of Liberty and the Problem of the Social Order, in: Dino Fiorot (Hg), Ordino, Conflitto e Liberta nei Grandi Mutamenti del Nostro Tempo, G. Giappichelli Editore, Torino, S. 1–30, (ital. Fassung der Schrift: Das Ideal der Freiheit und das Problem der sozialen Ordnung, Freiburg 1994).
(170) Intellektueller Humanismus. Theodor Geiger als Ideologiekritiker und als Vertreter der Aufklärung, in: Siegfried Bachmann (Hg.), Theodor Geiger. Soziologe in einer Zeit »zwischen Pathos und Nüchternheit«. Beiträge zu Leben und Werk, Berlin, S. 85–106.
(171) Karl Popper (1902–1994), Zeitschrift für allgemeine Wissenschaftstheorie, Vol. 26, S. 207–225.

1996

(172) Anmerkungen zum Fundamentalismus, in: Kurt Salamun (Hg.), Geistige Tendenzen der Zeit. Perspektiven der Weltanschauungstheorie und Kulturphilosophie, Frankfurt am Main/Berlin/Bern/New York/Paris/Wien, S. 85–111.
(173) Realität und menschliche Erfahrung. Zur Problematik der Erfahrung im transzendentalen Realismus, in: Jürg Freudiger/Andreas Graeser/Klaus Petrus (Hg.), Der Begriff der Erfahrung in der Philosophie des 20. Jahrhunderts, München, S. 93–110.
(174) Mein Umweg in die Soziologie. Vom Kulturpessimismus zum kritischen Rationalismus, in: Christian Fleck (Hg.), Wege zur Soziologie. Autobiographiche Notizen, Opladen, S. 17–37.

(175) Soziologie und soziale Ordnung. Rene König und die soziologischen Traditionen, in: Rene-König-Nachrichten, Heft 2, August 1996, Köln, S. 8–18, auch in: Günther Lüschen (Hg.) Das Moralische in der Soziologie, Opladen/Wiesbaden 1998, S. 49–57.
(176) Der Mythos des Rahmens und der moderne Antirealismus. Zur Kritik des idealistischen Rückfalls im gegenwärtigen Denken, in: Volker Gadenne/Hans Jürgen Wendel (Hg.). Rationalität und Kritik, S. 9–28.

1997

(177) Karl Popper: Leben und Werk, in: Friedrich Stadler (Hg.), Bausteine wissenschaftlicher Weltauffassung. Vorträge des Instituts Wiener Preis 1992–1995, Wien/New York, S. 55–74.
(178) Wiara i wiezda. Teologia i idea podwojnej prawdy (Übersetzung von Kap. V. Abschnitt 17 und 18, Traktat über kritische Vernunft), Nomos. Kwartalnik Religioznawczy, Nr. 12/13, Krakow 1996, S. 53–67.
(179) The Conflict of Science and Religion: Religious Metaphysics and the Scientific Word View as Alternatives, Journal of Institutional and Theoretical Economics, Vol. 153, 1997, S. 216–234.
(180) La svolta ermeneutica e la tradizione del pensiero critico, Rivista di filosofia, Vol. LXXXVIII, N. 2, S. 171–196.
(181) Scienza giuridica ed ermeneutica. Il diritto come patto sociale e il compito della giurisprudenza, Ars Interpretandi. Annuario di ermeneutica giuridica, 2, S. 231–246. (deutscher Text, im gleichen Band, S. 377–384).
(182) Die Idee der Freiheit und der Wohlfahrtsstaat. Zu Hardy Bouillons Rekonstruktion der liberalen Kritik, Zeitschrift für philosophische Forschung, Band 51, S. 611–620.

1998

(183) Pragmatismus und kritischer Rationalismus. Zur Rolle pragmatistischer Tendenzen im modernen Denken, in: Volker Gadenne (Hg.), Kritischer Rationalismus und Pragmatismus, Amsterdam/Atlanta, S. 19–36.
(184) Konflikt pomiedzu nauka a religia; netafizyka religijna i naukowy obraz swiate jako alternatywy (poln. Übers. von 179) in: Nomos. Kwartalnik Religiosnawczy, Nr. 20/21, Krakow, S. 5–30.
(185) La Difesa della Ragion Pratica proposta da Figal, Ars Interpretandi. Annuario di ermeneutica giuridica, 3, 1998, S. 207–211.
(186) Der Naturalismus und das Problem des Verstehens, in: Bernulf Kanitscheider/Franz Josef Wetz (Hg.), Hermeneutik und Naturalismus, Tübingen, S. 3–20.

1999

(187) Die Soziologie und das Problem der Einheit der Wissenschaften, Kölner Zeitschrift für Soziologie und Sozialpsychologie, 51. Jgg., S. 215–231.

(188) Kritischer Rationalismus. Vom Positivismusstreit zur Kritik der Hermeneutik, in: Albert/Schnädelbach/Simon-Schäfer (Hg.) Renaissance der Gesellschaftskritik? Bamberg, S. 15–43, S. 71–74, S. 78, S. 85, S. 92–93, S. 95, S. 98, S. 104–106, , S. 108–111.

2000

(189) La pretese della pragmatica trascendentele alla luce del fallibilismo conseguente, (Übersetzung des IV. Kap. von »Die Wissenschaft und die Fehlbarkeit der Vernunft, Tübingen 1982), Quaderni Interdisciplinari 2, Metodologia delle Scienze Sociali, Cosenza, Pellegrini Editore, S. 11–56.

(190) Ist der Sozialismus unvermeidbar? Historische Prophetie und die Möglichkeiten der Wissenschaft, deutsche Fassung von (130), auch in 18, S. 60–103, in: Liberal aktuell. Zeitschrift für Liberale aller Richtungen aus allen Parteien, Heft Nr. 59/1999, S. 44–60, Heft Nr. 60/2000, S. 29–49.

(200) Erkenntnis und Moral. Ein Nachtrag zum Positivismusstreit, in: J. Baechler/F. Chazel/R. Kamrane (eds.), L' acteur et ses raisons. Melanges en l'honneur des Raymond Boudon, Paris, S. 313–325.

(201) Methodologischer Revisionismus und diskursive Rationalität. Bemerkungen zur Methodendiskussion in den Sozialwissenschaften, Österreichische Zeitschrift für Soziologie, 25. Jgg. 2000, S. 29–45.

Herausgeber

(1) mit Friedrich Karrenberg, Sozialwissenschaft und Gesellschaftsgestaltung. Festschrift für Gerhard Weisser, Berlin 1963, Duncker und Humblot Verlag.

(2) Theorie und Realität. Ausgewählte Aufsätze zur Wissenschaftslehre der Sozialwissenschaften, Tübingen 1962, Mohr Siebeck Verlag, 2., veränderte Auflage, 1972.

(3) mit Ernst Topitsch, Werturteilsstreit, Wege der Forschung, Band CLXXV, Darmstadt 1971, Wissenschaftliche Buchgesellschaft, 2. Auflage 1979.

(4) Sozialtheorie und soziale Praxis. Eduard Baumgarten zum 70. Geburtstag, Meisenheim am Glan 1971, Hain-Verlag.

(5) mit Herbert Keuth, Kritik der kritischen Psychologie, Hamburg 1973, Hoffmann und Campe Verlag.

(6) mit Niklas Luhmann/Werner Maihofer/Ota Weinberger, Rechtstheorie als Grundlagenwissenschaft der Rechtswissenschaft, Jahrbuch für Rechtssoziologie und Rechtstheorie, Band II, Düsseldorf 1972, Bertelsmann Universitätsverlag.
(7) mit Kurt Stapf, Theorie und Erfahrung. Beiträge zur Grundlagenproblematik der Sozialwissenschaften, Stuttgart 1979, Klett-Cotta Verlag.
(8) Ökonomisches Denken und soziale Ordnung. Festschrift für Erik Boettcher, Tübingen 1984, Mohr Siebeck Verlag.
(9) mit Kurt Salamun, Mensch und Gesellschaft aus der Sicht des kritischen Rationalismus, Band IV der Schriftenreihe zur Philosophie Karl R. Poppers und des Kritischen Rationalismus, Rodopi, Amsterdam/Atlanta 1993.
(10) mit Herbert Schnädelbach und Roland Simon-Schäfer, Renaissance der Gesellschaftskritik? Universitätsverlag Bamberg, Bamberg 1999.

Interviews

(1) Kritischer Realismus, konsequenter Fallibilismus und methodischer Rationalismus. Gespräch mit Hans Albert, in: Information Philosophie, 1982, Oktober, 4 – 16, und 1982, Dezember 5, S. 20.
(2) Viaggi Atraverso Il Mondo 3: La Filosofia. Dario Antiseri Intervista Hans Albert, Mon Operaio Revista Mensile Del Partito Socialista Italiano, Febraio 1986, 2, S. 122–128.
(3) Hans Albert. Gespräch mit Florian Rötzer, in: Florian Rötzer (Hg.), Denken, das an der Zeit ist, ed. Suhrkamp 1406, Neue Folge 406, Frankfurt 1987, S. 34 – 51.
(4) Respuestas d H. Albert. Correspondecia de A. Cortina y J. Conill con el profesor Hans Albert, in: Estudios filosoficos, Volumen XXXVI, Mayo-Agosto 1987, S. 395–405.
(5) Hans Albert, ein streitbarer Philosoph verläßt die Uni, Interviewer: Philipp Hartmann und Martin Welker, Transmitter Nr. 28, 7. Jg., 1989.
(6) Lothar Fritze, Gespräch mit Hans Albert, in: Sinn und Form. Beiträge zur Literatur, 44. Jahr, 1992, 3. Heft, S. 380–390.
(7) Über die Fallibilität des Fallibilismus und andere Dinge. Hans Albert – Philosoph des kritischen Rationalismus, Interviewer: Peter Siller, in: Das Urteil. Die Fachschaftszeitung der FI-Jura, Heidelberg, 24. Ausgabe, Juni 1995, S. 53–64, in kürzerer Fassung auch in: Information Philosophie, Oktober 1996, 4, S. 28–34.
(8) Es wird ja unheimlich viel geschrieben, Interviewer: Hermann Angerer, Klaus Rathe, Julian Reiss, Prisma. Studentenzeitschrift der Universität St. Gallen, Nr. 240, Juli 1996, S. 30–33.

(9) Der Lügenbaron und die Letztbegründung, in: Dagmar Borchers/ Olaf Brill/Uwe Czaniera (Hg.), Einladung zum Denken. Ein kleiner Streifzug durch die Analytische Philosophie, Verlag Hölder-Pichler-Tempsky, Wien 1998, S. 64–70.

(10) »Der Teufel steckt im Detail«, Interview mit Hans Albert, Zeitschrift für humanistische Sozialwissenschaft, 4. Jg., 1999, S. 3–19.

Parodien usw.

(1) (Hans W. Albert), Dölle und der Positivismusstreit. Zu den wissenschaftstheoretischen Auffassungen Ernst August Dölles, in: Theo W. Herrmann (Hg.), Dichotomie und Duplizität. Grundfragen psychologischer Erkenntnis. Ernst August Dölle zum Gedächtnis, Bern/ Stuttgart/Wien 1974.

(2) (Igor O. Zehrfasel), Hermeneutik als Logik des Handelns, Dölle und das Problem des Verstehens, in: Herrmann (Hg.), Dichotomie und Duplizität, Bern 1974.

(3) (Jochen Moshaber), Dölles Dualitätsprinzip in der Perspektive der materalistischen Dialektik, in: Herrmann (Hg.), Dichotomie und Duplizität, Bern 1974.

(4) (Walter St. Wegbauer), Sachverhalte und Wertverhalte. Zu Dölles Behandlung der Wertproblematik, in: Herrmann (Hg.), Dichotomie und Duplizität, Bern 1974.

(5) (Hans Albert), Lust und Leistung. Eine transzendentalhermeneutische Betrachtung in pragmatischer Absicht, in: Lust versus Leistung, Hans Lenk zum 40. Geburtstag, Hg. von der Leistungsgemeinschaft am Institut für Philosophie der Universität Karlruhe, Karlsruhe 1975.

(6) (Hans Albert), Sylvester-Faselei, in: Hans Peter Duerr (Hg.), Versuchungen. Aufsätze zur Philosophie Paul Feyerabends, I. Band, edition suhrkamp, Neue Folge, Band 44, Frankfurt 1980.

(7) Fragebogen, Frankfurter Allgemeine, vom 6. Mai 1988.

Bibliographische Nachweise

Vom Kulturpessimismus zum kritischen Rationalismus
Autobiographische Einleitung
[Aus: Christian Fleck (Hrsg.), Wege zur Soziologie, Opladen 1996, S. 17–37]

Kritizismus und Naturalismus
Die Überwindung des klassischen Rationaliätsmodells
und das Überbrückungsproblem
[Aus: Hans Lenk (Hrsg.): Neue Aspekte der Wissenschaftstheorie, Braunschweig 1971, S. 111–128]

Erkenntnis, Sprache und Wirklichkeit
Der kritische Realismus und das Problem der Erkenntnis
[Aus: Bernulf Kanitscheider (Hrsg.): Sprache und Erkenntnis. Festschrift für Gerhard Frey, Innsbruck 1976, S. 39–53]

Münchhausen oder der Zauber der Reflexion
Die Ansprüche der Transzendentalpragmatik
im Lichte des konsequenten Fallibilismus
[Aus: Hans Albert, Die Wissenschaft und die Fehlbarkeit der Vernunft. Tübingen 1982, S. 58–94]

Der Mythos des Rahmens und der moderne Antirealismus
Zur Kritik des idealistischen Rückfalls im gegenwärtigen Denken
[Aus: Volker Gadenne und Hans Jürgen Wendel (Hrsg.): Rationalität und Kritik. Tübingen 1996, S. 9–28]

Geschichte und Gesetz
Zur Kritik des methodologischen Historismus
[Aus: Sozialphilosophie als Aufklärung.
Festschrift für Ernst Topitsch. Tübingen 1979, S. 111–132]

Die Möglichkeiten der Wissenschaft
und das Elend der Prophetie

[Aus: Mitteilungen der Freunde der Universität Mannheim, Oktober 1974, S. 21–31]

Erkenntnis und Entscheidung
Die Wertproplematik in kritizistischer Perspektive

[Aus: Hans Albert, Traktat über kritische Vernunft. Tübingen 1968, 4. Aufl. 1980, S. 55–79]

Die soziale Verankerung der Wissenschaft
und die Steuerung des Erkenntnisgeschehens

[Aus: Willy Linder/Hanno Hebling/Hugo Bühler (Hrsg.): Liberalismus – nach wie vor. Grundgedanken und Zukunftsfragen (NZZ-Jubiläumsband), Zürich 1980, S. 1–18]

Erkenntnis und Recht
Die Jurisprudenz im Lichte des Kritizismus

[Aus: Hans Albert, Niklas Luhmann, Werner Maihofer und Ota Weinberger (Hrsg.): Rechtstheorie als Grundlagenwissenschaft der Rechtswissenschaft. Düsseldorf 1972, S. 80–96]

Rationalität und Wirtschaftsordnung
Grundlagenprobleme einer rationalen Ordnungspolitik

[Aus: Gestaltungsprobleme der Weltwirtschaft, Göttingen 1964, S. 86–113]

Die Verfassung der Freiheit
Bedingungen der Möglichkeit sozialer Ordnung

[Aus: Kurt Salamun (Hrsg.): Moral und Politik aus der Sicht des Kritischen Rationalismus, Amsterdam 1991, S. 13–42]

Zur Kritik der reinen Religion
Über die Möglichkeit der Religionskritik
nach der Aufklärung

[Aus: Kurt Salamun (Hrsg.): Aufklärungsperspektiven. Tübingen 1989, S. 99–115]

Sylvester-Faselei

[Aus: Hans Peter Duerr (Hrsg.): Versuchungen. Aufsätze zur Philosophie Paul Feyerabends. 1. Band. Frankfurt 1980, S. 159–164]

Personenregister

Hans Albert
Traktat über kritische Vernunft

„Ein grundlegendes Werk zur Auffassung jener Philosophen, Soziologen und Wissenschaftler, die weder auf den Marxismus oder Idealismus noch auf sprachanalytische oder existenzphilosophische Hermeneutik reflektieren ..." – Willy Hochkeppel, *Bayerischer Rundfunk,* 2.12.1968

„Albert's *Traktat* is an important contribution to Western thought ..." – A. Lichtigfeld in *Tijdschrift voor Filosofie,* 1997, No. 3

„Der ‚Traktat über kritische Vernunft' enthält die ausführliche Darstellung von Alberts erkenntnistheoretischer Position, seine Erläuterung der Idee der Kritik und ihrer Bedeutung bei der Betrachtung von Ideologie, Theologie und Geschichts- und Sozialwissenschaft." – Axel Bühler / Horst Wolfgang Boger in *Neue Zürcher Zeitung* vom 20.2.1986

5., verbesserte und erweiterte Auflage 1991.
284 Seiten (UTB 1609). Broschur.

Alan Musgrave
Alltagswissen, Wissenschaft und Skeptizismus

Eine historische Einführung in die Erkenntnistheorie.
Übersetzt von Hans und Gretl Albert

Diese Einführung in die Erkenntnistheorie geht zwar historisch vor, erhebt aber gleichzeitig systematischen Anspruch. Alan Musgrave argumentiert durchgehend für eine bestimmte erkenntnistheoretische Position: fallibilistischen oder kritischen Rationalismus. Für die Diskussion werden bestimmte historische Figuren (Philosophen und Wissenschaftler) herausgegriffen und verschiedene Aspekte ihres Denkens betont. Alle historischen Erörterungen über die Fehlbarkeit der menschlichen Vernunft sind problemorientiert, das heißt, auf die Lösung erkenntnistheoretischer Probleme zugeschnitten.

1993. 327 Seiten (UTB 1740). Broschur.

Herbert Keuth
Die Philosophie Karl Poppers

Herbert Keuth legt hier eine eingehende und doch auch dem Laien verständliche Einführung in Karl Poppers Philosophie vor. Karl R. Popper (1902–1994) ist einer der bedeutendsten Philosophen des 20. Jahrhunderts. Sein 'Kritischer Rationalismus' hat Erkenntnistheorie und Sozialphilosophie stark beeinflußt. In seinem Hauptwerk ‚Logik der Forschung' entwickelt er die Wissenschaftstheorie des Kritischen Rationalismus. Im Zentrum steht der Gedanke der Fehlbarkeit allen Wissens. In seinem politisch wichtigsten Werk ‚Die offene Gesellschaft und ihre Feinde' setzt sich Karl Popper mit Plato, Hegel und Marx auseinander, bei denen er eine demokratiefeindliche politische Theorie findet.

2000. XXI, 444 Seiten (UTB 2156). Broschur

Karl Popper Lesebuch

Ausgewählte Texte zu Erkenntnistheorie, Philosophie der Naturwissenschaften, Metaphysik, Sozialphilosophie
Herausgegeben von David Miller

Karl Popper ist der am meisten zitierte Vertreter der Aufklärung in diesem Jahrhundert. Außer in seinen Büchern hat er in zahllosen anderen, in Vorträgen und Aufsätzen, in einer Vielzahl von Wissensgebieten, von der Altphilologie bis zur Quantenphysik und Biochemie, Anstöße gegeben oder Kritik geübt; und er hat dabei immer wieder vorgeführt, wie man auch schwierige theoretische Probleme in einfacher, klarer Sprache darlegen kann.

Aus Rezensionen:

„Sowohl bei der Auswahl der Texte als auch bei ihrer Anordnung, die nicht chronologisch erfolgte, liegt die Betonung auf der kritischen Methode Poppers und der zentralen Rolle, die diese bei der Verbesserung unseres Wissens von der Welt spielt. Popper pur also: 30 Texte, von der *Logik der Forschung* aus dem Jahre 1934 bis zu *Das Ich und sein Gehirn* aus dem Jahre 1977. Ein faszinierendes Panorama Popper'schen Denkens aus annähernd einem halben Jahrhundert."
Manfred Jochum in einer Sendung des *Österreichischen Rundfunks* vom 5. September 1995

2., durchgesehene Auflage 1997. XVIII, 460 Seiten (UTB 2000). Broschur.

Karl R. Popper
Die offene Gesellschaft und ihre Feinde

„Die Geschichte selbst hat weder ein Ziel noch einen Sinn; das ist meine Behauptung. Aber wir können uns entschließen, ihr beides zu verleihen. Wir können sie zu unserem Kampf für die offene Gesellschaft und gegen ihre Feinde machen. ... Die Menschen sind einander nicht gleich; aber wir können uns entschließen für gleiche Rechte zu kämpfen. Menschliche Institutionen, wie etwa der Staat, sind nicht rational; aber wir können uns dazu entschließen zu kämpfen, um sie mehr rational zu machen."
Die offene Gesellschaft und ihre Feinde, Band II, Seite 326

Band I: Der Zauber Platons
7. Auflage mit weitgehenden Verbesserungen und neuen Anhängen 1992. XXIX, 475 Seiten (UTB 1724). Broschur. Auch als Leinenausgabe bei Mohr Siebeck erschienen.

Band II: Falsche Propheten: Hegel, Marx und die Folgen
7. Auflage mit weitgehenden Verbesserungen und neuen Anhängen 1992. VI, 526 Seiten (UTB 1725). Broschur. Auch als Leinenausgabe bei Mohr Siebeck erschienen.

UTB FÜR WISSEN SCHAFT

Uni-
Taschenbücher
Stuttgart